Rudolf Wentorf

Der Fall des Pfarrers Paul Schneider

Eine biographische Dokumentation

Neukirchener Verlag

© 1989
Neukirchener Verlag des Erziehungsvereins GmbH,
Neukirchen-Vluyn
Alle Rechte vorbehalten
Umschlaggestaltung: Kurt Wolff, Düsseldorf-Kaiserswerth
Gesamtherstellung: Breklumer Druckerei Manfred Siegel KG
Printed in Germany
ISBN 3-7887-1327-5

CIP-Titelaufnahme der Deutschen Bibliothek

Wentorf, Rudolf:
Der Fall des Pfarrers Paul Schneider: eine biographische
Dokumentation/Rudolf Wentorf. – Neukirchen-Vluyn:
Neukirchener Verl., 1989
    ISBN 3-7887-1327-5

In Memoriam
Pfarrer Paul Schneider
(1897 – 1939)

der im Konzentrationslager Buchenwald bei Weimar als
Märtyrer der evangelischen Kirche starb

und seinen Söhnen

Pfarrer Dietrich Schneider
(1927 – 1960)

Dr.jur. Gerhard Schneider
(1933 – 1960)

Ein unverschuldeter schwerer Verkehrsunfall setzte ihrem
jungen Leben in dieser Weltzeit ein Ende. So folgten sie
dem Vater schon früh in die Ewigkeit.

Inhalt

Eine Bemerkung zuvor 9
Immer gegenwärtige Gedanken 14
Eltern und Kindheit 19
Schulzeit 20
Militärzeit 22
Studium 23
Arbeiter unter Arbeitern 31
Ein neuer Abschnitt beginnt 34
Pfarrer von Hochelheim und Dornholzhausen 39
1933 – Das Jahr der Veränderungen 43
Die Auseinandersetzung beginnt 58
Wider eine bekenntnislose Abendmahlssitte 76
Der Pfarrer schweigt nicht 88
Zwangsversetzung nach Dickenschied
    und Womrath 101
Der folgenschwere Zusammenstoß 104
Wider die Glorifizierung des Staates 113
Eine mutige Erklärung 121
Eine entscheidende Kanzelabkündigung 124
Es rumort in Womrath 130
Ein schwerer Konflikt bahnt sich an 136
Wider eine unchristliche Weihnachtsfeier 139
Die Presbyterien schweigen nicht 145
Die Geheime Staatspolizei greift ein 156
Die Ausweisung 161
Die letzte Predigt 183
Die Würfel sind gefallen: Buchenwald 191
Ein diabolisches Zusammenspiel 208
Der Wartestand soll erzwungen werden 216
Das Ende in der Zeit 218
Die verunsicherten Mächtigen 228
Die Geheime Staatspolizei verfolgt weiter 237

Daten zum Lebensweg von Paul Schneider 247
Literatur 249
Nachtrag 252
Bildteil 258

Abkürzungen:

* Zitate sind dem Lebenslauf von Paul Schneider entnommen, der zum
Ersten Theologischen Examen eingereicht wurde.
** Zitate sind dem Tagebuch von Paul Schneider entnommen.
Die Abkürzungen für die einzelnen biblischen Bücher sind die allgemein
üblichen.
BK = Bekennende Kirche
DC = Deutsche Christen (den Nationalsozialisten hörig)
Nationalsozialistische Organisationen:
NSDAP = Nationalsozialistische Deutsche Arbeiterpartei
SA = Sturm-Abteilung
SS = Schutz-Staffel
HJ = Hitler-Jugend
BdM = Bund deutscher Mädchen
PO = Politische Organisation
KdF = Kraft durch Freude (Freizeit-Organisation der NSDAP)

Eine Bemerkung zuvor

Zum 70. Geburtstag von Pfarrer Paul Schneider am 29. August 1967 erschien im Lettner Verlag in Berlin die Dokumentation »TROTZ DER HÖLLEN TOBEN«[1]. Bereits im Herbst 1953 hatte die Gattin von Paul Schneider im gleichen Verlag ihr eindrucksvolles Büchlein »DER PREDIGER VON BUCHENWALD«[2] vorgelegt. Beide Publikationen dienten nicht der Glorifizierung eines Menschen, sondern wollten Zeugnis ablegen, daß Gott inmitten des vergehenden Äons den neuen Äon als sein unüberwindliches Reich ankündigt.

Die Wege, die Gott mit den einzelnen Menschen und mit seiner Völkerwelt geht, mögen oft Unverständnis, ja auch Feindschaft hervorrufen. Diese Welt, solange sie in der Gottesferne verharrt, kann nicht anders reagieren, weil der Durcheinanderbringer in ihr immer noch sein diabolisches Spiel treibt; davon legen die nachfolgenden Seiten Zeugnis ab.

Die vom Widersacher inspirierten innerweltlichen Scheinmächte, die in der Welt ihr Wesen treiben, wollen ihr das Maß setzen. Die Geschichte lehrt uns aber stets neu, wie begrenzt die Macht solcher Ohnmächtigen ist. Paul Schneider ist es gewesen, der durch sein Martyrium in der Zelle des Arrestbaues des Konzentrationslagers Buchenwald bei Weimar der Welt bezeugt hat, daß Gott der Herr es ist, der dennoch das Maß setzt und Menschen befähigt, sichtbar vor aller Welt seine Zeugen zu sein.

In jenem glutheißen Sommer des Jahres 1939 befand ich mich mit meiner Braut in der von uns sehr geliebten Lüneburger Heide. Die Nachrichten der Bekennenden Kirche gingen von Hand zu Hand. In den Gottesdiensten wurde der Brüder und Schwestern, nach denen die Geheime Staatspolizei die Hand ausgestreckt hatte, in Fürbitte gedacht. In den Tagen, da alles auf den Krieg zutrieb, kam die erschütternde Nachricht, daß Pfarrer Paul Schneider, der stets im Gebet der Gemeinde seinen festen Platz hatte, am 18. Juli im Konzentrationslager Buchenwald bei Weimar heimgegangen war. Wir waren mehr als betroffen, in uns kamen dunkle Ahnungen auf. Dieses Geschehen ist mit mir gegangen und hat im Blick auf die äußere und innere Struktur unserer Kirche eine Fülle von Fragen hinterlassen. Es hat aber auch die Gewißheit reifen lassen, daß Gott fernab von allem diplomatisch-juristischen Experimentieren und einem Sich-Verstecken hinter Gesetzen und Verordnungen, inmitten der ungeheuerlichen Verdammnis, ein doppeltes Zeichen aufrichtet: ein Zeichen der Verstockung und ein anderes, das sich in der Leidensnachfolge kundtut.

1 *Wentorf, R.* (Hg.), Trotz der Höllen Toben, Berlin 1967.
2 *Schneider, M.*, Der Prediger von Buchenwald, Berlin 1953; 11. Aufl. Berlin 1964; Neuauflage Neuhausen-Stuttgart 1985 (im folg.: Prediger).

Niemand kommt daran vorbei, seinen Standort zu den Glaubenszeugen zu definieren.

Das vorliegende Buch möchte den Protestantismus motivieren, daß er sein Verhältnis zu seinen Märtyrern neu überdenkt und bestimmt, denn sie waren es doch, die Zeugnis von dem gaben, was im Leben und im Sterben Bestand hat, wo der eigentliche Halt im Leben und im Sterben zu finden ist. Unsere Glaubenszeugen zeigen die geistlichen Dimensionen, den Urgrund unserer Kirche auf. Sie riefen und rufen noch heute die Kirche zur Ordnung des Evangeliums und gehören zu denen, die ein ständiger Stachel im Gewissen der Kirche sind.[3]

Am 1. Juli 1523 wurden in Brüssel die jungen Augustinermönche Heinrich Voes und Johann Esch wegen ihres offenen Bekenntnisses zu der von Luther entfachten Reformation der Kirche öffentlich verbrannt. Luther schrieb danach in einem Brief:

»Allen lieben Brüdern in Christo, so in Holland, Brabant und Flandern sind, samt allen Gläubigen in Christo Gnade und Friede von Gott unserem Vater und unserem Herrn Christo.

Lob und Dank sei dem Vater aller Barmherzigkeit, der uns zu dieser Zeit wiederum sehen läßt sein wunderbares Licht, welches bisher um unserer Sünd willen verborgen gewesen, uns der greulichen Gewalt der Finsternis hat lassen unterworfen sein und so schmählich irren und dem Antichrist dienen. Aber nun ist die Zeit wiederkommen ... Denn euch ist's vor aller Welt gegeben worden, das Evangelium nicht alleine zu hören und Christus zu erkennen, sondern auch die ersten zu sein, die um Christus willen jetzt Schand und Schanden, Angst und Not, Gefängnis und Fährlichkeit leiden; und seid nun so voller Früchte und Stärke worden, daß ihr's auch mit eigenem Blut begossen und bekräftigt habt, da bei euch die zwei edle Kleinod Christi, Hinricus und Johannes, zu Brüssel ihr Leben gering geachtet haben, auf daß Christus mit seinem Wort gepreiset würde ... Weil wir denn die gegenwärtige Trübsal sehen und so starke tröstliche Verheißungen haben, so laßt uns unser Herz erneuern, guts Muts sein und mit Freuden dem Herrn uns schlachten lassen. Er hat's gesagt, er wird nicht lügen. ›Auch die Haar auf eurem Haupt sind alle gezählt.‹ Und ob wohl die Widersacher diese Heiligen für Hussitisch, Wicliffisch und Lutherisch ausschreien und sich des Mordes rüh-

3   Das Amtsblatt der »Evangelischen Kirche in Deutschland« nennt erst in der Ausgabe vom 15. Januar 1948 folgende Namen von Theologen, die im Konzentrationslager oder in Gefängnissen ihr Leben ließen: E. Behrend, D. Bonhoeffer, H. Hesse, E. Kasenzer, J. Perels, P. Richter, P. Schneider, L. Steil, W. Sylten, F. Weissler. Später werden genannt: M. Gauger, F. Müller, E. Sack, H. Buttersack, H. Koch, G. Maus, H. Jacoby, K.F. Stellbrink. Bis zum 15. Januar 1948 hatte die Evangelische Kirche in Deutschland keinen Überblick über jene Männer und Frauen, die um des Glaubens willen ihr Leben lassen mußten. Im Verlauf der letzten Jahre hat ein neues Nachdenken über die Kriterien, wer als Märtyrer der Kirche gelten darf oder nicht, eingesetzt. Wer würde gegenwärtig Hermann Stöhr nicht in die Liste der Märtyrer aufnehmen wollen? Es liegt die begründete Vermutung nahe, daß Paul Schneider, wenn er aufgefordert worden wäre, für den NS-Staat in den Krieg zu ziehen, sich wie Hermann Stöhr entschieden hätte. Einen Eid auf Hitler hätte er nie leisten können. Er sah im Nationalsozialismus mehr und mehr einen diabolischen Unrechtsstaat. So ist auch ein »Heil Hitler« nie über seine Lippen gekommen (vgl. allerdings den Briefgruß unten S. 61: »Sieg Heil!« oder S. 105: »Mit deutschem Gruß!«), auch hat er stets den Fahnengruß verweigert, war doch die Hakenkreuzfahne für ihn ein »Verbrechersymbol«.

men werden, soll das nicht wundern, sondern desto mehr stärken; denn Christi Kreuz muß Lästerer haben . . .«[4]

In diesem Zusammenhang sei schon vorweg auf die am Ende dieser Darstellung registrierte Andacht, die den Unwillen der Gestapo hervorrief, hingewiesen. In ihr führte Hans Asmussen u.a. aus: »[Paul Schneider] gehört zu den Seelen unter dem Altar (Offenb. 6), die dort ruhen, bis dazukommen ihre Mitknechte und Brüder, die auch noch sollen getötet werden gleich wie sie.«[5] Christliche Glaubenszeugen unterscheiden sich von den sonstigen Opfern der Gewaltherrschaften dadurch, daß sie mit ihrem Einsatz vom Sieg und zugleich von der Überwindung der Welt durch den gekreuzigten und auferstandenen Herrn künden.

Paul Schneider ist im akademischen Verständnis kein theologisches Schulhaupt unserer Kirche gewesen, er hat keinen akademischen Grad erworben, und dennoch trifft auf ihn das Wort der Heiligen Schrift im besonderen Maße zu:

»Gedenket an eure Lehrer,
die euch das Wort Gottes gesagt haben;
ihr Ende schauet an
und folget ihrem Glauben nach!
Jesus Christus gestern und heute
und derselbe auch in Ewigkeit.«[6]

Die Kirche des Wortes ist heute gefragt, ob ihr der Dorfpfarrer von Dikkenschied und Womrath, der zum Prediger von Buchenwald wurde, noch etwas zu sagen hat. Es kann auch heute nicht verborgen bleiben, daß der Protestantismus sich mit jenen Frauen und Männern schwertut, die dem Staat deutlich gesagt haben, was des Staates ist, und der Kirche, welche Aufgabe sie in der Zeit hat. Die Theologen sind gefragt, welchen Stellenwert in ihrem geistlichen Tun, fernab allem diplomatischen Erwägen, das kompromißlose Bekennen des Evangeliums als die letztgültige bleibende Wahrheit hat. Die theologische Wissenschaft ist gefragt, wo sie das eigentliche Telos ihrer Arbeit sieht und wie sie das Tun der Märtyrer formuliert.

Unsere Glaubenszeugen wollen uns helfen, daß wir uns inmitten einer vergehenden Weltzeit den Blick nach vorn, den Blick auf das Leben, auf die Ewigkeit, nicht verdunkeln lassen. Sie lehren, daß in Wahrheit kein Mensch dem immer und überall gegenwärtigen Christus aus dem Weg gehen kann.

Diese Arbeit möchte u.a. einen bescheidenen Beitrag zur Sichtbarma-

---

4 *Luther, M.,* Ausgewählte Werke, Bd. III, Sendbrief an die Christen in Niederland, München 1950, S. 61.
5 S.u. S. 237.
6 Hebr 13,7.

chung eines Widerstandes aus christlichem Glauben im ›Dritten Reich‹ beisteuern. Sie möchte auch zeigen, daß kirchliche Diplomatie, wenn sie nur zum Erhalt eigener kirchlicher Strukturen betrieben wird und nicht mit dem im Evangelium angebotenen Heil den Menschen dient, sich selbst der Kirche entfremdet. Die Dokumente geben dazu bereitwillig und ohne Wenn und Aber Auskunft. Dem Leser bleibt die Gewichtung überlassen. Gerhard Besier ist mit seinem Aufsatz »Ansätze zum politischen Widerstand der Bekennenden Kirche« auf die gegenwärtige Forschungslage eingegangen.[7]

Zu danken habe ich insbesondere Frau Pfarrer Schneider in Dickenschied für ihre wertvolle Hilfe bei der Konzipierung dieser Arbeit. Sie hat nicht nur die Fakten der Geschehnisse erläutert, sondern immer wieder die geistlichen Dimensionen damaliger Ereignisse in Dickenschied und Womrath ihren Gesprächspartnern ans Herz gelegt. Die Leidenskameraden, denen mein besonderer Dank gilt, sind namentlich aufgeführt.

Zu danken habe ich dem Leipziger Kirchenhistoriker Prof. Dr. Kurt Meier für die im Verlauf einer Korrespondenz gemachten wertvollen Anmerkungen. Hier darf der Name von Prof. Dr. Klaus Scholder nicht fehlen, der, zu früh heimgerufen, zu seinen Lebzeiten ein stetes Interesse an dieser Arbeit gezeigt hat und dies in persönlichen und fernmündlichen Gesprächen durch Hinweise bekundete. Auch der schon erwähnte Prof. Dr. Dr. Gerhard Besier gehört zu den Historikern, denen der Unterzeichnete Dank schuldet. Dank habe ich auch Prof. Dr. Carsten Nicolaisen in München zu sagen. Daß in diesen Kreis mein schon vor vielen Jahren heimgerufener Lehrer Prof. Dr. Kurt-Dietrich Schmidt mit einzubeziehen ist, ist mehr als eine Dankes- und Ehrenpflicht.

Ebenso habe ich Herrn Archivrat Pfarrer Dr. Dietrich Meyer, der dem Archiv der Evangelischen Kirche im Rheinland vorsteht, sehr herzlich zu danken. Er hat diese Arbeit im besonderen Maße gefördert.

Mein Dank gilt auch den Mitarbeitern des Bundesarchivs in Koblenz, den Bediensteten im Hessischen Landesarchiv in Wiesbaden sowie den Verwaltungen der Universitäten Gießen, Marburg und Tübingen. Die Direktion des Gymnasiums in Gießen und das Pfarramt in Hochelheim gehören in den Reigen der Förderer. Sie alle haben mit viel Engagement bei der Spurensuche geholfen.

Dankbar bin ich auch dem Direktorium der »Nationalen Mahn- und Gedenkstätte« in Buchenwald bei Weimar für die ehrenvolle Pflege der Erinnerungsstätten. Ein Besuch dort hat mir viele wichtige Einblicke vermittelt.

In dankbarer Erinnerung habe ich die Begegnungen mit Prof. Dr. Claude Foster von der West Chester University (USA) in Dickenschied.

---

7 *Besier, G.,* Ansätze zum politischen Widerstand in der Bekennenden Kirche – Zur gegenwärtigen Forschungslage, in: Der Widerstand gegen den Nationalsozialismus, hg. v. *J. Schmädeke* und *P. Steinbach,* München und Zürich 1986, S. 265ff.

Für seine Schneider-Studien wünsche ich ihm Gottes Segen und weiterhin eine gute Zusammenarbeit.

Pfarrer Gerd Westermeyer in Dickenschied sei für seine stete Hilfsbereitschaft herzlichst gedankt.

Mein Amtsbruder im Kirchenkreis Herzogtum Lauenburg, Pastor Bruno-Hermann Vahl, hat diese Arbeit mit viel Anteilnahme und aktiver Hilfe begleitet. Dafür gilt ihm in brüderlicher Verbundenheit mein besonderer Dank.

Das Buch wurde von der Evangelischen Kirche im Rheinland, dem Kirchenkreis Simmern-Trabbach und der Kreissparkasse in Simmern mit einem Druckkostenzuschuß gefördert. Für diese nicht selbstverständliche Hilfe sei allen recht herzlich gedankt.

Gedankt sei auch dem Neukirchener Verlag, dort insbesondere Herrn Dr. Christian Bartsch, für die vielen Mühen bei der verlegerischen Begleitung.

Seedorf am Schaalsee,
am 50. Todestag von
Paul Schneider,
dem 18. Juli 1989   Rudolf Wentorf

Immer gegenwärtige Gedanken

Die Frage, wie es möglich war, daß der Nationalsozialismus so weite Kreise im deutschen Volk in seinen Bann ziehen konnte, die, um dem damaligen Sprachgebrauch zu folgen, sich aus den »Arbeitern der Stirn und der
Faust« rekrutierten, wird immer von einem peinlichen, ja peinigenden
Unterton begleitet sein. Erschwerend fällt ins Gewicht, daß die Intelli-
genz in Deutschland und darüber hinaus in Europa und auch in Amerika,
von kleinen Gruppen abgesehen, versagt hat.[8]

8   Aus dem Chor der warnenden Stimmen seien u.a. genannt:
a) Der Kieler Professor O. Baumgarten verfaßte sieben Jahre vor Hitlers Machtergreifung
eine Schrift, die 1926 (!) an alle evangelischen Geistlichen in Deutschland versandt wurde
(Kreuz und Hakenkreuz). ». . . Das ewige Schuld- und Schattensuchen bei den Juden ver-
dirbt die vornehme, lichtfrohe Charakterhaltung der stolzen Christen. Und mehr als die
nachteiligen Folgen der antisemitischen Verhetzung für das nationale kulturelle Leben ist
die Vergiftung der deutschen Volksseele durch die erwiesene Lieblosigkeit dieser Polemik
zu beklagen. Hakenkreuz und Kreuz schließen sich aus. Für die, die unter dem Kreuz Christi leben, der für alle ohne Unterschied starb und darum für alle ohne Unterschied lebt, gibt
es kein die Juden ausschließendes Hakenkreuz. ›Hier ist kein Jude noch Grieche, hier ist
kein Knecht noch Freier, hier ist kein Mann noch Weib; denn allzumal Einer in Christo Jesu‹« (S. 36).
b) Sonntagsblatt des arbeitenden Volkes, hg. vom *Bund religiöser Sozialisten*, »Christentum und Faschismus sind unvereinbar«, Nr. 48, 30. 11. 1930, 12. Jahrg.
c) *Sasse, H.*, Kirchliche Zeitlage, in: Kirchliches Jahrbuch für die deutschen evangelischen
Landeskirchen, 1932, S. 30ff (wiederabgedruckt in: *Ders.*, In statu confessionis, hg. v. *F. W.
Hopf*, Berlin u.a. 1975, S. 251ff).
d) Vgl. u.a. bei *Meier, K.*, Der Evangelische Kirchenkampf, 3 Bde., Halle/S. und Göttingen 1976.1984.
e) *Scholder, K.* Die Kirchen und das Dritte Reich, 2 Bde., Frankfurt/M. und München
1977.1985.
f) D. Bonhoeffer gehörte zu denen, die schon früh vor dem Nationalsozialismus gewarnt
haben. Vgl. hierzu: *Bethge, E.*, Dietrich Bonhoeffer. Theologe – Christ – Zeitgenosse,
München [6]1986.
g) Vgl. zur Frage des Widerstands *Besier, G.*, Ansätze zum politischen Widerstand in der
Bekennenden Kirche, s.o. Anm. 7. Vgl. hierzu auch *Meier, K.*, Die historische Bedeutung
des Kirchenkampfes für den Widerstand im ›Dritten Reich‹. Zeitgenössische und aktuelle
Aspekte der Urteilsbildung, in: *Ders.*, Evangelische Kirche in Gesellschaft, Staat und Politik 1918–1945, Berlin 1987, S. 132ff.
h) In diesem Zusammenhang sei auf das Altonaer Bekenntnis hingewiesen. *K. Scholder*
bemerkt dazu:» Das Altonaer Bekenntnis stand immer im Schatten des berühmten Barmer
Bekenntnisses. Dabei ist übersehen worden, was dieses jenem verdankt. Es war keineswegs
nur ein ›unklares Vorspiel‹, sondern der erste kirchliche Schritt zur Klärung der Fronten.
Der junge Berliner Privatdozent D. Bonhoeffer hatte recht, wenn er am Schluß seines Kollegs im Wintersemester 1932/33 ›mit beinahe vorbehaltloser Freude auf das Altonaer Bekenntnis zu sprechen‹ kam. In der Tat: Wohin wäre die evangelische Kirche geraten, wenn
dies an der Schwelle des Dritten Reiches nicht auch und nicht so gesagt und gehört worden
wäre?« (Die Kirchen und das Dritte Reich, Bd. 1, Frankfurt/M. 1977, S. 237f). Dieses Bekenntnis wurde aufgrund von Vorkommnissen am 17. Juli 1932 in Altona (damals zu
Schleswig-Holstein gehörig) nach gründlichen Vorarbeiten am 11. Januar 1933 verkündet.

Die Initiatoren der »Nationalsozialistischen Deutschen Arbeiterpartei« haben lange vor 1933 in ihren Veröffentlichungen klar erkennen lassen, wie sie sich nach einer Machtübernahme in Deutschland das von ihnen zu befehlende Staatsgefüge vorstellten. Alfred Rosenberg, der spätere Chefideologe der NSDAP, hat sich bereits 1922 in »Wesen, Grundsätze und Ziele der NSDAP« so geäußert: »Der Gedanke, der allein imstande ist, alle Stände und Konfessionen im deutschen Volk zu einen, ist die neue, doch uralte Weltanschauung, fußend auf dem verschütteten deutschen Gemeinschaftsgeist. Diese Weltanschauung heißt Nationalsozialismus.«[9]

Adolf Hitler formulierte 1927 unmißverständlich, daß die Grundlage nationalsozialistischen Denkens und Handelns die völkische Weltanschauung sei, denn sie entspreche »dem innersten Wollen der Natur, da sie jenes freie Spiel der Kräfte wiederherstellt, das zu einer dauernden gegenseitigen Höherzüchtung führen muß, bis endlich dem besten Menschentum, durch den erworbenen Besitz dieser Erde, freie Bahn gegeben wird zur Betätigung auf allen Gebieten, die teils über, teils außer ihr liegen werden. Wir alle ahnen, daß in ferner Zukunft Probleme an den Menschen herantreten können, zu deren Bewältigung nur eine höchste Rasse als Herrenvolk, gestützt auf die Mittel und Möglichkeiten eines ganzen Erdballs, berufen sein wird.«[10]

Hitler sah in seiner Weltanschauung das Kampfmittel zur Vertretung

Zuvor hatten es 21 Altonaer Pastoren unterschrieben. Vgl. auch *Meier, K.,* Der Evangelische Kirchenkampf, Bd. 1, a.a.O., S. 361.
i) *Hunzinger, W.,* in: Neue Blätter für den Sozialismus (hg. v. *E. Heitmann, F. Klatt, A. Rathmann, P. Tillich*) 2 (1931) S. 176 f u.a.: »Schicksalsfrage an die protestantische Kirche, ob sie das Nein gegen eine Vergöttlichung des Menschen ebenso leidenschaftlich wie gegen den Kommunismus auch gegen den Nationalismus sagt.« Hunzinger fährt fort: »Ihre Existenz als protestantische Kirche wenigstens wird davon abhängen, ob sie hier wie dort in kompromißloser Entschiedenheit – und wenn sie darum einsame Kirche werden müßte – das Wort sagt, das ihr aufgetragen ist, das Wort von dem Gott, dem allein die Ehre gebührt.« K. Scholder vermerkt zu Recht, daß diese Sätze »wie eine Vorwegnahme der Barmer Erklärung von 1934 klingen« (Die Kirchen und das Dritte Reich, Bd. 1, a.a.O., S. 175f).
j) Vgl. auch *Strathmann, H.,* Nationalsozialistische Weltanschauung, Nürnberg ²1931.
k) *Schwarz, W.,* Welche Bedeutung hat die Spannung zwischen Nationalsozialismus und evangelischem Christentum für die apologetische Wortverkündigung? Nach einem Vortrag, der gehalten wurde auf der Schlesischen Konferenz für Volksmission und Apologetik in Krummhübel am 7. Mai 1931, in: Wort und Tat, Heft 3, Apologetische Zentrale Berlin-Spandau 1931.
9 Vgl. *Rosenberg, A.,* Wesen, Grundsätze und Ziele der NSDAP, München ¹1922 (¹⁶1937=275.Tsd.), S. 58. Im Vorwort ist vermerkt: ». . . Diese Erziehung des Charakters betrachtet der Nationalsozialismus als Kernprobleme unserer Zeit. Aus der seelischen Wiedergeburt allein können auch ›Programme‹ erfüllt werden, nur durch sie erhalten Vernunfteinsichten ihre rechte Färbung. In diesem Sinne gingen 1922 die ›Wesen, Grundsätze und Ziele‹ als erste Schrift der NSDAP hinaus . . .« Diese Schrift ist ein wichtiges zeitgeschichtliches Dokument und stützt die aufgestellte These.
10 *Hitler, A.,* Mein Kampf, 95.–96. Aufl., München 1934, S. 422.

seiner Idee der Staats- und Menschenbeherrschung. Er sprach offen aus,
welche Bedeutung sie für sein Denken und Handeln hat:».. . die Weltanschauung ist unduldsam und kann sich mit der Rolle einer Partei neben
anderen nicht begnügen, sondern fordert gebieterisch ihre eigene aus-
schließliche und restlose Anerkennung sowie die vollkommene Umstellung des gesamten öffentlichen Lebens nach ihren Anschauungen. Sie
kann also das gleichzeitige Weiterbestehen einer Vertretung des früheren
Zustandes nicht dulden.«[11]

Das Alte Testament und Jesus selbst verbinden Christen- und Judentum. Hitler war ein von diabolischer Leidenschaft besessener Antisemit
und lehnte als solcher zwangsläufig auch das Alte Testament ab. Sein
Kampf gegen das Judentum war in der letzten Konsequenz auch ein
Kampf gegen das Christentum. In »Mein Kampf« ist zu lesen:

»So glaube ich heute im Sinne des allmächtigen Schöpfers zu handeln: Indem ich
mich der Juden erwehre, kämpfe ich für das Werk des Herrn . . .«

Welche Bedeutung Jesus für Hitler hatte, hatte er bereits in einer Rede
vom 12. April 1922 mitgeteilt:

»Ich sage, mein christliches Lebensgefühl weist mich hin auf meinen Herrn und
Heiland als Kämpfer. Es weist mich hin auf den Mann, der einst einsam, nur von
wenigen Anhängern umgeben, diese Juden erkannte und zum Kampf gegen sie
aufrief, als der wahrhaftige Gott, nicht der Größte als Dulder, sondern der Größte als Streiter! In grenzenloser Liebe lese ich als Christ und Mensch die Stelle
durch, die uns verkündet, wie der Herr sich endlich aufraffte und zur Peitsche
griff, um die Wucherer, das Nattern- und Otterngezücht, aus dem Tempel zu vertreiben! Seinen ungeheuren Kampf für diese Welt gegen das jüdische Gift, den erkenne ich heute, nach zweitausend Jahren, in tiefster Ergriffenheit am gewaltig-
sten an der Tatsache, daß er dafür am Kreuze verbluten mußte.«

Die Formulierungen »im Sinne des allmächtigen Schöpfers . . ., christliches Lebensgefühl . . ., meinen Herrn und Heiland . . ., der wahrhaftige
Gott . . .« sind rein rethorische Äußerungen, die für ihn keinen inhaltli-
chen Wert hatten. Die sog. nationalsozialistische Weltanschauung er-
schöpfte sich in einem reinen Dualismus von Gut (Arier) und Böse (Juden). Der Begriff des Konzentrationslagers findet sich bereits in einem
Artikel von Hitler, den der »Völkische Beobachter« am 13. März 1921
veröffentlichte. Dort heißt es: »Man verhindere die jüdische Unterhöh-
lung unseres Volkes, wenn notwendig durch Sicherstellung ihrer Erreger
im Konzentrationslager.«

Diese Beispiele mögen genügen, um zu zeigen, welche Gedanken in
Hitler lebendig waren, mittels deren er die Macht im Staat ansteuerte. Sie
verdeutlichen zugleich den Anspruch, mit dem der Nationalsozialismus,

---

11   Ebd., S. 506.

von Österreich und Deutschland ausgehend, auftrat. Ihm ging es in erster Linie um die Umwertung bestehender Werte in der Zeit. Die »Verkünder« der nationalsozialistischen Weltanschauung, einer politischen, d.h. dem Staat ergebenen Religion, traten infolge der Beherrschung des demagogischen Spiels mit einer ungeheuren Sicherheit auf. Als demagogische Jongleure verstanden sie es meisterhaft, alle bestehenden, ihnen nicht genehmen Sitten, Verhaltensweisen und Gebräuche lächerlich zu machen bzw. zu kriminalisieren. Im politischen Bereich verwechselten sie bewußt patriotisch-national-soziales und nationalsozialistisches Denken und Handeln. Sie benötigten die national-soziale Färbung, um ihrer neugermanischen Weltanschauung Raum im deutschen Volk zu verschaffen. Strenggenommen ist die Bezeichnung Nationalsozialismus irreführend, denn er war von seinem Ansatz her weder national noch sozial noch sozialistisch bestimmt.[12] Es wäre redlicher und letztlich verständlicher, wir würden von »Hitlerismus« sprechen. Doch der allgemeinen Gepflogenheit folgend bleiben wir beim Begriff »Nationalsozialismus«.

Der Nationalsozialismus hatte auf seinem ›Marsch durch die Institutionen‹ den Kirchen zunächst kaum Beachtung geschenkt. Es gab Anordnungen der obersten Führung der NSDAP an die untergeordneten Parteidienststellen, daß diese sich nicht um kirchliche Angelegenheiten zu kümmern hätten. Solche Anweisungen gehörten zur nationalsozialistischen Strategie.

Am 24. Februar 1924 verkündete Hitler das von Anton Drexler unter Assistenz von Gottfried Feder entworfene Parteiprogramm der NSDAP mit seinen 25 Punkten. Der oft zitierte 24. Punkt, der im Kirchenkampf immer wieder eine Rolle spielte, sagt:

»Wir fordern Freiheit aller religiösen Bekenntnisse im Staat, soweit sie nicht dessen Bestand gefährden oder gegen das Sittlichkeits- und Moralgefühl der germanischen Rasse verstoßen. Die Partei als solche vertritt den Standpunkt eines positiven Christentums, ohne sich konfessionell an ein bestimmtes Bekenntnis zu binden. Sie bekämpft den jüdisch-marxistischen Geist in und außer uns und ist überzeugt, daß eine dauernde Genesung unseres Volkes nur erfolgen kann von innen heraus und auf der Grundlage: Gemeinnutz geht vor Eigennutz.«[13]

Die Frage, die uns immer wieder neu unruhig macht, ist: Warum sind die christlichen Kirchen mit ihren Heerscharen von Theologen nicht rechtzeitig hellhörig geworden? Denn was heißt ». . . Sittlichkeits- und Moralgefühl der germanischen Rasse . . .« oder ». . . jüdisch-marxi-

---

12 Unter »Weltanschauung« verstanden die NS-Ideologen eine Art von religiösem Denksystem, mit dem sie ihre Blut-und-Boden-Theorie in metaphysische Höhen zu steigern versuchten.
13 *Feder, G.*, Das Programm der NSDAP und seine weltanschaulichen Grundgedanken, München 1930.

stischer Geist« unter der Deckformulierung:»Die Partei als solche vertritt den Standpunkt eines positiven Christentums«?

Die evangelische Kirche muß sich in diesem Zusammenhang die Frage gefallen lassen, ob sie sich 1933 im Verlauf der angeordneten»Nationalen Erhebung« nicht wieder an die Zeiten erinnert hatte, in denen sie mit dem Bündnis zwischen»Thron und Altar« gut leben konnte? Hatte sie nicht nach der Emigration des Kaisers in der Weimarer Republik eine destabilisierende Zeiterscheinung gesehen? Hatte sie nicht nach 1918 nicht auf Reformation, sondern vielmehr auf Bewahrung (Restauration – wie nach 1945) überkommener Strukturen gesetzt? Hatte sie am Anfang der NS-Herrschaft nicht zu leichtfertig jenen pseudo-nationalen Tönen im Interesse eigener Machterhaltung gelauscht? War sie nicht aus diesem Grunde handlungsunfähig geworden? Natürlich hat es in der Kirche auch schon früh vor dem Nationalsozialismus warnende Stimmen gegeben (s.o. Anm. 8). So unterschiedlich sie in ihrer theologischen Denkweise waren, so einig waren sie in der Ablehnung des Nationalsozialismus – und das nicht erst, wie gesagt, seit 1933. Gewarnt worden ist dann später, nachdem alles sichtbar war, durch die Denkschrift der»Bekennenden Kirche« im Jahre 1936 und u.a. auch auf der 1. Tagung der Bekenntnissynode der Evangelischen Kirche der Altpreußischen Union, die vom 16.-18. 12. 1936 in Breslau tagte, auf der Günter Jacob ein Referat mit dem Thema»Kirche oder Sekte?« gehalten hat.[14] Dort waren aber nicht die vom Staat anerkannten offiziellen Kirchen vertreten.

Es ist ein besonders beklagenswertes Phänomen, daß die damals offiziellen Kirchenleitungen, die bis zum Ende des Krieges ihr Regiment ausgeübt haben, nach 1945 wie auch die staatliche Obrigkeit sang- und klanglos verschwanden, ohne daß sie ihren Irrweg bekannten.

Wir folgen aufgrund der vorliegenden Dokumente dem Lebensweg eines rheinischen Pfarrers, der, obwohl in einem national-patriotisch orientierten Elternhaus aufgewachsen, sich das feine Gespür der Unterscheidung dafür bewahrt hatte, was sich im Nationalsozialismus unter der Maske des»Nationalen« verbarg. Er hat den Nationalsozialismus an dem gemessen, was er als Diener am göttlichen Wort den Menschen seiner Zeit zu sagen hatte.

---

14   Abgedruckt in: *Jacob, G.,* Die Versuchung der Kirche. Theologische Vorträge der Jahre 1934-1944, Göttingen 1946.

Eltern und Kindheit

Der Höhenzug des Soonwaldes gab dem alten Pfarrdorf Pferdsfeld seinen malerischen Hintergrund.[15] In ihm wurde am 29. August 1897 um 13 Uhr Paul Robert Schneider als Sohn der dortigen Pfarrersleute geboren und am 29. September desselben Jahres (Michaelis, Mittwoch nach dem 15. Sonntag nach Trinitatis, so lautet die Eintragung im Taufregister) von seinem Onkel Pfarrer Walther Schneider im Pfarrhaus getauft. Der Taufspruch war:»Siehe, Kinder sind eine Gabe des Herrn und Leibesfrucht ein Geschenk« (Ps 127,3). Der Grund, warum die Taufe im Pfarrhaus und nicht in der Kirche vollzogen wurde, dürfte im Gesundheitszustand der Mutter zu suchen sein.

Der Vater, Gustav Adolf Schneider, geboren am 13. Januar 1858 in Elberfeld, verlor mit eineinviertel Jahren die Mutter und kam in die Obhut der Großeltern mütterlicherseits. In ihrem Hause nahm sich besonders seine Tante Maria, die Lehrerin in Elberfeld war, des Jungen an. Sie galt als ein treues und engagiertes Glied in der dortigen reformierten Gemeinde.

Adolf Schneider wurde von Pastor Krummacher konfimiert, obwohl er mit seiner Tante des öfteren gern die Gottesdienste von Pastor Kohlbrügge in der »Niederländisch-reformierten freikirchlichen Gemeinde« besuchte, zu der sie sich hingezogen fühlten. Der Grund, daß er dennoch in der angestammten Gemeinde konfimiert wurde, dürfte in der Disziplin zu suchen sein, die den ernsthaften reformierten Gemeinden eigen ist.[16]

Im späteren pfarramtlichen Leben von Adolf Schneider hatte der Begriff»Disziplin«, d.h. auch»Kirchenzucht«, sein besonderes Gewicht. Er verfügte über eine gediegene theologische und allgemeinwissenschaftliche Bildung. Seine theologischen Studien absolvierte er an den Universitäten Bonn, Leipzig und Tübingen. In der langen Liste seiner theologischen Lehrer finden sich bedeutende Namen, so u.a. Johann Tobias Beck.

Sein schwerfälliges und in sich gekehrtes Wesen hat ihm oftmals große Mühe bereitet. Dennoch haben seine Kinder, bei aller Strenge der Erziehung, niemals die schuldige Ehrerbietung versagt.

Die Mutter von Paul Schneider, Elisabeth, geb. Schnorr, wurde am 8. August 1863 in Düsseldorf geboren. Sie verlor sehr früh ihre Eltern, die in der Rheinmetropole ein Hotel besaßen. Gemeinsam mit ihrer Schwester

15 Das Dorf Pferdsfeld existiert heute nicht mehr. Die Bewohner wurden wegen des Fluglärms umgesiedelt.
16 Vgl. hierzu den»Heidelberger Katechismus«, das Bekenntnisbuch der reformierten Gemeinden mit seinen pädagogisch formulierten Fragen und Antworten. Kohlbrügge hatte nach fehlgeschlagenen Versuchen durch eine königliche Order Erlaubnis erhalten, in Elberfeld eine»Freikirchliche-reformierte Gemeinde« zu gründen.

kam sie ins Waisenhaus nach Mülheim an der Ruhr, in dem sie später
selbst als Erzieherin tätig wurde. Ihre Eheschließung mit Adolf Schneider
erfolgte 1888; nach zwei Totgeburten durfte sie noch drei gesunden Jungen das Leben schenken: Adolf 1891, Paul 1897 und Hans 1901. Ein
Freund des Hauses Schneider berichtet: »Die Mutter war der Sonnen-
schein des Hauses. Ich traf sie niemals traurig oder klagend, obwohl ein
schweres Gichtleiden bis zu ihrem frühen Tod im Jahre 1914 ihr große
Qual bereitete. Sie war eine großzügige Frau, tapfere Natur, herzens-
fromm und erfinderisch, trotz aller Hemmungen ihren Kindern eine
glückliche Kindheit zu bereiten. Da durften die drei Buben Raben zäh-
men, Eichhörnchen fangen, Frösche halten, kurz an allem erreichbaren
Getier sich erfreuen . . .«[17] Noch in Pferdsfeld hatte ihr Mann für sie eine
kleine Kutsche erworben, die zuerst von einem Esel und dann von einem
Pony gezogen wurde, damit seine Frau an der Freude über die Schönheit
der Natur und Kreatur teilnehmen konnte. Obwohl schon früh an den
Sessel gefesselt, erfüllte die Mutter als Kranke dennoch ihre hausfrauli-
chen Pflichten und schenkte der Familie die Geborgenheit, die ihren Kindern stets eine liebevolle Erinnerung geblieben ist. Für ihren Sohn Paul
war sie Inbegriff aller Innerlichkeit. In späteren Jahren schrieb er: »Sie
blieb die fröhliche Seele unseres Hauses, solange sie unter uns sitzen
konnte.«* An dieser Stelle sei auch der treuen Hausgehilfin Sophie gedacht, die mit aufopfernder Treue von den Pferdsfelder Tagen an bis über
den Tod von Paul Schneider hinaus den beiden Pfarrfamilien Schneider
gedient hat.

Schulzeit

Als Schulpflichtiger wurde Paul Schneider in die Volksschule zu Pferdsfeld eingeschult, daneben erhielt er von seinem Vater Privatunterricht. So
konnte er 11jährig in die Quarta des Gymnasiums nach Kreuznach über-
siedeln, in dem er, wie er später schrieb, ». . . für ein Jahr in einem streng
geleiteten Pensionat« wochentags wohnte.* Der Sonnabend war für ihn
und seine Mitschüler ein sehnsüchtig erwarteter Tag, denn unmittelbar
nach der letzten Unterrichtsstunde ging es zum Zug, der sie in die familiä-
re Freiheit bringen sollte.
    Zum Ostertermin 1910 ließ sich Pfarrer Adolf Schneider von Pferds-

17 Mitteilung an den Verfasser.

feld nach Hochelheim, Kreis Wetzlar[18] versetzen. Die Familie hoffte, daß das Klima in Hochelheim der Mutter zuträglicher sein würde als die rauhe Luft des Hunsrücks. Von Hochelheim aus konnte Paul täglich ins Gymnasium nach Gießen fahren. Die Landschaft um den Pfarrort, die Felder, Wiesen und Wälder, hat er sich sehr bald erobert. Im Pfarrgarten griff er gern zu Spaten und Harke, wie er auch sonst für bäuerliche Arbeit großes Geschick zeigte. Die Liebe zur Natur und Kreatur war bei ihm stets spürbar.

Am Sonntag Judika, es war der 24. März 1912, wurde Paul Schneider in der Kirche zu Hochelheim von seinem Vater geprüft und am folgenden Sonntag Palmarum konfirmiert. Der Vater gab dem Sohn das tiefsinnige Jesuswort mit auf dem Lebensweg: »Ich bin dazu in die Welt gekommen, daß ich für die Wahrheit zeugen soll. Wer aus der Wahrheit ist, der höret meine Stimme.«[19] Rückblickend müssen wir erkennen, daß dieses Wort eine prophetische Aussage darstellt, die im Leben von Paul Schneider Realität geworden ist. Wer hätte aber damals auch nur von ferne ahnen können, daß der Konfirmand der Ausersehene war, die Wahrheit des Evangeliums im ›Bunker‹ von Buchenwald zu bezeugen?

Die Schulzeit verlief ohne Probleme, was die in Gießen aufbewahrten Zeugnislisten bestätigen. Paul Schneider war noch keine 18 Jahre alt, da meldete er sich freiwillig zum Militärdienst, was auch im Sinne des patriotisch-national gesonnenen, kaisertreuen Vaters war. Zuvor legte er am 29. Juni 1915 in Gießen sein Notabitur ab. Als damaliger Berufswunsch ist in den Schulakten »Heilkunde«, also »Medizin« vermerkt.

Wie es um ihn beim Ausbruch des Ersten Weltkriegs bestellt war und wie sich die ersten Monate danach gestalteten, schilderte er später so:

»Der ausbrechende Krieg sah mich als 17jährigen Unterprimaner und brachte durch Erregung der nationalen Triebe die erste Unruhe in mein Innenleben. Gedämpft und in etwas andere Bahnen gelenkt wurde diese nationale Erregung durch den Verlust meiner geliebten Mutter; im zweiten Kriegsjahr trat ich nach kurzer Sanitätsausbildung als kriegsfreiwilliger Dragoner ins Heer ein.«*

---

18   Die Kirchenkreise Braunfels und Wetzlar, auch Synoden genannt, gehörten, obwohl sie auf hessischem Territorium liegen, zur »Evangelischen Kirche der Rheinprovinz«.
19   Joh 18,37.

Militärzeit

Am 2. August 1915 trat Paul Schneider beim Ersatz-Dragoner-Regiment Nr. 5 in Hofgeismar als Kriegsfreiwilliger ein. Am 10. November 1915 wurde er zum Feldregiment nach Rußland abkommandiert und am 22. März 1916 dort verwundet. Die Verlegung vom Hauptverbandsplatz in das Reservelazarett III nach Frankfurt an der Oder erfolgte noch am selben Tage. Am 18. April 1916 war er bereits wieder bei seiner Ersatzeinheit in Hofgeismar. Bedeutsam für seinen weiteren Weg ist, daß Paul Schneider am 29. April 1916 als Soldat in Gießen bei der »Großherzoglichen Landes-Universität« seine Immatrikulation als Student der Philosophie und Theologie beantragte. Er bestätigte damit, daß er zu diesem Zeitpunkt seinen Plan, Medizin zu studieren, aufgegeben hatte.[20]

Die Aushändigung der Matrikel erfolgte am 13. Mai 1916. Von da an wurde Paul Schneider in den Militärakten nicht mehr als Abiturient, sondern als Student geführt. In seinem Lebenslauf ist zu lesen:

»Im Winter 1915/16 wurde ich in Rußland leicht verwundet, erhielt das Eiserne Kreuz II. Klasse und kehrte nach völliger Genesung auf ein halbes Jahr zur Ersatz-Eskadron in Hofgeismar zurück. Als Gefreiter rückte ich im Herbst 1916 zur Schweren Artillerie nach dem Westen aus, wo ich bis zum Ende des Krieges die verschiedenen Kriegsschauplätze kennenlernte. Nach der gewöhnlichen Beförderung der Einjährig-Freiwilligen zum Unteroffizier und Vizefeldwebel trug ich noch die letzten acht Monate die Uniform eines Leutnants der Reserve. Meine Entlassung zur Heimat und der äußere Zusammenbruch des Vaterlandes fanden mich entschlossen, mich dem Studium der Theologie zu widmen.«*

Am 19. Dezember 1918 erhielt der Leutnant Paul Schneider im Geschäftszimmer des Soldatenrats des Fuß-Artillerie-Regiments Nr. 20 im preußischen Bahrenfeld bei Hamburg seine Entlassungspapiere. Er notierte: ». . . froh war ich, als ich den Entlassungsschein in der Tasche hatte . . .«** Einen Tag lang schaute er sich noch in Hamburg um und kehrte dann, abgestoßen vom großstädtischen Leben und Treiben, ins väterliche Pfarrhaus nach Hochelheim zurück.

20 Kopien beim Verfasser.

Studium

Von Hochelheim aus nimmt Paul Schneider das Studium der evangelischen Theologie auf. Später schreibt er:

»Einen besonderen Umstand, der mich zur Wahl des theologischen Studiums bewog, weiß ich nicht anzuführen, es sei denn eine innere Neigung. Das fröhliche Gottvertrauen, mit dem meine Mutter ihr schweres Gichtleiden bis ans Ende trug, und ihre selbstlose, sorgende Liebe hat wohl die ersten religiösen Keime in mir entwickelt. Doch war ich nach bestandener Reifeprüfung noch entschlossen, Medizin zu studieren. Zu dem Entschluß, ein Diener der religiösen Verkündigung zu werden, brachte mich - aber immer noch mehr instinktiv als bewußt - der Gegensatz zu Kameraden, besonders meiner Leutnantszeit, und die Überzeugung, daß keine andere Macht unserm zerrissenen Volk und der zerrissenen Menschheit wieder aufhelfen kann als die Religion.«*

Er notiert weiter:

»So begann ich mein Studium in Gießen, in dessen Verlauf mir das bisher dunkel Gefühlte immer klarer und bewußter wurde. In Gießen verbrachte ich die ersten beiden Semester und erhielt besonders durch Professor Bousset einen starken Eindruck von Ernst und Wahrhaftigkeit der kritischen Theologie, wie ich andererseits auch ihre Schwächen und Einseitigkeiten kennenlernte.«*

Pfarrer Emil Weber, langjähriger persönlicher Freund und Mitbruder von Paul Schneider, berichtet:

»Wir hatten vom Gymnasium her eine innige Freundschaft, die in den Gießener Semestern fast zu zerbrechen drohte infolge des radikalen Liberalismus, dem Paul sich völlig verschrieben hatte. Es verging kein Tag ohne heftige theologische Auseinandersetzung auf dem Weg zur und besonders von der Universität zum Bahnhof und im Zug. Paul konnte darüber das Aussteigen vergessen, und oft mußte ich ihn dazu ermahnen. Er führte das Gespräch vom Trittbrett weiter und sprang vom fahrenden Zug ab. Pauls Eifer für die Wahrheit ging bis zum äußersten, er hätte ihr sogar die Freundschaft geopfert, wenn er es für nötig hielt. Ich glaube aber heute, daß unsere Kämpfe die Vorbereitungen seines späteren Wandels waren, der dann ebenso klar und stark zutage trat.«[21]

Paul Schneider hat sich, als er bereits Pfarrer war und sich 1926 auf die Übernahme des väterlichen Pfarramtes rüstete, über den Religionsunterricht seiner Schulzeit geäußert:

»In der Schule hatte mir ein liberaler Religionsunterricht das Mysteriöse, Priesterlich-Geheimnisvolle, mich immer wie Aberglauben Anmutende an der Reli-

21 Prediger, S. 19.

24 *Studium*

gion bzw. dem Inhalt der neutestamentlichen Geschichten genommen, so daß mir das theologische Studium je und dann in freundlichen Farben erschien.«**

Daß es aufgrund des liberalen Religionsunterrichts zwischen Eltern und Lehrer zu Spannungen gekommen ist, wurde von einem Sohn eines Mitschülers von Paul Schneider, der in den USA lebt, bestätigt.

Im Leben von Paul Schneider ist es zu allen Zeiten eine unverrückbare Tatsache gewesen, daß, wenn er jeweils anstehende geistige und geistliche Probleme konsequent durchdacht hatte und seine Position bestimmen konnte, diese dann auch konsequent vertrat. Am Ende des ersten Zwischensemesters in Gießen notiert er in sein Tagebuch:»Schwer finde ich mich bei meiner schwerfälligen Art in das Neue. So ist mir auch das Zwischensemester anfangs ein seelischer Druck gewesen. Die neue Art der geistigen Beschäftigung, das Ganz-auf-sich-Gestelltsein . . .«** ist, was ihm Kummer macht.

Er geht mit sich kritisch ins Gericht und stellt fest, daß sich bei ihm etwas ändern muß. So nimmt er den Kampf gegen sich auf, tritt in den »Wingolf«²² ein und notiert:

»Dazu kommt die Aktivmeldung beim Wingolf. Ist die Verbindung die Opfer an Zeit wert? Entspricht dem auch der Gewinn? Diese Fragen und der Hang nach Einsamkeit, Scheu vor der Gesellschaft lassen mich beinahe zurückschrecken. Aber mein inneres Pflichtgefühl, das mich heißt, die angeborene Neigung zum Träumen und zu Bequemlichkeit zu überwinden, hält mich doch der Farbe Schwarz-Weiß-Gold treu.«**

Diese Eintragung endet mit dem inhaltsschweren Satz:»Wenn du unentschlossen bist zwischen zwei Dingen, so wähle das dir weniger Bequeme.«

Paul Schneider fühlt sich in seiner neuen Umgebung zunächst nicht recht wohl, er schreibt:»Ein schwaches Gefühl des Fremdseins in den neuen Verhältnissen läßt mich oft nach Hause fahren.«**

Er weiß um seinen Hang zur Eigenbrötelei und Schwerfälligkeit. Die Kommilitonen wollen helfen und ›verordnen‹ ihm eine Tanzstunde, um seine gesellschaftlichen Mängel auszugleichen. Obwohl er sich in den ersten Semestern dem Verbindungsleben hingibt, notiert er:». . . reger Anhänger der Verbindung bin ich nicht.«** Zu bestimmten Veranstaltungen kommt auch der Vater von Hochelheim nach Gießen herüber. Als»Alter Herr« nimmt er so am Leben seiner Verbindung teil.

Trotz aller Vorbehalte scheint Paul Schneider dennoch an dem, was ihm die Kommilitonen ›verordnet‹ haben, zeitweilig Gefallen zu finden. Er berichtet:

22 Der»Wingolf« versteht sich als eine studentische Verbindung mit christlicher Grundhaltung.

»Das Tanzen besitzt gesellschaftlich-erzieherischen Wert, man wird gewandter, freier im Auftreten, lernt die Gabe der Unterhaltung leichter, die nötig ist, um das Leben in allen Lagen leicht und erträglich zu machen, man wird körperlich gewandter. Vielleicht bringt das Tanzen auch manchen jungen Mann aus einer krankhaften Stellung zum anderen Geschlecht in eine normale, reine, gesunde.«**

Das Tagebuch gibt auch Auskunft, wie er selbst zum »anderen Geschlecht« steht. Anläßlich einer von der Verbindung veranstalteten Festlichkeit notiert er:

»Reni sitzt und steht mit den anderen Damen auf der Tribüne. Nachher gemeinsamer Nachhauseweg mit Vater. – Wie unbegabt unterhalte ich mich doch mit Reni, und doch sehne ich mich nach ihrer Nähe. Es ist ein Gemisch von etwas Angst, Freude und Sehnsucht, was mich zu ihr zieht. Sie ist sehr gewandt und klug und taktvoll, trifft überall gleich das Richtige . . . und äußerst geschmackvoll . . . angezogen; wie anders muß ich mich wenden, um ihrer würdig zu werden. Und wie natürlich weiß sie sich zu geben, ob sie mit Sophienchen spricht oder Vater oder Fremden. Am anderen Morgen hole ich sie ab, da ist sie wieder frisch in einem anderen Kleidchen (weißer Crêpe mit blauer Schleife), noch schöner als am Tag zuvor, im weißen Spitzenkleidchen . . . Reni ist entzückend.«**

Paul Schneider hat sich stets dem Leben verpflichtet gewußt, frömmelndes Getue war ihm unheimlich. Sein Verhältnis zum »anderen Geschlecht« war, wie es einem normalen jungen Menschen zukommt.

Am 2. Oktober 1919 schreibt er sich an der Philipps-Universität in Marburg an der Lahn ein. Im Sommersemester 1920 finden wir ihn aber in Tübingen. Seine spätere Gattin schreibt von dieser Zeit:

»Die Wohnungsnot ist groß, er bittet im Weilheimer Pfarrhaus um Aufnahme. Er erlebt zum erstenmal einen großen Familienkreis und ist in die Familie aufgenommen. Sein bescheidenes, ruhiges, dann wieder jungenhaftes, übermütiges Wesen erinnert an den gefallenen Theologensohn. – Zwei junge Menschen gehen täglich den Weg zur Stadt, er zur Uni, sie, gerade der Schule entwachsen, in die Frauenarbeitsschule, treffen sich über Mittag im Kahn auf dem Neckar und sind versonnen und versponnen in ein unausgesprochenes Glück. Zwei Jahre gehen ins Land, bis sie sich ganz finden und von da ab Hand in Hand durch vier Jahre Brautzeit wandern: der eine Stab des anderen und süße Last zugleich.«[23]

Paul Schneider konnte warten, um später mit großer Freude seine Margarete heimzuführen.

Vom Sommersemester lesen wir im Lebenslauf: (Es) »ist mir theologisch von geringerer Bedeutung gewesen und war mehr der Umschau bei Land und Leuten Süddeutschlands gewidmet. Eindrücklich ist mir eine bei Professor Heim gehörte Ethik geblieben.«* Bei ihm hatte Paul Schneider noch die »Einführung in die Theologie Schleiermachers und Ritschls« und bei Professor Schlatter ein »Neutestamentliches Seminar«

---

23 Prediger, S. 21.

sowie eine Vorlesung »Erklärung der Reden Jesu bei Lukas« belegt.*
Von Schlatter ist Paul Schneider in Tübingen nicht angesprochen worden;
der Grund dürfte in dem von Schlatter gepflegten schweizerischen Dia-
lekt zu suchen sein. Später, im Predigerseminar in Soest, hat er dann als
»Kandidat der Theologie« die Bibelauslegungen von Adolf Schlatter mit
viel Gewinn durchgearbeitet.

Doch bevor er von Marburg nach Tübingen geht, werden er und seine
Marburger Kommilitonen vom damaligen Reichspräsidenten Ebert zu
einem besonderen Einsatz gerufen. Paul Schneider notiert:

»Noch einmal zog ich den grauen Rock im Frühjahr 1920 an, als die Regierung
die Marburger Studenten zur Niederwerfung des Aufstandes in Thüringen rief.
Diese vier Wochen in Thüringen ließen mich die ganze schwerwiegende Bedeutung der sozialen Frage für unser Volk erkennen.«*

Von Tübingen geht er wieder zurück nach Marburg, wo er die letzten
Semester absolviert. Er schreibt:

». . . durch die dort gebotene Vielseitigkeit für die Religion namentlich in den
letzten Semestern vertieft zu haben. Professor Budde machte mir das Alte Testament lieb und wert, indem er den organischen Zusammenhang zwischen alt- und
neutestamentlicher Frömmigkeit herausarbeitete. Je länger je mehr lernte ich
hinaufschauen an Professor Jülicher, der mit ungeheurem Wissen und der daraus
fließenden, oft scharfen Kritik doch die warmen Klänge einer innersten positiven
Frömmigkeit zu verbinden wußte und seine Hörer nie in der Kritik stecken ließ.
Wie viele meiner Kameraden zog auch mich Professor Otto in seinen Bann durch
die numinose Vertiefung, die er allen dogmatischen Fragen über die scharfe Entgegensetzung von positiv und liberal gibt, und durch seine meisterhafte Fähigkeit
der psychologischen Analyse. Zu systematischem Denken und Arbeiten leiteten
mich die Kollegs und Seminare von Professor Stephan an.«*

Paul Schneider hat stets ein offenes Ohr für die anstehenden sozialen
Fragen der Zeit gehabt. Das, was er an sozialer Ungerechtigkeit in Thüringen gesehen und erlebt hatte, hat sich ihm eingeprägt und seine Spuren
hinterlassen.

Die Gesamtsituation in Deutschland war damals mehr als bedrängend,
die Folgen des verlorenen Krieges waren überall erschreckend spürbar.
Der Student Paul Schneider rang um seinen Weg, der ihm zu gehen aufge-
geben war. Als richtungweisend empfand er für sich den Satz aus dem
Munde von Professor Krüger, der bei einer Begrüßungsfeier für aus dem
Kriege heimgekehrte Studenten formulierte: »Nicht Herren, sondern
Diener und Führer des Volkes sollen wir sein.«**

Schon während der ersten Semester in Gießen begann für Paul Schneider die Auseinandersetzung mit dem Sozialismus jener Tage, wobei sich
eine Unterscheidung zwischen Sozialismus und Bolschewismus andeutet.
Er schreibt: »Der Bolschewismus steht wie ein Schreckgespenst vor unseren Augen.«** Er beklagt die Trägheit der Studentenschaft, die sich den

Herausforderungen der Zeit nicht stellt und keine Antworten auf die brennenden Fragen der Tage sucht. Er selbst ist ein fleißiger Besucher von Vorträgen und nimmt an den Aussprachen über die behandelten Themen aktiv teil. Nach einem solchen Vortrag vermerkt er:

»Der Bolschewismus, ein Widerspruch in sich selbst, da ein Zustand, der nur durch Liebe des einzelnen zur Allgemeinheit und seinen guten Willen bedingt sein kann, mit Gewalt eingeführt werden soll. Und dieses gewaltsame Einführenwollen kann letztlich nicht dafür zeugen, daß die Vertreter dieser gewaltsamen Einführung, der Peitsche und Streiks, diese Vorbedingungen des sozialen Staates erfüllen. Aber allein durch die äußere Sozialisierung tritt noch kein Umschwung der Gesinnung ein, und so müßte die Sozialisierung zu einer dauernden Diktatur des Proletariats werden, womit nichts erreicht wäre, weil bei diesem noch weniger als bei den Bürgern die Vorbedingung sozialer Zustände, sittlich sozialer Gesinnung gegeben ist. Versittlicht das Volk, macht seine Menschen besser, dann nähern wir uns ganz von selbst dem sozialen Staate.«**

Paul Schneider denkt vom Neuen Testament her, was bei ihm immer spürbar ist. Die neutestamentlichen Aussagen richten sich zunächst immer an den einzelnen Menschen, um dem Liebesgebot wie dem ganzen Dekalog Geltung zu verschaffen. Die Summe der einzelnen, die sich dem Liebesgebot, d.h. auch den Geboten insgesamt verpflichtet wissen, bildet das Fundament für den sozialen Staat.

Paul Schneider sucht nach den Gründen, die die Unruhe in der deutschen Arbeiterschaft bewirkt haben. Dazu schreibt er:

»Der Mensch bedarf der körperlichen und geistigen Arbeit, und zwar je mehr er kulturell entwickelt ist, desto dringender die geistige Betätigung. Dies war dem Proletariat ebenfalls ein Bedürfnis, dessen Befriedigung durch die sozialen Verhältnisse vor dem Kriege nicht gewährleistet war und . . . mit ein Motiv zur Revolution ist.«**

In einer weiteren Eintragung ist zu lesen: »Denn erst durch geistige Arbeit erhebt sich der Mensch über das Tier.«** Er sieht den Menschen als Ganzheit, Leib und Seele und Geist, und läßt davon sein Denken und Handeln bestimmen – sicherlich Gedanken eines jungen Theologiestudenten, die aber schon erkennen lassen, welches Menschenbild in ihm lebte. So fordert er »die Teilnahme aller Menschen an den Geistesgütern der Menschheit.«**

Paul Schneider tritt damals dem »Nationalen Studentenbund« bei und bleibt so in der Tradition seines Elternhauses, ohne diese unkritisch fortzuführen. Er müht sich um ein von der biblischen Botschaft her inspiriertes soziales Verhalten bei den Menschen seiner Zeit, in dem der Begriff Gewalt keinen Platz mehr hat.

Vater Schneider kam aus reformierter Tradition und hat diese innerhalb der evangelisch-unierten Kirche dem Sohn vermittelt. Paul Schneider war von selbstkritischer und kritischer Natur. So konnte es nicht ausbleiben, daß er im Verlauf seiner fortschreitenden geistlichen Entwicklung ein distanzierteres Verhältnis zum Verbindungsleben bekam: »O böse Zeit! Noch kein Lichtblick, kein Hoffnungsschimmer! Was einigermaßen hilft, ist die Arbeit, und da Feste feiern! Stiftungsfest! Ist es recht, es mitzufeiern?«**

Die wirtschaftlichen und ethisch-politischen Folgen des verlorenen Krieges trafen den Protestantismus schwer. Die Frage nach der Gerechtigkeit Gottes wurde sehr heftig diskutiert. Zwei Äußerungen mögen hierzu Hintergrundinformationen liefern.

1. Der 1914 amtierende Oberhofprediger Ernst v. Dryander legte im Gottesdienst vor der berühmten Reichstagssitzung am 4. August 1914 im Berliner Dom Römer 8,31 (Ist Gott für uns, wer mag wider uns sein?) aus. Er sagte u.a.:

»Im Aufblick zu dem Staat, der uns erzogen, zu dem Vaterland, in dem die Wurzeln unserer Kraft liegen, wissen wir, wir ziehen in den Kampf für unsere Kultur gegen die Unkultur, für deutsche Gesittung wider die Barbarei, für die freie deutsche an Gott gebundene Persönlichkeit wider die Instinkte der ungeordneten Masse . . . Und Gott wird mit unseren gerechten Waffen sein! Denn mit der deutschen Gesittung hängt auf das engste zusammen deutscher Glaube und deutsche Frömmigkeit . . .«[24]

2. Johannes Schneider, Herausgeber des »Kirchlichen Jahrbuchs« 1919, gibt nach Unterzeichnung des Friedensvertrags von Versailles seiner Ratlosigkeit Ausdruck und schreibt:

»Wo bleibt Gottes Gerechtigkeit? – die Frage quält doch Tausende, auch solche, die den inneren Niedergang unseres Volkes, seinen Mammonismus, seine Genußsucht längst erkannten und beklagten und die Spuren der Gottesgerechtigkeit in den Zeichen der Zeit wahrzunehmen vermögen. Sind denn die anderen besser? Ist nicht der Mammonismus amerikanischer Import und [der] kaltherzige Egoismus Englands Morgengabe und der moralische Niedergang, verbunden mit dem unersättlichen Haß der Gemeinheit, Frankreichs Eigenart? Sehen wir nicht einen Triumph der Lüge und einen Erfolg der Gemeinheit, wie er selbst in den dunkelsten Zeiten der Geschichte selten war? Ist Schillers Wort wirklich wahr: Die Weltgeschichte sei das Weltgericht? Ja, dann richtet nicht die Gerechtigkeit . . .«[25]

Die Stimmung unter der Bevölkerung war damals auf einen Nullpunkt gesunken, auch die Kirche konnte keine Orientierung anbieten. In dieser Situation traf Paul Schneider in Marburg seine Entscheidung und trat aus der Verbindung aus.

---

24 *Doehring, B.* (Hg.), Eine feste Burg – Predigten und Reden aus eherner Zeit, Bd. 1, Berlin o.J. (1914), S. 14f; vgl. hierzu *Scholder, K.*, Die Kirchen und das Dritte Reich, Bd. 1, a.a.O., S. 7.
25 Kirchliches Jahrbuch 46, 1919, S. 312. Hierzu: *Scholder, K.*, Die Kirchen und das Dritte Reich, Bd. 1, a.a.O., S. 8.

».. . diesmal aus eigener Initiative das Band zwischen sich und mir zerschnitten, da ich die Kommentformen und Institutionsformen (Grundlagen des Verbindungslebens) als reformbedürftig angegriffen habe. In der Hauptsache war es der Trinkkomment. Ich von mir aus hätte darum ruhig in der Verbindung bleiben können, bin nun doch froh, Zeit und Kraft für andere Dinge zu haben.«**

Noch aber gehörte Paul Schneider zum Gießener Wingolf. Die Zugehörigkeit zu einer Korporation war nur auf den jeweiligen Universitätsort beschränkt und unabhängig vom Wohn- und späteren Studienort.[26]

Im Juli 1924 schreibt er seinem späteren Schwiegervater, der so wie sein leiblicher Vater unter der Last des verlorenen Krieges leidet:

»Das unbegreiflich-unfaßbare Leben ist größer als wir, und trotz aller Kraft hilft nichts dagegen, es ruht nicht eher, als bis es uns niedergeworfen und zusammengebrochen hat. Das Leben sagt: nicht wie du, sondern wie ich will. Und es bekommt der Mensch mit der Zeit eine ganz andere Orientierung. Durch Zusammenbruch und Tod und Leere muß es hindurchgehen, durch Verzweiflung und bitteren Schmerz. Aber das Neubauen, das macht den Menschen dann selig und froh, und erst allmählich muß er sich an diese Freude gewöhnen. Auch zu dieser Freude muß man stark sein, um sie nicht zu verlieren im Überschwang.«[27]

Am 29. August 1921 meldet Paul Schneider sich zum Ersten Theologischen Examen beim Konsistorium der Rheinprovinz in Koblenz. Inmitten der Examensvorbereitungen notiert er:

»Hochelheim, den 28. Februar 1922
Die Kunst des Lebens will täglich neu erlernt sein. Hier gibt es nie ein Fertigsein, ein >über den Berg<. Unser Leben muß ein ständiger Kriegsdienst sein, >immer auf dem Posten<. Ohne diese Bereitschaft werden die Anfechtungen Herr über uns, wir verlieren die Orientierung, und unversehens sind wir der Depression erlegen. Wenn du glaubst, du stehst, siehe wohl zu, daß du nicht schon tief gefallen bist! Ich stehe in der Paukerei für das Examen und merke, wie schon dieses kleine endliche Ziel des Examens Kraft und Ausdauer gibt.
Ich hätte nicht gedacht, daß ich noch tagelang hinter den Büchern sitzen könnte. Und ich glaube, körperlich frisch dabei zu bleiben. Auch in meinen Anschauungen über das Verhältnis von Geist und Leib werde ich wieder umlernen müssen. Der Geist ist's, der den Körper baut. Ich habe vielleicht zu kleingläubig einseitig die Notwendigkeit der Körperpflege betont. Ich habe Askese betrieben und wurde doch nicht Herr über mich und mein Wohlbefinden. Du hast die Gesundheit >des Leibes und der Seele< nur zu sehr an der Peripherie, an der Oberfläche gesucht und nicht erst im Gebet, bei Gott, an der tiefsten, an der Urquelle. Arbeit baut und erhält den Menschen. Sollte, wenn das von der körperlichen Arbeit gilt, es nicht erst recht von der geistigen Arbeit gelten können? Wenn es mir möglich ist, die Zeit des Tages ganz mit geistiger Arbeit auszufüllen, sollte ich dann noch der Muskelkraft zur Gesundheit bedürfen? Wenn der Geist und Wille alles vermag, wahrlich, so muß er auch die zusagende Behausung sich erbauen

---

26 Die Mitgliedschaft in einer Korporation bleibt solange auf den Universitätsort bezogen, wie das Mitglied oder die Korporation es wollen. Ein Studienortswechsel oder Studienabschluß ändern nichts.

27 Prediger, S. 22.

können, ohne Gesundheitsmätzchen . . . Kann Gott mir nicht Kraft geben, soviel er will, soviel ich bedarf, und jedes ›vernünftige Maß‹ über den Haufen werfen? So bleibt mir also übrig, mein Leben ganz aus Gott, dem vernünftigen und wunderbaren, allmächtigen und grundgütigen, zu leben. Von ihm will ich mir sagen lassen, was ich tun soll, wie ich zu leben habe, und auf alle eigenen Maßstäbe verzichten. Herr Gott, zeige du mir mein Ziel, das Ziel meines Lebens und meiner Arbeit! Für dieses Ziel gilt es dann Kraft einzusetzen, ihm sie dienstbar zu machen, und so manches jetzt so Dunkle muß Licht werden. Diese befreiende Ausschau schenke mir, mein Gott und Vater!« **

Unter dem 2. April 1922 erfahren wir:

»Ich stehe vor der Prüfung (Termin 6. April). Ich hoffe, immer mehr dazu zu kommen, Ausgang und Verlauf in Gottes Hand zu stellen. Zeitweilig war ich von großer Unruhe und Schaffenskraft erfüllt, die plötzlich einer Leere und Müdigkeit wich, in der ich auch nichts mehr in geistigem Besitz zu haben glaubte. Doch ist's auch mehr noch das Kommen und Gehen [im] Bewußtsein Gottes und seines Beistandes, das mich oft umwirft, ohne daß ich im glaubensmäßigen inneren Ringen eingreifen möchte.«**

Die Intensität dieses inneren Ringens ist es auch, die ihn von Zeit zu Zeit in eine Art von »Schwermut- und Angstzuständen« treibt. Langsam reift Paul Schneider in ein besonderes, ja persönliches Verhältnis zu seinem Gott heran, so daß seine Frau später berichten kann:

»An einem Vorweihnachtstage dringt ein Strahl des ewigen Lichts in seine Seele, es hebt ein großes Freuen an, und er zehrt lange von diesen ›seelischen Erregungen und Bewegungen‹; das Wissen davon, daß Gott Licht werden lassen kann, bleibt in ihm.«[28]

In Erinnerung an diese inneren Vorgänge schreibt er selbst später:

»Es ist nicht leicht, den neuen Menschen anzuziehen . . . Der Heilige Geist, der im Innersten Wohnung sucht, hat mit dem alten Menschen und seiner Trägheit und seinem Fleischessinn einen bitteren Kampf. Gott ist getreu, der euch nicht läßt versucht werden über euer Vermögen, sondern schafft, daß die Versuchung so ein Ende gewinne, daß ihr mögt bestehen. – O schwacher Mensch, gedenke der großen Vaterliebe deines Gottes.«**

28   Ebd., S. 21f.

Arbeiter unter Arbeitern

Nach dem bestandenen Ersten Theologischen Examen richten sich die Blicke von Paul Schneider wieder auf die deutsche Arbeiterschaft, die unter den schlechten, ja bedrückenden Verhältnissen nach dem Ersten Weltkrieg besonders schwer zu leiden hatte. Theoretische Überlegungen über soziale Umstände sind sicherlich notwendig und nützlich; lobenswert sind solche Überlegungen aber erst, wenn eine Tat am Ende sichtbar wird. Paul Schneider schreibt nach Weilheim:

»... Was meine nächste Zukunft anbetrifft, so will ich zunächst in ein Bergwerk bei Dortmund gehen, um an Ort und Stelle bei ihrer Arbeit, die mir mein Körper auch ermöglicht, die Arbeiter kennzulernen in ihren Vorzügen und Mängeln, um womöglich zu erkennen, in welchen Winkel ihres Herzens sich die Religion verkrochen hat, und um sie hoffentlich immer mehr lieben zu lernen.«[29]

Die Industriearbeiter sind von jeher Stiefkinder der Gesellschaft gewesen; das zeigte sich sehr deutlich im 19. Jahrhundert, als die industriellen Entwicklungen in ein neues Stadium getreten waren, und nahm im 20. Jahrhundert seinen tragischen Fortgang. Kirche und Staat waren in jener Zeit zu eng verzahnt; Ängste des Staates waren auch Ängste der Kirche. Das Gespenst Revolution ging umher; so glaubten führende Wirtschaftskreise in Deutschland, daß von der Arbeiterschaft eine Revolution ausgehen werde. Das Bündnis zwischen Thron und Altar aus dieser Zeit hat die Arbeiterschaft über Generationen hin der Kirche entfremdet. Paul Schneider erkannte die in diesem Zusammenhang entstandenen Probleme und entschloß sich zum ›Industriepraktikum‹, um eine Zeit lang Arbeiter unter Arbeitern zu sein.[30]

29 Ebd., S. 25.
30 Wie eng die evangelische Kirche mit dem Thron verzahnt war, zeigt eine Rede, die am 1. September 1919 der damalige Kirchentagspräsident R. Moeller in Dresden gehalten hat: »In schwerer ernster Zeit tritt der erste Deutsche Evangelische Kirchentag zusammen. In einem Weltkrieg ohnegleichen, nach einem mehr als vierjährigen heldenmütigen Ringen ohnegleichen, gegen eine ganze Welt von Feinden ist unser Volk zusammengebrochen. Die Herrlichkeit des deutschen Kaiserreiches, der Traum unserer Väter, der Stolz jedes Deutschen ist dahin. Mit ihr der hohe Träger der deutschen Macht, der Herrscher und das Herrscherhaus, das wir als Bannerträger deutscher Größe so innig liebten und bewahrten. Dem furchtbaren Krieg ein furchtbarer Friede kaum ein Ende gesetzt. Ein Friede, von harter Grausamkeit der Feinde uns aufgezwungen, um uns beides zu bringen: ein Ende mit Schrecken und einen Schrecken ohne Ende, um uns nahezu alles zu nehmen, was uns aufrichten könnte, um unser Volk, wenn möglich, politisch, wirtschaftlich und geistig zu zerstören, mit der Wehr ihm auch die Ehre zu nehmen.
Das deutsche Volk, durch unabsehbare Opfer an Gut und Blut, durch vieljähriges Hungerleiden in eine Umwälzung und in eine vielfach anscheinend unabsehbare Verworrenheit aller öffentlichen Verhältnisse hineingestürzt, liegt gebrochen am Boden und blutet noch immer aus tausend Wunden.

Am 2. Mai 1922 trifft er in Dortmund-Aplerbeck bei seinem Onkel, der dort kaufmännischer Direktor einer Hütte ist, ein. Er wird von ihm sogleich in die ›höhere Gesellschaft‹ eingeführt und erlebt in geistlicher Hinsicht dort nichts als gähnende Leere. Er notiert:

»... Und dann kommt das Essen bei Westermann mit Onkel und seinen Kollegen. Ein einziger katholischer Diplomingenieur zeigt einiges Verständnis für religiöse Fragen; die meisten sind vollkommen gleichgültig und beteiligten sich nicht am Thema. Nur Herr R. und der Direktor, der ein radikaler Rationalist ist.«**

Von da ab meidet Paul Schneider jene Kreise und nimmt auch die durch seinen Onkel vermittelte gutdotierte Stellung nicht an. Die Tagebuchnotiz lautet:

»Donnerstag nachmittag. Nach Kenntnis meiner Bevorzugung mit Hauerarbeit kann ich es nicht über mich gewinnen, dem Einsatzbefehl Folge zu leisten. Ich meldete dem Betriebsführer, daß meine Zwecke hier schlecht gewahrt seien und ich anderswo arbeiten wolle.«**

Es folgt die bemerkenswerte Eintragung:

»Ich kam her, um Arbeiter unter Arbeitern zu sein. Ich geriet durch Onkel R. naturgemäß sofort in die Gesellschaft hinein. Ich hörte arbeiterfeindliche Äußerungen, und ich glaubte die Befangenheit verloren zu haben. Ich sah den Gegensatz zwischen Kapital und Arbeiter zu scharf. Ich wandte mich an Phönix in Hörde. Ich lief alle Instanzen durch, bis ich Arbeit zugesichert bekam. Ich glaubte, durch

In diesen Zusammenbruch ist die evangelische Kirche der deutschen Reformation tief hineingezogen. In den evangelischen Kirchen unseres Vaterlandes bestanden seit den Tagen der Reformation die engsten Zusammenhänge mit den öffentlichen Gewalten des Staates. Wir können nicht anders als hier feierlich zu bezeugen, welcher reiche Segen von den bisherigen engen Zusammenhängen von Staat und Kirche auf beide – auf den Staat und die Kirche – und durch beide auf Volk und Vaterland ausgegangen ist.
Und wir können weiter nicht anders, als in tiefem Schmerz feierlich zu bezeugen, wie die Kirchen unseres Vaterlandes ihren fürstlichen Schirmherren, mit ihren Geschlechtern vielfach durch eine vielhundertjährige Geschichte verwachsen, tiefen Dank schulden und wie dieser tiefempfundene Dank im evangelischen Volke unvergeßlich fortleben wird.
Mit dem Umsturz der staatlichen Verfassungen sind in weitem Umfange tiefgreifende Wirkungen für die kirchlichen Verfassungen verbunden gewesen. Mit dem Wegfall des landesherrlichen Kirchenregiments ist ihnen die Spitze ihrer Vertretung genommen.
In dieser Lage sind die Landeskirchen um so schwerer betroffen worden von der Forderung der neuen Staatsgewalten auf Trennung des Staates von der Kirche, und es ist nicht zu verkennen, daß auch starke Kräfte am Werk sind, diese Forderung im Sinne einer schweren Gefährdung der Kirche in die Tat umzusetzen« (zit. nach *Krumwiede, H.-W.*, Evangelische Kirche und Theologie in der Weimarer Republik [Grundtexte zur Kirchen- und Theologiegeschichte], Neukirchen-Vluyn 1989, S. 18f).
Dem konnte auch der Vater von Paul Schneider voll zustimmen. Doch der Sohn macht sich auf, neue Wege zu gehen, die anders verlaufen müssen, weil er am überkommenen Kirchenbegriff Zweifel anmelden muß. Er sucht die auf, denen die Kirche bisher wenig Beachtung geschenkt hat.

das Angebot gutbezahlter Arbeit verführt, den Hauptzweck meines Vorhabens versäumen zu müssen.«**

Daß diese ungewohnte Tätigkeit für ihn Probleme mit sich bringt, ist verständlich. Er notiert:

»Schon vierzehn Tage bei Phönix als dritter Mann am Schmelzofen im Martinswerk. Die ersten Tage, namentlich die ersten Nachmittagsschichten, wurden mir reichlich sauer. Die zweite Nachmittagsschicht brachte mich fast zum Abbauen. Ich glaube, daß ich mich jetzt gut an die Arbeit gewöhnt habe.«**

In der Freizeit sucht Paul Schneider, der in einem Heim, in dem nur ledige Arbeiter wohnen, ein Zimmer bekommen hat, das Gespräch mit den Arbeitskameraden. Er notiert im Tagebuch: »Ich kam um zehn Uhr durch allerlei interessante Gespräche aufgemuntert nach Hause.«** Den sonntäglichen Gottesdienst versäumt er nicht, und bei allen körperlichen Strapazen horcht er in sich hinein, um sich über sich selbst Rechenschaft zu geben.

»Habe mir wohl eingebildet, ein Opfer gebracht zu haben, als ich unter Arbeiter nach Phönix ins Ledigenheim ging; so erleide ich tagtäglich im Kampf mit meiner Selbstsucht wieder Niederlagen, gegen die Liebe verstoßend. Warum mußte ich in Schwerte meine Begleiter verlassen und zur Ruhr baden gehen? Warum habe ich bis heute nach vierzehn Tagen meinen Onkel nicht wieder gesehen? Und immer, wenn mich der Teufel der Selbstsucht beherrscht, dann bin ich krank und unentschlossen. Dann sagen die andern wohl: ›Komischer Mensch!‹ Es ist gerade, als ob ich besonders häßlich und eklig sein könne im persönlichen täglichen Leben, nachdem ich versuchte, mir die großen Richtlinien des Lebens nach großen Idealen zu gestalten. Hier gilt es jetzt den alltäglichen Kleinkampf, um mehr ein Leben aus der Liebe heraus zu führen. Dazu verhelfe mir Gott.«**

Paul Schneider ist nicht als Zaungast, als Zuschauer an den Hochofen gekommen, sondern um Menschen kennenzulernen, die unter schwersten Bedingungen ihr tägliches Brot verdienen müssen, Menschen, die er in der Gemeinde der Christen vermißt. Inmitten der Arbeit am Hochofen ringt er um Inhalt und Maß seiner Verkündigung: »Was soll ich predigen?«** Dem Tagebuch vertraut er an:

»Wieder einmal auf Fahrt. Obwohl mir allmählich graut, so allein zu wandern, treibt es mich doch immer wieder dazu, denn keiner mag meine Interessen teilen. Mich ekelt die Einsamkeit, mich ekelt die Gesellschaft der Menschen. Ich habe nichts mehr, alles ist Problem: Kapitalismus und Sozialismus, Religion und Leben. Ich stehe vor dem Nichts, vor dem völligen Ausgehöhltsein und Leersein. Meine Arbeitszeit geht zu Ende. Ich soll wieder predigen und im väterlichen Betrieb arbeiten. Was soll ich predigen? Das Evangelium: Alle Menschen zum Menschsein gelangen. Eigentumsauffassung, Sozialismus? Wie schwer ist es, daß ein Reicher in das Reich Gottes eingehe! Vom Tun des Willens Gottes? Die ungleichen Söhne und das Jesuswort vom Herr-Herr-Sagen? Kraft von oben tut not; darum will ich beten.«**

Paul Schneider verdrängt diese seelischen Erschütterungen nicht, sondern stellt sich ihnen, um tragbare Antworten zu finden, die ihm auf dem
weiteren Weg die rechte Weisung geben können. Mit gemischten Gefüh-
len verläßt er in Hörde seine › Arbeitsstelle‹ und kehrt ins väterliche Pfarrhaus zurück. Am 7. September 1922 notiert er:

»Ich glaube sicher, daß die innere Verbindung mit einigen hier unsere äußere
Trennung überdauern wird. All die Liebe, die mir dort entgegengebracht wurde
und die man in der rauhen Industrie- und Arbeitswelt doppelt dankbar empfindet, kann ich gar nicht in geschriebene Worte bannen. Aber sie hat mir den Glauben an unser Volk und vor allem den Glauben an unsere Arbeiter gestärkt. So
möchte ich dieses Vierteljahr im Ledigenheim um keinen Preis missen.«**

Beim Abschied hatten die Arbeitskameraden gesagt: »Du bist einer
der Unsern, du solltest dableiben!«**

Ein neuer Abschnitt beginnt

Bevor Paul Schneider seine theologische Ausbildung fortsetzt, verlobt er
sich mit der Pfarrerstochter Margarete Dieterich aus Weilheim bei Tübingen. Mit großem Respekt lesen wir, was seine Frau später vom damaligen
Beginn schreibt: »Immer mehr bietet eins dem andern Heimat, kann eins
das andere seelsorgerlich tragen.«[31]
    Am 31. Oktober 1922 tritt cand.theol. Paul Schneider in das Prediger-
seminar seiner Kirche in Soest ein. Als erster von den neun Kandidaten
hat er den Gottesdienst zu halten. Der Predigt liegt das Evangelium aus
Lukas 9,57-62 zugrunde und handelt vom Ernst der Nachfolge!
    Paul Schneider fühlt sich in Soest ausgesprochen wohl und notiert:
»Die Ordnung, Ruhe und geistige Arbeit des Klosteraufenthaltes emp-
finde ich als sehr wohltuend; wenn ich sie nur recht als Geschenk mit rei-
nem Gewissen genießen könnte.«**
    Weiter lesen wir:

». . . und als in Soest Schlatter behandelt werden sollte, war ich erst enttäuscht,
um ihn dann während des Semesters mehr und mehr schätzen zu lernen. Hand in
Hand damit geht eine Wandlung meiner eigenen theologischen Ansichten. Ich
glaube, ein bißchen verstanden zu haben, und möchte mich selber meiner Grund-
struktur nach auch eher positiv als liberal nennen. Im eigenen Sündenbewußtsein

---

31   Prediger, S. 21.

erschließt sich uns mit absoluter Geltung die Gottheit und Erlöserkraft Jesu Christi . . . Aus den Examensarbeiten ist nichts geworden. Ich habe wieder eine Woche verdöst und verdudelt und bin im Begriff, es mit der 2. genauso zu machen. Was soll ich tun? Ich kann den Ausweg nicht finden. So oder so. Sei treu, glaub und vertraue.« **

»Soest, den 19. Juni 1923
Das Allerschwerste für das Menschenherz ist die Demut. Demut hat nur der, der ganz von sich selber loskommt. Wir müssen uns hassen lernen. Die dunkelsten Stunden unseres Lebens führen uns am nächsten zu Gott, und wir schulden ihm für sie den größten Dank.«**

Paul Schneider verschiebt sein Zweites Theologisches Examen, was beim Konsistorium in Koblenz Schwierigkeiten bereitet, die aber durch den Leiter des Predigerseminars behoben werden können. »Ich habe mein Examen aufgeschoben . . . Niemand kann zwei Herren dienen. Ich glaube, daß ich im Interesse einer ruhigen Ausbildung meines Glaubens- und Geisteslebens ein Recht dazu habe.«**

Bis zum nächsten Examenstermin beschäftigt er sich u.a. mit Theologen wie Friedrich Tholuck (1799-1877), der als Professor in Halle und Berlin Einfluß auf die Erweckungsbewegung genommen hatte; er wandte sich insbesondere in seinen Predigten gegen die Überfremdung der Theologie durch die idealistische Philosophie wie gegen die Erstarrung biblischer Verkündigung, wie sie von der Orthodoxie betrieben wurde. Außer diesen für ihn sehr wichtigen Predigten fallen Paul Schneider in der Soester Bibliothek noch Predigten von Johannes Wichelhaus (1819-1858) in die Hände, der ebenfalls in Halle gelehrt hatte. Seine unzweideutige Stellung zur Heiligen Schrift und zu den Bekenntnisschriften der Kirche hatten ihn, der aus rheinischen Erweckungskreisen kam, innerhalb seiner Fakultät einsam werden lassen.

Im Anschluß an die Lektüre vertraut Paul Schneider dem Tagebuch an: »Gott sei Dank, der meine Tage füllt und ihnen die Öde nimmt. . . Gott ist getreu, der euch nicht läßt versucht werden über euer Vermögen, sondern schafft, daß die Versuchung so ein Ende gewinne, daß ihr möget bestehen.«**

Dieser 13.Vers aus dem 10. Kapitel des ersten Korintherbriefs zieht sich wie ein roter Faden durch das fernere Leben von Paul Schneider. Trotz aller inneren Spannungen verliert er den Blick für die Menschen nicht, die von der sozialen Not betroffen sind. Im Tagebuch ist zu lesen:

»Dieses Leiden legt sich bei der starken Solidarität unserer Arbeiter über die ganze Arbeiterschaft, schweißt sie nur um so fester zusammen und wird Deutschland zu einem Arbeiterstaat, und das ist dann der soziale Staat, umschaffen. Wer diese Kräfte zu diesem Arbeitswillen allein geben kann, ist klar, und so wird dieser soziale Staat viel mehr von den Kräften des Christentums durchdrungen sein müssen, als es bisher eine Volksgemeinschaft gewesen ist.«**

Für seinen zukünftigen Schwiegervater, der schwer unter der Not seines Volkes leidet, findet Paul Schneider am 11. Juli 1923 die tröstenden
Worte:

»Ein dunkler Schatten liegt ja, wie über unser aller Leben, so ganz besonders über
Deinem Lebensabend, lieber Vater, die Not unseres Vaterlandes, seine seelische
Not, die es in Stürmen und Brechen der Tage den haltenden Anker noch nicht finden läßt.
    Darum muß die Not vorläufig noch höher steigen. Und ob nicht das Deutsche
Reich darüber zerbricht? Es berührt einen heute ganz eigen, wenn man sieht, wie
die großen Propheten des Alten Testaments der fast völligen Vernichtung ihres
Volkes kalt und entschlossen ins Auge sehen. Gottes Reich über alles!
    Auch das deutsche Volk ist nur sein Werkzeug, das er sich für seine Zwecke zubereitet, wie er immer will, ja auch ein zeitliches, vergängliches, bedingtes Zwischenglied sein kann auf dem Weg zum Ziel: ›Da er sein Reich groß machen wird
und des Friedens auf dem Thron Davids kein Ende und in seinem Königreich.‹
Nein, die tiefe Freude, die Freude in Gott, soll auch kein noch so schweres Geschick des Vaterlandes uns rauben dürfen und können, die wir nicht sehen auf
das, was sichtbar ist, das ist zeitlich; was aber unsichtbar ist, das ist ewig. Und
wenn schon den alten Propheten nicht bange wurde, die doch in der Hoffnung
lebten, die das Heil noch nicht gesehen hatten, wenn sie die Hoffnung schon höher achteten als Ruhm und Ehre und Glück ihres Volkes, wie sollte uns bangen,
denen das Heil gegeben und versiegelt ist und die wir wissen, daß alles, was noch
kommt, nur der vollendete Ablauf der Heilsgeschichte ist! Gewiß, wir leben noch
in dieser Welt und mit diesem leidenden Volke und teilen auch seine Leiden.
Aber wir haben Auftrag und Beruf aus einer anderen Welt, und dort ist unser
Bürgerrecht. Und wir wissen, diese Welt wird trotz allem einmal siegen: Deshalb sind wir fröhlich in der Trübsal.«[32]

Hier zeichnet sich schon sehr deutlich ab, woher er in den Tagen des
Grauens seine Kraft bezog, um alles durchstehen zu können:
    »ABER WIR HABEN AUFTRAG UND BERUF AUS EINER ANDEREN WELT, UND
DORT IST UNSER BÜRGERRECHT.«
    Eine weitere bedeutsame Feststellung macht Paul Schneider nach dem
bestandenen Zweiten Theologischen Examen:

»Meine wissenschaftliche Hausarbeit: ›Was ist vom Begriff der Heilstatsachen zu
halten?‹ hatte mich diese Frage ganz im positiven Sinn beantworten lassen. . . Die
Arbeit half mir sehr zur Klärung des eigenen Standpunktes. Du weißt, ich muß
mich von dem liberalen Standpunkt dahin durchfinden. – Die praktisch-wissenschaftliche Arbeit hieß: ›Religions- und Moralunterricht‹. Da war ich in meinem
Element. Ich stellte zwei Leitthesen auf: Religionsunterricht kein Moralunterricht und kein Religionsunterricht ohne Gesetzesunterweisung.«[33]

---

32   Ebd., S. 29. Diesen Brief hatte Paul Schneider seinem Schwiegervater, der ebenso wie
sein leiblicher Vater unter der Not des Vaterlandes litt, zu dessen 67. Geburtstag geschrieben. Der Brief endet: »Grüße Mutter und das ganze Haus. In dankbarer Liebe bin ich Dein
Sohn Paul.« Paul Schneider fühlte sich im Hause seiner Schwiegereltern im wahrsten Sinne
des Wortes als Sohn.
33   Prediger, S. 31.

Nach dem Examen finden wir Paul Schneider in Berlin. Sein damaliger Mitbruder Wilhelm Gründler berichtet:

»Paul Schneider eignet sich gar nicht dazu, daß man ihn nachträglich glorifiziert, schlicht und einfach wie er war. Gerade das verband uns. Er versuchte einfach, das zu sagen, was ihm aufgeleuchtet war, und Freund und Feind das zu bezeugen, was ihm in seinem Leben Realität geworden war. . . Wir bestanden beide das zweite theologische Examen. Bei der Frage: Was nun? folgten wir einer Einladung von Pastor Erich Schnepel nach Berlin in die dortige Stadtmission, da z.Zt. keine Hilfspredigerstellen frei waren. Für einen halben holländischen Gulden, den Pastor Schnepel uns schickte (es war Herbst 1923, mitten in der Inflation), fuhren wir beide nach Berlin, jeder dort an einen anderen Platz, den Pastor Schnepel uns innerhalb seiner Mitarbeiter, die meistens aus Chrischona kamen, anwies.«[34]

Paul Schneider berichtet von Berlin aus:

»So bin ich nicht von ungefähr in den Schnepelschen Kreis geraten, der einst in Notzeit, um die Stadtmission zu entlasten, sich finanziell von ihr frei gemacht hatte und seit der Zeit auch in äußerer Beziehung, in Sachen des täglichen Brotes, alles nicht mehr auf dem Mittelweg einer Organisation, sondern unmittelbar von dem lebendigen Herrn erwartet, ohne daß sich der einzelne an ein bestimmtes Gehalt bindet . . . Daß die Auseinandersetzung mit einer Frömmigkeit, deren Ansprüche über die der hergebrachten kirchlichen Lehre hinausgehen, mir nicht so ganz leicht ist und mich wieder einmal die Rolle des Bankrotteurs spielen läßt, ist letztlich doch auch als gutes Ergehen zu buchen. Wenn ich auch diesem merkwürdigen Berlin mit seinen noch merkwürdigeren Menschen schon mal habe ausrücken wollen, so hat Gott mir doch den Mut, wie Ihr wünscht, wieder aufgefrischt, und ich will nun gewiß nicht eher hier weg, als ich mit dieser Auseinandersetzung zu Rande gekommen bin. – Hier gibt es nämlich Menschen, die behaupten, Jesus nicht nur zu kennen und seiner Lehre zu folgen zu suchen, sondern ihn als die lebendige Kraft ihres Lebens zu besitzen, der sie frei gemacht hat von der Sünde, daß diese keine Gewalt mehr über sie hat. Sie behaupten das nicht nur, sondern machen ganz den Eindruck, als hätten sie ihr Leben wirklich vollkommen an Jesus ausgeliefert, liebten nur ihn allein und als seien sie wirklich allem Eigenen in Wunsch, Gedanken oder Gefühl abgestorben. Sie machen den Eindruck von wirklich Erlösten. Sie bewähren ihr Christentum in großer Opferbereitschaft und Freudigkeit. Ganz kindlich verkehren sie mit dem Heiland wie mit dem nahen, wirklich lebendigen Freund, der gewiß all ihr Anliegen erhört. Da muß ich mir sagen: So ein Gotteskind bist du noch nicht. Ich fühle es, wie ein Bann trennt mich noch so viel unausgesprochene Sünde, so viel Hängen nach eigenen Wünschen, so viel Trotzen auf eigene Gedanken von ihm. So kommt es, daß ich aus dem Subjekt Mission erst mal ihr Objekt geworden bin.«[35]

Seinem zukünftigen Schwager rät er von Berlin aus: ». . . Prüfet die Geister! Fromm sein wollen viele, aber lehrreich ist darum auch hier einmal unterzutauchen.«[36]

---

34 Brief an den Verfasser.
35 Prediger, S. 32f.
36 Ebd., S. 33.

Im Sommer 1924 wird Paul Schneider seinem erkrankten Vater als persönlicher Vikar zugeteilt und am 30. Januar 1925 in Hochelheim von Superintendent Wieber, der für die rheinische Synode Wetzlar zuständig ist, ordiniert. Paul Schneider predigt im Ordinationsgottesdienst über Römer 1,16: »Ich schäme mich des Evangeliums von Christus nicht; denn es ist eine Kraft Gottes, die da selig macht alle, die daran glauben.«

Das Konsistorium in Koblenz betraut den nunmehr jungen Pfarrer mit einer Hilfspredigerstelle in Essen, Altstadt, die für ihn in mancher Hinsicht eine Herausforderung bedeutet. Wieder horcht er in sich hinein und vertraut seinem Tagebuch an:

»5. September 1925, Essen; Weberstr. 5
Fast zwei Jahre lang habe ich keine Eintragung mehr gemacht. Bin ich weitergekommen im Christentum, in der Kunst des Lebens, in der Erkenntnis Gottes, in der Welt der Menschen? Habe ich meine Zeit genutzt, oder war ich ein untreuer Haushalter?. . . Du, Gott, allein weißt die Größe meiner Schuld. An deine Gnade und Barmherzigkeit wende ich mich; verwirf mich nicht von deinem Angesicht und zeige mir den Weg, den ich gehen soll. . . Ich habe das allerliebste Mädchen, das sich denken läßt, und kann es nicht heimführen. Gott, das ist die gerechte Strafe! Ich stehe in dem höchsten Beruf und kann ihn schlecht, fast nicht ausüben. . . Mein Leben gleicht immer mehr dem eines Traumwandlers.«**

In dieser Zeit durchlebt Paul Schneider eine seiner schwersten seelischen Krisen. Mit geradezu pedantischer Ehrlichkeit gegen sich selbst durchforstet er sein Verhältnis zu Gott, dessen Wort er den Menschen verkündigen soll.

In Hochelheim trifft er auf einen sterbenden Vater, der dann am 13. Januar 1926 heimgerufen wird. Sehr bald erhält Paul Schneider eine zweite Hilfspredigerstelle.

»13. März, an einem Sonntagvormittag
Von Essen noch einmal verschlagen nach Rotthausen am 1. Februar 1926; bisher habe ich keine Predigt halten können. Mein Kopf ist sehr schwach und mein Gewissen, mein Wille schwankend. Noch in Essen wurde ich mit Mazdaznan[37] und Lebensreform bekannt. Ich habe das ›reine Blut‹ wie ein Evangelium ›gepredigt‹ und verliere darüber den Glauben an Gott und Christus. . . Was soll ich predigen?. . . Bisher glaubte ich immer, daß mein schwacher Kopf schuld sei an meiner Dienstunfähigkeit. Und doch war es zugleich immer das Gefühl, nicht hinter dem zu stehen, was ich sagen soll. Es bedrückte mich bei der Vorbereitung der Predigten; es war auch, was mir bei Besuchen den Mund vor frommen Phrasen verschloß. Das Glaubensgut der Kirche ist nicht mein Glaubensgut. Die Freudigkeit beim Predigtmachen und -halten ist mir verlorengegangen. Mein Gebetsleben war von jeher sehr kümmerlich und ist nun ganz versiegt . . . Was ich sage, sind Phrasen, angelernt, hundertfach wiederholt. Mir fehlt eben das Gedächtnis, um in all den Amtsgeschäften so viel zu leisten wie die Kollegen. Schon fühle ich mich von den Gemeindegliedern, mit denen ich zu tun habe, in meiner Unwahrhaftigkeit durchschaut. Diesen Bruch kann ich nicht mehr länger ertragen.«**

---

37 System einer Lebensführung nach altiranischen Gedanken.

Was geht in dem jungen Pfarrer vor? Fühlt er sich wirklich unfähig zum geistlichen Amt? Setzt er nicht die Forderungen gegen sich zu hoch an? Oder muß sich erst in seiner Erfahrungswelt die Realität von Sünde und Gnade festigen?

Paul Schneider wird immer mehr von einer direkten Begegnung aller Menschen mit Gott überzeugt. Das macht ihn unruhig, hier muß er wahrhaftig sein und darf Christus nicht verschweigen. Für Paul Schneider erfährt der Mensch durch den Glauben eine auf ihn zukommende neue Lebensrealität, eine neue übergeordnete Wirklichkeit. Das heißt aber auch, daß er als Verkündiger dieser neuen Realität von ihr durchdrungen sein muß, um seine Aufgabe in Ehrlichkeit und mit Freudigkeit zu erfüllen. Am 8. Juni 1926 notiert er:

»Der Wurm des Todes ist die Sünde, aber Gott sei Dank, der in Christus dem Tode die Macht genommen hat!. . . Wie sind die vorigen Zeiten wieder ein Dokument meines Unglaubens! Aus wie großer Not hat nicht mein Gott mir geholfen, und immer wieder weiß ich es so schlecht, daß seine Hand zu helfen hat kein Ziel, wie groß auch sei der Schade. Ich darf meinem Gott wieder Loblieder singen. Es ist der Geist von oben stärker, viel stärker als alle naturhaften Mächte. Nun sind wir auch nicht mehr Knechte der Natur. Gott, zu dir zieht alles Leben, und was nicht zu dir gegangen kommt, wird krank. Habe gestern Hans einen Brief geschrieben . . . und will Gretel heute auch wieder froh machen.«**

Nach Weilheim schreibt er:

»Es wird Euch und besonders Vater freuen, wenn ich bekennen darf, daß ich mit Freuden Pastor bin, auch in der Großstadt. Gott gibt mir mit den wachsenden Aufgaben wachsende Kraft. Am Sonntag hatte ich fünf Amtshandlungen. Das soll mir mein Trost und meine Zuversicht sein, wie Wichern einmal ausspricht: ›Du, Gott, läßt nichts unvollendet und hast das Wollen geweckt; du wirst auch des Vollbringens Kraft mir schenken nach deiner Gnade und Liebe um Jesu willen.‹«[38]

Pfarrer von Hochelheim und Dornholzhausen

Nach dem Tod von Pfarrer Gustav Adolf Schneider wählen die Presbyterien der evangelischen Gemeinden Hochelheim und Dornholzhausen im

---

38 Prediger, S. 36.

rheinischen Kirchenkreis (Synode) seinen Sohn Paul einstimmig zum Pfarrer der Gemeinden. Sicherlich haben sich verschiedene Wünsche an diese Wahl geknüpft.[39] Doch er zeigt sehr bald, daß er als Sohn seines ›Vorgängers‹ einen eigenen, von ihm allein zu verantwortenden Weg zu gehen bereit ist.

Nachdem mit der Übernahme des Pfarramts die Voraussetzungen gegenüber dem Konsistorium zur Gründung einer Familie erfüllt sind, wird die lange Verlobungszeit beendet. In Weilheim vollzieht der Schwiegervater die Trauung, als Trauspruch wählt er: »Wo du hingehst, da will ich auch hingehen; wo du bleibst, da bleibe ich auch. Dein Volk ist mein Volk, und dein Gott ist mein Gott« (Ruth 1,16). Der Tenor seiner Ansprache ist: »Seid einig, einig, einig in Glaube, Liebe und Hoffnung.«

Am 4. September 1926 wird Paul Schneider durch den Superintendenten des Kirchenkreises Wetzlar in sein Amt eingeführt; er ruft dem jungen Pfarrer zu: »Sei getrost und unverzagt und mache es; fürchte dich nicht und zage nicht! Gott der Herr, mein Gott, wird mit dir sein und wird die Hand nicht abziehen noch dich verlassen, bis du alle Werke zum Amt im Hause des Herrn vollendest« (1. Chronik 28,20). Paul Schneider predigt im Gottesdienst über 1. Timotheus 3,1: »Es ist gewißlich wahr: Wenn jemand ein Bischofsamt begehrt, so begehrt er ein köstlich Werk« und 2. Timotheus 3,14-17: »Du aber bleibe in dem, was du gelernt hast und dir vertraut ist, da du ja weißt, von wem du gelernt hast, und weil du von Kind auf die Heilige Schrift weißt, die dich unterweisen kann zur Seligkeit durch den Glauben an Christus Jesus. Denn alle Schrift, von Gott eingegeben, ist nütze zur Lehre, zur Aufdeckung der Schuld, zur Besserung, zur Erziehung in der Gerechtigkeit, daß ein Mensch Gottes sei vollkommen, zu allen guten Werken geschickt.«

Paul Schneider weiß sich von Anfang an für alle Glieder der beiden Gemeinden verantwortlich. So dankbar er einerseits für den Gottesdienstbesuch der »Evangelischen Gemeinschaft« ist, so hält er andererseits Ausschau nach den anderen, die sich am Rande der beiden Kirchengemeinden bewegen.

Aus dem Jahr 1931 ist ein Gemeindebrief erhalten, den er aus einem Urlaub geschrieben hatte:

»Meine lieben Gemeinden Hochelheim und Dornholzhausen möchte ich heute aus dem Urlaub, aus der Heimat meiner Kindheit, Pferdsfeld im Kreise Kreuznach, herzlich grüßen. ›Kirche der Heimat‹ heißt unsere Heimatbeilage im ›Kasseler Sonntagsblatt‹[40], und auch unser kirchlicher rheinischer Sonntagsgruß bringt eine ›Heimatecke‹.

Wie wohl wir daran tun, die Heimaterinnerungen, die Heimatkunde und Heimatliebe zu pflegen, merke ich in diesen Tagen sonderlich, da ich in dem Lande weile, wo meine Wiege gestanden und das mir die Eindrücke der Kindheit vermittelt hat. Das Dörflein hoch im Wiesengrund des beginnenden Hoxbachtales gebettet, der machtvoll aufgebaute Soonwald im nahen Blickfeld, die alten, nied-

---

39   Ebd., S. 37.
40   Christliches Wochenblatt.

rigen Häuschen, die Winkel und Ecken des Dorfes. Die Leute z.T. noch die alten Gestalten der Kindheit, der plätschernde Röhrenbrunnen jetzt wie einst. Wie nimmt das alles die Seele in einer starken und guten Liebe gefangen, wie ruht Leib und Seele so gern im Schoße der Heimat. Nun sollt Ihr nicht denken, meine lieben Gemeinden, daß ich Euch nicht als meine Heimat betrachte, zumal Ihr mich durch Eure Wahl ja in meinem Elternhaus in Hochelheim und an der Stätte meiner Jugendjahre habt bleiben heißen. Ihr seid nun die Heimat meiner Arbeit, meine Mannesheimat und meine Pfarrheimat, die ich als Pfarrer mit der ganzen Kraft und Liebe, die mir gegeben sind, zu einer rechten wohligen warmen kirchlichen Heimat für Euch alle ausgestalten helfen möchte. Aber gerade darum, weil Ihr wißt, daß ich als Pfarrer gern bei Euch bin und bleiben will, werdet Ihr mir gern gönnen, daß ich mich nun in der Arbeitspause der Heimat meiner Kindheit freue und hier neue Kräfte für die Arbeit sammle.«

Am 24. November 1927 schlägt Paul Schneider letztmalig sein Tagebuch auf und notiert:

»Fast einienhalb Jahre sind es, daß ich dir, mein Büchlein, nichts mehr anvertraut. Aber nun rufst du mich wieder zu stiller Besinnung. Ehemann, Vater und Pfarrer bin ich geworden. Wie viele wandeln in solcher Würde doch auf verkehrtem Wege!
Kommt doch auch zu mir heutigentags die große Unruhe, daß mein Herz nicht alles verlassen hat, um Jesus zu dienen. Sind mir denn auch die ›weichen Arme‹, von denen Kierkegaard schreibt, zum Verhängnis geworden? Habe ich in entscheidungsschweren Augenblicken meines Lebens den rechten Entschluß der Entsagung, des Verzichtes nicht gefunden? Darf ich morgen vor die Gemeinde treten mit der Adventsfreude und Adventsbotschaft? Möchte sie doch heller in meinem Herzen brennen! Möchte Gott mir seine Gnadenfülle wieder reichlich widerfahren lassen! Otto Carstens tröstete mich, ich habe seit Berlin einen großen Schritt vorwärts gemacht. Sein Hiersein, meine ich, bedeutet, wie ich mir erbeten, Stärkung und Segen. O Gott im Himmel, laß mir nicht alles wieder geraubt werden! Schenk mir den Glauben und Frieden! In der Spannung stehend, muß ich hinter all mein Tun und Sagen ein Fragezeichen setzen. Du, o Gott, kannst deinen Geist der Liebe über mich ausschütten, daß aus dem Fragezeichen ein freudiges Ja werde. Amen!«**

Im 19. Jahrhundert hatte ein Aufbruch der Jugend stattgefunden, sie suchte nach neuen, ihr gemäßen Kommunikationsformen, denn mit den gesellschaftlichen Gepflogenheiten des Bürgertums ihrer Zeit konnte sie sich nicht mehr identifizieren. So machte sie sich auf, um Natur, Dichtung, gestaltende Kunst und die Musik neu zu entdecken. Die Wandervogelbewegung, die sich in ihren einzelnen Gruppierungen unterschiedlich darstellte, hatte sehr bald im gesellschaftlichen Leben große Ausstrahlung. Eine zusätzliche Komponente erhielt dieser Neuaufbruch durch den sich formierenden Industriearbeiterstand. Bedeutsam ist, daß die Angehörigen dieser verschiedenartigen Gruppen aus allen gesellschaftlichen Schichten kamen und sich innerhalb ihrer Gruppen solidarisierten, um nach neuen Wegen zu suchen. Ausnahmen, die die Regel bestätigen, finden sich bei den ausschließlich parteipolitisch orientierten Jugendgruppen. Dieser Aufbruch der Jugend hat bis weit in das 20. Jahrhundert hinein seine Wirkung gehabt und ist aus dem gesellschaftlichen Leben des ausgehenden 19. Jahrhunderts bis hin zum ersten Drittel des 20. Jahrhunderts nicht fortzudenken. Die kirchliche Administration tat sich schwer mit dem Anliegen der Jugend. Die Gründung kirchlicher Jugendgruppen hing von der jeweiligen Aktivität der Gemeindepastoren ab. Die »Freikirchlichen Gemeinschaften« wurden besonders aktiv; so ist es nicht verwunderlich, daß die unterschiedlichsten Gruppierungen wie Pilze aus dem Boden schossen. Bedauerlich war, daß gerade im »christlichen« Bereich ein unliebsames Konkurrenzdenken seine besonderen Blüten trieb.

Wichtig zu wissen ist für die Gegenwart, daß es damals die christlichen Jugendgruppen waren, die schon früh internationale Kontakte knüpften, die sich in späteren Zeiten bewährten.

Paul Schneider hat sich stets den Problemen der Jugend gestellt. Der Grund, warum er für sie ein besonders offenes Ohr hatte, resultierte aus den Erfahrungen im Durchstehen eigener Fragen und aus erlebten inneren Spannungen. Aus einem Brief erfahren wir, wie er im Gegensatz zu dem Adressaten die evangelische Jugendarbeit gesehen hat:

»... Wir schlagen uns nun schon fünf Jahre mit den von Ihnen angeschnittenen Fragen herum. Die Gemeinschaft hatte einen ›kirchlichen Zweck‹, wenn sie in ihren Männer- und Jünglingsvereinen außer Posaunenblasen nichts anders trieb als Bibelstunde. Die gewiß vom Boten[41] Trippler nicht schlecht dargeboten wurde, oder sollte das Posaunenblasen etwa auch schon unter die ›pädagogischen‹ Zwecke fallen, die in den Vereinen direkt nichts zu suchen haben? Freilich wurden bisher rein kirchliche Lieder geblasen. Ein ebensolcher Jungfrauenverein bestand, nur daß an Stelle des Blasens das gemischte Chorsingen trat. Aber diese ›kirchlichen‹ Gebilde in Reinkultur blieben in einem kläglichen Entwicklungsstadium stecken, ohne jeden Einfluß auf die übrige Jugend und, wie ich dann feststellte, auch ohne wirkliche christliche Erkenntnis und Bibelkenntnis. Frühe Liebschaften und gelegentlich grobe sittliche Fehltritte blieben bei dieser Art der Jugendführung, die stark ›nur das Wort‹ betonte, nicht aus. Die Mädchen kamen dann von selber und wollten von mir dann auch in gleicher Weise bedient werden, wie wir das mit unseren Konfirmanden angefangen haben, zunächst etwas Schönes auch vorgelesen bekommen zur Pflege des Gemütslebens. Wir übernahmen, nicht ohne gelegentliche Zusammenstöße mit den Alten, den Jungfrauenverein unter unsere Leitung, pflegten nebenher noch die übrige Mädchenwelt in offenen Abenden, bis uns eine Jungmädchenfreizeit mit zentral dargebotener Bibelarbeit und ernster Fragebesprechung, freilich auch mit Singen und Reigen, zum jetzigen Jungmädchenbund vorstoßen ließ, wo nun die Gemeinschafts- und andere Mädchen vereint sind.

Ähnlich haben wir jetzt in einem Jungmännerbund Burschen aus der Gemeinschaft und andere vereint. In beiden Gruppen pflege ich ganz bewußt neben der Andacht Spielen und Singen und allerlei nicht direkt biblische geistige Unterhaltung und Arbeit. . . Es hat die Volkskirche meiner Ansicht nach als solche gerade auch eine Erziehungsaufgabe, so gut wie das Elternhaus und die Schule. Und wenn man wollte, könnte man christliche Erziehung in Elternhaus und Schule als

---

41   Prediger mit einem besonderen missionarischen Auftrag innerhalb einer »Landeskirchlichen Gemeinschaft« oder »Freikirchlichen Gemeinschaft«.

kirchliche Arbeit bezeichnen. Wieviel mehr aber hat die Kirche Erziehungsarbeit zu leisten, wo Elternhaus und Schule weithin gründlich versagen. Und könnten Sie als Gemeindepfarrer es dann verantworten, einen Kreis erweckter Jünglinge oder fünf fromme Jungfrauen um die Bibel zu sammeln, die sonst nichts brauchen, und ihre ganze Gemeindejugend laufen lassen bzw. ihre Erziehung den Volkserziehern von heute, Lehrern, weltlichen Vereinen, politischen Parteien, zu überlassen? Das wäre genauso, wie wenn unsere schlechten Elternhäuser von heute nicht mehr danach fragten, wo und wie lange ihre Kinder sich draußen herumtreiben. Sie verschmähen, wenn es Ihnen mit dem Geschriebenen ernst ist, ja auch alle Wege, mittels derer Sie noch etwa an die uns fremd gewordene Jugend herankönnen. Worin ich Ihnen beistimme, ist dies, daß ein christlicher Verein selbstverständlich von der Bibel her, oder besser von Jesus Christus her, orientiert sein muß und in der lebendigen Glaubensverbundenheit der einzelnen mit Christus sein Ziel haben muß.«[42]

Paul Schneider läßt seinem Amtsbruder auch wissen, daß für ihn kirchliche Jugendarbeit sich nicht ausschließlich in einer Jugendbibelstunde erschöpfen kann. Vom Wort Gottes her bestimmt, sieht er den Menschen in seiner Ganzheit, d.h. als Geschöpf Gottes mit Leib und Seele.

»Das Wort Gottes hat in dieser Welt auch einen Leib und besteht wahrhaftig nicht nur in blutleerer Dialektik. . . Ich nehme mein Pfarramt einschließlich Verwaltungsarbeit und Sorge für das leibliche Wohl der Kranken und Erneuerung der Kirche und Sinnen und Sammeln für die Kleinkinderschule als Dienst am Wort in Anspruch. Daß die Predigt und Bibelstunde und der seelsorgerliche Besuch die Seele des Amtes zu bleiben haben, ist selbstverständlich.
Also auch eine Lebensgemeinschaft, wie sie ein christlicher Verein darstellt, hat nicht nur eine Seele, sondern braucht auch einen Leib. Und die Jugend vor allen Dingen weiß sehr gut, daß sie einen Leib hat. Und wir stehen nicht auf dem katholischen Standpunkt der Minderbewertung des Leiblichen oder seiner Askese, sondern seiner Heiligung. Jesus selbst hat es nicht verschmäht, seine Jünger in allerengster Lebensgemeinschaft an sich zu binden, und damit das pädagogische Prinzip sehr betont. So gut ich das in die Luft gestellte Bekehrungsprinzip der Gemeinschaft ablehne, so gut lehne ich auch ein isoliertes kirchliches Handeln, ein isoliertes Handeln des Wortes ab . . .«[43]

1933 – Das Jahr der Veränderungen

Parteipolitisch haben Paul Schneider und seine Frau sich zum »Christlich-Sozialen Volksdienst« gehalten, wie er in Württemberg zu Hause war. In einem Familienrundbrief äußert er sich:

42 Kopie beim Verfasser.
43 Ebd.

».. . Im übrigen bewege ich mich auf viel faulere Weise mit dem Motorrad im gelben Staubanzug fort, den Pfarrer bis zur Unkenntlichkeit verleugnend und von den Kindern und anderen begeisterten Hitlerinnen mit den typischen Heilrufen begrüßt. Wir sind dieser modernen Volksbewegung – ich drücke mich vorsichtig aus, um in unseren geschwisterlichen Kreis keine politische Trennung zu tragen – noch nicht zum Opfer gefallen, sondern halten es viel lieber mit dem gut schwäbischen Gewächs des christlichen Volksdienstes, haben uns treu und offen zu Hindenburg bekannt bei den Wahlen, was mir meine Stellung freilich noch erschwerte und eine Beschwerde des Gauführers der NSDAP beim Superintendenten eintrug, sind aber mit Hindenburgs neuesten Taten nicht einverstanden. O des unseligen Parteigeistes!, der sich so versündigt am Volksganzen von hüben und drüben. Wo sind die recht urteilenden christlichen Gewissen, die weder vom Nationalsozialismus noch vom Sozialismus, sondern vom Evangelium her die Maßstäbe für ihr politisches Handeln gewinnen? Aus dieser Quelle bezieht der Nationalsozialismus auch noch nicht; wird er dann wirklich die beiden Pole vereinigen und unser Volk der sittlich-religiösen Erneuerung entgegenführen können, derer es so dringend bedarf?«[44]

Paul Schneider war von der Synode mit der Betreuung der Obdachlosen und Fürsorgezöglinge im Kirchenkreis Wetzlar betraut worden. Die Aufgabe brachte vielfältige Probleme mit sich. In Hochelheim befand sich eine Unterkunft für Obdachlose. Wenn dort einmal ein Ehepaar mit Kindern untergebracht werden sollte, was damals des öfteren vorkam, holte Paul Schneider sie ins Pfarrhaus. In diesem Zusammenhang schreibt er an seine Schwiegermutter: »Es ist ein Wort so recht für unsere Tage, daß der rechte Sozialismus nicht auf der Straße, sondern in der Familie anfange.«[45]

Die nationalsozialistische Propaganda deklarierte ihre Machtergreifung gern als »Nationale Erhebung«, die vom deutschen Volk selbst ausgegangen sei. Sie heizte mit allen ihr zur Verfügung stehenden Mitteln, von Zweckmäßigkeitsabsichten geleitet, national-patriotische Emotionen an, was kaum erkannt wurde. Auch Paul Schneider fragt sich, ob er nicht etwas zum Aufbau des Vaterlandes beitragen könne. »Wenn wir doch auch als Kirche einen positiven Beitrag zum inneren Aufbau unseres Volkes leisten könnten, den wir ihm schuldig sind in unserer eigentlichen Amtsarbeit.«[46]

Der Nationalsozialismus hatte damals mit dem deutschen Volk ein leichtes Spiel, die Arbeitslosigkeit war erschreckend hoch und die staatliche Arbeitslosenunterstützung reichte bei den meisten Beschäftigungslosen nicht zum Lebensunterhalt aus. Karitative Organisationen richteten

---

44 Der Familienrundbrief stammt aus dem Jahr 1932. Bei der Reichspräsidentenwahl am 10. April 1932 waren von Hindenburg, Hitler und Thälmann als Kandidaten aufgestellt. Auf von Hindenburg entfielen 53,93 % der abgegebenen Stimmen, auf Hitler 36,68 % und auf Thälmann 10,13 %. Vgl. hierzu auch Prediger, S. 51.
45 Ebd., S. 49. Bei Überbelegung der Unterkunft mußten, wenn es sich um komplizierte Fälle handelte, was häufig bei Ehepaaren mit Kindern der Fall war, auch im Pfarrhaus Räume belegt werden.
46 Prediger, S. 52.

in den großen Städten Essensausgabestellen ein, in denen nicht wenige täglich eine warme Mahlzeit in Empfang nahmen. Deutschland hatte nicht nur unter den Folgen des verlorenen Krieges (1914/18) zu leiden, sondern war in einem besonders starken Maße von der Weltwirtschaftskrise betroffen. Dies hatte für das politische und gesellschaftliche Leben zwangsläufig Folgen. Die neuen parteipolitischen Agitatoren bekamen ein reiches »Betätigungsfeld«. Die Nationalsozialisten versprachen »Arbeit und Brot« und ein neues »deutsches Bewußtsein«, so die Kündigung aller internationalen Verträge. Sie propagierten einen unbarmherzigen Kampf gegen das Judentum und gegen alle, die sich ihnen widersetzten. Das »neuerwachte deutsche Bewußtsein« war abhängig vom jeweiligen nationalsozialistischen Diktat.

Im deutschen Reichsgebiet war sehr bald an den Gaststätten zu lesen: »Heute deutscher Abend und deutscher Tanz!« Paul Schneider vermerkt dazu:

»Heute deutscher Abend mit deutschem Tanz. Ob das nun ein anderer Tanz ist als der gewöhnliche? Aber zu Lichtbildervorträgen, Bibelstunden lädt man das Gros der Leute vergeblich ein. Was sind unsere evangelischen Gemeinden? Und doch sind es Gottes Zeiten! Und Gott hat sein Werk irgendwie unter uns, daran gilt es festzuhalten und fröhlich vorwärtszuglauben.«[47]

Am 21. März 1933 trat der letzte Deutsche Reichstag, der nach demokratischen Regeln gewählt war, mit großem nationalen Zeremoniell in der alten Garnisonkirche zu Potsdam zu seiner ersten Sitzung zusammen. Es fehlten die freigewählten Abgeordneten der kommunistischen Fraktion und ein großer Teil der sozialdemokratischen Mandatsträger. Sie waren durch Verhaftung oder sonstige nationalsozialistische Terrormaßnahmen an der Ausübung ihrer Mandate gehindert. Der amtierende Reichspräsident von Hindenburg war zu dieser Zeremonie eigens in der alten kaiserlichen Generalfeldmarschallsuniform erschienen. Für das Deutsche Reich war national-patriotische Hochstimmung verordnet. Was in Hochelheim geschah, erfahren wir aus dem folgenden Protokoll:

»Sitzung des Presbyteriums am 21. März 1933
Auf dringende Einladung für sofort versammelt sich das Presbyterium vollzählig im Pfarrhaus, ist also beschlußfähig.
Es liegt der Sachverhalt vor, daß am heutigen Tag um 9 Uhr es durch Ortsschelle ausgeschellt wurde, daß um 12 Uhr bis 12 1/2 Uhr die Glocken geläutet werden sollten, ohne daß Pfarrer und Presbyterium etwas von einem Erlaß oder Mitteilung kirchlicher Seite bekannt ist. Gleichzeitig lief ein Antrag eines nationalsozialistischen Gemeindegliedes ein beim Vorsitzenden des Presbyteriums, daß die Glocken gemäß einer Mitteilung der Leitung der NSDAP geläutet werden sollen.
Nicht nur um des Übergriffes der NSDAP und der kommunalen Behörden in die Rechte der Kirche willen, sondern auch um der politischen Zurückhaltung willen seitens der Kirche und um deutlich zu machen, daß wir nicht Staatskirche

47 Ebd.

sind, bittet der Vorsitzende, den Antrag abzulehnen, ohne damit dem nationalen Tag irgendwie zu nahe zu treten. Anton Hartsmannshenn verurteilt auch den Übergriff der kommunalen Behörde, spricht aber um der nationalen Bedeutung willen doch von der Mitwirkung der Glocken.

Der Vorsitzende stellt den Antrag zur Abstimmung. Die übrigen Mitglieder bewilligen das Glockengeläut. Der Vorsitzende behält seine Stellungnahme in der Abstimmung bei.

Das ganze Presbyterium will einstimmig der kommunalen Behörde Mitteilung machen, daß es für die Zukunft ähnliche Eingriffe in die Rechte der Kirche, wozu auch das Verfügungsrecht über die Glocken gehört, zurückweist (geschieht in mündlicher Absprache des Pfarrers mit dem Ortsvorsteher).

Die Sitzung wird mit dem Segen des Herrn geschlossen.

V.g.u.

Schneider, Pfr; Hartmannshenn;
Joh. Zörb; H. Simon; F. Heintz«

Die Nationalsozialisten hatten von nun an ein besonderes Auge auf den Pfarrer von Hochelheim und Dornholzhausen, der ihnen schon vor ihrer Machtübernahme aufgefallen war. Sie setzten Spitzel in seine Gottesdienste, um Material gegen ihn zu sammeln. Erschreckend ist, daß es damals nicht wenige gegeben hat, die solche Dienste bereitwillig übernahmen.

Um etwas von der Dramatik in der »Deutschen Evangelischen Kirche«, die sich in 29 Landeskirchen gliederte, erahnen zu können, von der das Verhalten Paul Schneiders mitbestimmt war, sei an eine Kundgebung des »Deutschen Evangelischen Kirchenausschusses« vom März 1933 erinnert, in der es u.a. hieß:

»... Die evangelische Kirche, von jeher mit Wesensart und Geschick des deutschen Volkstums aufs innigste verbunden, hat den Beruf, unabhängig vom Wechsel der politischen Lage nicht einzelnen Volksgruppen, sondern dem ganzen Volke zu dienen. Ihre Mittel sind die Verkündigung des göttlichen Wortes, das ihr anvertraut ist, und der Dienst der Liebe, zu dem sie ihre Mitglieder aufruft und den sie ohne Unterschied der politischen Haltung anbietet. Daher hat die Kirche Recht und Pflicht zu seelsorgerlichen Mahnungen, die sich ohne Unterschied der Partei an alle Kirchenmitglieder richten:

1. Je mehr des Hasses, desto mehr Liebe (Röm 12,21).
2. Je mehr Lüge, desto strengere Wahrhaftigkeit. Nehmt es ernst mit dem achten Gebot.
3. Je mehr selbstisches Wesen, desto mehr selbstlose Hingabe an das, was des Nächsten ist, und an das, was über allen steht, an das Volk, an das ganze Vaterland.«[48]

Solche Töne gefielen den Nationalsozialisten natürlich nicht. Sie widersprachen ihren Auffassungen und Vorstellungen von Volkstum. Inmitten der damals geführten Auseinandersetzungen wurde ein vertrauliches Hirtenschreiben des patriotisch-national gesonnenen Generalsuper-

---

48 *Gauger, J.,* Gotthard-Briefe – Chronik der Kirchenwirren (anstatt Handschrift gedruckt), Elberfeld 1934/35, S. 68 (im folg.: *Gauger*).

intendenten Otto Dibelius bekannt, das bei den Nationalsozialisten laut-starke Proteste hervorrief. In ihm entwickelte der Generalsuperintendent die Aufgabe der Kirche nach den Wahlen vom 5. März 1933:

»Es werden unter uns nur wenige sein, die sich dieser Wendung nicht von ganzem Herzen freuen. Auf der anderen Seite muß es sich jetzt zeigen, ob unsere Kirche in der bitteren Schule von 1 1/2 Jahrzehnten gelernt hat, Kirche zu sein. Darin müssen und werden wir einig sein, daß das Evangelium nicht den eigenmächtigen Menschen, sondern den gerechtfertigten Sünder kennt, daß sie nicht den Haß, sondern die Liebe predigt, daß nicht das Volkstum, sondern das Gottesreich Gegenstand evangelischer Verkündigung ist. Wir werden darin einig sein, daß das Evangelium im Gegensatz zu jeder menschlichen Ideologie steht, sie mag nationalsozialistisch oder sozialistisch, liberal oder konservativ sein, daß das Evangelium den Menschen in seinen selbstischen Wünschen nicht bestätigt, sondern richtet und daß erst von der Beugung unter das Evangelium her der Aufbau erfolgen kann, in dem Volk und Staat, Tradition und Freiheit und alle die andern menschlichen Dinge ihr christliches Recht gewinnen.«[49]

Daß die Nationalsozialisten in ihren Presseorganen eine solche Verlautbarung als »Hochverrat an der Kirche« bezeichneten, darf nicht überraschen, denn überall dort, wo Kritik an ihren Verhaltensweisen und zugleich an den Grundfesten ihrer Weltanschauung laut wurde, warteten sie mit einem vernichtenden Vokabular auf.

Die Sonntagsheiligung hatte das Christentum in die Völker getragen und in ihnen verwurzelt. Sie war ein fester Bestandteil des Dekalogs, woran die christlichen Kirchen immer wieder zu erinnern hatten. Paul Schneider ist sich dieser Tatsache bewußt und faßt mit dem Presbyterium in Dornholzhausen den folgenden Beschluß:

»Dornholzhausen, den 17. Mai 1933

Sitzung des Presbyteriums:

Vorschriftsmäßig eingeladen versammelt sich das Presbyterium bei Joh. Olbricht. Von vier Mitgliedern sind vier anwesend. Die Versammlung ist beschlußfähig und wird mit Gebet eröffnet.

Zur Tagesordnung steht: Antrag an die Kreissynode betreffs Einflußnahme der Kreiskirche auf das sonntägliche Sportleben unserer Gemeinden. Bezugnehmend auf den mit dem 15. Mai eingereichten Protokollauszug aus dem Beschlußbuch der Kirchengemeinde Dornholzhausen über Aussprache betreffs kirchliche Jugendarbeit und die dort niedergelegte zustimmende Stellungnahme der größeren kirchlichen Vertretung zum folgenden Gegenstand, richtet das Presbyterium folgenden Antrag an die Kreissynode:

Die Kreissynode beschließt die folgende Kundgebung zur allgemeinen Bekanntgabe an die Gemeinden der Synode von den Kanzeln und an die Jugend-, Sport- und Turnvereine, einschließlich der Hitlerjugend, SA- und SS-Abteilungen: Für evangelische Christen muß das gottesdienstliche Leben am Sonntag im Vordergrund stehen und Hauptanliegen bleiben.

Durch das Wander-, Turn- und Sportleben der Jugend- und Turnvereine, auch der neugebildeten nationalsozialistischen Gruppen und Organisationen, droht dem gottesdienstlichen Leben der Gemeinden ernste Beeinträchtigung und Ge-

49 Ebd.

fahr, nicht zuletzt zum Schaden der genannten Gruppen und ihrer Mitglieder selbst . . . Alle, die mithelfen wollen an dem Aufbau des Vaterlandes, an der Ertüchtigung der Jugend, können das stärkste Interesse daran haben, daß auch das kirchlich-christliche Leben unserer Heimat gestärkt werde, insbesondere auch unsere Jugend geschlossen davon erfaßt werde.

Die Fassung des Antrages wird einstimmig gebilligt und der Vorsitzende mit der Weitergabe beauftragt.

Die Sitzung wird mit dem Segen des Herrn geschlossen.

V.g.u.

Schneider, Pfr.; Jacobi; Vogt; Rühl«

Gewiß ein lobenswerter Beschluß, der dennoch zeigt, wie unwissend Paul Schneider und die Presbyter in der Beurteilung der damaligen Machtverhältnisse waren. Die NS-Machthaber sahen in einem solchen Ansinnen stets den Versuch der Unterwanderung ihrer Gliederungen und somit einen Angriff auf ihre Macht, dem sie mit dem ihnen zugeflossenen Machtinstrumentarium begegneten.

Das Verhältnis der NS-Machthaber zur evangelischen Kirche wurde von ihnen bewußt undurchsichtig gehalten. Hitler hatte schon vor seiner Machtergreifung in Königsberg/Ostpreußen ein Gespräch mit dem dort diensttuenden Wehrkreispfarrer Ludwig Müller. Es ist sehr wahrscheinlich, daß in diesem Gespräch auch kirchliche Organisationsfragen behandelt wurden. Es war die Zeit, in der die »Deutschen Christen« einen starken Zulauf hatten. Sie nutzten die Gunst der Stunde und versuchten den Boden für die Richtlinien vorzubereiten, die sie am 6. Mai 1933 verabschiedeten, um sie in der evangelischen Kirche zu verwirklichen. In ihnen heißt es u.a.:

»(6) Wir verlangen eine Änderung des Kirchenvertrages (politische Klausel) und Kampf gegen den religionsfeindlichen und volksfeindlichen Marxismus und seine christlich-sozialen Schleppentrager aller Schattierungen . . . Wir sehen in Rasse, Volkstum und Nation die uns von Gott geschenkte und anvertraute Lebensordnung, für deren Erhaltung zu sorgen Gottes Gesetz ist. Daher ist der Rassenvermischung entgegenzutreten. Die deutsche Äußere Mission ruft auf Grund ihrer Erfahrung dem deutschen Volk seit langem zu: ›Halte deine Rasse rein!‹ und sagt uns, daß Christus-Glaube die Rasse nicht zerstört, sondern vertieft und heiligt . . . (8) Wir sehen in der recht verstandenen Inneren Mission das lebendige Tat-Christentum . . . Bloßes Mitleid ist ›Wohltätigkeit‹ und wird zur Überheblichkeit, gepaart mit schlechtem Gewissen, und verweichlicht das Volk. Wir wissen etwas von der christlichen Pflicht und Liebe den Hilflosen gegenüber, wir fordern aber auch den Schutz vor den Untüchtigen und Minderwertigen. Die Innere Mission darf keinesfalls zur Entartung unseres Volkes beitragen. Sie hat im übrigen von wirtschaftlichen Abenteuern sich fernzuhalten und darf nicht zum Krämer werden. (9) In der Judenmission sehen wir eine schwere Gefahr für unser Volkstum. Sie ist das Eingangstor fremden Blutes in unseren Volkskörper . . . Wir lehnen die Judenmission in Deutschland ab, solange die Juden das Staatsbürgerrecht besitzen und damit die Gefahr der Rassenverschleierung und Bastardisierung besteht. Die Heilige Schrift weiß auch etwas zu sagen vom Zorn versagender Liebe. Insbesondere die Eheschließung zwischen Deutschen und Juden ist zu verbieten.«[50]

---

50 *Wieneke, F.,* Die Glaubensbewegung »Deutsche Christen«, Soldin ⁵1933, S. 23.

Die Forderung, alle 29 selbständigen evangelischen Landeskirchen zu einer Reichskirche zusammenzufassen, wurde von den »Deutschen Christen« und auch von anderen kirchlichen Gruppierungen in der evangelischen Kirche lautstark erhoben. Die Motivationen und Zielsetzungen dabei waren unterschiedlich.

Im April 1933 erläßt der Generalsuperintendent Zöllner einen »Aufruf zur Sammlung der Lutheraner«:

»Wir brauchen Bischöfe und keine Kirchenparlamente . . . Die falsche Angleichung an das demokratische Prinzip des Staates von Weimar muß fallen. Die synodalen Körperschaften müssen Arbeitsorgane am Gliedbau des Ganzen werden . . . Die Bekenntnisgrundlage und die vom Reichskanzler feierlich zugesicherte Freiheit der Kirche zum Dienst am Volk müssen erhalten bleiben . . . Keine Nachahmung staatlicher Formen.«[51]

Der »Reformierte Bund« meldet sich auf einer Zusammenkunft in Rheydt zu Wort. In seiner Erklärung wird die »evangelische Kirche deutscher Nation« bejaht, wenn sie auf dem Bekenntnis aufbaut und staatsfrei ist: »Es ist darum selbstverständlich, daß wir Reformierten uns nach unserer Eigenart ordnen und einrichten können.«[52]

Der Provinzialkirchenrat der Rheinprovinz, der für die Union spricht, erklärt am 28. April 1933, daß er eine andere als die bestehende Unionsverfassung für undenkbar hält, und erklärt: »In ihrem Rahmen, d.h. unter Beibehaltung der Synodalverfassung und unter Ablehnung des Bischofsamtes, erscheinen auch weitgehende Angleichungen an andere Kirchenkörper unbedenklich.«[53]

Es ging damals eine Welle der Erschütterung durch die evangelische Kirche. Der Präsident des »Evangelischen Kirchenbundes«, D. Kapler, versuchte durch eine Verfassungsreform in der evangelischen Kirche zu retten, was noch zu retten war. In diese Verfassungsarbeit greift der inzwischen von Hitler ernannte »Vertrauensmann für die Evangelische Kirche«, Wehrkreispfarrer Ludwig Müller, ein. Freiherr von Pechmann aus München, langjähriges Mitglied des Kirchenausschusses, verläßt diesen und teilt dem Ausschußpräsidenten mit:

»Im Lichte alles dessen, was ich nach dem Schluß der außerordentlichen Tagung des Kirchenausschusses gelesen habe, insbesondere im Lichte der Erklärungen des Herrn Wehrkreispfarrers Müller, werden meine Bedenken gegen die neuen Bahnen unserer deutschen evangelischen Kirchenpolitik noch ernster, als sie es zuvor gewesen waren; so zwar, daß ich es für unmöglich halte, an der ferneren Arbeit des Kirchenbundes irgendwie ersprießlich teilzunehmen.«[54]

51 *Gauger*, S. 72.
52 Reformierte Kirchenzeitung Nr. 17/1933.
53 Kreuzzeitung (Berlin), Nr. 119/1933.
54 *Gauger*, S. 74f.

In einem besonderen Schreiben an die bayerische Landessynode begründet von Pechmann seine Entscheidung und schreibt u.a.:

».. . Für die Kirche sei heute unvergleichlich Wichtigeres und Dringenderes zu tun als Vielgeschäftigkeit in Verfassungsfragen: ›In strenger Einkehr und Sammlung um die innere Kraft zu ringen, deren die Kirche bedarf, wenn sie dem Volke, dem Staate sein soll, was dem einen wie dem anderen nie nötiger gewesen ist als heute.‹«[55]

Die Reihe der Verlautbarungen könnte fortgesetzt werden. Sie alle zeigen, wie um das Maß für die Verkündigung gerungen wurde, um dem Anliegen des Evangeliums von Jesus Christus gerecht zu werden. Es war eine Tragik des Protestantismus, daß er seine Vielfalt in der Einheit nicht darstellen, nicht leben konnte. Hier lag seine Schwäche, die ihn gegenüber der nationalsozialistischen Weltanschauung gelähmt hat; das zeigte sich auf den späteren Synoden mit erschreckender Deutlichkeit.

Am 13. Mai 1933 forderte die »Jungreformatorische Bewegung« die Ernennung von Pastor von Bodelschwingh zum Reichsbischof. Am 27. Mai 1933 erhielt er die Zustimmung der großen Mehrheit der deutschen evangelischen Landeskirchen. Am 29. Mai 1933 trat er sein Amt an. Die »Deutschen Christen« protestierten lautstark mit Hilfe der NSDAP und veröffentlichten am 27. Mai 1933 eine Erklärung, in der es kategorisch hieß: ».. . Unsere Linie liegt unverrückbar fest. Für uns gibt es nur eine Lösung: Wehrkreispfarrer Müller wird Reichsbischof.«[56] Am 24. Juni 1933 trat Pastor Bodelschwingh als Reichsbischof zurück.

Am 23. Juli 1933 fanden in den deutschen evangelischen Landeskirchen Wahlen zu den kirchlichen Körperschaften statt. Am Vorabend hielt Hitler eine Rede über alle deutschen Rundfunksender, mit der er eindeutig Wahlhilfe für die »Deutschen Christen« leistete. Wie neben Hitler die NSDAP sich in diese Wahl einmischte, zeigt ein Schreiben, das der DC-Reichsleiter Hossenfelder den Gauleitern der NSDAP zustellte:

»An die Herren Gauleiter der N.S.D.A.P.
Sehr geehrte Herren Parteigenossen!
Ich darf Sie an mein Schreiben vom 10.6.1933 erinnern und an die darin enthaltene Anordnung des Stabsleiters der P.O. Pg. Dr. Ley:
›Anordnung Nr. 28/33: Wehrkreispfarrer Müller, der Beauftragte des Führers für die evangelische Kirche, teilt mir mit, daß der Führer wünscht, daß die Deutschen Christen die Reaktion aus ihrer letzten Stellung hinausdrängen. Die Deutschen Christen werden einen vierwöchentlichen Kampf aufnehmen. Die N.S.D.A.P. hat diesen Kampf mit allen Mitteln zu unterstützen, ohne jedoch

---

55　Ebd., S. 76.
56　Ebd., S. 81.

selbst den Kampf zu führen. Die Gauleiter werden von sich aus die nötigen Schritte unternehmen.

Heil Hitler!
Der Stabsleiter der P.O.
gez. Dr. Ley‹«[57]

Der Weg für den deutschchristlichen Wehrkreispfarrer Ludwig Müller war nunmehr frei. Der deutsche Protestantismus hatte sich als handlungsunfähig erwiesen. Die Tragödie der »Deutschen Evangelischen Kirche« nahm ihren Fortgang. Die einzelnen Gemeinden mit ihren Pastoren waren von nun an gefordert, dem Staat zu sagen, was des Staates ist, und der Kirche, was ihres Amtes im Staat und in der Welt ist.

Vor der Kirchenwahl hatten auf persönliche Initiative des Reichspräsidenten von Hindenburg Einigungsverhandlungen innerhalb der Evangelischen Kirche stattgefunden. Als Ergebnis war der Abschluß eines Vertragswerkes zu verzeichnen, das am 11. Juli 1933 fertiggestellt wurde und letztlich eine Reichskirche, die den Landeskirchen übergeordnet war, vorsah.

Im Juli 1933 veranstalteten die »Deutschen Christen« in Wetzlar eine Kundgebung, auf der es Pfarrer Probst aus Frankfurt/Main mit einer gefühlsbetonten, patriotisch gefärbten Rede verstand, seine Zuhörer für die Ziele der »Deutschen Christen« zu begeistern. Er wurde später, als er den Nationalsozialisten wegen seiner patriotisch-nationalen Einstellung und seines Festhaltens am reformatorischen Bekenntnis nicht mehr linientreu erschien, verhaftet und nach seiner Haftentlassung aus Frankfurt/Main ausgewiesen.[58]

Paul Schneider, der in Wetzlar die Kundgebung besucht, tritt unter dem Eindruck der Rede den »Deutschen Christen« bei.

Die »Deutschen Christen« zeichneten sich unter ihrem Reichsleiter, Pastor Joachim Hossenfelder, durch einen reinen Aktivismus aus, der unter dem plakativen Oberbegriff »Kampf« sein Wesen trieb: »Die ›Deutschen Christen‹ sind die SA Jesu Christi im Kampf zur Vernichtung der leiblichen, sozialen und geistlichen Not.«[59]

Bevor die Nationalsozialisten und mit ihnen weitere ›völkische Kreise‹

---

57   Zum Rücktritt von Bodelschwinghs s. bei *Meier, K.,* Der Evangelische Kirchenkampf, Bd. 1, a.a.O., S. 95f und *Gauger,* S. 77f; *Beyreuther, E.,* Die Geschichte des Kirchenkampfes in Dokumenten 1933/45, Wuppertal 1966, S. 62. Ein Brief, der die Wahlunterstützung durch die NSDAP für die »Deutschen Christen« belegt, ist abgedruckt bei *Scholder, K.,* Die Kirchen und das Dritte Reich, Bd. 1, a.a.O., nach S. 448 im Bildteil (Dok. 61).

58   Zu diesem Fragenkomplex vgl. *Meier, K.,* Die Deutschen Christen, Halle/S. und Göttingen 1964, S. 22ff; *Röhm, E.* und *Thierfelder, J.,* Evangelische Kirche zwischen Kreuz und Hakenkreuz, Stuttgart 1981, S. 32f. Über Probst vgl. *Hoffmann, M. u.a.* (Hg.), Dokumentation zum Kirchenkampf in Hessen und Nassau, Darmstadt 1974; *Benad, M.* und *Telschow, J.* (Hg.), »Alles für Deutschland – Deutschland für Christus«. Evangelische Kirche in Frankfurt am Main 1929-1945, Frankfurt/M. 1985, S. 402f.

59   *Gauger,* S. 93.

ihre unterschiedliche neugermanische Ideenwelt verbreiteten, hatte in den zwanziger Jahren ein neuer theologischer Denkansatz in der evangelischen Theologie stattgefunden. Die Luther-Renaissance und die dialektische Theologie forderten zu einem neuen Nachdenken in der Standortbestimmung von Theologie und Kirche auf. Inmitten dieses Neuaufbruchs wurden Fragen gestellt und Antworten formuliert, die, wenn auch zunächst unbewußt, sich später in der Auseinandersetzung mit der unter der Kampfparole »alles oder nichts« angetretenen völkischen Weltanschauung bewährt haben.

Im Zusammenhang mit dieser theologischen Neubesinnung ging ein Neuaufbruch in der kirchlichen Kunst einher. Sie entdeckte ihren Ort innerhalb der Verkündigung des Evangeliums. In der Folge veranstalteten die evangelischen Kirchenchöre Singfreizeiten, auf denen sie das alte wie auch das neue Liedgut der Kirche pflegten. Bei allem, was erarbeitet wurde, stand der biblische Bezug stets im Vordergrund. Auf solchen Singfreizeiten wurde natürlich auch über die gegenwärtige kirchliche Lage diskutiert.[60]

Es gab damals in Deutschland Zentren, von denen für die Singbewegung starke Impulse ausgingen. Lübeck gehörte zu ihnen, Bruno Grunsnick, Leiter des berühmten Lübecker Sing- und Spielkreises, der an St. Jacobi beheimatet war, und der dortige Pastor Axel Werner Kühl waren aktive Förderer des Neuaufbruchs in der Kirchenmusik. Ihre theologischen Einsichten führten sie dann zwangsläufig in die Bekennende Kirche. Von hier erfuhren die Singfreizeiten musikalische und theologische Anregungen. Obwohl Lübeck kirchenregimentlich von den »Deutschen Christen« beherrscht wurde, hatte sich dort eine starke Gruppe gebildet, die dem pseudoreligiösen Verhalten der braunen Machthaber widersprach. So machten sich bereits vor Abschluß der Reichskirchenverfassung zwei Lübecker Pastoren, Erwin Schmidt und Julius Jensen, am 20. April 1933 auf den Weg nach Berlin, um vom Reichsleiter Hossenfelder zu erfahren, was Sinn und Ziel der »Deutschen Christen« sei. In einem Gesprächsprotokoll hielten sie die Unterredung fest:

»Die Glaubensbewegung hat keine Theologie und Dogmatik: ›Theologie ist Unsinn; sie steht zwischen Volk und Kirche.‹ Die Bekenntnisgrundlage bleibe; für Pfarrer heiße es nun ›nicht denken, sondern gehorchen.‹ ›Wer nicht mitmacht, wird an die Wand geknallt.‹ ›Unser Ziel ist die Revolutionierung der Kirche von unten her und die Schaffung des Kirchenvolkes.‹ Wie Hitler dem Arbeiter das Vaterland wiedergegeben habe, so wolle die Glaubensbewegung dem Volke Christus bringen. Unsere Frage, ob es sich also um eine Art Erweckungsbewegung handele, verneinte Hossenfelder. Es gehe vielmehr um ›die Revolutionierung durch organisatorische Erfassung des Volkes‹. Dies alles in Anlehnung an

60   Sicherlich waren auf solchen Singfreizeiten auch Befürworter der »Deutschen Christen«, dennoch überwog aber die Zahl derer, die dem Kurs der DC kritisch, ja ablehnend gegenüberstanden. Vgl. auch Prediger, S. 53.

die NSDAP. Eines neuen organisatorischen Aufbaus bedürfe es nicht; ›wir haben ja den glänzenden Parteiapparat‹.
›Am 31. 10. 1933 sollen zu sämtlichen kirchlichen Körperschaften Urwahlen stattfinden; es sei zu erwarten, daß dazu der Propagandaapparat der Partei zur Verfügung stehen werde. Zeitungen und Gemeindeblätter, die gegen die Deutschen Christen dabei Stellung nehmen, würden verboten.‹
Auf unsere Gegenfrage, ob Hossenfelder damit die gegnerische kirchliche Presse auf eine Stufe stellen wolle mit der marxistischen, staatsfeindlichen Presse, antwortete er: ›Das gerade nicht, aber wir können es uns nicht gefallen lassen, daß man gegen uns meckert.‹ Auf diese Weise solle es zur Machtergreifung in der Kirche durch die Deutschen Christen kommen.
In diesem Zusammenhang fiel das Wort Hossenfelders: ›Der Chef [gemeint war der Herr Reichskanzler] will ja nicht ran; aber wir werden ihn dahin bringen,wenn er sieht, daß das Kirchenvolk dahinter steht!‹
In weiteren ähnlichen Ausführungen wurde Hossenfelders Plan eindeutig klar: dem Staat durch die Tatsache des revolutionierten Kirchenvolkes Anlaß zu geben, dessen Sache zu vertreten gegen kirchliche Behörden, die das Volk hinter sich hätten.«[61]

Die Erfahrungen der Lübecker Pastoren sind quer durch Deutschland auf den Singfreizeiten Gesprächsthema gewesen. Paul Schneider nimmt im August 1933 an einer Singfreizeit teil, auf der die Lage der evangelischen Kirche sehr kontrovers diskutiert wird. Am Sonntag nach seiner Rückkehr gibt er vor der Gemeinde folgende Erklärung ab:»Ich will ein schlichter evangelischer Christ sein und bleiben und mir dabei das Vorzeichen ›Deutsch‹ schenken; denn das versteht sich von selbst.«[62]

Das Ende der zwanziger Jahre war nicht nur politisch unruhig, sondern insbesondere von sozialen Härten und Spannungen erfüllt gewesen, die in den Folgejahren immer unerträglicher wurden. Paul Schneider lebt nicht als ein privilegierter Zuschauer am Rande der Geschehnisse. Er will von seinem Auftrag als Pfarrer her die Zeit verantwortlich mit formen. Soziale und politische Spannungen abbauen helfen ist sein Auftrag als Christ; das Evangelium von Jesus Christus weitersagen ist seine Verpflichtung als Pfarrer. Er spürt die Spannungen seiner Zeit hautnah und kann das, was sich als Rettung präsentiert, nicht kritiklos hinnehmen. Er spricht offen aus, was er denkt, und erntet nicht nur Unverständnis, sondern offene Feindschaft.

»N.S.D.A.P.   Wetzlar, den 15. Juni 1933
Kreisleitung
Wetzlar

Herrn
Superintendent Wieber
Garbenheim
Mir wurde folgendes am 11. 6. von Dornholzhausen berichtet.

61 *Reimers, K.F.*, Lübeck im Kirchenkampf des Dritten Reiches, Göttingen 1965, S. 32;
Meier, K., Der Evangelische Kirchenkampf, Bd. 1, a.a.O., S. 65.
62 Vgl. hierzu Prediger, S. 53.

›In seiner heutigen Predigt hat Herr Pfarrer Schneider sich Entgleisungen erlaubt, die starke Erregungen bei allen denkenden Nationalsozialisten hervorrufen müßten. Es war eine einzige Angriffspredigt gegen die 'Deutschen Christen'. Der arische und heldische Gedanke wurde in den Grund und Boden hinein verdammt. Es scheint an der Zeit, solchen bornierten Vertretern einer kalt lassenden Kirche die ethischen Forderungen der Glaubensbewegung 'Deutsche Christen' gegenüberzustellen. Menschen wie unser Pfarrer Schneider sind auf dem besten Wege, die Saat des Nationalsozialismus im Keim zu ersticken.

Ich fühle mich nicht berufen, hiergegen öffentlich Stellung zu nehmen, darf Ihnen aber sagen, daß mir das Herz blutet, wenn ich zusehe, wie dunkle Kräfte am Werke sind, zu zerstören, wo sich die Besten unseres Volkes um die deutsche Glorie mühen.‹

Vorstehendes Ihnen zur Kenntnisnahme mit der Bitte um Abstellung.

F.d.R.   Heil Hitler!
Haus   Kreisleitung Wetzlar
stellv. Kreisleiter   gez. Grillo«

Für den heutigen Menschen ist es sicher schwer, die damalige Gesamtsituation nachzuerleben. Auf der einen Seite suchte sich eine Neubesinnung auf die Grundlagen der Kirche Raum zu verschaffen, auf der anderen Seite brandete das staatlich geförderte Neuheidentum gegen die Kirchenmauern. In dieser Zeit entsteht auch das »Neue Lied«. Siegbert Stehmann schrieb die wegweisende Abhandlung »Vom rechten Maß«[63]: »Ein Choral, also das Gebet, die Antwort auf Gottes Wort, Lob, Dank in letzter Einfachheit verlangt auch letzte Meisterschaft. Wenn das geistliche Lied das Zeichen des neuen Maßes ist, so bedarf es behutsamer Lippen und andächtig scheuer Hände.« Rudolf Alexander Schröder hatte das Lied geschrieben, das Hans Friedrich Micheelsen 1938 vertonte und das von da an seinen festen Platz im Gesangbuch hatte: »O Christenheit, sei hocherfreut heut und aller Stunden. Du beginnst noch kaum den Streit und hast schon überwunden. Spricht der Tor: Wo ist dein Gott?, der dir täglich Hohn und Spott ersinnt und dichtet; halt fröhlich stand, bald weist die Wand den Finger, der ihn schwichtet.«[64]

Der Text dieses Liedes, der zu Lebzeiten von Paul Schneider entstanden ist, fand seine Entsprechung in seinem Leben. Jochen Klepper formulierte im Blick auf das makabre Herrschaftsgebaren der Mächtigen sein Sonett, das nicht bekanntwerden durfte: »Der neue König wird sich nur erheben, wenn er als Büßer dir zu Füßen lag. Er pocht nicht auf Recht, nur auf Vergeben, und ohne Fahnen dämmert ihm sein Tag. Herr, wenn die neuen Könige wiederkommen, wird nirgends ein Geschrei und Drängen sein. Nur Glocken werden läuten, und die Frommen führen ihren König mit Gebeten ein. Nur wer das Kreuz sieht, hat von fern verstanden die

---

63 Wiedergegeben in: *Wentorf, R.*, Siegbert Stehmann. Ein Dichter in der Bewährung, Gießen und Basel 1965, S. 45f.
64 *Schröder, R.A.*, Gesammelte Werke, Bd. 1, Berlin und Frankfurt/M. 1952, S. 923; s. auch Evangelisches Kirchengesangbuch, Nr. 225.

Heiligkeit im irdischen Gericht. Wenn Könige dein Golgatha nicht fanden, so fanden sie auch ihre Throne nicht.«[65]

Die Pfarrämter waren damals verpflichtet, Auszüge aus ihren Kirchenbüchern zum Zweck der ›Ahnenforschung‹ weiterzugeben. Paul Schneider, der um die Hintergründe solcher Anordnung weiß, schreibt des öfteren unter die Auszüge:»Du Arier, vergiß deine ersten Eltern nicht!« Als von ihm der Gießener Wingolf einen ›Ariernachweis‹ fordert, tritt er aus dieser Verbindung aus. Er hält ein solches Ansinnen einer christlichen Verbindung garadezu für widersinnig.[66] Ein Freund von Paul Schneider schreibt:»Niemand, den ich kenne oder dessen Geschichte mir zu Ohren gekommen ist, hat diesen Kampf unserer Kirche schlichter und einfältiger, zugleich lauterer und unerbittlicher geführt als mein Freund und Bruder Paul Schneider.«[67]

Die politischen Verhältnisse in Deutschland waren nach 1933 so verworren, daß selbst ausländische Diplomaten, die in Berlin akkreditiert waren, die Lage oft falsch einschätzten. Solche Fehleinschätzungen blieben nicht ohne Folgen und steigerten nur zu oft die Machtansprüche der Nationalsozialisten. Auch der deutsche Widerstand hatte später seine Schwierigkeiten mit ähnlichen, von ausländischen Diplomaten verbreiteten Irrtümern, die nicht die wahre deutsche Wirklichkeit wiedergaben.

Das im Parteiprogramm der NSDAP festgeschriebene»Sittlichkeits- und Moralgefühl der germanischen Rasse« als Gradmesser für den»jüdisch-marxistischen Geist in und außer uns« hatte durch die»Deutschen Christen« Eingang in die Kirche gefunden und in ihr für erhebliche Unruhe und Verwirrung gesorgt. Paul Schneider lehnt in aller Öffentlichkeit das Parteiprogramm der NSDAP ab und ist dankbar für die Gründung des Pfarrernotbundes, mit dem Pastor Martin Niemöller von Berlin aus ein Signal zur Hilfe für ›nichtarische‹ Pfarrer setzt. In einem in Berlin verfaßten Rundbrief vom September 1933 ist u.a. zu lesen:

».. . Gegenüber den ›Deutschen Christen‹ haben die kirchlichen ›Führer‹ und Behörden versagt. Eine böse Verzagtheit entstand unter vielen ernstgesinnten Amtsbrüdern. Um dieser Not willen haben wir einen ›Notbund von Pfarrern‹ ins Leben gerufen, die sich nur an die Heilige Schrift und an die Bekenntnisse der Re-

---

65 *Klepper, J.*, Ziel der Zeit, Witten und Berlin 1962, S. 39.
66 Vgl. hierzu Prediger, S. 53. Für Paul Schneider ist der Mensch schlechthin Gottes Geschöpf. Das Alte Testament ist das Buch, das Judentum und Christentum verbindet. Jesus, als Jude geboren, ist Heiland der gesamten Menschheit.
Mit dem ›Ariernachweis‹ sollte die Bevölkerung einer Art Klasseneinteilung unterzogen werden. Als weitere Maßnahme war der Nachweis der deutschen Reichsstaatsbürgerschaft geplant. Hier galt der Reichsdeutsche mehr als z.B. ein Pole oder Russe und letztlich auch mehr als Angehörige anderer Staatsbürgerschaften. Mit der Weigerung, beim Wingolf einen ›Ariernachweis‹ einzureichen, und mit dem Hinweis auf die Geschöpflichkeit des Menschen hat Paul Schneider damals ein deutliches Zeichen gesetzt.
67 Prediger, S. 53.

formation binden und sich der Not derjenigen Brüder, die darunter leiden müssen, nach bestem Vermögen annehmen.«[68]

Die Verpflichtungserklärung, die jedes Notbundmitglied zu unterschreiben hatte, lautete:

»Ich verpflichte mich, mein Amt als Diener des Wortes auszurichten allein in der Bindung an die Heilige Schrift und an die Bekenntnisse der Reformation als die rechte Auslegung der Heiligen Schrift. – Ich verpflichte mich, gegen alle Verletzung solchen Bekenntnisstandes mit rückhaltlosem Einsatz zu protestieren. – Ich weiß mich nach bestem Vermögen verantwortlich für die, die um solchen Bekenntnisstandes willen verfolgt werden. – In solcher Verpflichtung bezeuge ich, daß eine Verletzung des Bekenntnisstandes mit der Anwendung des Arierparagraphen im Rahmen der Kirche geschaffen ist.«[69]

Dies war ein ungewöhnlich mutiger Schritt, dennoch sei die Frage erlaubt, ob Martin Niemöller und seine Amtsbrüder damals schon das gesamte Spektrum nationalsozialistischer Machtansprüche durchschaut hatten. Wenige Wochen nach Gründung des Pfarrernotbundes, am 15. Oktober 1933, erhielt Hitler das folgende Telegramm:

»In dieser für Volk und Vaterland entscheidenden Stunde grüßen wir unsern Führer. Wir danken für die mannhafte Tat und das klare Wort, die Deutschlands Ehre wahrten. Im Namen von mehr als 2500 evangelischen Pfarrern, die der Glaubensbewegung Deutsche Christen nicht angehören, geloben wir treue Gefolgschaft und fürbittendes Gedenken.
Harnisch, Berlin; Messows, Steglitz; Müller, Dahlem; Niemöller, Dahlem; Röricht, Dahlem.«[70]

Pfarrer Dr. Harnisch hatte als Beauftragter für die Pressearbeit des Pfarrernotbundes das Telegramm initiiert, in dem der Austritt Deutschlands aus dem Völkerbund als »mannhafte Tat« gepriesen wurde. Harnisch wurde auch im Reichspropagandaministerium vorstellig und bat, daß das Telegramm offiziell veröffentlicht werde. Als er keine Unterstützung für sein Anliegen fand, beschwerte er sich im Reichsinnenministerium und gab dazu folgende Begründung: ». . . dem Ausland die Einheit unseres Volkes vor Augen zu führen und dagegen einzuschreiten, daß unser innerkirchlicher Kampf, wie immer wieder von den ›Deutschen Christen‹, als Kampf gegen Hitler hingestellt wird.«
Unter Berufung auf Römer 13 schrieb er dem Ministerium weiter:

---

68 Vgl. *Hermelink, H.,* Kirche im Kampf. . . , Tübingen und Stuttgart 1950, S. 48f und *Meier, K.,* Der Evangelische Kirchenkampf, Bd. 1, a.a.O., S. 120, Anm. 458. Vgl. auch *Röhm, E.* und *Thierfelder, J.,* Evangelische Kirche zwischen Kreuz und Hakenkreuz, a.a.O., S. 53.
69 Ebd.
70 Junge Kirche 1 (1933) S. 252. Vgl. hierzu auch die Auseinandersetzung über dieses Telegramm in: *Baumgärtel, F.,* Wider die Kirchenkampf-Legenden, Neuendettelsau 1958.

».. . Und konnte Paulus schon so sprechen, der unter der Obrigkeit stand, die seinen Herrn Christus ans Kreuz geschlagen, um wieviel freudiger dürfen wir uns zu unserm Führer Adolf Hitler bekennen, der klar und zielbewußt die christlichen Sittengesetze zur Richtschnur seines Handelns macht. Ich behaupte daher, daß wir vaterlandsliebender sind als die ›Deutschen Christen‹ . . . Ich erkläre, ganz gleich, ob evangelische Christen oder ›Deutsche Christen‹, [daß wir] in unerschütterlicher Treue hinter unserem Führer Adolf Hitler stehen mit unseren Gebeten und unserer Arbeit.«[71]

In einer bewußt vom Bayerischen Rundfunk gesteuerten Sendung war am 20. Februar 1934 zu hören:

»Für alle evangelischen Gruppen, ob ›Deutsche Christen‹ oder ›Pfarrernotbund‹ oder ›Jungreformatoren‹, selbstverständlich auch für Pastor Niemöller, ist eines unumstößlich klar: ihr Kampf um den Protestantismus stelle nirgends die Treue und unverbrüchliche Verbundenheit mit dem Dritten Reich in Frage. In ihrer Anhänglichkeit an Hitler und das Dritte Reich sind sich alle einig.«[72]

Die Vermischung von nationalen und nationalsozialistischen Anliegen in der Gesinnung hat, wie hier beim Pfarrernotbund, im weiteren Verlauf innerhalb der Bekennenden Kirche manche Irritationen hervorgerufen und so die eigentlich zwingende Auseinandersetzung mit der kirchen- und menschenfeindlichen Weltanschauung des Nationalsozialismus unterdrückt, ja verhindert. Paul Schneider war, obgleich er den Völkischen stets mißtraut hatte, zunächst auf die patriotisch-nationalen Töne hereingefallen und für nur wenige Wochen den »Deutschen Christen« beigetreten, bis er ihr unredliches Spiel erkannt hatte.

Durch ein devotes Verhalten, wie am Beispiel des Pfarrernotbundes gezeigt, wurden nur die eigenen Interessen in den Vordergrund gerückt. Alle anderen, die geschundenen Kommunisten, Sozialdemokraten, Juden, Zigeuner, Bibelforscher, mutigen Christen, nationalen Patrioten u.v.m., blieben am Straßenrand liegen, und die Räuber stürzten sich auf sie.

Natürlich war es in der Anfangszeit des »Dritten Reiches« schwer für die, die sich mit den bisherigen Veröffentlichungen der Nationalsozialisten nicht beschäftigt hatten, ihre Machenschaften zu durchschauen. So propagierten sie auf der einen Seite ihre »neugermanisch-deutsche Weltanschauung« als neue, unumstößliche Grundlage für ein geordnetes Gemeinschaftsleben im Deutschen Reich. Auf der anderen Seite wurden 1933 SA-Stürme mit Fahnen und Standarten in Gemeindegottesdienste

---

71   *Meier, K.*, Der Evangelische Kirchenkampf, Bd. 1, a.a.O., S. 562; *Scholder, K.*, Die Kirchen und das Dritte Reich, Bd. 1, a.a.O., S. 847.
72   Vgl. hierzu auch das bei *von Matthias, E.* und *Morsey, R.* (Hg.), Das Ende der Parteien 1933. Darstellungen und Dokumente, Düsseldorf 1955, S. 369 abgedruckte Telegramm des Prälaten Kaas aus Rom an Hitler: »Zum heutigen Tage aufrichtige Segenswünsche und die Versicherung unbeirrter Mitarbeit am großen Werk der Schaffung eines innerlich geeinten sozial befriedeten und außen freien Deutschlands.«

befohlen. Die Fahnen- und Standartenträger hatten dann in strammer Haltung und mit festangezogenen Sturmriemen unter dem Kinn neben dem Altar zu stehen. Auch sei an die Massentrauungen von SA- und SS- Leuten erinnert.

Es war eine Zeit der großen Vernebelung, um hinter einer solchen Tarnung die wahren Vorhaben besser verwirklichen zu können. Paul Schneider schreibt aufgrund seiner mit den Nationalsozialisten gemachten Erfahrungen am 29. Januar 1934:

».. . Ich glaube nicht, daß unsere evangelische Kirche um eine Auseinandersetzung mit dem NS-Staat herumkommen wird, daß es nicht einmal geraten ist, sie noch länger aufzuschieben, bei allem schuldigen christlichen Gehorsam.«[73]

Die Auseinandersetzung beginnt

Zu Beginn seines Studiums der evangelischen Theologie im Jahre 1919 an der Universität in Gießen notiert der damalige Student Paul Schneider in sein Tagebuch:»Nicht Herren, sondern Diener und Führer des Volkes sollen wir sein.«**

Dieser Satz hat sein Verhältnis zum Nächsten mitbestimmt und zugleich sein wachsames Verhalten gefördert. Die Nationalsozialisten redeten zwar viel vom Dienst an Deutschland, in Wahrheit aber richteten sie alle ihre Aktivitäten auf den Ausbau und die Erhaltung ihrer Macht aus. Das Volk bedurfte, so behaupteten sie, der »Umerziehung«, der Einübung in ihre Denk- und Verhaltensstrukturen. Wie diese aussah, war aus der NS-Presse zu erfahren. Der »Völkische Beobachter« berichtete:

»Stabschef Röhm gegen Muckertum! Der Stabschef der SA Röhm hat einen Aufruf erlassen, der sich gegen das Muckertum richtet. Daß dieses in letzter Zeit geradezu Orgien feierte, sei unbestreitbar. So würden z.b. für den Anzug und das Verhalten in Badeanstalten die unsinnigsten Bestimmungen gefordert. Der deutschen Frau werde verboten, sich zu pudern oder in Lokalen zu rauchen. In den Großstädten sollten alle irgendwie aus dem Spießerrahmen fallenden Vergnügungsstätten ausgerottet werden. Dieses alles geschehe angeblich im Gefühl heiliger Verantwortung für das Wohl des Volkes.

Auch in jüngster Zeit lägen Meldungen vor, daß auch SA- und SS- Führer und -Männer sich öffentlich zu Moralrichtern aufwürfen und weibliche Personen in Badeanstalten, Gaststätten oder auf der Straße belästigt hätten. Es müsse einmal eindeutig festgestellt werden, daß die deutsche Revolution nicht von Spießern,

73 Prediger, S. 55.

Muckern und Sittlichkeitsaposteln gewonnen worden sei, sondern von revolutionären Kämpfern. Diese allein würden sie auch sichern. Die Aufgabe der SA bestehe nicht darin, über Anzug, Gesichtspflege oder Keuschheit anderer zu wachen, sondern Deutschland durch ihre freie und revolutionäre Kampfgesinnung hochzureißen. Er verbiete daher sämtlichen Führern und Männern der SA und SS, ihre Aktivitäten auf diesem Boden einzusetzen und sich zum Handlanger verschrobener Moralästheten herzugeben.«[74]

Mit diesem Aufruf sollten in erster Linie die außerhalb der NS-Bewegung tätigen konfessionellen Jugendverbände getroffen werden. Sie sollten sich bei ihrer bevorstehenden Übernahme in die HJ, SA oder SS an den »NS-Kämpfern« orientieren. Der Aufruf war für viele undurchschaubar und stiftete somit Verwirrung; er war in sehr raffinierter Form auf eine Lächerlichmachung derer angelegt, die sich nicht an den »revolutionären Kämpfern« orientierten. Paul Schneider kann als verantwortungsbewußter Hirte seiner Gemeinde zu einem solchen Unsinn nicht schweigen. Im Anschluß an einen Gottesdienst gibt er folgende Erklärung ab, die er dann auch im Aushängekasten der Kirchengemeinde veröffentlicht:

»Hochelheim, den 8. Oktober 1933
In den Zeitungen wurde ein Aufruf des Stabschef Röhm veröffentlicht ›Gegen das Muckertum‹. Darin spricht dieser Mann auf hochstehendem Posten, der Anspruch erhebt, von der nationalsozialistischen Jugend, insbesondere von der SA gehört zu werden, sich gegen die Geltung von sittlichen Grundsätzen und gegen das Eintreten dafür in unserem Volksleben in einer Weise aus, daß man vom Standpunkt evangelischen Glaubens nur aufs schärfste gegen Geist und Inhalt dieses Aufrufs protestieren kann. Wenn Stabschef Röhm meint, daß der Aufbau unseres Volkes und die Aufgabe der SA nichts mit Sittlichkeit und Keuschheit zu tun habe, und wenn er von diesen Dingen als von ›verschrobenen Moralstützen‹ spricht, so irrt er und hat mit diesem Aufrufe unserem Volk einen schlechten Dienst geleistet.

Schneider, Pfr.«

Damit waren die Geister gerufen, die Paul Schneider nicht mehr loslassen sollten. Wenige Tage nach dieser Veröffentlichung sieht er sich erneut gefordert, einen Protest anzumelden. Er kann die Verlautbarung eines Hitlerjugendführers nicht unwidersprochen lassen, der den Anspruch auf die Führung der gesamten deutschen Jugend erhoben hatte.

Zur Verdeutlichung der damaligen Situation sei folgendes angemerkt: Die »Evangelische Jugend« war mit den in ihr zusammengeschlossenen Jugendverbänden eine der stärksten (wenn nicht die stärkste) Gruppierung innerhalb der deutschen Jugendbewegung. Die Nationalsozialisten hatten unmittelbar nach ihrer Machtübernahme die politischen Parteien und deren Jugendorganisationen aufgelöst und ihnen jegliche weitere Tätigkeit verboten, so daß ein Teil von ihnen in den Untergrund abwanderte.

---

74 Völkischer Beobachter, Ausgabe vom September 1933.

Trotz Verfolgung und Bespitzelung war es den NS-Machthabern nicht gelungen, die Jugendgruppen der Kommunisten und Sozialdemokraten
zum Schweigen zu bringen. Die konfessionellen Jugendverbände blieben
zunächst von einem Verbot unberührt, weil sie von der Autorität ihrer jeweiligen Kirchen gedeckt wurden. Die NS-Machthaber beschritten im
Umgang mit ihnen einen sehr raffinierten Weg. Der von Hitler persönlich
ernannte Reichsjugendführer, Baldur von Schirach, genehmigte z.b. der
evangelisch-männlichen Jugend weiterhin das Tragen ihrer olivgrünen
Tracht und das Mitführen von Wimpeln, Bannern und Zeichen. Am 13.
Oktober 1933 wurde auf einer Konferenz mit den Führern der kirchlichen
Jugendverbände, die im Reichsinnenministerium tagte, folgender Text
veröffentlicht:

»Es war Einverständnis darüber, daß die in der Reichsjugendführung eingeord-
neten Verbände in ihren großen Säulen: Hitlerjugend, evangelische Jugend, katholische Jugend, Sportjugend, berufsständische Jugend in voller Gleichberech-
tigung nebenherstehen und daß der Hitlerjugend als Bannerträger der nationalsozialistischen Jugendbewegung das Vorrecht eines Ehrenranges innerhalb der
Gesamtjugend zukomme. – Es war Einverständnis auch darüber, daß ein gutes
kameradschaftliches Verhältnis die der Reichführung unterstellten anerkannten
Verbände miteinander verbinden soll.«[75]

An diese schon vor ihrer Veröffentlichung praktizierte Vereinbarung
hat sich Paul Schneider gehalten und an sie erinnert, als er zum Aufruf des
Oberjungbannführers Gross aus Limburg an der Lahn Stellung nimmt:

»Hochelheim, d. 11. Oktober 1933
Der von Oberjungbannführer Gross, Limburg, veröffentlichte Aufruf zum Wer-
bemonat der Hitlerjugend-Jungvolk richtet sich ganz einseitig gegen die konfessionelle Jugendarbeit und widerstreitet dem Geist und Inhalt der Abmachungen
des Evangelischen Jugendwerkes mit der Leitung der Hitlerjugend.
    Der Aufruf enthält die unrichtige Behauptung, daß die evangelische Jugend
nicht mehr Geländespiele treiben und marschieren dürfe. Wie verträgt sich das
mit der Gewissenhaftigkeit und Wahrhaftigkeit, mit der doch ein solcher Aufruf
abgefaßt sein müßte? Bis zum heutigen Tag sind Geländespiele und Marsch erlaubt und gepflegt – nicht erst seit gestern – bei der konfessionellen Jugend.
    Ferner helfen wir Adolf Hitler bei seinem Aufbauwerk des Deutschen Volkes
mindestens ebensosehr wie die Hitlerjugend und lassen uns an Vaterlandsliebe
von dieser nicht übertreffen.
    Wir sind in einem konfessionellen Jugendverband, weil wir uns nicht nur als
deutsche, sondern auch als christliche Jugend wissen und als solche Ernst machen
möchten und gegenseitig helfen möchten in der Nachfolge unseres Heilandes Jesus Christus und seinem Worte nachleben wollen: Trachtet am ersten nach dem
Reiche Gottes und seiner Gerechtigkeit. Dann werden wir auch gute Deutsche
sein.
    Eine klare charaktervolle evangelisch-christliche Erziehung vermag die Hit-

---

75 Vgl. *Gauger*, S. 124; *Meier, K.,* Der Evangelische Kirchenkampf, Bd. 1, a.a.O., S.
146ff; *Röhm, E.* und *Thierfelder, J.,* Evangelische Kirche zwischen Kreuz und Hakenkreuz, a.a.O., S. 44ff.

lerjugend als solche allein nicht zu geben. Das Verbot doppelter Mitgliedschaft haben wir nicht aufgestellt. Wir möchten gern in Frieden und Freundschaft mit der Hitlerjugend leben. Das wird uns erschwert durch den Aushang solcher unduldsamer Aufrufe, die dazu falsche Behauptungen enthalten. Sieg Heil!
Schneider, Pfr.«

Die Hitlerjugend und die sie tragende »Nationalsozialistische Deutsche Arbeiterpartei« dachten nicht im entferntesten daran, den konfessionellen Jugendgruppen ihr Eigenleben zu gestatten. Bereits zwei Monate nach der Konferenz im Reichsinnenministerium vom 13. Oktober 1933 hielt der Reichsjugendführer in Braunschweig eine bezeichnende Rede, in der er u.a. ausführte:

»Man sagt neuerdings von uns, wir seien eine antichristliche Bewegung. Man sagt sogar, ich sei ein ausgesprochener Heide. Dabei hat die nationalsozialistische Bewegung den Beweis, daß sie auf Gedeih und Verderb mit dem Herrn im Himmel verknüpft ist, sichtbarer erbracht als die christlichen Parteien. Diese verschwundenen Parteien versuchen jetzt wieder unter der Maske irgendeiner Jugendorganisation das Gift der Zwietracht in die Jugend hineinzutragen. Und dagegen setze ich mich zur Wehr. Ich erkläre hier feierlichst vor der deutschen Öffentlichkeit, daß ich auf dem Boden des Christentums stehe, daß ich aber jeden Versuch, konfessionelle Gegensätze in die Hitlerjugend hineinzutragen, schärfstens unterdrücken werde . . . Wir beanspruchen, daß alle anderen Jugendorganisationen in Deutschland keine Daseinsberechtigung mehr besitzen. Diese Organisationen müssen verschwinden.«[76]

Am 31. Dezember 1933 wurde dem Leiter des evangelischen Jugendwerkes, Dr. Erich Stange, jede weitere Betätigung im Reichsführerrat, der die Jugendarbeit in Deutschland koordinieren sollte, untersagt, in den er erst am 22. Juni 1933 berufen worden war. Er erhielt das folgende Telegramm: »Mit sofortiger Wirkung entziehe ich Ihnen Ihr Amt im Jugendführerring. Habe Ihren sofortigen Ausschluß aus der Nationalsozialistischen Deutschen Arbeiterpartei im Schnellverfahren beantragt.«[77]
Dr. Stange war aber zu keiner Zeit Mitglied der NSDAP und konnte somit auch nicht ausgeschlossen werden. Nachdenklich muß in diesem Zusammenhang stimmen, daß zur gleichen Zeit in Frankfurt am Main zwei evangelische Jugendführer verhaftet wurden, um sie an der Abhaltung von Jugendstunden zu hindern. Die Zerschlagung der gesamten konfessionellen Jugendarbeit war für die braunen Machthaber eine beschlossene Sache. Daß hier die »Deutschen Christen« mithalfen, darf nicht unerwähnt bleiben.
Die Nationalsozialisten waren immer darauf bedacht, ihren jeweils »Oberen« Linientreue, Einsatzbereitschaft und Ergebenheit zu beweisen. Der Stützpunktleiter (Ortsgruppenleiter) der NSDAP erstattet der Kreisleitung Meldung über die Vorkommnisse in Hochelheim:

76   *Gauger,* S. 125.
77   Ebd., S. 126.

»NSDAP   Hochelheim, d. 11. 10. 1933
Stützpunkt Hochelheim
An
NSDAP Kreisleitung Wetzlar
Wetzlar
Betr.: Aushänge im Nachrichtenkasten der Kirchengemeinde Hochelheim durch
Pfarrer Schneider
Auf das soeben geführte Ferngespräch mit Pg. Petry bezugnehmend übersende
ich Ihnen anbei die beiden von Pfarrer Schneider hier veröffentlichten Proteste
gegen die Aufrufe vom Stabschef der SA und Jungbannführer der Hitlerjugend-
Jungvolk Gross.
    Gestern wurde mir gemeldet, daß Pfarrer Schneider den Protest gegen Stabs-
chef Röhm im besagten Kasten hängen habe. Als ich mich heute morgen überzeugen wollte, fand ich dazu noch den Protest gegen Gross vor. Darauf schickte ich
den SA-Scharführer Alfred Jung von hier mit einem Schreiben, welches ich Ihnen
in Abschrift beifüge, zu Pfarrer Schneider mit der Bitte, Jung die beiden Proteste
mitzugeben. Pfarrer Schneider weigerte sich allerdings, meiner Aufforderung
nachzukommen. Ich versuchte darauf die Kreisleitung anzurufen, bekam aber
keine Antwort. Auch Kreisleiter Grillo war nicht telefonisch zu erreichen. (Es
war in der Zeit zwischen 12 und 1 Uhr.) Denn ich wollte nicht eigenmächtig handeln, sondern erst von dort Instruktion einholen.
    Da ich nun aber vermuten konnte, daß Pfarrer Schneider die beiden Proteste
entfernen und vernichten könne, andererseits aber auch meiner Auffassung nach
die Proteste sofort verschwinden mußten, um kein weiteres öffentliches Ärgernis
zu erregen, ließ ich nach Mitteilung an Pfarrer Schneider durch SA-Scharführer
Jung den verschlossenen Kasten abhängen und in meine Wohnung bringen. Nach
Rücksprache mit Pg. Petry habe ich dann den Kasten gewaltsam geöffnet und die
beiden Schreiben herausgenommen. Eine Beschädigung an dem Kasten ist nicht
erfolgt, da ich am Schloß nur einige Holzschrauben zu lösen brauchte. Den Kasten habe ich wieder an Pfarrer Schneider, da Eigentum der Kirchengemeinde,
abliefern lassen.
                                                               Heil Hitler!
              Siegel   Mehl, Stützpunktleiter
                                                               3 Anlagen!«

    Am Tage zuvor erreichte Paul Schneider das folgende Schreiben:

»NSDAP   Hochelheim, den 10. 10. 1933
Stützpunkt Hochelheim
Herrn
Pfarrer Schneider, Hochelheim
In dem Aushängekasten der Kirchengemeinde haben Sie zwei Proteste betr.
Stabschef Röhm und Hitlerjugend veröffentlicht, deren Inhalt geeignet ist, Unru-
he und Mißverständnisse unter der Bevölkerung hervorzurufen. Ich bitte Sie da-
her, dieselben sofort aus dem Kasten zu entfernen und dem Überbringer dieses
Schreibens auszuhändigen.
    Für die Zukunft bitte ich Sie, Schriftstücke politischer Art vor der Veröffentli-
chung mir vorzulegen.
                                                               Heil Hitler!
                                            Mehl, Stützpunktleiter«

    Der erste Anruf des Stützpunktleiters aus Hochelheim erfolgte bei der
NS-Kreisleitung am 11. 10. 1933 zwischen 12 und 13 Uhr, der zunächst

keinen Erfolg hatte. Eine Mitteilung an das Landratsamt in Wetzlar löste dann die Aktivitäten aus.

Schon wenige Stunden später wurde der Vertreter des Landratsamtes fernmündlich beim Konsistorium in Koblenz vorstellig; dem dort angefertigten Protokoll entnehmen wir:

»Ass. [Assessor] Engfer teilte nun in diesem Gespräch mit, daß die NSDAP verlange, den Pfarrer Schneider sofort in Schutzhaft zu nehmen. Um durch die Inhaftierung die Autorität des Pfr. Schn. in seiner Gemeinde für die Zukunft nicht zu untergraben, bittet das Landratsamt, den Pfr. bis zur Aufklärung der Sache zu beurlauben.

Anruf wird erbeten bis 4 1/2 im Landratsamt: Wetzlar Nr. 2046, nach 4 1/2 Ass. Engfer: Wetzlar Nr. 2411.«

Die Unruhe unter den Parteifunktionären, die der ›Störenfried‹ im Hochelheimer Pfarrhaus hervorgerufen hatte, war nicht mehr zu dämpfen. Um 16 3/4 Uhr erfolgte ein neuer Anruf, um dem ersten Nachdruck zu verleihen. Den Unterlagen des Konsistoriums entnehmen wir:

»Nachdem Herr Rudorff mir umstehende [s.o.] Mitteilung gemacht hatte, rief mich der Landratsvertreter um 16 3/4 noch einmal an. Er gab zu dem bisher Mitgeteilten folgende Ergänzung: Die Forderung der Schutzhaft würde von der Kreisleitung erhoben. Sie sei erforderlich zur Abwendung persönlicher Gefahr, die Pfarrer Schneider wegen der Erregung der Bevölkerung drohte. Wenn das Konsistorium nicht sogleich über die Beurlaubung verfügen könne, wäre die Schutzhaft nicht zu vermeiden. Ich sagte daraufhin die Beurlaubung zu. Um 17,10 Uhr setzte ich mich mit Superintendent Wieber-Garbenheim fernmündlich in Verbindung. Er hatte auch bereits von der Sache gehört. Pfarrer Schneider sei, wie ihm schon von verschiedenen Seiten wiederholt ausgesprochen sei, zwar guten Willens, aber sehr unvorsichtig und taktlos. Ich gab Superintendent Wieber den Auftrag, unverzüglich fernmündlich oder durch persönliches Aufsuchen Schneiders diesem seine sofortige Beurlaubung zur Abwendung der Schutzhaft auszusprechen und ihn zu einer Aussprache auf Freitag, den 13. ds. Mts., hierher zu bestellen. Superintendent Wieber, der sich der Bedeutung der Sache durchaus klar war, sagte die sofortige Erledigung meines Auftrages zu.   Siebert«

Nach den fernmündlichen Unterredungen wurden die Bürokraten im Staat, in der NS-Partei und im Konsistorium tätig. Zuvor hatte sich, wie schon erwähnt, die Kreisleitung der NSDAP an das Landratsamt gewandt.

»NSDAP   Wetzlar, den 12. Oktober 1933
Kreisleitung Wetzlar
An das
Landratsamt Wetzlar
Beiliegend übersende ich Ihnen einen Vorfall von Hochelheim. Der Pfarrer Schneider benutzt dort einen Aushängekasten, um gegen die NSDAP und gegen Stabschef Röhm vorzugehen. Sie sehen auch weiter aus dem Vorfall, daß der Stützpunktleiter diesen Aufruf entfernt hat. Ich bitte Sie, den Landjäger[78] aufmerksam zu machen, daß er sofort diesen Kasten für alle Zukunft verbietet und

78 Diensttuender Polizeibeamter.

Sie Pfarrer Schneider in Schutzhaft nehmen. Dieser Mensch gehört in ein Konzentrationslager und nicht auf die Kanzel. Denselben Aufruf hat er von der Kanzel während der Predigt verlesen.

Heil Hitler!

Siegel   Kreisleitung Wetzlar

Haus«

Aktenvermerk des Landratsamtes: »Eilt sehr!

Vermerk
Ich habe die Angelegenheit fernmündlich mit Herrn Oberkonsistorialrat Siebert in Koblenz besprochen, der mir zusagte, Herrn Pfarrer Schneider noch am gleichen Tage bis zur Klärung der Angelegenheit zu beurlauben.«

Auch die nächsthöhere Parteiinstanz, die Gauleitung der NSDAP in Frankfurt/Main, wurde verständigt. Wie das obige, so enthält auch dieses Schreiben bemerkenswerte Sätze:

»NSDAP   Wetzlar, den 12. Oktober 1933
Kreisleitung Wetzlar
An die
Gauleitung Hessen-Nassau-Süd, Frankfurt/Main
Nach Vorausgang der telefonischen Unterredung von heute morgen übersende ich Ihnen wunschgemäß die Abschrift der von Pfarrer Schneider, Hochelheim, in dem öffentlichen Aushängekasten der Kirchengemeinde ausgehängten Schreiben. Bemerken möchte ich hierzu, daß Pfr. Schneider dieselben Schreiben auch von der Kanzel verlesen hat.
Im übrigen ist Pfr. Schneider einer der wenigen Pfarrer dieser Gegend, die sich gegen die NSDAP stellen.

Heil Hitler!
Kreisleitung Wetzlar
Haus«

Diese Schreiben durchliefen alle politischen Instanzen, bis sie dem Konsistorium zugestellt wurden. Erregend dabei ist, daß die Nationalsozialisten sich schon wenige Monate nach ihrer Machtergreifung solche Eskapaden leisten konnten. Keiner der damals politisch Tätigen hinderte sie daran, auch die deutschnationalen Kreise, die dem Nationalsozialismus zur Macht verholfen hatten und sich kirchenfreundlich gaben, sahen tatenlos zu.

Der nachfolgende Briefwechsel zwischen dem Konsistorium und dem Landrat zeigt, wie eilig und gründlich solche »schwerwiegenden« Fälle behandelt wurden.

Am 10. Oktober 1933 erhielt die Evangelische Kirche des Rheinlands erstmalig in ihrer Geschichte einen Bischof, obwohl in ihr eine stattliche Zahl von reformierten Gemeinden aufgrund ihres Bekenntnisstandes ein Bischofsamt ablehnte. Dr. Heinrich Oberheid, ein führender »Deutscher Christ«, der an diesem Tage als Bischof eingeführt wurde[79], hatte als erste ›Amtshandlung‹ sich mit dem ›widerspensti-

---

79   Vgl. hierzu *van Norden, G.* (Hg.), Kirchenkampf im Rheinland. Die Entstehung der Bekennenden Kirche und die Theologische Erklärung von Barmen 1934 (Schriftenreihe des Vereins für Rheinische Kirchengeschichte, Bd. 76), Pulheim 1984, S. 69.

gen‹ Pfarrer von Hochelheim zu beschäftigen. Nachdem er mit Paul Schneider gesprochen hatte, übermittelte er dem Landrat folgendes Schreiben:

»Der Bischof   z.Zt. Koblenz, den 13. Oktober 1933
des Evangelischen Bistums Köln-Aachen
An
den Herrn Landrat
in Wetzlar
Euer Hochwohlgeboren haben gestern dem Evangelischen Konsistorium mitgeteilt, daß Pfarrer Schneider in Hochelheim, Kreis Wetzlar, im Aushängekasten der Kirchengemeinde eine Veröffentlichung wegen des Aufrufes des Herrn Stabschef Röhm ausgehängt habe und daß die Kreisleitung der NSDAP wegen der Erregung der Bevölkerung die Inschutzhaftnahme Pfarrer Schneiders fordere. Die Schutzhaft sei erforderlich zur Abwendung persönlicher Gefahr. Euer Hochwohlgeboren wollen von der Verhängung der Schutzhaft absehen, wenn das Konsistorium sogleich die Beurlaubung des Pfarrers Schneider verfüge. Daraufhin ist die Beurlaubung durch das Konsistorium erfolgt und Pfarrer Schneider zu einer Aussprache heute vormittag bestellt worden.
In der Aussprache habe ich Pfarrer Schneider deutlich gemacht, daß die Veröffentlichung, selbst wenn Pfarrer Schneider aus einem ernstlichen Anliegen um die ihm anvertraute Gemeinde glaubte handeln zu müssen, eine starke politische Störung bedeutete. Ich habe ihm sein Vorgehen ernst verwiesen. Pfarrer Schneider hat sich meinen Vorhaltungen, die sich auch auf sonstige Reibereien in der Gemeinde erstreckten, bereitwillig geöffnet. Er hat folgende Erklärung abgegeben:
›Nachdem ich mich durch meine vorgesetzte Kirchenbehörde habe unterrichten lassen, daß Sinn und Abzweckung des Aufrufes des Herrn Stabschef Röhm an die SA und SS gegen das Muckertum anderer Art gewesen ist, als ich es in meinem Protest vom 8. ds. Mts. glaubte annehmen zu sollen, bedaure ich, daß ich diesen Protest gefaßt habe, und nehme ihn hiermit zurück.‹
Pfarrer Schneider wird diese Erklärung in gleicher Weise bekanntgeben, in der er seinen Protest veröffentlicht hat.
Ich bin auf Grund der Aussprache der Zuversicht, daß Pfarrer Schneider hinfort die richtige Einstellung zu den Maßnahmen des Staates und der Partei finden wird. Ich bitte, deshalb von weiteren Erwägungen über die Verhängung der Schutzhaft absehen zu wollen. Wenn Euer Hochwohlgeboren dem Evangelischen Konsistorium eine entsprechende Mitteilung zukommen lassen könnte, würde die Aufhebung der Beurlaubung ermöglicht werden.«

Der NS-Landrat des Kreises Wetzlar antwortete dem Bischof unverzüglich:

»Der Landrat   Wetzlar, den 14. Oktober 1933
T.B.I.a. Nr. 8746
An
den Herrn Bischof des Bistums Köln-Aachen
in Koblenz
Auf das Schreiben vom 13. Oktober 1933:
Nach Rücksprache mit der Kreisleitung der NSDAP und persönlichen Feststellungen über die Stimmung im Kirchspiel halte ich es nicht für angängig, wenn die Beurlaubung des Pfarrers Schneider zurückgezogen wird, bevor nicht die Angelegenheit völlig geklärt ist. Lediglich durch den Aushang der Widerrufserklärung

im Kasten glaube ich jedoch nicht, die Sache für erledigt betrachten zu können. Das Verhältnis zwischen dem Geistlichen und den Stützpunktleitern in beiden Gemeinden seines Kirchspiels ist hierfür im Laufe der letzten Zeit ein zu gespanntes geworden. Herr Pfarrer Schneider hat durch seine Haltung den Eindruck erweckt, als ob er nicht voll auf dem Boden des heutigen Staates steht. Es liegen über ihn eine ganze Reihe von Eingaben bei der Kreisleitung der NSDAP vor. Wenn er nunmehr nach dem Vorfall mit dem Aufruf gegen Stabschef Röhm wiederum nach kurzer Zeit sein Amt versieht, so befürchte ich Zwischenfälle, die dem Ansehen der Kirche schädlich sein können. Ich halte es daher für erforderlich, daß dortseits durch eigene Feststellungen geklärt wird, ob ein Verbleiben des Pfarrers in Hochelheim möglich ist. Ich würde es für zweckmäßig halten, wenn dies durch einen Beauftragten an Ort und Stelle geschehen könnte. Ich persönlich glaube kaum, daß sich die Angelegenheit anders erledigen läßt als durch die Versetzung des Pfarrers Schneider. Ich habe ihm dieses auch heute selbst mitgeteilt und bitte, möglichst bald von dort aus geeignete Schritte zu ergreifen. Die ausgesprochene Beurlaubung kann m.E. nicht zurückgenommen werden.

I.V.

Engfer«

Von der Verhängung der »Schutzhaft« ist nun nicht mehr die Rede. Mit der Zustimmung zur sofortigen Aufhebung der Beurlaubung fürchtete der NS-Landrat sein Gesicht zu verlieren, denn er übte in Personalunion die Tätigkeit eines Kreisleiters aus. Damit wird deutlich, welches raffinierte Spiel getrieben wurde. So versteckte er sich hinter einer angeblichen »Unruhe« in der Bevölkerung, die es in Wahrheit nie gegeben hat. Solche Verhaltensweise war typisch für die NS-Mächtigen, die mit diesem Druckmittel ihre Macht dokumentieren wollten.

Inzwischen erstattete der Superintendent des Kirchenkreises Wetzlar dem Konsistorium Bericht:

»Superintendentur   Garbenheim, den 14. Oktober 1933
Tagebuch Nr. 1000
Dem Evangelischen Konsistorium in Koblenz berichte ich zur Verfügung vom 13. Oktober 1933 II 7342 folgendes:
Nach dem telefonischen Gespräch des Herrn Oberkonsistorialrats Siebert mit mir rief ich sofort die Posthilfsstelle in Hochelheim an mit dem Auftrag, den Pfarrer Schneider an das Telefon zu rufen. Nach einiger Zeit erhielt ich die Antwort, er sei in Dollar. Darauf fuhr ich sogleich dorthin und traf ihn im Pfarrhaus zu Dollar. Ich eröffnete ihm den mir von Herrn Oberkonsistorialrat Siebert gewordenen Auftrag und hielt ihm das Unrecht seines Vorgehens in Gegenwart des Pfarrers Heider vor, indem auch ich ihn darauf aufmerksam machte, daß so, wie er es verstanden habe, der Aufruf Röhms gewiß nicht zu verstehen sei und daß der eingeschlagene Weg des Protestes in keiner Weise der richtige gewesen sei.
Mit der Verwaltung der Pfarrstelle Hochelheim-Dornholzhausen während der Beurlaubung des Pfarrers Schneider habe ich dann sofort den Pfarrer Hardt in Klein-Rechtenbach beauftragt und das einstweilen Notwendige bezüglich Abhaltung der Gottesdienste angeordnet.

Wieber, Superintendent«

Wer die Initiative von Paul Schneider auch nur von ferne nachempfinden will, muß die zeitgeschichtlichen Zusammenhänge berücksichtigen.

Dabei ist wichtig zu wissen, daß Paul Schneider in einer gemeindlichen Umgebung lebte, die in ihrer politischen und kirchenpolitischen Verhaltensweise stark gekennzeichnet war von Gruppierungen, die sich auf die Zuschauertribüne der Zeit zurückgezogen hatten und nur noch auf Befehle reagierten. Nur wenige stellten sich den Fragen der Zeit und waren bereit, wenn nötig, Gegenpositionen einzunehmen. Die Nationalsozialisten unter ihnen lebten im Machtrausch und verstanden sich als Herren über Zeit und Raum. In einer späteren Predigt von Paul Schneider ist zu lesen:

».. . Dem Trostamt des Geistes an den Jüngerherzen entspricht sein Strafamt an der Welt. Die nichtglaubende Welt empfängt nicht die Gabe des Heiligen Geistes; wohl aber muß sie es spüren, wie ihre Sünde der göttlichen Gerechtigkeit und des über sie ergangenen Gerichts überführt wird. Da unser Leben aber noch eingespannt ist in die Mächte dieser Zeit, da die Gemeinde und Kirche Christi noch im Kampf und in der Verfolgung lebt durch die Mächte dieser Welt, da jeder einzelne noch versucht und angefochten ist von der Macht und Lust dieser Welt, so muß dieses überführende Strafmaß des Heiligen Geistes unser Glaubenslied befreien helfen zu dem neuen Lied, das sich frei von Sorge und Furcht zu dem Heiligen Geist erhebt und uns jetzt schon Anteil gibt an seiner Herrlichkeit, muß uns dieses Strafmaß bewahren davor, daß wir in die Sünde und das Gericht dieser Welt hineingezogen werden . . . Das ist das befreiende Wirken des Heiligen Geistes in unseren Tagen, daß er diese Sünde klar herausstellt, daß im Mythus des 20. Jahrhunderts und der ganzen Deutschgläubigkeit die Welt sich wieder als Welt enthüllt und sich an der Stellung zu Christus die Geister scheiden.«[80]

Paul Schneider weist nach schweren inneren Kämpfen von Anfang seiner pfarramtlichen Tätigkeit an immer wieder auf Christus als das unumstößliche Fundament christlichen Glaubens hin und vertritt dies gerade in der Zeit der Auseinandersetzung mit dem Nationalsozialismus immer deutlicher. Nicht Rechthaberei, nicht Fanatismus, sondern die Erkenntnis, daß es für jeden Menschen ein Verlorengehen für die Ewigkeit gibt, bestimmt sein pfarramtliches Handeln bis in das Grauen des Konzentrationslagers hinein.

Das Konsistorium entsandte zwei Beauftragte nach Hochelheim und Dornholzhausen. Hier ihre Berichte:

»Reisebericht, betr. die Beschwerde gegen Pfarrer Schneider in Hochelheim, Kreisgemeinde Wetzlar.

Ich habe im Auftrag des Herrn Bischof zusammen mit Herrn Pfarrer Wolfrum aus Oldenbach am 19. ds. Mts. zunächst mit dem Landrat in Wetzlar, der gleichzeitig Kreisleiter der NSDAP ist, in der Angelegenheit des Pfr. Schneider verhandelt. Der Landrat sprach sich dahin aus, daß nach den Mitteilungen des stellvertretenden Kreisleiters Haus Pfr. Schneider durch Äußerungen und Handlungen gezeigt habe, daß er nicht auf dem Boden des Nationalen Staates stehe und daß er daher nach seiner Ansicht sobald wie möglich versetzt werden müsse. Konkrete Angaben über das, was Pfr. Schneider vorzuwerfen sei, konnte der Landrat, au-

---

80 *Schneider, P.,* . . . und sollst mein Prediger bleiben. Predigten, Gießen und Basel 1966, S. 43.

ßer betr. des Erlasses des Stabschef Röhm, nicht machen. Er überreichte uns lediglich anliegenden Schriftwechsel, den er nach Abschriftnahme wieder zurückerbat. Der Aufhebung der Beurlaubung widersprach der Landrat. Der allsdann herbeigerufene stellvertretende Kreisleiter Haus berichtete, daß nach den ihm gemachten Mitteilungen der Stützpunktleiter in Hochelheim und Dornholzhausen Pfr. Schneider verschiedentlich in der Predigt kritische Äußerungen über den nationalen Staat und den Nationalsozialismus gemacht habe. Er zeigte einen Brief des Stützpunktleiters Mehl vor, der jedoch nur allgemeine Äußerungen enthielt und Zitate aus einer Predigt nicht aufwies. Auch im übrigen waren alle Ausführungen des stellvertretenden Kreisleiters mehr allgemeiner Art, dahingehend, daß Pfr. Schneider sich für die Aufrechterhaltung der Ortsgruppe des Jungdeutschen Ordens in Hochelheim eingesetzt habe, daß er an einem Sonntag von der Kanzel in Dornholzhausen seinen Austritt aus der Glaubensgemeinschaft ›Deutsche Christen‹ öffentlich mitgeteilt habe und daß auch sein Aufruf betr. den Erlaß des Stabschef Röhm in Dornholzhausen von der Kanzel herunter verlesen worden sei. Die Erregung der Stützpunktleiter sei so groß, daß sie nur mit Mühe davon hätten abgehalten werden können, einen öffentlichen Aufruf zu erlassen, die Bevölkerung möge den Gottesdienst von Pfr. Schneider nicht mehr besuchen.

Im übrigen wurde noch vom Landrat und dem stellv. Kreisleiter auf anliegendes Schreiben des Pfr. Schneider betr. Jungbannführer Gross in Limburg hingewiesen. Ich habe gegenüber dem Landrat zum Ausdruck gebracht, daß eine Versetzung angesichts der bestehenden Rechtslage schwierig sei und nur unter kirchlichen Gesichtspunkten und nur beim Vorliegen schwerer konkreter Verfehlungen vorgenommen werden könne. Ein Urteil über die Aufhebung der Beurlaubung könne erst abgegeben werden, wenn das Material, welches nach Angabe des stellvertretenden Kreisleiters im Besitz des Stützpunktleiters sei, von uns geprüft sei.

Wir sind alsdann sofort nach Hochelheim gefahren und haben daselbst die Angelegenheit mit Pfr. Schneider besprochen. Pfr. Schneider bestritt, dem nationalen Staat ablehnend gegenüberzustehen. Die vom Stützpunktleiter angegriffene Predigt vom 11. 6. ds. Js. hatte Pfr. Schneider nicht schriftlich niedergelegt, so daß die angefochtenen Stellen nicht festzulegen waren. Er gibt zu, seinen Aufruf betr. Erlaß des Stabschefs in Dornholzhausen von der Kanzel verlesen zu haben. Daß er seinen Austritt aus der Glaubensgemeinschaft ›Deutsche Christen‹ öffentlich bekanntgab, erklärt er damit, daß er auch auf einer Gemeindeversammlung seinerzeit seinen Eintritt bekanntgegeben habe und sich für verpflichtet halte, die Gemeinde von seiner kirchenpolitischen Stellung in Kenntnis zu setzen.

Bezüglich seines Schreibens betr. Oberjungbannführer Gross wies er auf die Ungeklärtheit der Sachlage zwischen Hitlerjugend und evangelischen Vereinen hin, wobei er verschiedene Unzuträglichkeiten, die sich in Hochelheim ereignet haben, zur Rechtfertigung seiner Haltung anführte. Den Vorwurf, sich an dem Erntedankfest nicht beteiligt zu haben, wies er zurück und bemerkte hierzu, daß er die Kinder habe Gedichte lernen lassen, durch die Stützpunktleiter jedoch verhindert worden sei, die Gedichte vortragen zu lassen. In Dornholzhausen habe er jedoch am Erntedankfest teilgenommen.

Die Presbyter und Gemeindeverordneten haben einstimmig eine Vertrauenskundgebung für Pfarrer Schneider beschlossen, die in Abschrift beiliegt, und an die Kreisleitung abgesandt. Eine solche Vertrauenskundgebung sollte auch in Hochelheim verfaßt werden; da der Lehrer Wagner jedoch die Leute warnte, sie könnten sich dadurch Ungelegenheiten bereiten, ist zunächst die Kundgebung unterblieben. Sie soll nach Mitteilung von Pfarrer Schneider nachgeholt werden. Als Beweis seiner Stellung zum nationalen Staat wies Pfr. Schneider darauf hin, daß er am 1. 5. an dem Umzug und auch später an der Sonnenwendfeier der Partei teilgenommen habe. Demgegenüber führte er die Unversöhnlichkeit der Gegenseite an. Der Stützpunktleiter in Hochelheim habe öffentlich angeschlagen und

mit der Ortsschelle bekanntgeben lassen, wer im Zusammenhang mit der Beurlaubung des Pfarrers etwas gegen ihn [den Stützpunktleiter] sage, werde einer
strengen Bestrafung zugeführt werden. Der Polizeidiener hat daran die Bemerkung geknüpft: ›Jetzt kriegen wir ihn weg‹. Pfarrer Schneider erwähnte dabei,
daß die Persönlichkeiten der Stützpunktleiter, insbesondere der Stützpunktleiter
Mehl in Hochelheim, in mannigfacher Hinsicht, vor allem auch auf sittlichem Gebiet, nicht einwandfrei seien. Ferner hätten sie sich mehrfach in seine seelsorgerliche Tätigkeit eingemischt.

Im Anschluß an die Besprechung mit Pfr. Schneider hat Herr Pfr. Wolfrum mit
den beiden Stützpunktleitern Mehl und Reuter gesprochen. Über das Ergebnis
dieser Rücksprache wird Pfr. Wolfrum besonders berichten.

Vom Presbyterium in Hochelheim konnten nur zwei Presbyter erscheinen. Die
beiden sprachen sich entschieden für Pfarrer Schneider und sein Verbleiben in
der Gemeinde aus und erklärten, daß auch die übrigen Presbyter der gleichen
Auffassung seien. Die Schwierigkeiten mit den Stützpunktleitern rührten zum
Teil davon, daß ersteren von dritter Seite alle möglichen Unwahrheiten über Pfr.
Schneider hinterbracht würden.

Der Gesamteindruck von Pfr. Schneider, der auch später von dem Superintendenten Hepp, Synode Braunfels, bestätigt wurde, war der, daß er ein etwas eigen-
sinniger und eigenwilliger Mensch ist, der nicht leicht von seinen Ansichten abzu-
bringen ist und infolgedessen auch für die Zukunft noch Anlaß zu Schwierigkeiten geben wird. Er sieht jedoch ein, daß er in vielen Fällen zumindest unklug gehandelt hat, und sagte zu, sich hinsichtlich der Politik fortab völlig zurückzuhal-
ten.

Er ist bereit, sich von Hochelheim versetzen zu lassen, bat jedoch, eine solche
Maßnahme zu verschieben, um nicht mit dem Makel einer mangelhaften nationalen Gesinnung behaftet zu scheiden.

Dr. Jung, 20. 10. 1933«

Der zweite Beauftragte des Bischofs, Pfarrer Wolfrum, der Mitglied
der NSDAP war, verfaßte den folgenden Bericht:

»Im Auftrage des Herrn Bischofs nahm ich an den Verhandlungen, die Herr Konsistorialrat Dr. Jung in der Angelegenheit des Pfr. Schneider mit dem Landrat in
Wetzlar sowie mit dem Pfarrer selbst in Hochelheim führte, teil. In Hochelheim
habe ich dann auch mit den beiden Stützpunktleitern der NSDAP, und zwar in
der Wohnung des Stützpunktleiters Mehl in Hochelheim, über den Fall Schneider
verhandelt. Die beiden Stützpunktleiter behaupteten zunächst, daß Pfr. Schneider für sie untragbar sei und daß eine seelsorgerliche Tätigkeit des Pfarrers in
Hochelheim nicht mehr in Frage käme. Ich habe dann als Parteigenosse mit beiden Leuten gesprochen und sie gefragt über die persönlichen Eigenschaften des
Pfarrers Schneider und dabei herausgefunden, daß gegen Pfr. Schneider in cha-
rakteristischer [gemeint ist wohl charakterlicher] Beziehung keine Einwände erhoben werden, die irgendwie von Bedeutung sind. Die einzigen Vorwürfe, die
man Pfr. Schneider macht, sind die, daß er nicht konsequent sei und daß er oft im
Übereifer handele und daß er vor allen Dingen noch nicht das notwendige Verhältnis zur NSDAP gefunden habe, ferner, daß er sich oft in persönliche Angelegenheiten mische und dabei mehr schlecht als gut mache. Ich habe den Leuten
klargemacht, daß mit einer Versetzung des Pfr. Schneider an sich noch nicht viel
gewonnen sei. Nachdem an Pfr. Schneider als Pfarrer und Christ nichts auszuset-
zen sei, kam es lediglich darauf an, ihn dazu zu veranlassen, in Zukunft in loyaler
Weise mit der NSDAP zusammenzuarbeiten, zumal er ja selbst mündlich und
schriftlich die Bereitwilligkeit hierzu zum Ausdruck gebracht habe. Die beiden

Stützpunktleiter erklärten sich damit einverstanden, daß Pfr. Schneider weiter im Amt verbleibt und auch seinen Dienst in Hochelheim weiter versehen könne. Nur verlangten sie gewisse Sicherheiten. Es wurde vereinbart, daß Pfarrer Schneider an einem demnächst stattfindenden Gemeindeabend diese seine Bereitwilligkeit zur loyalen Mitarbeit und zum Zusammenarbeiten mit den örtlichen Führern der NSDAP bekunden soll. Ferner soll dem Pfarrer Schneider empfohlen werden, in Zukunft alle Bemerkungen im Anschluß an die Predigt, die sich irgendwie mit politischen Dingen beschäftigen (vgl. Erlaß des Stabschefs, Stellung zur Hitlerjugend), zu unterlassen, ferner soll er sich auch der persönlichen Einmischung in örtliche Verhältnisse und Streitigkeiten enthalten. Der Stützpunktleiter versprach auf der anderen Seite, dafür zu sorgen, daß die Hitlerjugend zum Besuch des Gottesdienstes und der kirchlichen Veranstaltungen angehalten würde. Er werde es auch begrüßen, wenn der Pfarrer der Hitlerjugend durch Vorträge und dergleichen dienen würde. Im Anschluß an diese Unterredung habe ich Bruder Schneider die Meinungen der Ortsgruppenführer mitgeteilt und ihn gebeten, auf diese Meinungen Rücksicht zu nehmen und sein künftiges Verhalten danach einzustellen. Es ist meine Überzeugung, daß bei einigermaßen gutem Willen ein wirklich gedeihliches Zusammenarbeiten mit der Gemeinde möglich sei; wenn Pfr. Schneider die gebotene Zurückhaltung bewahren wird, dürfte der Fall erledigt sein. Der Urlaub des Pfr. Schneider kann somit sofort aufgehoben werden.

Pfr. R. Wolfrum«

Der nachfolgende Brief, der das Datum trägt, an dem die Aktionen gegen Paul Schneider ihren Höhepunkt erreichten, enthält Aussagen, die auch Gegenstand im Gespräch zwischen Pfarrer Wolfrum und den Stützpunktleitern waren. Leider kann nicht mehr geklärt werden, ob der Brief am 12. oder am 22. Oktober 1933 geschrieben ist oder ob ein Schreibfehler vorliegt.

»Hochelheim, den 12. Oktober 1933
Herrn Johannes Mehl, Stützpunktleiter, hier
Ihre Handlungen betreffs kirchl. Bekanntmachungskasten kann ich von Ihrem Standpunkt aus und von Ihrer Amtseigenschaft aus verstehen. Damit möglichst ein Mißverständnis zwischen uns vermieden wird, möchte ich Ihnen sagen, daß mir der Protest gegen den Röhmschen Aufruf Gewissenssache war, nachdem nicht von anderer Stelle Protest erfolgte kirchlicherseits. Es ist nach Luther nicht geraten, etwas gegen sein Gewissen zu tun oder zu unterlassen. Davon kann uns auch keine staatliche Rücksichtnahme entbinden. Ja, ein Handeln nach dem Gewissen muß immer auch im wahrsten Sinne des Staates sein. Sie wissen, daß ich loyal zum heutigen Staat eingestellt und in positiver Mitarbeit ihm verbunden bin und noch mehr gerne verbunden sein möchte, wenn mir dazu Gelegenheit gegeben ist.
Zweitens hielt ich es für meine Ehrenpflicht meinen Jungs gegenüber, mich öffentlich vor sie zu stellen bei dem fortgesetzten Druck, der auf sie ausgeübt wird, und den mehrfachen Falschmeldungen, die auch in Hochelheim verbreitet wurden. Solange unsere Gruppe besteht, halte ich es für meine Pflicht, mich vor sie zu stellen, und wenn wir nur zwei Mann sind. Mir sind zu eigenmächtigem Handeln im Sinne, wie Sie davon sprachen, die Hände gebunden durch Verfügungen der offiziellen Kirche (Reichsbischof), die jede Auflösung einer Gruppe streng untersagt hat. Wollen Sie aber einer künftigen besseren Regelung der Jugendbetreuung die Wege ebnen helfen, dann bitte ich Sie, sich vorläufig jeder gegen unsere kirchliche Gruppe im engeren Sinne gerichteten Handlung zu enthalten, da wir doch die offizielle Anerkennung von Staat und Kirche haben . . .

Es ist meine volle Überzeugung, daß die Hitlerjugend, die Staatsjugend als solche, aus ihren Kräften allein nicht die Erziehung zu evangelisch-christlichen Charakteren und damit auch wahrhaft deutschen Menschen durchführen kann, sondern daß sie das nur kann in engster Verbindung mit den Gaben und Kräften der Kirche, die ihr mit dem Worte Gottes im lebendigen Glauben an Christus durch den heiligen Geist gegeben sind. Diese Verbindung kann sich dann freilich nicht beschränken auf eine gelegentliche Teilnahme am Gottesdienst.

Ich würde mich von Herzen freuen über eine gelegentliche Einladung zu einem Abend mit der Hitlerjugend, sagen wir einmal kirchlicher Abend, wo wir Lebensfragen besprechen, Lieder aus der Singebewegung lernen können, wie sie ja zum Teil schon bei der Hitlerjugend eingeführt sind, wo wir Gottes Wort jugendgemäß zu uns reden lassen können, aber auch harmlos-fröhlich in christlicher Atmosphäre Geselligkeit pflegen können. Ich habe bisher tief beklagt, daß man danach in unserem Dorfleben so wenig Bedürfnis hatte. Ich würde mich freuen, wenn der Nationalsozialismus hier Wechsel schaffte und auch bei uns solchem Wirken mehr Raum schaffte, sicher zum eigenen Segen und Gewinn. Selbstverständlich würde ich mich dann jedes Werbens für unsere kirchliche Gruppe enthalten, sondern ganz der Hitlerjugend zu dienen suchen. So können Sie an Ihrem Teil zum Frieden helfen und würde die jetzt bestehende unfreundliche Spannung beseitigt und die drohende Entfremdung von Jugend und Kirche vermieden. Das wäre zugleich die rechte Vorbereitung einer evt. späteren Einorganisation der konfessionellen in die Hitlerjugend, die ich mir etwa so dächte, daß die erste Gruppe in ganz loser Form auch für den speziellen Dienst an Kirche und Gemeinde zusammengefaßt bliebe.

Mit freundlichem Gruß!

Schneider, Pfarrer«

Dieser Vorgang zeigt erschreckend deutlich, daß Paul Schneider, der deutschchristliche Pfarrer Wolfrum und auch die Ortsgruppenleiter der NSDAP in Hochelheim und Dornholzhausen die wahren Absichten der NS-Machthaber in keiner Weise durchschauten. Sie hätten wissen müssen, daß die hier angedeutete Zusammenarbeit zwischen der Hitlerjugend und der Kirchengemeinde für die Nationalsozialistische Deutsche Arbeiterpartei eine völlige Umkehrung ihrer Denkungsart und Strategie bedeutet hätte. Der größte Teil ihrer bisherigen Verlautbarungen wäre dann gestandslos gewesen. Doch ein solches Ansinnen widersprach dem nationalsozialistischen Selbstverständnis.

Von Zeit zu Zeit kam es immer wieder zu Verfügungen parteiamtlicher Dienststellen, die den Anschein erwecken sollten, als stünde der nationalsozialistische Staat und die Nationalsozialistische Deutsche Arbeiterpartei den streitenden kirchenpolitischen Gruppierungen gleichsam ›neutral‹ gegenüber. Diese lösten dann in weiten deutschchristlichen Kreisen erhebliche Verwirrung und Mißstimmung aus. Die radikalen »Deutschen Christen« waren verärgert über das ihrer Meinung nach zu rücksichtsvolle Vorgehen parteiamtlich-staatlicher Instanzen gegenüber denen, die sich auf die Eigenständigkeit der Kirche in Fragen des Bekenntnisses beriefen. Sie wollten radikal aufräumen mit den in der Kirche als Autorität anerkannten Schriften des Alten Testaments und des Apostels Paulus.

Ein sichtbarer historischer Beweis solch deutschchristlicher Gesinnung war die »Sportpalast-Kundgebung«, die als »Sportpalast-Skandal« vom

13. November 1933 in die Kirchengeschichte eingegangen ist. Auf ihr forderte der Gauobmann der »Deutschen Christen« von Berlin, Dr. Reinhold Krause, daß die Kirche sich vom Alten Testament und dem im Neuen Testament enthaltenen jüdischen Gedankengut distanzieren solle.[81] In Hochelheim und Dornholzhausen ging das Intrigenspiel gegen Paul Schneider weiter. Auf seinen Brief an den Stützpunktleiter Mehl hat er nie eine Antwort erhalten. Die im Bericht von Konsistorialrat Dr. Jung erwähnte Erklärung des Presbyteriums von Dornholzhausen gegenüber der Kreisleitung hat folgenden Wortlaut:

>»Dornholzhausen, den 19. 10. 1933
>
>An die Kreisleitung der NSDAP
>Unterzeichnete Presbyterium und Große Kirchen-Vertretung fühlen sich gezwungen, nachstehende Beschuldigung des Herrn Pfarrer Schneider, Hochelheim / Erstens derselbe nehme keine loyale Haltung zum heutigen Staate ein und zweitens, Pfarrer Schneider habe durch seine Handlungsweise eine Erregung unter der Bevölkerung hervorgerufen, daß seine Amtsführung, im Segen der Gemeinde dienen zu können, in Frage gestellt würde, weisen wir als unwahr zurück.
>
>Hochachtend und ergebenst
>Das Presbyterium
>Die Größere Vertretung
>vier Presbyter
>zehn Mitglieder der Vertr.«

[Dieses Dokument ist Wiedergabe einer handschriftlich angefertigten Abschrift, die nur die Zahl und nicht die Namen der Presbyter und Mitglieder der Vertretung enthält.]

Nachdem die Untersuchungen durch das Konsistorium abgeschlossen waren und das Hin und Her ein Ende gefunden hatte, faßte das Konsistorium in Koblenz einen Beschluß:

---

81   Vgl. hierzu *Gauger*, S. 109; *Meier, K.*, Die Deutschen Christen, a.a.O., S. 31. Im Blick auf die »Sportpalast-Kundgebung« ist die Anordnung des damaligen Reichsinnenministers vom 30. November 1933 aufschlußreich für das Propagandaspiel der Machthaber. Vgl. *Gauger*, S. 116: »Innerhalb der DEK sind zur Zeit Auseinandersetzungen im Gang, die auf eine Klärung der kirchlichen Gesamtlage hinzielen. Der Reichskanzler hat die ausdrückliche Entscheidung getroffen, daß, weil es sich um eine innerkirchliche Angelegenheit handelt, von außen her in deren Meinungsstreit nicht eingegriffen werden soll. Insbesondere soll jedes polizeiliche Eingreifen wie Schutzhaft, Polizeibeschlagnahme u.a. unterbleiben.
Im Juli 1933 kam aus Hamburg eine deutschchristliche Äußerung: ». . . Die hier vertretene Auffassung vom Christentum, besonders von einem neu empfundenen wirklich christlichen Ethos, ist nicht mehr in der üblichen Weise >nur vom Kreuz her< orientiert. In unserer Zeit verstärkt sich, wie aus mancherlei Anzeichen geschlossen werden darf, der Eindruck, daß diese Orientierung in der Weise, wie sie üblich geworden ist, das Evangelium auf eine furchtbare Art um seine Gültigkeit gebracht hat und daß hier die religiöse Wurzel für die mangelnde volksmissionarische und wirklichkeitsgestaltende Kraft unserer evangelischen Kirche zu finden ist. Wie verbrauchen gemeinhin psychologisch unsere ganze Kraft bereits darin, das Kreuz als Gericht über alles Menschentum anzuerkennen, und infolgedessen fehlt uns dann die Kraft zum Glauben an das Evangelium« (*Langmann, O.*, Deutsche Christenheit, in: Zeitwende, Juli-Ausgabe, Hamburg 1933, S. 68).

»Evangelisches Konsistorium der Rheinprovinz II 7383 II
1. Das Kollegium hat beschlossen, die Beurlaubung des Pfarrers Schneider in Hochelheim aufzuheben und zu gegebener Zeit ihn in ein anderes Pfarramt zu versetzen. Pfr. Schneider ist durch Herrn Sup.Wieber telephonisch [bereits] von der Aufhebung der Beurlaubung in Kenntnis [gesetzt].« [Die Worte in Klammern sind später handschriftlich ins Konzept eingefügt.]

Der Landrat in Wetzlar wird schriftlich vom Beschluß des Konsistoriums unterrichtet:

»Evangelisches Konsistorium der Rheinprovinz
                                        Koblenz, den 21. Oktober 1933
II 7383 I
An den
Herrn Landrat
Wetzlar
Betr.: Pfarrer Schneider in Hochelheim
Nachdem in der gegen den Pfr. Schneider in Hochelheim schwebenden Beschwerdesache auf Grund einer örtlichen Verhandlung unserer Beauftragten mit den Stützpunktleitern der NSDAP in Hochelheim und Dornholzhausen diese sich damit einverstanden erklärt haben, daß Pfr. Schneider weiterhin in seinem Amte verbleibt und seinen Dienst in Hochelheim wieder versieht, hat das Evangelische Konsistorium die gegen den Genannten verhängte Beurlaubung wieder aufgehoben, davon wir Ew. pp. mit Bezug auf die Besprechung vom 19. ds. Mts. in Kenntnis setzen.
    Wir haben Pfr. Schneider wegen seines künftigen Verhaltens das Erforderliche eröffnet und geben uns der Erwartung hin, daß er seiner Zusage entsprechend alles vermeiden wird, was als mangelnde Übereinstimmung zu den neuen Staatsgewalten angesehen werden könnte. Gleichwohl haben wir, wie wir Ew. pp. vertraulich mitteilen, in Aussicht genommen, Pfarrer Schneider mit Rücksicht auf kirchliche Erfordernisse später zu gegebener Zeit in ein anderes Pfarramt zu versetzen. Die uns von Ew. pp. freundlichst überlassenen Schriftstücke betr. das Verhalten des Pfarrer Schneider senden wir anbei wieder zurück.« [Wiedergabe nach dem vom Sachbearbeiter verfaßten Konzept für die Reinschrift.]

Konsistorialrat Dr. Jung, der die Korrespondenz führte, teilt Paul Schneider mit:

»Evangelisches Konsistorium der Rheinprovinz
                                        Koblenz, den 21. Oktober 1933
II 7383 II
An
Herrn Pfr. Schneider, Hochwürden
in Hochelheim
d. d. Herrn Superintendenten
in Garbenheim
Auf Grund des Ergebnisses der am 19. ds. Mts. von unserem Vertreter in Ihrer Beschwerdesache gepflogenen Erörterungen heben wir hiermit die gegen Sie verhängte Beurlaubung mit sofortiger Wirkung wieder auf. Wir benutzen diesen Anlaß, um Ihnen aufs neue einzuschärfen, daß Sie eine völlige Zurückhaltung auf staatspolitischem Gebiet zu üben haben und jede unüberlegte Handlung, die auch nur entfernt Anlaß zu Mißverständnissen oder Verdächtigungen geben

könnte, unterlassen werden muß. Wir legen Ihnen, sowohl im persönlichen wie auch in dienstlichem Interesse, dringend nahe, den Ihnen von Herrn Pfr. Wolfrum in unserm Auftrag erteilten Rat hinsichtlich eines loyalen Zusammenarbeitens mit den örtlichen Führern der NSDAP bereitwillig zu befolgen und bei Ihrer gesamten Amtsführung die gewisse Rücksicht auf die Erfordernisse der Gegenwart zu nehmen. Es muß von Ihnen wie von einem jeden Geistlichen erwartet werden, daß Sie dem heutigen Staate in ehrlicher Mitarbeit dienen und in einer den gegebenen Verhältnissen entsprechenden Weise ein gedeihliches Zusammenarbeiten mit allen Gliedern Ihrer Gemeinde zur Pflicht machen. Wir werden darüber wachen, daß Sie Ihr künftiges Verhalten dementsprechend einrichten, und vertrauen darauf, daß auch ohne weitere Maßnahmen unsererseits Sie Ihrer Zusage entsprechend alles vermeiden, was als mangelnde Zustimmung zu den neuen Staatsgewalten angesehen und erneut zu Schwierigkeiten führen könnte.
Jung«

Die Personalakte von Paul Schneider bleibt beim Konsistorium im Geschäftsgang. Am 15. Dezember 1933 liegt sie wieder auf dem Schreibtisch des Juristen, der dem Personalreferenten mitteilt, daß er sich mit der in Aussicht genommenen Versetzung erst im Januar 1934 beschäftigen könne. »Wv. [Wiedervorlage] nach einem Monat« bestimmt der Aktenvermerk, der mit dem Handzeichen »Ha« für »Hasenkamp« bestätigt ist.

In einem Brief vom 26. Oktober 1933 äußert sich Paul Schneider an seine Schwiegermutter zu den Vorgängen:

»Am 8. Oktober, in Dornholzhausen schon acht Tage früher, hatte ich von der Kanzel und im kirchlichen Bekanntmachungskasten gegen den Aufruf Röhms gegen das ›Muckertum‹ protestiert. Ich wurde natürlich, wie ich vorausgeahnt hatte, angezeigt. Um mich vor der Verhaftung zu schützen, beurlaubte mich das Konsistorium schnellstens. Wir waren gerade fröhlich beim Singkreis in Dollar, als der Herr Superintendent mit dem Auto vorfuhr. Am nächsten Tag wurde ich nach Koblenz befohlen, vor einen Konsistorialrat und unsern neuen Bischof Dr. Heinrich Oberheid (ein führender Deutscher Christ). Ich mußte mich unterrichten lassen, daß der Röhmsche Aufruf in der Hauptsache sich gegen das unberechtigte Vorgehen von SA- und SS-Leuten gegen dritte Personen gerichtet habe und daß ich in einer geführten Kirche als einzelner nicht eine so wichtige Sache vom Zaun brechen dürfe . . . Ich ließ mich bestimmen – soll ich sagen: verleiten? –, meinen Protest öffentlich zurückzunehmen . . . Die Kreisleitung gab sich aber noch nicht zufrieden, sondern dort war ich schon seit langem angeschwärzt als politisch unzuverlässig, und Stützpunktleiter und Kreisleitung waren sich offenbar dahin einig geworden, daß ich mindestens versetzt werden solle. Durch den Widerstand von Wetzlar konnte das Konsistorium die Beurlaubung nicht aufheben. Ich willigte ohne weitere Beweisgründe natürlich nicht in eine solche Versetzung ein. Es kamen zwei Vertreter des Konsistoriums; sie waren zuerst bei mir und dann bei den Stützpunktleitern. Inzwischen war eine erhebliche Unruhe und Auflehnung gegen die Stützpunktleiter in beiden Gemeinden wach geworden . . . So waren diese schließlich froh, wieder einlenken zu können. Ich habe am letzten Sonntag wieder gepredigt über Röm. 1,16« [Denn ich schäme mich des Evangeliums von Christus nicht; denn es ist eine Kraft Gottes, die da selig macht alle, die daran glauben, die Juden vornehmlich und auch die Griechen].

Der, wie erwähnt, zum 30. September 1933 in das neugeschaffene Amt des Bischofs der »Evangelischen Kirche der Rheinprovinz« eingesetzte

Dr. Heinrich Oberheid sollte die rheinische Kirche im Sinne der »Deutschen Christen« umgestalten. Von seiner Einführung wird folgendermaßen berichtet[82]:

»Mit der Amtsübernahme verband Oberheid ein Grußwort an die rheinischen Gemeinden, in dem er erklärte, daß so wie die nationalsozialistische Revolution im staatlichen Leben aus chaotischer Verwirrung eine neue Ordnung geschaffen habe, auch im kirchlichen Leben eine neue Ordnung entstanden sei.

Dieses Einigungswerk habe nicht die Kirche aus ihren Kräften herbeigeführt, sondern sei getragen worden ›von der nationalsozialistischen Bewegung unter unserm Führer Adolf Hitler‹. Darum grüße die Kirche heute mit tiefstem Dank ›die nationalsozialistische Bewegung, den Führer und Volkskanzler Adolf Hitler und den greisen Reichspräsidenten von Hindenburg‹. Der lebendige Gott habe ›uns den Führer gegeben . . . Ihm sagen wir Lob und Preis und Dank in der Gemeinde!‹

Nach dieser politischen Huldigung belehrte er die Pfarrer darüber, daß die Kirche zu allen Zeiten nur einen Auftrag habe: Jesus Christus, den Gekreuzigten und Auferstandenen zu verkündigen.

Dieser unwandelbare Auftrag aber geschehe in ›den gegebenen Ordnungen dieser Welt . . . in der immer sich ändernden Wirklichkeit‹. Da die nationalsozialistische Revolution eine neue Wirklichkeit im deutschen Volke geschaffen habe, habe eine neue Ordnung in der Kirche eingesetzt, ein bitterer Kampf, der schwere Wunden hüben und drüben geschlagen habe. Aber dieser Kampf sei nun mit der Einigung in der Evangelischen Kirche unter Führung des Reichsbischofs zu Ende. Jetzt ginge es darum, ›in Aufrichtigkeit einander die Hand [zu] reichen zum gemeinsamen neuen Werk‹, daß das Evangelium unverfälscht und ungekürzt gepredigt werde.«

Was bedeutete einem nationalsozialistischen ›Bischof‹ schon der Gekreuzigte und Auferstandene, Jesus von Nazareth? Die »Deutschen Christen« und mit ihnen ihre ›Bischöfe‹ starteten, wie erwähnt, am 13. November 1933 einen Angriff auf die in der Kirche noch bestehenden und praktizierten bekenntnisgebundenen Strukturen. Auf jener Großkundgebung im Berliner Sportpalast zeigten die »Deutschen Christen« ihr wahres Gesicht; durch die große Abwanderungswelle, die danach einsetzte, ließen sie sich aber nicht beirren.

---

82 *van Norden, G.* (Hg.), Kirchenkampf im Rheinland, a.a.O., S. 69.

Wider eine bekenntnislose Abendmahlssitte

Paul Schneider hatte sich als Kandidat der Theologie im Predigerseminar in Soest mit Adolf Schlatter beschäftigt, der sich in seiner Dogmatik zum Heiligen Abendmahl geäußert hat:

»Für das Abendmahl ist der geschichtliche Zusammenhang mit Jesus ebenso unentbehrlich wie für die Taufe. Es ist dann noch nicht genügend beschrieben, wenn wir den Stiftungsgedanken verwenden: Jesus habe es eingesetzt, und weil er so befohlen habe, begehe die Kirche die Feier . . . Beim Abendmahl ist aber nicht nur die Form der Handlung, sondern ihr Inhalt durch ihn gegeben . . . Eine gläubige Abendmahlsfeier, die über den Streit der Kirchen hinauswächst, erreichen wir also nur dadurch, daß unser Verständnis für das wächst, was Jesus bei seinem Abendmahl gesagt und vollbracht hat.«[83]

Paul Schneider strebt in seinen Gemeinden eine Abendmahlsfeier an, in der das Bekenntnis zu Jesus Christus und seinem Heilandsamt einen unverrückbaren Platz hat. Ihm ist stets gegenwärtig, was Paulus der Gemeinde nach Korinth geschrieben hatte: »Denn sooft ihr von diesem Brot esset und von diesem Kelch trinket, verkündigt ihr des Herren Tod, bis er kommt. Welcher unwürdig von diesem Brot isset oder von dem Kelch des Herrn trinket, der ist schuldig an dem Leib des Herrn. Der Mensch prüfe aber sich selbst, und so esse er von diesem Brot und trinke von diesem Kelch. Denn welcher also isset und trinket, da er nicht unterscheidet den Leib des Herrn, der isset und trinket sich selber zum Gericht. Darum sind auch viele Schwache und Kranke unter euch, und ein gut Teil sind entschlafen. Wenn wir uns selber richten, so würden wir nicht gerichtet. Wenn wir aber von dem Herrn gerichtet werden, so werden wir gezüchtigt, auf daß wir nicht samt der Welt verdammt werden.«[84]
Diese Aussagen, so Paul Schneider, müssen vom Glaubenden, d.h. vom Kommunikanten ernst genommen werden. Der Pfarrer hat die Pflicht, den tiefen Ernst des heiligen Abendmahls in seiner ganzen, umfassenden Bedeutung für den Kommunikanten zum Gegenstand biblischer Verkündigung zu machen. Er hat darüber zu wachen, daß der persönliche Bezug der Kommunikanten zum Inhalt des heiligen Abendmahls nicht im traditionellen Gewohnheitsrhythmus verlorengeht. Weil dies offenkundig in Hochelheim und Dornholzhausen der Fall ist, muß Paul Schneider zwangsläufig mit dieser Sitte brechen.
In einem Brief vom 29. Januar 1934 ist zu lesen:

---

83 *Schlatter, A.,* Das christliche Dogma, Tübingen 1911, S. 468.
84 1. Korinther 11,23ff.

»An Weihnachten konnte ich nicht mehr wie nun sieben Jahre lang das Jugendabendmahl nach alter Sitte abkündigen und halten. Es war nachgerade ein Unfug – Sport und Hitlerdienst haben einer Gottesdienstsitte der Jugend den Rest gegeben –, wie sich zu diesem Fest-Abendmahl alles drängte und so eine Verpflichtung gegen Kirche und Gott ablöste. Nun habe ich also den Zwang der Sitte zerbrochen. Ich rief zu einer Bekenntnisfeier mit anschließendem freiwilligen Abendmahl.«

Das Presbyterium versteht das Anliegen des Pfarrers nicht und reagiert auf dessen ›Eigenmächtigkeit‹ mit folgender Eingabe:

»Hochelheim, den 19. 12. 1933
An
Herrn Pfarrer Schneider!
Falls nicht eine Verfügung der Kirchenbehörde vorliegt, so lehnen wir, die unterzeichneten Presbyter, diese von Ihnen getroffene Anordnung ab und bestehen auf dem ordnungsgemäßen Adventsgottesdienst am Mittwoch und dem Abendmahlsgang für die Jugend am ersten Feiertage. Dasselbe bitten wir sofort durch Ortsschelle bekanntzugeben. Andernfalls heute abend Sitzung.
Hartmannshenn
Johannes Kraus
Heinrich Merte
Friedrich Schuster
Friedrich Schieferstein
Anton Zörb«

Inmitten der von den Nationalsozialisten entfachten Euphorie vom »Tausendjährigen Reich« und der damit verbundenen Propagierung einer germanisch-völkischen Weltanschauung als Ersatz für den christlichen Glauben, die im Zusammenwirken mit den »Deutschen Christen« nach und nach dem deutschen Volk nahegebracht werden sollte, fand im deutschen Protestantismus eine Rückbesinnung auf das reformatorische Erbe statt. Das auf biblischer Grundlage beruhende Bekenntnis der evangelischen Kirche bildete die Grundlage, von der aus die Auseinandersetzung mit den widergöttlichen Mächten »germanisch-nationalsozialistischer Prägung« geführt werden konnte. Paul Schneider praktiziert in der Abendmahlsfrage bereits ein Ergebnis dieser Rückbesinnung. Dem Superintendenten gegenüber begründet er sein Anliegen:

»Hochelheim, d. 21. Dezember 1933
Sehr geehrter Herr Superintendent!
Von einer Veränderung der Abendmahlssitte möchte ich Ihnen Mitteilung machen, die ich vor meinem Gewissen glaube verantworten zu müssen. Ich schikke voraus, daß in den sieben Jahren, die ich hier bin, die Abendmahlsgottesdienste mit ihrer starren Sitte, mit den vor dem Tische des Herrn zahlreich auftauchenden Gesichtern derer, die sonst die Kirche und Gottes Wort nicht brauchen, die größte Last gewesen sind und ich dann meinen Dienst immer mit einem Anstoß meines Gewissens verrichtet habe, weil die Sitte allzusehr die Wahrhaftigkeit und Ehrlichkeit erstickte, ich auch keines Segens dieser Abendmahlsfeier froh werden konnte. Dem unwürdigen und unbußfertigen Besuch des Abendmahls mußte ein

Halt zugerufen werden, beziehungsweise die Gemeindeglieder mußten vom Zwang der Sitte befreit werden.

Ein früherer Pfarrer aus Hochelheim [Rocholl] hat in der Kirche schon damals das Wort gesagt: Es gibt kein verlogeneres Wort als das ›Ja‹ der Beichte beim heiligen Abendmahl. Bei meinem demokratisch gewählten Presbyterium, geführt von Herrn Hartsmannshenn, fand ich für meine Gewissensbedenken nie das genügende Verständnis, wohl bei einigen Gliedern der Gemeinde.

Nun sollte wieder das Weihnachtsabendmahl der Jugend kommen. Sonntag für Sonntag gähnten mich die leeren Bänke des Kirchenschiffes, wo die Burschen sitzen, an. Dafür Abhaltung durch Sport- und Hitlerdienst. Ich sah darin nichts als eine Verachtung der Kirche, Gotteswort und Sonntagsfeier. Das darf nicht unwidersprochen bleiben (siehe Eingabe des Presbyteriums in Dornholzhausen an die Synode vom 17. Mai 1933). Wie oft habe ich die Jugend mit Ernst und Schärfe und auch mit Liebe und Freundlichkeit gemahnt bei ihrer Abendmahlsfeier. Jetzt war mir das grobe Mißverständnis des gewöhnlichen Gottesdienstbesuches zu der Beteiligung beim Abendmahlsgang nicht mehr länger tragbar. Ich konnte mich nicht entschließen, das Weihnachtsabendmahl nach seitheriger Weise abzukündigen und zu feiern. Jetzt kommt dazu die kirchliche Lage, das freche Sichbreitmachen von Irrlehre und Weltlichkeit in unserer Kirche. Das ist verkappt auch in unseren Kirchengemeinden vorhanden. Die Aufforderung des kirchlichen Sonntagsgrußes, auch im letzten Pfarrerblatt[85] wiedergegeben, unverzüglich in den Kirchengemeinden an die Aufräumungsarbeiten des Trümmerfeldes der Kirche zu gehen: die Gemeindeglieder in Bekenntnisgemeinschaften des Glaubens und christlichen Lebens zu sammeln, konnte ich nicht überhören.

Am 3. Advent forderte ich darum die Gemeinde auf, den 3. Adventsgottesdienst der Woche am gestrigen Mittwoch als solchen Bekenntnisgottesdienst zugleich zu beachten, und lud zu einer anschließenden freiwilligen Abendmahlsfeier, die adventlichen und bekenntnismäßigen Charakter tragen sollte, ein.

Zugleich setzte ich unter Begründung, wie oben dargelegt, das seitherige Weihnachtsabendmahl der Jugend aus und lud die Jugendlichen, die das Bedürfnis nach weihnachtlichem Abendmahlsgang hätten, auf Mittwochabend ein. Weil ich mir vom Presbyterium nur Hemmung und keine Förderung versprechen konnte, tat ich es allein auf meine Verantwortung. Hinterher bat ich das Presbyterium um sein Einverständnis. Das bekam ich nicht, sondern das Presbyterium, das sich zu sehr abhängig macht von den tonangebenden Dorfschreiern, erhob Einspruch sowohl gegen den bekenntnismäßigen Charakter haben sollenden und mit dem Abendmahl verbundenen Abendgottesdienst wie auch gegen die Aussetzung des sittengebundenen Jugendabendmahls. Ich berief darauf eine Gemeindeversammlung mit Aussprache über die allgemeine und örtliche Lage der Abendmahlssitte. Es waren viele Männer und Jugendliche erschienen. Ich leitete ein und begründete meine Anordnung vom Gesichtspunkt der Ehrlichkeit unter Darlegung der notwendigen Voraussetzungen gesegneten Abendmahlsganges. Ich fand Widerspruch und Zustimmung. Der Waldhüter hat angeblich schon bei den Holzbauern im Wald erklärt: Der Pfarrer hat recht. Er ist Mitglied der großen Vertretung. Ein Gemeinschaftsmann, der Kalender im Dorf vertreibt, ist überall in den Häusern für die getroffene Änderung eingestanden. Auch in der Versammlung meldeten sich mehrere Verteidiger einer ernsthaften und tieferen Abendmahlsauffassung zu Wort. Als mir dann in einer eindringlichen Mahnung zum Bekenntnisgottesdienst im Vergleich mit den Massenabendmahlen das Wort ›Hammelherde‹ entfiel, benutzten es die Böswilligen zum Protest zum Weggehen. Der größte Teil blieb im Saal, und wir hatten hin und her noch eine fruchtba-

---

85　Beim »Sonntagsgruß« handelt es sich um ein kirchliches Wochenblatt; das »Pfarrerblatt« ist das offizielle Organ der deutschen Pfarrvereine.

re Aussprache über kirchliche und christliche Fragen. Ich war erfreut über den Abend, die Männerbeteiligung und das Interesse. Um 1/2 12 ging ich mit den Letzten heim.

Unsern Abendgottesdienst haben wir dann wie abgekündigt im Beisein des ganzen Presbyteriums gehalten. Die Beteiligung war viel besser als beim letzten Adventsgottesdienst. Unter dem brennenden Adventskranz hielten wir eine stille, gesegnete Abendmahlsfeier, an der sich auch nicht alle, die in der Kirche waren, beteiligten. Die Teilnehmerzahl deckte sich nicht etwa mit der ›Gemeinschaft‹. Es waren nicht alle Glieder der Gemeinschaft dabei, und es waren auch andere Gemeindeglieder dabei. Die Teilnehmer meldeten sich durch Abgabe von Namenzetteln an. Ich war froh, daß es so gegangen, daß wir den Abendmahlsgottesdienst und das Abendmahl so zu einem Bekenntnis geformt haben. Ich war froh, daß hier der Durchbruch durch die starre und zur Unsitte gewordene Abendmahlssitte erfolgt war, die den Sinn und die Bedeutung des Abendmahlsganges nicht mehr deutlich werden ließ.

Ich konnte nicht anders. Der Anfang ist nun gemacht. Zurück kann ich nicht mehr. Ich bitte Herrn Superintendenten um freundliches Verständnis oder gar Billigung meines Handelns. Wir möchten Gemeinde werden in dieser entscheidungsschweren Zeit, in der uns vielleicht schwere Stürme bevorstehen. Ich möchte noch bemerken, daß ich mich mit meinem im Gewissen gebundenen Handeln in Übereinstimmung befinde mit vielen Stimmen der Gegenwart zum Neubau unserer Kirche und Gemeinden, so u.a. Johannes Gräber: ›Wie soll unsere Kirche regiert werden?‹ und ›Neue Kirche im neuen Staat‹ von den Pfarrern der Tecklenburger Synode.[86]

Nach Weihnachten sind Mütterschulungskurse und Volksmissionswochen in Aussicht genommen, damit es nicht scheine, als ob ich bloß niederreißen wolle. Dieses Niederreißen soll nur Platz machen dem gesunden Neuaufbau, wozu Gott seinen Segen geben möchte.

Herzliche Segenswünsche zum Weihnachtsfest Ihnen und Ihrer sehr verehrten Gattin und Familie.

Ihr sehr ergebener
Schneider, Pfr.«

Vier Presbyter aus Hochelheim, die sich mit der Neuordnung der Abendmahlsfeier nicht zufrieden geben wollen, verständigen direkt das Konsistorium in Koblenz. Die Personalakte von Paul Schneider befand sich sowieso zur Wiedervorlage im Geschäftsgang.

Die vier Presbyter fügen mit ihrer Eingabe zu den bereits vorliegenden Beschwerden der NS-Kreisleitung eine weitere hinzu, die dem Konsistorium, das dem NS-Landrat eine Versetzung von Paul Schneider zugesagt hatte, nicht ungelegen kommt.

»Hochelheim, den 28. Dezember 1933
Betr.: Bericht der Presbyter an das Evangelische Konsistorium in Koblenz
Die unterzeichneten Presbyter fühlen sich verpflichtet, den Vorgang in der Kirchengemeinde Hochelheim durch Änderung der kirchlichen Handlungen, welche Herr Pfarrer Schneider vorgenommen hat, dem Konsistorium mitzuteilen.

Herr Pfarrer Schneider machte am Sonntag, dem 17. Dezember, nach seiner Predigt bekannt, daß der letzte Adventsgottesdienst am Mittwoch, dem 20., ein

---

86 Vgl. hierzu *Niemöller, W.,* Bekennende Kirche in Westfalen, Bielefeld 1952, S. 47.

Bekenntnis-Abendmahls-Gottesdienst sein würde, dagegen das ordnungsgemäße Abendmahl der Jugend am ersten Feiertag ausfiele mit der Begründung: weil viele der Jugend nur beim Abendmahl den Gottesdienst besuchten, mithin dasselbe unwürdig begingen.

Die unterzeichneten Presbyter konnten dagegen nur Stellung nehmen, soweit aus beiliegender Mitteilung an Herrn Pfarrer Schneider hervorgeht. Herr Pfarrer Schneider lud hierauf die ganze Gemeinde durch Ortsschelle zu einer Versammlung bei Gastwirt Wilh. Jung ein (1/2 9). Das Presbyterium wurde durch den Küster zu einer Sitzung eine Stunde früher geladen (1/2 8 im Amtszimmer).

Nachdem Herr Pfarrer Schneider dem Presbyterium seinen Plan mitgeteilt, wurde vorgeschlagen, vorläufig bei der alten Ordnung zu beharren, da keine Aufklärung voraufgegangen sei. Ferner sollte Herr Pfarrer Schneider die Jugend, welche fast geschlossen zum Abendmahls-Gottesdienst erscheint, in Liebe, aber in allem Ernst des teuren Gotteswortes ermahnen und, falls nicht ein besserer Besuch der Gottesdienste zu erwarten sei, die Betreffenden vom nächsten Abendmahl der Jugend, welches mit dem Pfingstfeste zusammenfällt, verweisen und, sollte diese Maßnahme nicht genügen, die ganze Feier ausfallen lassen. Letzteres wurde einstimmig bestätigt.

Herr Pfarrer Schneider nahm diesen Vorschlag nicht an, sondern erklärte, daß er nach seiner Überzeugung handle, und möge es geben, was wolle.

Ohne zur Beteiligung an der öffentlichen Versammlung aufzufordern, verließ der Vorsitzende, Herr Pfarrer Schneider, das Amtszimmer und ließ die Presbyter stehen. Als nach geraumer Zeit derselbe nicht zurückkehrte, meinte einer der Presbyter, der Pfarrer müsse schon in der Versammlung sein. Kaum, daß wir das Versammlungslokal betreten hatten, eröffnete Herr Pfarrer Schneider seinen Vortrag, welcher ohne Diskussion verlief. Derselbe gab nun die Abendmahlsänderung bekannt, wonach derselbe stürmisch angefahren wurde. Auch seine Bemerkung, daß keiner der neuen Presbyter das Kirchenrechner-Amt übernehmen könnte, wurde von der Versammlung als verächtlich bezeichnet. Hierzu ist zu ergänzen, daß seit der Wahl der Presbyter nur eine Sitzung des Presbyteriums stattgefunden hat, wo die Abnahme der Kirchenrechnung vorlag. An diese anschließend gab Herr Pfarrer Schneider bekannt, daß er das Amt des Diakons dem nunmehr Ehrenältesten Johs. Zörb belassen hatte, wo unsererseits kein Widerspruch erfolgte. Auf Wunsch des Herrn Pfarrers, daß einer der neuen Presbyter das Kirchenrechner-Amt übernehmen möchte, baten wir denselbigen, dieses Amt, welches schon jahrzehntelang vom Herrn Pfarrer ausgeübt wurde, vorläufig zu behalten, was unseres Erachtens für ihn keine große Mühe bereite.

Hieraus ist zu ersehen, daß nicht Abweisung und Unkenntnis der Presbyter die Ursachen sind. Daß aber Herr Pfarrer Schneider seine neuen Presbyter nicht achtet, erkennen wir daraus, daß er uns nie zur Beratung geladen, sondern nur bei der Abnahme der Kirchenrechnung. Derselbe hat sogar noch nicht einmal einen stellvertretenden Vorsitzenden (Kirchmeister) ernannt oder wählen lassen.

Daß der Bekenntnis-Abendmahls-Gottesdienst in seinem Wert nicht erkannt war, hat uns gezeigt, daß eine ganz geringe Zahl der Anwesenden am Abendmahl teilnahm, die anderen dagegen in Erregung dasaßen, da der Pfarrer den Segenswunsch zurückstellte bis nach Beendigung des Abendmahls, wohingegen sonst die Nichtteilnehmenden mit dem Segen entlassen werden. Zum eigensinnigen Charakter unseres Pfarrers ist zu erwähnen, daß er einem Presbyter als Mitarbeiter auf dessen Bemerken, den Ausfall des Abendmahls könne er nicht verantworten, erklärte: Dann könne er von seinem Amte als Presbyter zurücktreten.

Welche Entrüstung solche Vorgänge in der Gemeinde hervorrufen, braucht nicht besonders erwähnt zu werden.

Wir, die Unterzeichneten, erklären, daß unter solchen Umständen unsere Mitarbeit unmöglich erscheint, und bitten um schleunigste Abhilfe.

Mit deutschem Gruß!
Die Presbyter   Hartmannshenn
                                 Anton Zörb
                                 Friedrich Schieferstein I
                                 Heinrich Merte«

Auf die Anschuldigungen erwidert Paul Schneider dem Konsistorium auf dem Dienstweg:

»Hochelheim, d. 12. Januar 1934

Herrn
Superintendent Wieber, Garbenheim
Zu Konsist. II 8847
Betreffend Änderung der Abendmahlssitte, Schreiben des Herrn Hartmannshenn und meine Äußerung hierzu darf ich Sie bitten, mein Schreiben vom 21. Dezember in dieser Sache dem Konsistorium weiterzureichen. Ich lege dasselbe noch einmal in Abschrift bei, bitte um Rückgabe der Abschrift, wenn Sie dieselbe nicht mehr benötigen.

Zu Ihrem Schreiben vom 23. Dezember 33 in dieser Sache möchte ich mich dahin äußern, daß mir die Vorschriften der Kirchenordnung wohl bewußt gewesen sind, daß aber gewiß auch nach der Meinung der Kirchenordnung nicht Herkommen und Sitte unabänderliches Recht sein müssen. Es muß in einer evangelischen Gemeinde das Recht bestehen, eine offenbar zur Unsitte gewordene Sitte, die Gottes Anspruch und Forderung nicht mehr deutlich werden läßt, nach dem höheren Recht eines in Gott gebundenen Gewissens und an die Schrift gebundenen Handelns zu brechen. Daß ich das nicht auf dem geordneten Weg über das Presbyterium versucht hätte, wird mir auch Herr Hartmannshenn entgegen seinen Aussagen in seiner Beschwerde nicht abstreiten können. Er weiß genau, wie ich mit meinen Versuchen, wenigstens eine grobe Kirchenzucht für die öffentlich anstößigen und unbußfertigen Sünder in Hochelheim durchzuführen, gerade im Presbyterium gescheitert bin. Darum streite ich Herrn Hartmannshenn und dem von ihm geführten Presbyterium das Recht ab, Einspruch zu erheben, wenn ich auf die geschehene Weise der Heiligkeit der Abendmahlsfeier, der Möglichkeit ernster Selbstprüfung für alle Abendmahlsgäste, zu der uns die Schrift ermahnt, und dem Abendmahl als einem freiwilligen Bekenntnisakt zu unserm Herrn habe Geltung verschaffen wollen. Das christliche Gemeinwesen und die rechte Auffassung vom heiligen Abendmahl muß zerstört werden, wenn unversöhnliche Nachbarn und solche Gemeindeglieder, die in argen Gerichtshändeln liegen, wenn diejenigen, die sich grober Unsittlichkeit schuldig gemacht haben und dafür bekannt sind, ohne Einspruch des Presbyteriums und ohne Kirchenbuße zum heiligen Abendmahl zugelassen werden. Dem Gröbsten hatte ich seither schon durch seelsorgerliche Ermahnung zu wehren gesucht, mußte aber dabei erleben, daß das Presbyterium und gerade auch Herr Hartmannshenn mir in den Arm fielen. Der Mann hat kein Recht, von dem ›eigensinnigen Charakter‹ seines Pfarrers zu sprechen. Vielmehr wird hieran seine ganze ungeistliche und überhebliche Art klar, mit der er seinerzeit die von mir geschaffene kirchliche Krankenpflege sabotiert hat (siehe meinen ausführlichen Bericht an das Konsistorium hierüber).

Gewiß gibt es, wie Herr Superintendent schreibt, den Judas nicht erst seit gestern und können wir auch keine Gemeinde der Heiligen auf Erden schaffen. Aber ich kann es nicht annehmen nach dem Geist der Schrift, der Art, wie Jesus mit seinen Jüngern feierte, den Verräter bezeichnete, nach der Mahnung des Apostels zur Selbstprüfung, deren doch eigentlich nur der Glaubende fähig ist, daß das heilige Abendmahl für die volkskirchliche Masse da sei, die kaum oder wenig mehr Verbindung mit der christlichen Kirche und dem göttlichen Wort hat. Es ist unmöglich, daß da das heilige Abendmahl in seiner Herrlichkeit und Heiligkeit als die höchste Feier der christlichen Gemeinde, als das Gemeinschaftsmahl mit dem erhöhten Herrn in Erscheinung tritt. Ich meine, hier besteht gar nicht einmal die Möglichkeit, von einem Judas zu sprechen, weil die Dorfsitte den Ernst der Verantwortung und die Freiwilligkeit, die doch jedes Bekenntnis bei sich haben muß, vollkommen erstickt. Höchstens könnten wir uns schuldig machen, daß wir durch diese der Sitte folgende, aber schriftwidrige Art der Abendmahlsfeier noch Judasse großziehen, und das will unser Heiland sicher nicht.

Zur Sitte unseres geordneten Abendmahlsganges ohne Anmeldung am Tage zu vorher vorausgehender Beichte möchte ich noch sagen, daß diese ja gar nicht immer bestanden hat. Erst 1899 unter Pfarrer Fröhlich sind die Communicantenregister in Wegfall gekommen. Die Beichte am Sonnabend wahrscheinlich zur selben Zeit. Meine Bemühungen um Wiedereinführung einer vorausgehenden Beichte stießen beim Presbyterium ebenfalls auf Unverständnis und Ablehnung. So bestand also tatsächlich keine Möglichkeit für mich, die kaum oder gar nicht mehr am übrigen kirchlichen Leben Teilnehmenden auf die Bedeutung und den Ernst der Abendmahlsfeier hinzuweisen.

Eine andere Not war die große Teilnehmerzahl von 150 bis 200 Abendmahlsgästen der in 3, zuletzt 4 Altersgruppen zum Abendmahl kommenden Dorfbewohner, jeder einzelne zweimal im Jahr. Das hatte natürlich eine sehr lange Dauer, 1 – 1 1/4 Stunde, der eigentlichen an den Predigtgottesdienst sich anschließenden Abendmahlsfeier mit Beichte zur Folge, was natürlich für die an den Gottesdienst nicht gewöhnten Abendmahlsteilnehmer eine große seelische Belastung war und es – auch das herkömmlicherweise – unmöglich machte, daß noch die eigentliche Abendmahlsliturgie mit dem Lobgesang gehalten wurde und so der freudige, festliche Charakter der Abendmahlsfeier unterdrückt werden mußte (vergleiche bei Noetel, Rh.-W. K.O. 93 Anm. 3: Hinwirkung auf eine Verkleinerung der Abendmalsfeiern).[87]

Ich möchte nun mit meinem Presbyterium eine neue Ordnung und zuchtvolle Weise in unsere Abendmahlsfeiern einführen, etwa in der Weise, daß der Gemeinde an einem Sonntag in jedem Monat Gelegenheit zum Abendmahlsgang gegeben wird. Die Teilung nach Altersgruppen fällt weg. Beichte findet statt am Samstagabend vorher. Anmeldung mit Namen wird erbeten, damit seelsorgerlicher Besuch möglich ist, und zur Überschaubarkeit der Abendmahlsgemeinde. Die Beichtfrage kann erst [so] wieder ernst genommen werden und die Willigkeit zur Besserung des Lebens und zur Nachfolge Jesu, der Hunger und Durst nach Gottes Gerechtigkeit und die Freude an der Gemeinschaft des Herrn kann [nur so] wieder entscheidend werden für die Teilnahme am heiligen Abendmahl und sich so dann erst der Segen und die reiche Gnade dieser Feier entfalten.

Ich bitte den Herrn Superintendenten und das Konsistorium, in diesem Sinne auf das Presbyterium einzuwirken, das sich gewißlich eher auf seine Pflichten der Regierung und Zucht der Gemeinde besinnen wird, wenn es sehen muß, daß auch die Kirchenbehörde solche Regierung und Zucht wünscht und gutheißt gegenüber verweltlichter Unordnung und Auflehnung.

Sachlich möchte ich zu dem Bericht und der Beschwerde des Herrn Hartmannshenn bzw. des Presbyteriums noch bemerken, daß darin Unrichtigkeiten und Unvollständigkeiten enthalten sind, die ein falsches Bild erwecken.

1. Ich habe meine Presbyter nach der Besprechung in meinem Amtszimmer, um den runden Tisch teilweise auf dem Sofa, teilweise im Sessel sitzend, nicht stehenlassen, sondern habe nach einstündiger Besprechung, während ich die Herren vergeblich von meinen Beweggründen zu überzeugen gesucht und gebeten hatte,

---

87 Kommentar zur Rheinisch-Westfälischen Kirchenordnung.

mich zu unterstützen, lediglich weil es an der Zeit war und ich eine ganze Gemeindeversammlung nicht warten lassen wollte, indem ich das erklärte, als erster das Amtszimmer im Pfarrhaus verlassen, um in die Versammlung zu gehen. Herr Hartmannshenn sollte sich schämen, mit solchen Anschuldigungen es zu quittieren, daß der Pfarrer Amtszimmer, Pfarrstube und Möbel kirchlichen Vertretungen für deren Sitzungen zur Verfügung stellt.

2. Über den Verlauf der Versammlung verweise ich auf meinen Bericht vom 21. Dezember an den Herrn Superintendenten. Herr Hartmannshenn vergißt zu erwähnen, daß sich auch mehrere anerkennende, unterstützende, mir recht gebende Stimmen zu Worte meldeten. Der mich am meisten ›angefahren‹ hat, ist der Ortsdiener und Rechner Reitz, der faktisch nur zweimal zum Heiligen Abendmahl im Jahr in der Kirche erscheint, des Sonntagsmorgens seine Bücher in Ordnung bringt, wie er selbst erklärt, und Kundenbesuche empfängt. Er ereiferte sich über die heiligen Sitten und Gebräuche der Hochelheimer und begründete sein Recht aufs Abendmahl damit, daß er als Mitglied der bürgerlichen Gemeinde, die ja für die Kirche zahle, auch Hostie und Wein mitbezahle, welche Beweisführung nun freilich auch bei der Versammlung erhebliche Heiterkeit auslöste. Es ist traurig, daß ein Presbyter gegen seinen Pfarrer sich auf solches ›Anfahren‹ beruft.

3. Zur Übernahme des Kirchenrechneramtes durch einen Presbyter muß ich erklären, daß ich dieses Amt schon wiederholt Herrn Hartmannshenn angeboten habe, der nach seiner Handschrift und sonstiger geschäftstüchtiger Eignung sich sehr gut dazu eignete, er es mir [aber] immer abgeschlagen hat. Ich sprach im Zusammenhang davon, wer etwas in der Gemeinde zu sagen habe wolle, auch etwas zu tun willig sein müsse. Noch immer zahlen wir unserem Küster für das Einsammeln der Hauskollekten je 3.– RM, weil die Presbyter dieses Geschäft nicht zu übernehmen willens sind. Unangenehme Dinge lassen sie nun schon ganz liegen.

4. Was die Zahl der abgehaltenen Sitzungen anlangt, so ist das allerdings richtig. Herr Hartmannshenn verschweigt aber, daß ich alle geschäftlichen Dinge mit dem Ortsbürgermeister und dem Amt Rechtenbach abzumachen habe und alle unsere Beschlüsse im Presbyterium und größerer Vertretung nur bedingten Wert haben, weil praktisch der Gemeinderat das letzte Wort hat und wir darum schon viel Zeit und Beratung vergeblich vertan haben. Nicht das geringste zusätzliche Kirchgeld wagt die Kirchenvertretung zu verantworten. Alle Unterstützung in Jugendpflege und Kindergottesdienst ist mir bisher versagt worden und war immer auf eigene Initiative angewiesen. Ich gestehe ehrlich, wenn ich etwas in der Gemeinde plane, habe ich Angst, diese Kirchenvertretung zu fragen, damit mir nicht ein Strich dadurch gemacht wird (siehe Kleinkinderschule und Krankenpflege, auch gegen die Einführung des neuen Gesangbuchs hat man nachträglich sehr Sturm gelaufen, und auch das Presbyterium hätte es am liebsten wieder rückgängig gemacht). So habe ich mich denn tatsächlich in dieser Ära der demokratisch gewählten Kirchenvertretung viel mehr auf meine freien Vereine gestützt in der Gemeindearbeit und deren tätige Mitarbeit geschätzt und mit deren Betreuung meine Zeit besetzt. Wir haben unfruchtbare und unerquickliche Sitzungen gehalten in vergangener Zeit. Ceterum censeo: Unser kirchliches Wahlrecht ist reformbedürftig.

5. Über den über Erwarten schönen Verlauf unseres Bekenntnisgottesdienstes mit Abendmahlsfeier vergleiche meinen Bericht an den Herrn Superintendenten vom 21. Dezember.

Ich möchte noch erwähnen, daß die gut kirchlich denkenden Leute, die eine christliche Erkenntnis besitzen, zusammen mit weiten Kreisen in der Gemeinde entrüstet sind über das anmaßende Auftreten des Herrn Hartmannshenn; daß ein Presbyter sich von dem Vorgehen der übrigen Mitpresbyter losgesagt, die Eingabe nicht mitunterzeichnet hat, auch nicht zu den diesbezüglichen Besprechungen der Presbyter geladen wurde und sich voll und ganz hinter mich gestellt hat. Große Teile der Gemeinde sind mit einer Neuordnung des Abendmahls einverstanden.

Zum Schluß möchte ich noch aussprechen, daß das gottesdienstliche Leben und kirchliche Leben der Gemeinde durchaus nicht gestört erscheint, Gottesdienste und Frauenhilfe sind besser besucht als früher, ein Mütterschulungskurs in der kommenden Woche wird voll besetzt sein und eine Volksmissionswoche Mitte Februar erwarten wir mit Freuden. Ich habe die Überzeugung, daß ohne Eingriffe von außen unser Gemeindeleben sich aufs beste ordnen wird.

Schneider, Pfr.«

In den Presbyterien von Hochelheim und Dornholzhausen bestanden im Gegensatz zu Paul Schneider unterschiedliche Auffassungen von dem, was Kirche ist.

1. Kirche, so Paul Schneider, ist eine von Jesus Christus gestiftete und eingesetzte Institution, die mittels seines Wortes und der von ihm gestifteten Sakramente in dieser Welt wirken soll, um den Menschen zu sagen: »... wir haben Auftrag und Beruf aus einer anderen Welt, und dort ist unser Bürgerrecht.«[88] Der Mensch, der sich auf Zeit verantwortungsbewußt in dieser Welt einrichten soll, kann und darf niemals das Maß sein, denn dann besteht immer die Gefahr, daß er sein Bürgerrecht in der anderen Welt verliert. Die christliche Gemeinde und in ihr der einzelne Christ leben in einem übergeordneten personalen Bezug zu ihrem erhöhten Christus. Diesen Bezug gilt es zu bewahren und nicht zu verspielen (vgl. 1Kor 11,17-34).

2. Kirche, so der größte Teil der Presbyter, ist eine Institution, die das ethische und soziale Verhalten der Menschen beeinflussen und der persönlichen Erbauung dienen soll. Die zur Tradition gewordenen Strukturen hat sie zu pflegen und zu bewahren.

Paul Schneider versuchte der Gemeinde immer wieder neu deutlich zu machen, daß sich alle traditionsgebundenen Verhaltensweisen, auf die sich die Gemeinde beruft, stets von dem Wort Gottes und von dem aus ihm entstandenen Bekenntnis der Kirche hinterfragen lassen und auch in Frage stellen lassen müssen, wobei immer das Bekenntnis zu Jesus Christus als dem lebendigen Herrn das Fundament des Glaubens und somit Lebens in der Kirche zu sein hat.

Gedanken, wie sie Paul Schneider in seinem Schreiben an den Superintendenten entwickelt, wurden damals als ein Beginn der Neubesinnung auf das reformatorische Erbe in den sich bildenden Bekenntnisgemeinden ernsthaft diskutiert; somit stand Paul Schneider nicht allein. Daß hier eine Scheidung von denen erfolgte, die sich vom Bekenntnis der Kirche gelöst und einem schriftwidrigen Liberalismus, in dem der Mensch die Maßstäbe setzt, hingegeben hatten, war unausbleiblich.

In den Gemeinden entsteht erneut Unruhe über eine bevorstehende Versetzung des Pfarrers. Seine Widersacher in der NSDAP, nunmehr im

---

88   Brief an den Schwiegervater Schneiders.

Bunde mit den Presbytern, die sich beschwerdeführend an das Konsistorium gewandt hatten, versuchen die Gemeinde hinter sich zu bringen. Für die »Evangelische Frauenhilfe« in Hochelheim ist dieser Zustand unerträglich, sie schreibt dem Konsistorium:

»Hochelheim, den 13. 1. 1934

An
das Evangelische Konsistorium
Koblenz
Betr.: Unsern Pfarrer Schneider in Hochelheim
Da in den letzten Tagen wieder das Gerücht durch unser Dorf geht, daß unser Herr Pfarrer Schneider von hier versetzt werde und auch schon eine Eingabe von hier an das Konsistorium gemacht wäre, so fühlen wir uns veranlaßt, dieser Sache einmal näher auf den Grund zu gehen, denn wir wissen nicht, was für Gründe vorliegen sollten. Unserer Auffassung nach sind es persönliche Auseinandersetzungen einiger Herren aus unserm Ort, die mit Gewalt den bisherigen Frieden im kirchlichen Leben stören möchten. Denn wenn ein Pfarrer das Wort Gottes treu und aufrichtig mit einem aufrichtigen Herzen verkündigt, so sind immer wieder Menschen da, die die Wahrheit nicht ertragen können, ganz besonders, wenn die Sünde beim Namen genannt wird. So war es schon bei unseres Herrn Jesus Zeiten und auch bei Johannes des Täufers Zeit. Wir können ihm nur das Zeugnis geben, daß er ein wirklich wahrheitsliebender, treuer und gerechter Pfarrer ist und kein dummer Bub, wie er von seinen hauptsächlichen Gegnern genannt wird, deren Berichte vielleicht schon im Laufe sind.
Dann wird ihm noch der Vorwurf gemacht, er sei kein echter Nationalsozialist. Das müssen wir hiermit zurückweisen und das Gegenteil behaupten. Denn als damals 1918 unser alter Herr Reichspräsident seine Truppen zusammenrufen wollte, da hat es sich unser Herr Pfarrer als alleiniger Bürger von Hochelheim zur Pflicht gemacht, mitzukämpfen und das Vaterland zu retten.[89]
Er handelt auch nach dem Wort des Apostels Paulus 1.Tim. 2,1-7 sowohl in der Kirche als in den Vereinen und im Privatleben. Auch ist er als erster unter denen, die unseres Führers und Kanzlers Wahlspruch zu ihrem eigenen gemacht haben: Gemeinnutz geht vor Eigennutz. Das können sogar unsere Brüder von der Landstraße am besten bestätigen und auch die Armen unserer und der Filialgemeinde.
Es werden ja mit Gewalt von diesen einigen Herren Mißverständnisse und Reibereien gesucht, nur um Gründe für das Versetzen unseres Herrn Pfarrers herbeizuführen.
Wir bitten das Konsistorium, uns hier in dieser Sache einmal ganz besonders anzuhören, da wir in der Evangelischen Frauenhilfe seit ungefähr 7 Jahren mit Herrn und Frau Pfarrer zusammenarbeiten und jedesmal im Pfarrhaus unsere Stunde verbringen unter Gotteswort, Gebet und Beratung über die Arbeit der Frauenhilfe. Nun können wir mit gutem Gewissen nur Gutes von ihm bezeugen, das beweist ja auch das Zunehmen unseres Vereins von 15 auf 60. Da unser Herr Pfarrer auch ein Mensch ist und es vielleicht einmal Meinungsverschiedenheiten gibt, so muß man doch immer wieder aus Achtung zur Kirche und Religion den Friedensweg suchen, was aber durch einige Herren nicht mehr möglich ist, da dieselben unsern Herrn Pfarrer gerne von hier weg hätten. Es wird ihm unter anderem vorgeworfen, er habe die bisherige Sitte des Abendmahlganges geändert. Das trifft zu. Er konnte als rechter Seelsorger nicht anders handeln, denn mit der

---

89   Hier liegt ein Irrtum der Briefschreiberinnen vor. Paul Schneider war als Student an einem Einsatz auf Bitten der damaligen Reichsregierung in Thüringen beteiligt (s.o.).

bisherigen Sitte waren schlimme Mißstände verbunden, die er in seinem Gewissen nicht länger ertragen konnte.

Wir Unterzeichneten bitten und verlangen, daß unser Herr Pfarrer hier auf seinem Posten tätig bleiben und weiter wirken und arbeiten soll wie bisher. Wir bitten deshalb das Konsistorium dringend, alle weiteren Anträge zurückzuweisen, da keine Ursache zum Versetzen vorliegt. Sollten wir Unterschriften in der ganzen Gemeinde für ihn sammeln, so hoffen wir, zwei Drittel aller Gemeindeglieder zu finden, die sich für das weitere Verbleiben unseres Herrn Pfarrers in der Gemeinde aussprechen werden.

Die Frauenhilfe Hochelheim
mit 60 Mitgliedern«

Eine Vielzahl von Frauen unterstützt diese Eingabe durch ihre Unterschrift. Aus Platzgründen können wir sie an dieser Stelle nicht wiedergeben. Allerdings fällt an dem Brief der Frauenhilfe erneut auf, wie seinerzeit »national-patriotische« Gesinnung mit der des Nationalsozialismus gleichgestellt wurde. Paul Schneider hatte 1920 (nicht 1918), wie berichtet, als Student in Marburg und als Pfarrerssohn von Hochelheim an einem militärischen Einsatz in Thüringen teilgenommen. Eine falsche Interpretation des Begriffs Nationalsozialismus begegnet uns auch in der nächsten Eingabe. Die sich bildende völkische Bewegung, aus der der Nationalsozialismus dann hervorging, spielte um 1920 überhaupt keine Rolle.

Von der mutigen Eingabe der »Evangelischen Frauenhilfe« hat die »Evangelische Gemeinschaft« in Hochelheim schon vorher erfahren. Sie schreibt dem Konsistorium:

»Hochelheim, den 12. 1. 1934

Die Evangelische Gemeinschaft Hochelheim schließt sich der Eingabe der Frauenhilfe an. Wie wir am 11. Januar abends durch Presbyter Hartmannshenn erfahren haben, hat das Presbyterium einen Bericht an das Konsistorium gemacht. Wir sind wegen des Abendmahls unterrichtet, da wir bei der Bekanntmachung nach der Predigt zugegen waren. Wir sind der festen Überzeugung, daß Pfarrer Schneider die Zurückstellung des Abendmahls der Jugend nicht aus äußerer Machtstellung, sondern aus innerer Überzeugung getan hat, da er in den sonntäglichen Gottesdiensten nur immer wenig Jugend unter Gotteswort hat außer des Abendmahls. Unser Herr Pfarrer hatte ja auch doch den Jugendlichen Gelegenheit gegeben, am letzten Adventsabend-Gottesdienst dem Abendmahl beizuwohnen. Die Erregung suchten nur Herr Hartmannshenn, seine Frau und seine Tochter herbeizuführen, wie uns eine Frau aus der Gemeinde, die neben ihnen saß, erzählte. Sonst war alles sehr ruhig in der Kirche. Wir erklären hiermit, daß Presbyter Hartmannshenn ein Glied unserer Gemeinschaft ist und wir ihn schon oft aufgefordert haben, er solle sein Presbyteramt aufgeben, damit doch Friede in der kirchlichen Ordnung wiederhergestellt würde, da er eine äußere Machtstellung in der Kirche einnimmt und nicht im Geiste Jesu Christi. Wir versichern hiermit dem Konsistorium, daß fast bei jeder Beschlußfassung im Presbyterium Herr Hartmannshenn ein Gegner der Vorschläge des Herrn Pfarrer war. Wir bitten das Konsistorium freundlichst, wegen solcher Eingaben Herrn Pfarrer Schneider nicht versetzen zu wollen. Wir sind der festen Überzeugung, daß Herr Pfarrer Schneider sein Amt gewissenhaft und treu verwaltet. Wir erklären hiermit, daß Herr Pfarrer Schneider entschiedener Christ und Nationalsozialist ist und er von den meisten Hochelheimer und Filial-Gemeinde Dornholzhäuser Gemeindegliedern geachtet und geliebt ist.

Mit deutschem Gruß!\
Karl Hepp\
Konrad Schuster\
Anton Weller\
Wilhelm Schuster

Nachtag:
Wie wir aus zuverlässiger Quelle erfahren haben, so ist Herr Hartmannshenn in die Häuser gegangen, wo Jugendliche wohnen, und hat ihnen gesagt, sie sollten nur nicht zum Abendmahl gehen an dem fraglichen Abend. Also ein klarer Beweis, warum so wenig Jugendliche teilnahmen.«

Daß die Parteidienststellen der NSDAP die von einigen Presbytern in Hochelheim unter Federführung von Hartmannshenn entfachte Unruhe schüren, soll und darf nicht unerwähnt bleiben.

Die Eingaben der »Evangelischen Frauenhilfe« und der »Evangelischen Gemeinschaft« an das Konsistorium finden die volle Zustimmung des Presbyteriums in Dornholzhausen. Alle Presbyter unterschreiben eigenhändig. Damit liegt nunmehr die alleinige Entscheidung beim Konsistorium in Koblenz, das die Eingaben am 17. Januar 1934 bearbeitet und mit folgender Randnotiz versieht:

»Nr. 658 K. 17. 1. 1934
Pfr. Schn[eider] wird versetzt.
Es ist doch wünschenswert, daß Pfr. Schn[eider] bald in eine andere Stelle übergeht. Er bemüht sich z.Zt. um Monschau: Daher ist nichts zu veranlassen.
Daher z[u] d[en] A[kten]

J[ung] 17. 1. Ha[senkamp] 17. 1.«

Zu dem ›Bemühen‹ um Monschau vermerkt die Frau von Paul Schneider:

»Anfang Januar wird Paul um eine Probepredigt in Monschau gebeten. Da Paul wegen ›seines schriftgemäßen Verstandes der Abendmahlsfeier und der ernst zu nehmenden Beichtfrage‹ in Konflikt mit seinem Hochelheimer Presbyterium stand, drängte das Konsistorium auf dessen Beschwerde hin auf Pauls Wegmeldung, aber noch fühlte er sich gebunden und sein Weggehen wäre ihm als Fahnenflucht erschienen. So zieht er nach der Probepredigt seine Meldung zurück.«[90]

Für das Konsistorium war die Versetzung eine beschlossene Sache, nur fehlte ihr die gesetzliche Handhabe, da auch damals kein Pfarrer ohne weiteres gegen seinen Willen vom Konsistorium in ein anderes Pfarramt versetzt werden konnte. Der Anstoß zur Zwangsversetzung kam dann vom Kreisleiter (Landrat) der NSDAP, der ›vertraulich‹ die Pläne des Konsistoriums kannte.

Paul Schneider war es nicht gegeben, ungerechte Verhaltensweisen unwidersprochen passieren zu lassen. So gestaltet sich seine Lage immer

90 Prediger, S. 55.

schwieriger. Die ›Mächtigen‹ setzten alles daran, ihren Widersacher, den bekenntnistreuen Pfarrer von Hochelheim und Dornholzhausen, mundtot zu machen.

Der Pfarrer schweigt nicht

Was im September 1933 der Stabschef der SA Ernst Röhm mit seinem Aufruf gegen das »Muckertum« begonnen hatte, wurde von den Propagandisten der NSDAP mit großer Intensität fortgesetzt. Dabei schützte der staatliche Machtapparat das eigene Moralverhalten dieser NS-Größen. Darüber gibt die einschlägige Literatur Auskunft. Im folgenden wird gezeigt, welche Schwierigkeiten Paul Schneider erneut bekommt, als er sich in einer Predigt zu dem »neuen« Moralempfinden äußert.

Moral und alles, was mit ihr im Zusammenhang stand, sollte sich nach den jeweiligen »Erfordernissen« des NS-Staates richten. Daher war es für die neuen Machthaber erforderlich, einen Prozeß des Umdenkens, der Umschulung in Gang zu setzen – für die NS-Agitatoren eine willkommene Gelegenheit, ihre gefürchteten kirchlichen Gegner als »Moralisten, Bettschnüffler, Bet-Tanten usw.« zu apostrophieren, um sie so der allgemeinen Lächerlichkeit preiszugeben.

Wie nun die »neue Moral« aussah, wissen wir heute nur zu gut: Gutaussehende junge Jüdinnen und Polinnen wurden unter fadenscheinigen und lügenhaften Versprechungen während des Krieges in ein Bordell gelockt, ehrlicher gesagt: befohlen. Wenn sie dann einige Zeit dem ihnen erteilten Befehl nachgekommen waren, wurden sie – wie andere: Kommunisten, Sozialdemokraten, nationale Patrioten, Zigeuner, Juden und mutige Christen – zu den »lebensunwürdigen« Menschen, zu den Todeskandidaten überstellt. Die »Herrenrasse« wollte herrschen, darum durften die von ihr Gezeichneten nicht am Leben bleiben.

Zur »neuen Moral« gehörten auch die Massentötungen von sogenannten Erbkranken und die Aktion »Dem Führer ein Kind!«. Der jeweilige Partner, der über die von der SS geforderten Rassenzertifikate verfügte, konnte parteiamtlich gestellt werden. Wichtig war nur das Kind, das nationalsozialistisch erzogen werden sollte. Nach der Geburt des Kindes stand es den jeweiligen Partnern frei, ihre eigenen Wege zu gehen. Diese Tatbestände sollten nicht übersehen werden, wenn wir den Aufsatz des damaligen Reichspropagandaministers Goebbels, gegen den Paul Schneider Stellung bezog, nachlesen:

»Mehr Moral, aber weniger Moralin

27. Januar 1934

Jede Revolution hat ihre Untaten, auch die unsere. Das ist an sich nicht schlimm, denn sie gleichen sich meistens von selbst aus oder werden von der Zeit wieder ausgeglichen. Entscheidend bleibt nur, daß die Verantwortlichen ein waches Auge darüber halten und aus Furcht vor der Öffentlichkeit nicht schweigen, wo Reden am Platze wäre. Es ist ganz selbstverständlich, daß eine historische Umwälzung größten Ausmaßes, die in der Revolution eingeschlossen liegt, neben den ungeheuren Werten, die sie zeitigt, auch eine Unmenge von Abfall zutage fördert.

Da wird es nun gefährlich, wenn der Abfall liegenbleibt, sich verhärtet und dann das gesunde, organische Entwicklungsleben der Revolution hemmt und einengt.

Es ist heute an der Zeit, ein paar dieser Untaten, die auch beim nationalsozialistischen Umbruch in Erscheinung getreten sind, in das helle Licht der öffentlichen Betrachtung hineinzurücken und mitleidlos unter die Lupe einer kritischen Betrachtung zu nehmen.

Das scheint um so notwendiger, als sonst die Gefahr entsteht, daß der Stil und die Lebensform unserer Revolution auf die Dauer langsam entarten und der Nachwelt ein Bild unseres Seins und Wollens übermitteln, das in keiner Weise nationalsozialistischer Überzeugung und Anschauung entspricht. Es hat sich im öffentlichen Leben vielfach der Unfug herausgebildet, durch öffentliches Reglement nicht nur, wie es richtig geboten erscheint, die großen sittlichen Grundsätze unseres nationalen Lebens zu bestimmen und festzulegen, sondern darüber hinaus auch noch im einzelnen dem privaten Menschen den Kodex seiner rein persönlichen Auffassungen vorzuschreiben.

Das führt auf die Dauer zu einer Sittenriecherei, die alles andere als nationalsozialistisch ist.

Naturfremde Menschen, die entweder das Leben schon hinter sich haben oder nicht verdienen, daß sie noch eins vor sich haben, machen im Namen unserer Revolution in Moral. Diese Art von Moral hat oft mit wahrer Sittlichkeit nicht viel zu tun. Sie stellt ethische Gesetze auf, die vielleicht das Gemeinschaftsleben in einem Nonnenkloster zur Not regeln könnten, die aber in einem modernen Kulturstaat vollkommen verfehlt sind.

Das ist Moralin statt Moral, und die dafür eintreten, sind von allen guten Geistern verlassen.

Aber sie sollen sich wenigstens nicht vor die Öffentlichkeit hinstellen unter Berufung auf uns; denn wir wollen mit ihrer muffigen Lebensauffassung nichts zu tun haben.

Beispiel: In einer größeren mitteldeutschen Stadt soll ein Reklameplakat für eine Seifenfirma angeklebt werden; das Plakat zeigt eine frische, reizende Mädchengestalt, die in ihrer Hand ein Waschmittelpaket hält. Ein Moralrichter, dem leider das Recht zusteht, über dieses Plakat zu entscheiden, verbietet seinen Anschlag mit der Begründung, es verletze das sittliche Empfinden der Bevölkerung, zumal die dargestellte Frauensperson das Seifenpaket an einer Stelle halte, ›die aus Schicklichkeitsgründen nicht näher gekennzeichnet werden könnte‹.

Wer ist hier moralisch? Der Verbieter, der die Ausdünstungen seiner schmierigen Phantasie auch bei anderen Menschen vermutet, oder das deutsche Volk und die nationalsozialistische Bewegung, die sich mit Recht über ein derart blamables Vorgehen empören und es ablehnen? Bei näherem Zusehen stellt sich heraus, daß dieser löbliche Zeitgenosse erst drei Monate nach unserer Machtübernahme sein Herz für den Nationalsozialismus entdeckte, was ihn nicht hinderte, sein Verbot im Namen des Nationalsozialismus zu erlassen.

Das geht so weit, daß diese Kumpanei von Sittenrichtern nicht einmal vor den Bezirken des rein Privaten haltmacht. Sie möchten am liebsten in Stadt und Land Keuschheitskommissionen einsetzen, die die Aufgabe hätten, das Ehe- und Liebesleben von Müller und Schulze zu überwachen. Sie würden, wie es in der bekannten Operette heißt, das Küssen nicht abschaffen, weil das eine viel zu beliebte Beschäftigung ist; aber sie würden immerhin, wenn es nach ihnen ginge, das nationalsozialistische Deutschland in eine Einöde von Muff und Muckertum verwandeln, in der Denunziation, Bettschnüffelei und Erpressung an der Tagesordnung wären.

Dieselben Moralpächter treten häufig an die vorgesetzten Behörden mit dem Ansinnen heran, Filme, Theaterstücke, Opern und Operetten zu verbieten, weil darin Tänzerinnen, Bühnenstars usw. auftreten, die angeblich die schlimmste Gefährdung der öffentlichen Sicherheit darstellen. Gäbe man ihrem Verlangen nach, dann sähen wir bald nur noch alte Jungfern und Bet-Tanten weiblichen oder männlichen Geschlechts über die Leinwand und über die Bretter schreiten. Die Theater ständen leer, weil ja das Publikum in ihnen im allgemeinen nicht das zu finden hofft, was es in den Kirchen oder Bethäusern sucht.

Man verschone uns deshalb mit diesem heuchlerischen Getue, hinter dem keine echte, starke Lebensauffassung und auch keine ehrliche Moral steht. Es ist meistens nur der Widerstand der im Leben zu kurz Gekommenen gegen das Leben. Er wird das ewige Leben und seine Gesetze nicht aufheben, höchstens sie hinter eine Breiwand von verächtlicher Heuchelei und lügnerischer Prüderie zurücktreten lassen.

Die deutsche Frau geht nicht allein aus, sie sitzt nicht allein im Restaurant, sie fährt nicht ohne Anstandsdame mit einem Jüngling oder gar mit einem SA-Mann auf die Sonntagsnachmittagstour, sie raucht nicht, sie trinkt nicht, sie putzt sich nicht und macht sich nicht schön, kurz und gut, sie tut alles, um die böse Begehrlichkeit des Mannes in ihre Schranken zurückzuweisen. So ungefähr stellt sich der kleine Moralin-Moritz die deutsche Frau vor. Und wehe, wenn so ein armes weibliches Wesen, das vor lauter Schicklichkeitsgesetzen nicht mehr aus noch ein weiß, das Unglück hat, aus Unkenntnis oder sündiger Lust eines davon zu übertreten. Es versteht sich am Rande, daß die deutsche Frau keinen Bubikopf trägt; das tun nur Jüdinnen und sonstiges verächtliches Zeug.

Die Moraltrompeter haben keine blasse Ahnung davon, daß sie mit diesen Überheblichkeiten Millionen deutscher Frauen, die in Leben und Beruf brav und ehrlich ihre Pflicht und Schuldigkeit tun, die ihren Männern gute Kameradinnen und ihren Kindern aufopfernde Mütter sind, aufs tiefste beleidigen und demütigen. Daß sie den Nationalsozialismus auf der ganzen Welt auf das peinlichste blamieren und kompromittieren, daß sie dreißig Jahre zu spät gekommen sind und daß man sie zur Ordnung rufen muß, weil sie anfangen, lästig zu werden. Es gibt gute und schlechte, fleißige und faule, anständige und weniger anständige Frauen mit und ohne Bubikopf; ob sie ihre Nase pudern oder nicht, das ist immer ein Zeichen ihres inneren Wertes, und wenn sie einmal zu Hause im Familien- oder Gesellschaftsleben eine Zigarette rauchen, so brauchen sie damit nicht verworfen und ausgestoßen [zu] sein.

Jedenfalls aber sollen sich nicht die über sie zum Sittenrichter aufwerfen, die ihnen an sich feindlich gegenüberstehen oder ihnen zwar wie alle echten Männer unendlich viel Glück, Ausspannung und häuslichen Frieden verdanken, es aber nur in ihrer muffigen Überheblichkeit nicht wahrhaben wollen.

Es ist nicht nationalsozialistisch, sich des Lebens zu erfreuen; im Gegenteil, man darf immer nur an die Schattenseiten des menschlichen Daseins denken, der Pessimismus und der Menschenhaß sind die besten Lehrmeister in unserem irdischen Jammertal. Deshalb tut ein wahrer Nationalsozialist auch nichts, um dieses armselige Leben zu verschönern. Primitivität und absolute Bedürfnislosigkeit sind die einzigen Werte des Charakters. Hat man einen sauberen und einen schmutzigen Kragen, dann bindet man den schmutzigen um, um damit seinem Haß gegen die verfluchte Bürgerlichkeit demonstrativ Ausdruck zu geben. Wer einen guten und einen schlechten Anzug besitzt, der zieht vornehmlich bei festlichen Gelegenheiten den schlechten an; denn damit zeigt er der staunenden Mitwelt, wie revolutionär seine Gesinnung ist, überhaupt sind Freude und Lachen an sich verpönt; denn das Volk soll nichts zu lachen haben. Leben wir in einem Priesterstaat oder im Zeitalter des daseinsbejahenden Nationalsozialismus? Wir sind erhaben über den Verdacht, daß wir einem öden Prunk und aufreibenden Luxus das Wort reden wollen. Der Führer und viele seiner engsten Mitarbeiter trinken und rauchen nicht und huldigen auch nicht den Genüssen des Lukullus; aber verächtlich sind die, die in einem 60-Millionen-Volk jede Freude und jeden Optimismus abtöten möchten, ganz abgesehen davon, daß ihr albernes Treiben unzähligen Menschen nur Armut und Unglück bringt.

Denn jedes abgelegte Bedürfnis macht neue Menschen brotlos; wenn keine Autos mehr fahren, dann liegen die Autofabriken still, wenn keine neuen Anzüge getragen werden, dann haben Stoffweber und Schneider nichts mehr zu tun, gehen Menschen nicht mehr in die Kinos oder Theater, dann fallen Hunderttausende von Bühnen- und Filmangehörigen der öffentlichen Fürsorge anheim.

Einem Volk die Freude und die Lebenslust nehmen, das heißt, es für den Kampf um das tägliche Brot untüchtig machen. Wer das tut, der versündigt sich am Wiederaufbau und blamiert den nationalsozialistischen Staat vor der ganzen Welt.

Eine trostlose Verarmung unseres öffentlichen Lebens würde die Folge sein. Und dagegen machen wir Front.

Wir wollen die Freude nicht beseitigen, sondern möglichst viele, möglichst alle daran teilnehmen lassen. Darum führen wir das Volk in die Theater, darum geben wir auch dem Arbeiter die Möglichkeit, sich für festliche Gelegenheiten festlich zu kleiden, darum vermitteln wir Kraft durch Freude, darum schütteln wir die Agenten einer prüden Heuchelei von uns ab und dulden es nicht, daß sie weiterhin einem anständigen braven Volk, das allen Grund hat, sich die Stärke zum schweren Daseinskampf durch immer erneute, bewußte Lebensbejahung zu holen, die für Mühe, Sorge und Entbehrung des Alltags so nötige Freude durch ewige, schikanöse Schulmeisterei verderben.

Also: Mehr Lebensbejahung und weniger Muckertum! Mehr Moral, aber weniger Moralin.«[91]

Um der Redlichkeit willen müssen wie sagen, daß auch unter den »Deutschen Christen« die Artikel von Goebbels und Röhm Kritik erfahren haben, dennoch meldeten sie sich nicht zu Wort und blieben so den NS-Machthabern verbunden. – Schon am 4. August 1933 wurde der »Bevollmächtigte des Führers für die Deutsche Evangelische Kirche« vom altpreußischen Kirchensenat zum Präsidenten des Evangelischen Oberkirchenrats mit der Amtsbezeichnung »Landesbischof« gewählt. Am 5. September 1933 wurde für den Bereich der »Altpreußischen Evangelischen Kirche« ein Bischofsgesetz verkündet, durch das nun der »Landesbischof« definitiv installiert werden konnte.

Paul Schneider verfolgt sehr wachsam diese Vorgänge und stellt sich mit anderen die Frage, ob es gut sei, zu den versteckten Angriffen des Reichspropagandaministers zu schweigen. Ebenso fragt er sich mit anderen, was mit der Einführung eines »Landesbischofs« in der Evangelischen Kirche der Rheinprovinz in dieser Zeit für die Verkündigung der Kirche

91 Wiederabgedruckt in: »Wetterleuchten«, München 1939, S. 383–385.

gewonnen sei, zumal die »Deutschen Christen« immer energischer einen »Reichsbischof« forderten, der die Landeskirchen gleichschalten und somit dem NS-Staat dienstbar machen sollte.

Am 27. September 1933 hatte der Wehrkreispfarrer Ludwig Müller sein Ziel erreicht. In der für den Protestantismus geschichtsträchtigen kleinen Elbmetropole Wittenberg, von der aus die Reformation ihren Anfang nahm, wurde er von allen deutschen evangelischen Kirchenführern einstimmig zum »Reichsbischof« gewählt. Das Wittenberg der Reformation war sehr geschickt für dieses unrühmliche Schauspiel ausgesucht worden. Dieser Wahl ging ein mehr als peinliches diplomatisches Taktieren einzelner Landeskirchenführer, d.h. auch der lutherischen Landesbischöfe, voraus, das die kirchliche Gesamtsituation belastete. Danach fanden sich nur langsam die bekenntnismutigen Kräfte zusammen. Die nächsten Jahre zeigten, wie schwer im NS-Staat das kompromißlose Bekennen war.

Müller begann sofort nach seiner Amtseinführung mit der Gleichschaltung der Landeskirchen, um diese seiner Befehlsgewalt zu unterstellen.

Die »Deutschen Christen«, die gern mit dem Begriff der »Volksmission« operierten, veranstalteten auf der Höhe ihrer Macht in Berlin am 13. November 1933 die schon erwähnte berüchtigte »Sportpalastkundgebung«, auf der sie sich selbst demaskierten, indem sie offen aussprachen und zeigten, wes Geistes Kind sie waren, und dabei einen offensichtlichen Reinfall erlebten. Der deutsch-christliche Reichsbischof ließ sich davon nicht beeindrucken, sondern erließ die »Verordnung betreffend Wiederherstellung geordneter Zustände in der Deutschen Evangelischen Kirche« vom 4. Januar 1934. Diese Verordnung ist als »Maulkorberlaß« in die Kirchengeschichte eingegangen. In ihr wurde verfügt:

»Die kirchenpolitischen Kämpfe zerstören Frieden und Ordnung in der Kirche; sie zerrütten die notwendige Verbundenheit der evangelischen Kirche mit dem nationalsozialistischen Staat und gefährden sowohl die Verkündigung des Evangeliums als auch die neuerrungene Volksverbundenheit. Zur Sicherung der Verfassung der Deutschen Evangelischen Kirche und zur Herstellung geordneter Zustände verordne ich daher unter Vorbehalt weiterer Maßnahmen in verantwortlicher Ausübung des mir verfassungsmäßig zustehenden Führeramtes auf Grund Art. 6 Abs. 1 der Verf. der DEK:
1. Der Gottesdienst dient ausschließlich zur Verkündigung des lauteren Evangeliums. Der Mißbrauch des Gottesdienstes zum Zwecke kirchenpolitischer Auseinandersetzungen, gleichviel in welcher Form, hat zu unterbleiben. Freigabe sowie Benutzung der Gotteshäuser und sonstigen Räume zu kirchenpolitischen Kundgebungen jeder Art wird untersagt.
2. Kirchliche Amtsträger, die das Kirchenregiment oder dessen Maßnahmen öffentlich oder durch Verbreitung von Schriften, insbesondere durch Flugblätter oder Rundschreiben, angreifen, machen sich der Verletzung der ihnen obliegenden Amtspflichten schuldig. Die Eingabe von Vorstellungen auf dem hierzu vorgeschriebenen Wege bleibt unberührt.
3. Gegen kirchliche Amtsträger, die den Vorschriften der Ziffern 1 und 2 zuwi-

derhandeln, ist unter sofortiger vorläufiger Enthebung vom Amt unverzüglich das förmliche Disziplinarverfahren mit dem Ziele der Entfernung aus dem Amte einzuleiten. Für die Dauer der vorläufigen Amtsenthebung ist vorbehaltlich weitergehender Bestimmungen der Disziplinargesetze das Einkommen mindestens um ein Drittel zu kürzen.
4. Das Gesetz betr. die Rechtsverhältnisse der Geistlichen und Beamten der Landeskirchen vom 16. Nov. 1933 und das vorläufige Kirchengesetz betr. Rechtsverhältnisse der Geistlichen und Beamten der Landeskirchen vom 8. Dezember 1933 und das Kirchengesetz betr. Beilegung kirchenpolitischer Streitfälle vom 8. Dezember 1933 werden außer Kraft gesetzt.
5. Diese Verordnung tritt mit dem Tage der Verkündigung in Kraft.«[92]

Die Verordnung löste einen Sturm der Entrüstung in der gesamten »Deutschen Evangelischen Kirche« aus. Auch Paul Schneider kann zu diesen Vorgängen nicht schweigen.

Der Stützpunktleiter der NSDAP, der sich von den Predigten und Abkündigungen in den Gottesdiensten, die Paul Schneider hielt, berichten ließ, teilte der Kreisleitung in Wetzlar mit:

»NSDAP
Stützpunkt Dornholzhausen, den 29. 1. 1934
Kreisleitung der NSDAP
Wetzlar
Pfarrer Schneider, Hochelheim, hat im gestrigen Gottesdienst wieder unerhörte Äußerungen gegen die Regierung und ihre Männer vom Stapel gelassen.
Gegen den Artikel von Pg. Reichsminister Dr. Goebbels »Mehr Moral, aber weniger Moralin« hat er protestiert und erklärt, daß er sich als evgl. Pfarrer damit nicht einverstanden erklären könne.
Des weiteren hat er gegen die Verfügung des Reichsbischofs betr. kirchliche Angelegenheiten Protest erhoben und erklärt, es wären schon einige Pfarrer da, die dagegen protestierten, und er würde sich diesen anschließen. Ferner äußerte er: In die Regierung hätten sich Leute eingeschlichen wie ein Wolf in den Schafstall.
Zum Schluß gab er noch zu, daß er sich diese Äußerungen nicht erlauben dürfe, aber sein Gewissen würde ihm keine Ruhe lassen.
Bemerken möchte ich noch, daß Sch. morgen nach Koblenz zu seiner vorgesetzten kirchl. Dienststelle will; es wäre gut, wenn dieselbe bei seinem Eintreffen schon über seine gestrige Hetzpredigt orientiert wäre.
                                                            Heil Hitler!
                                                            Germer
N.B. Das Buch Rosenbergs ›Der Mythus des 20. Jahrhunderts‹ bezeichnete er als Heidentum.«

Der NS-Landrat Grillo reagierte sofort und teilte in Anspielung auf seine ›Machtbefugnis‹ dem Konsistorium mit:

»Der Landrat
                                        Wetzlar, den 29. 1. 1934 T.B.I.N.
An das Evgl. Konsistorium für die Rheinprovinz in Koblenz

92 *Gauger,* S. 130.

Anbei übersende ich ergebenst die Abschrift einer Eingabe des Stützpunktleiters Dornholzhausen der NSDAP vom 29. ds. Mts. Nach einer mir gleichzeitig
aus Hochelheim zugegangenen Meldung soll Pfarrer Schneider dort die gleichen
Äußerungen wie in Dornholzhausen getan haben. Unter Bezugnahme auf die
fernmündliche Rücksprache meines Stellvertreters, Reg. Ass. Engfer, mit Herrn
Obersekretär Wagner bitte ich, Herrn Pfarrer Schneider, falls er morgen dort vor-
sprechen sollte, zu der Angelegenheit zu hören. Ferner bitte ich dringend, seine
sofortige Suspendierung aussprechen zu wollen, da ich mich andernfalls nach Lage der Verhältnisse gezwungen sehen würde, Pfarrer Schneider in Schutzhaft zu
nehmen. Ich wäre dankbar, wenn Sie mir von dem Veranlaßten fernmündlich
Kenntnis geben wollten.

gez. Grillo

Siegel
Beglaubigt:
[Unterschrift]
Kreisobersekretär«

Damit war die Lawine erneut ins Rollen gekommen, die nach damaligen Verhältnissen keiner stoppen konnte. Wer einmal den braunen
Machthabern aufgefallen war, konnte sich ihren weiteren Zugriffen kaum
entziehen.

Am 30. Januar 1934, dem Jahrestag der nationalsozialistischen Machtergreifung, war die Unterredung zwischen Paul Schneider und dem Konsistorium in Koblenz angesetzt. Verabredungsgemäß schreibt Paul
Schneider am Tag nach der Unterredung:

»Hochelheim, d. 31. Januar 1934
An das Evangelische Konsistorium der Rheinprovinz in Koblenz

Bezugnehmend auf meine gestrige Unterredung mit Herrn Oberkonsistorialrat
Euler erlaube ich mir, meine Predigt vom letzten Sonntag im Original und wegen
der flüchtigen Schrift zugleich in Abschrift zuzusenden auf direktem Wege.

Außer den besonderen Bemerkungen am Rande möchte ich erläutern, daß ich
durch die nachfolgende Erklärung der Notbundpfarrer, die ich unter den Be-
kanntmachungen, mich ihr anschließend, verlesen habe, zu der thematischen
Anlage der Predigt und Behandlung des Textes geführt wurde. Im allgemeinen
pflege ich kirchenpolitische oder politische Dinge nicht in die Predigt zu bringen.

Ich glaube, daß es verkehrt war, den Namen des Herrn Dr. Goebbels zu nennen. Daß ich doch wieder trotz der vorausgegangenen Röhmsache zu einem ähnlichen Aufruf eines Ministers Stellung nahm, ist zu erklären aus der Sorge, wie
solche Ausführungen auf ohnehin nicht moralfeste Nationalsozialisten, wie wir
sie in führender und geführter Stelle in Hochelheim haben, wirken müssen. Es
wurde mir von ernsthaften und älteren Kollegen nach dem Röhmaufruf erzählt,
wie böse der sich auf das Sittlichkeitsgefühl der Großstadt (Frankfurt/Berlin)
ausgewirkt habe. Da wollte es mir leid gewesen sein, meinen Protest unter der mir
von meiner Behörde vorgestellten Begründung wieder zurückgenommen zu haben. Es war auch ein Rest von persönlicher Unaufrichtigkeit in meinem Herzen
als Stachel zurückgeblieben, der sich nun auch auf diese Weise Luft machte.
Immerhin bedaure ich es, den Aufsatz von Dr. Goebbels tragischer genommen
zu haben, als er es verdient, und einen eigenwilligen Weg oder ungerechten Weg
in der Reaktion darauf eingeschlagen zu haben.

Da ich nun in den durch das Wohlwollen des Konsistoriums mir vorgeschlage-
nen Weg meiner Beurlaubung selber eingewilligt habe, bitte ich, es mit dem Herrn

Landrat Grillo, der mit sofortiger Verhaftung drohte, zu entscheiden, ob in den von mir gemachten Äußerungen ein Grund zu solchem Vorgehen gegeben ist. Gleichzeitig bitte ich aber auch, an geeigneter Stelle von der ernsten Besorgnis der Pfarrer für ihre Gemeinden über die Wirkung solcher immerhin mißverständlichen Aufrufe und Erlasse, wie sie durch Stabschef Röhm und Reichsminister Goebbels getätigt wurden und die natürlich mißverständliches Gewicht bei unsern nationalsozialistischen Gemeindegliedern haben, Kenntnis zu geben.

Ich gebe zu, daß ich in meinen kirchenpolitischen Äußerungen zu allzu großer Schärfe mich habe fortreißen lassen vor der Gemeinde, und gebe meinem Bedauern darüber Ausdruck mit der Bitte um Entschuldigung.

Schneider, Pfr.«

Bei auftretenden Schwierigkeiten sucht Paul Schneider die Ursachen, die zu Auseinandersetzungen führten, zunächst bei sich selbst. Er redet nicht um die Sache herum, sondern ist stets bereit, dafür die Verantwortung zu übernehmen. Noch bemüht er sich, im Konsistorium in Koblenz die geistliche Leitung der Evangelischen Kirche der Rheinprovinz zu sehen, als sichtbares Zeichen erwartet er wohlwollende Beratung.

Langsam reift Paul Schneider auf dem Weg des Martyriums. Ab Oktober 1933 war er ständig von der ›Schutzhaft‹ bedroht – eine nationalsozialistische Tarnbezeichnung für polizeilichen Terror! Denn wer sollte geschützt werden? So menschenfreundlich waren die NS-Machthaber nicht, daß sie ihre Kritiker schützten! Die Schutzhaft war lediglich ein Instrument, mit dem der nationalsozialistische Staat seine Kritiker und Gegner mundtot machen wollte. Die eingereichte Predigt lautet:

»Die Sturmfahrt Christi und Jesu Herrlichkeit
Liebe Gemeinde! Es ist wohl mittlerweile keinem denkenden und aufmerksamen Christenmenschen entgangen, daß wir in unserer evangelischen Kirche zum Kampf, zum Zeugnis, zum Bekenntnis gefordert sind, daß wir nicht einfach Früchte genießen können, die uns andere gepflückt haben. Vielmehr mit der Kirche Christi, mit der wahren evangelischen Kirche haben wir zu ringen um die Seele unseres Volkes. Zwar viele schlafen noch, haben die Stunde des Aufstehens noch nicht erkannt und meinen, wo alles um uns anders geworden ist, müßte es ausgerechnet in der Kirche beim alten bleiben, oder sie wollen sich gar mit der Kirche ganz der politischen Macht unterwerfen und nach politischen Gesichtspunkten das Leben der Kirche gestalten, wie es die Praxis der ›Deutschen Christen‹ ist.

Diese Praxis müssen sie freilich mit der Irrlehre unterbauen, daß nicht das Evangelium, die frohe Botschaft von Jesus Christus, dem Sünderheiland, und dem Reiche Gottes allein, sondern das Volkstum und Evangelium die Kirche seien. Indem sie Blut und Rasse und Geschichte des Volkes als Offenbarungsquellen neben Gottes Wort stellen, neben im Wort der Schrift allein uns offenbaren Willen, neben Jesus als den alleinigen Mittler zwischen Gott und den Menschen, fallen sie in Wahrheit ab von dem lebendigen Gott und seinem Christus. Darüber ist in unserer Kirche heiß der Kampf entbrannt, und es kann nicht Friede werden, bis die Verräter der reinen Lehre und [die,] die als Wölfe in den Schafstall eingedrungen sind, wieder ihre Bischofsstühle und Vertretersitze geräumt haben oder aber die Bekenntnischristen diese verfälschte Kirche Christi verlassen haben. [Erläuternde Randbemerkung von der Hand Paul Schneiders: Gemeint mit Hilfe politischer Macht und Methoden.] Aber jene sind noch an der Macht und möchten die anderen, die ihnen widerstehen, mundtot machen oder gar mit Hilfe der politischen Macht durch Verdächtigungen als Reaktionäre und Vaterlandsfeinde, die sie nicht sind, unschädlich machen. Das Schifflein der Kirche Christi fährt im Sturm.

Das alles ist nicht von ungefähr, nicht erst seit gestern, nicht ohne unsere Schuld so gekommen. Unordnung und Zuchtlosigkeit durften sich breitmachen in der evangelischen Kirche seit langem. Kein Zaun grenzte das Heilige ab gegen die Unheiligen, die ernstlich nichts von Gottes Wort wissen wollten und nicht Gott gehören wollten. [Anm. von Paul Schneider: Gedacht ist dabei besonders an die Abendmahlssitte in unserer Gemeinde als Dorfsitte.] Wir duldeten unter uns die Lehre Bileams, den Liberalismus, der die Güte und Freiheit des Menschen pries, das Erlösungswerk des Heilandes, die Ehre Gottes verkleinerte und den Ernst der Ewigkeit in blauen Dunst auflöste [Nachwirkungen liberaler Verkündigung in Hochelheim sehr spürbar]. Wir hassen nicht genug die Werke der Nikolaiten, vor denen die Sendschreiben der Offenbarung warnen, der Sittlich-Leichtfertigen, der Geizigen, der Ehrlosen, der Sonntagsverächter und hatten Abendmahlsgemeinschaft mit den offenbaren und unbußfertigen Sündern. Wir versteigern die Sündenvergebung, das hohe Heilsgut der Kirche Christi, wie eine Massenware, die jeder für einen Groschen haben konnte. [Anm. von Paul Schneider: Beichtpraxis bei unsern allgemeinen Abendmahlsfeiern.] Und nun ist die Sturmflut über unsere Kirche gekommen, und ihr Schifflein ist mit verderblichen Wellen überdeckt, und wir haben Not, es wieder auszuschöpfen.

Die Kirche Christi fährt dahin auf dem Ozean des Völkerlebens, unsere deutsche evangelische Kirche auf dem Wasser unseres deutschen Volkslebens. Mit Dank gegen Gott haben wir evangelischen Christen hingenommen, was uns gesund erschien in der Schicksalswende unseres Volkes, den Willen zur politischen Einigkeit, zur nationalen Ehre, zur sozialen Volksgemeinschaft, in der auch der ärmste und geringste Sohn des Volkes geliebt und geehrt wird, und haben uns freudig eingereiht in die dahin zielenden Festtage und Maßnahmen. Aber wir können unsere Augen nicht verschließen vor den hoch sich türmenden Wellen, die wir heranrollen sehen auf dieses unser Volk auch im dritten Reich. Was sich in der ›Deutschen Glaubensbewegung‹ unter Führung einflußreicher nationalsozialistischer Männer zusammentut, unter ihnen auch Rosenberg, der Schriftleiter des ›Völkischen Beobachters‹, ist nacktes Heidentum, mit dem es vom Standpunkt des christlichen Glaubens keine Verständigung geben kann. Wir können und wollen es nicht glauben, was die große rheinisch-westfälische Zeitung schreibt, daß die Gedanken des Rosenberg'schen Buches ›Der Mythus des 20. Jahrhunderts‹ die Weltanschauung des nationalsozialistischen Deutschlands sein oder werden soll. Sagen wir nicht: Das geht uns nichts an, die deutsche Glaubensbewegung tritt auf mit dem Anspruch, die Religion aller Deutschen zu sein. Wir sagen es auch offen, daß wir uns als evangelische Christen nicht mit allen Äußerungen und Reden mancher führender Männer des neuen Deutschland einverstanden erklären können. Uns schiert nicht der Vorwurf des Muckertums, wir fragen auch nicht nach ›Moral und Moralin‹, aber wir haben Gottes klares Gebot wider Hurerei und Ehebruch, das uns Luther in unserm Kleinen Katechismus auslegt: ›Wir sollen keusch und züchtig leben in Worten und Werken.‹ Damit verträgt sich nur eine wahrhafte und zuchtvolle Haltung, wie sie uns die Schrift zeigt, die der Frau größere Ehre gibt und die sich nicht verträgt mit den Freiheiten, die nun auch Herr Dr. Goebbels der deutschen Frau zubilligen will. [Anm.: Prüfe Stabschef Röhm in seinem Muckererlaß.] Wir kennen eine Freude, die auf tiefstem Grunde liegt und die Hunderten und Tausenden gläubiger Christen die Kraft gab zum Opfer für das Vaterland. Faschingstreiben ist evangelischer Christenheit eine fremde Sache, sie will damit nichts zu tun haben nach dem Wort der Schrift: ›Narreteiding und Scherze lasset nicht von euch gesagt werden.‹ Unser Glaube ist die größte Freude.

Wir möchten als evangelische Eltern auch unsere Kinder ganz eindeutig in unserm evangelischen Glauben erzogen und gelehrt wissen und möchten sie unbehelligt wissen mit völkisch-religiösem Geist. [Anm.: In Notbundkreisen geht das Gerücht, daß das Rosenberg'sche Buch in Schulbüchereien zur Anschaffung empfohlen werde.] – Wir möchten, daß der Sonntag der Tag der Kirche sei und insbesondere die Sonntagsvormittage auch für unsere Jugend ganz dem gottesdienstlichen Leben vorbehalten bleiben. – Wir möchten, daß der Staat auf seinem politischen Gebiete bleibt und nicht hinübergreift auf das Gebiet des Glaubens und der davon bestimmten Weltanschauung. Wir möchten, daß der Staat demütig genug sei, auch hören zu können auf Gottes Wort, das durch den Dienst der Kirche zu ihm kommt. Wir berufen uns auf Hitlers Wort, daß er die Kräfte des Christentums zum Aufbau des Volkslebens brauche. Wir sind dazu bereit, aber in der Freiheit, die allein Gott gehorcht.

Nun bist du gefordert zum Bekenntnis und zum Zeugnis, liebe evangelische Kirche, lieber evangelischer Christ. Nun sei kein stummer Hund, denn der Heiland sagt: ›Nur der, der mich bekennt vor den Menschen, den will ich auch bekennen vor meinem himmlischen Vater.‹ Nun bist du umdroht, du Christ in deiner Kirche, von den Wellen, die sich von der Kirche her, von Volk und Staat her wider dich erheben. Und uns ist bange, und wir fürchten uns. Es geht uns wie den lieben Jüngern auf dem Meere. Wir rufen: ›Herr, hilf uns, wir verderben.‹

Wir sehen nicht, wie das arme schutzlose Schifflein der Kirche unter den Mächten und Gewalten der Welt erhalten werden soll. Doch da erinnern wir uns, daß in diesem Schiff der Kirche der Herr bei uns ist, daß diese Kirche die Verheißung hat, ob auch ein Rosenberg schreibt vom Mythus des 20. Jahrhunderts, die Verheißung: ›Die Pforten der Hölle, des Todes sollen sie nicht überwältigen.‹ Und es scheint nur so, als ob unser Herr schlafe und sich nicht um unsere Not kümmere. Bald wird er auf sein, denn die Stürme kommen nur über seine Kirche und über das Leben des Christenmenschen, damit SEINE Herrlichkeit offenbar werde, damit sein starker und mächtiger Arm uns sichtbar werde und auch die Welt staunend bekennen muß: ›Was ist das für ein Mann, dem Wind und Meer gehorsam sind‹, der also das Schifflein seiner Kirche sicher hindurchlenkt durch das Wellengetöse der Völkerwelt. Wir aber müssen uns schämen ob unseres Kleinglaubens und Unglaubens, ob unserer Menschenfurcht und Weltangst. Oder sollte der, der selber die Welt am Kreuz überwunden hat, uns nicht tröstend beistehen? Sollte der Herr, der selber seine Kirche auf Erden gegründet hat, sie auch in einem Augenblick verlassen und versäumen? O, laß uns doch absagen aller Mattigkeit, aller feigen, trägen Furcht! Der Herr tritt zu dir in das Schiff, das Meer wird still, und du darfst ruhig und sicher sein.

So ist es mit allen Stürmen, die dich Christen treffen, die du um Jesu willen und weil du ihm willst nachfolgen, leiden mußt. Da sollst du es wissen: ›Er, der Herr, ist bei mir, er läßt sich aufwecken. Wenn der Wellen Macht in der trüben Nacht will des Herzens Schifflein decken, wollst du deine Hand ausstrecken. Habe auf mich acht, Hüter in der Nacht!‹ Wo ist der Sturm? Ach, er ist ja weniger um dich als in dir, in deinem Herzen.

Da, in deinem Herzen siehst du wie Petrus die Windsbraut daherkommen, fürchtest dich und fängst an zu sinken. Und auch dann noch reicht dir der Herr die rettende Hand und hält dich fest, um deinen schwachen Glauben zu stärken. Was aber ist es, was du allein tun mußt, um Jesu Herrlichkeit im Sturm, im Sturm um die Kirche, im Sturm um dein Christenleben zu erleben? Glauben sollst du, vertrauen und dich verlassen auf die Wundermacht des Herrn, an den du glauben willst. Oder aber du glaubst nicht, dann aber sage auch nicht, daß du ein Christ bist, dann bist du nur ein Namen-, ein Kopf- oder Heuchelchrist. ›Der Glaube ist das Stehfest des Herzens‹, sagt Luther. Wer nicht aus dem Glauben heraus leben und seinen Herrn bekennen will, der wird untergehn, seine Seele verlieren, ob er auch die ganze Welt gewönne, wird er mit der glaubenslosen Welt verdammt werden. ›Ich will mich lieber zu Tode glauben‹ als mit der Welt das feige, feine Leben dieser Erde haben. Denn das ist ja nicht gesagt, daß Gott uns unter allen Umständen hier das arme bißchen Erdenleben fristen und keinen Schaden an Geld, Gut, Ehre, Leib und Leben, Weib und Kind zustoßen lasse. Vielmehr müssen solche Trübsale zu Zeiten über die Christen kommen; aber das Schifflein seiner Kirche bringt der Herr durch das Wogengebraus des Völkergeschehens, das sich legen muß, wenn er gebietet. Den Sturm in deinem Herzen macht er ganz stille nach dem Lied, das ihr Frauen so gerne singt: ›Weiß ich den Weg auch nicht, du weißt ihn wohl. Das macht die Seele still und friedevoll.‹ ›Du weißt, woher der Wind so stürmisch weht, und du gebietest ihm, kommst nie zu spät. Drum wart ich still, dein Wort ist ohne Trug; du weißt den Weg für mich, das ist genug.‹ Mit dem Frieden dieses Liedes im Herzen konnten die baltischen Märtyrer getrost und fröhlich in den Tod gehen. Der Herr führt das Schifflein seiner Kirche, das Schifflein deines Christenlebens keinem zeitlichen, er führt es einem ewigen Ziele zu. Das ist unsere große Hoffnung, unsere Freude. Wollen wir uns nicht enger zusammendrängen im Schiff der Kirche Christi, noch enger als hier auf diesen Bänken in Glaubensverbundenheit der Herzen? Wollen wir uns nicht freuen, daß dieses Schiff uns gegeben ist? Sieh, es ist keine Geschichte nur von einst, unser Evangelium, es ist eine Geschichte von heute, von dem lebendigen Herrn und seiner Kirche, so wie ihr es von früher her schon im Dorfe singt in einem Liede: ›O Kirche Christi, edles Schiff, wie herrlich ist dein Lauf, wohl droht im Sturm dir manches Riff, wohl zischt manch Welle auf. Doch Gott mit dir, sei nun getrost, der Herr führt dich ans Ziel. Wie sehr das Meer auch wogt und tobt, wenn er gebeut, steht's still!‹ – ›O Jesu, hör auf unser Fleh'n, zerstäub der Feinde Rott, laß alle Welt es einmal seh'n, mit uns ist unser Gott. Führ deine Kinder immerdar dem sichern Hafen zu und laß vereint der Deinen Schar sich freu'n in selger Ruh'!‹

Amen!«

Der Predigt schließt sich die Kanzelabkündigung der »Bekennenden Kirche«, die von vielen Kanzeln in Deutschland verlesen wurde, an:

»Wir erheben vor Gott und dieser christlichen Gemeinde Klage und Anklage dahin, daß der Reichsbischof mit seiner Verordnung ernstlich denen Gewalt androht, die um ihres Gewissens und der Gemeinde willen zu der gegenwärtigen Not der Kirche nicht schweigen können, und zum andern bekenntniswidrige Gesetze von neuem in Kraft setzt, die er selbst um der Befriedung der Kirche willen aufgehoben hatte. – Wir müssen uns auch dem Reichsbischof gegenüber nach dem Wort verhalten: ›Man muß Gott mehr gehorchen als den Menschen!‹«

Diese Predigt ist Aufruf und Bitte, den Glauben an Jesus Christus ernst zu nehmen. In ihr klingt unüberhörbar an, was Paul Schneider später selber in Buchenwald bezeugt hat. Die Kanzelabkündigung verdeutlicht den Ernst der Lage, in der die Deutsche Evangelische Kirche sich damals befand und welche Methode sich der deutschchristliche Reichsbischof zu eigen gemacht hatte, um den gesamten deutschen Protestantismus unter seine Befehlsgewalt zu bringen. Polizeiliche Maßnahmen gegenüber seinen Kritikern dienten der Unterstützung seiner und der »Deutschen Christen« Machtentfaltung. Das Ziel war, wie oben bereits gesagt, die Gleichschaltung aller neunundzwanzig evangelischen Landeskirchen.

Welche Kapriolen damals bei der Verwirklichung dieses Plans unter der Tarnbezeichnung der »Herstellung der kirchlichen Ordnung« möglich waren, mag folgender Vorgang zeigen: Der Landesbischof Ludwig Müller übertrug auf dem Verordnungsweg dem Reichsbischof Ludwig Müller Befugnisse:

»1. 2. März. Auf Grund der [nichtigen] Verordnung vom 26. Januar verordnet R[eichs-] B[ischof] Müller als L[andes-] B[ischof] der altpreußischen Unionskirche: ›Ich übertrage meine Befugnisse auf die D[eutsche] E[vangelische] K[irche]‹.«

Daraufhin beschloß am 2. März das Geistliche Ministerium folgendes Kirchengesetz über die Leitung der evangelischen Kirche der altpreußischen Union:

»1. Die Deutsche Evangelische Kirche übernimmt unter Führung des Reichsbischofs als Landesbischof durch ihre Organe die Leitung der Evangelischen Kirche der altpreußischen Union.
2. An die Stelle der Deutschen Evangelischen Nationalsynode tritt unter Aufhebung der Einrichtung der Generalsynode die Landessynode, die aus den gewählten altpreußischen Mitgliedern der Nationalsynode besteht. Der Reichsbischof ist befugt, die Zahl der Mitglieder durch Zuernennung auf 30 zu erhöhen.«[93]

Während seiner Beurlaubung ist Paul Schneider, von wenigen Reisetagen abgesehen, Sonntag für Sonntag im Gottesdienst seiner Gemeinde anwesend. Die Pfarrstelle Hochelheim und Dornholzhausen wird vertretungsweise von Pfarrer Harth aus Klein-Rechtenbach verwaltet.

Vom Konsistorium erhält Pfarrer Schneider ein im Entwurf von vier Konsistorialräten abgezeichnetes Schreiben als Antwort auf seine Eingabe vom 31. Januar 1934:

»Koblenz, den 15. Februar 1934
Evangelisches Konsistorium der Rheinprovinz, Nr. 1317
An Herrn Pfarrer Schneider, Hochelheim, durch den Herrn Superintendenten in Garbenheim
Am 30. Januar 1934 ist bei der Besprechung im hiesigen Amtsgebäude, nachdem der Landrat des Kreises Wetzlar wegen Ihrer Predigt am 28. 1. 34 unter Androhung der Schutzhaft Ihre sofortige Beurlaubung und schleunige Versetzung gefordert hatte, durch unsere Sachbearbeiter Ihnen eröffnet worden, daß Sie sich bis auf weiteres als beurlaubt zu betrachten hätten und sobald wie möglich in eine andere Pfarrstelle versetzt werden müßten.
Aus Ihrer Predigt, die Sie uns in wörtlicher Abschrift vorgelegt haben, ersehen wir, daß Sie mehrere Leiter des heutigen Staates mit Nennung ihrer Namen einer scharfen Kritik unterzogen haben. Gewisse andere Äußerungen, die von Ihren Anklägern als Angriff gegen staatliche Würdenträger aufgefaßt wurden, sind, wie aus dem Wortlaut der Predigt erhellt, tatsächlich gegen die ›Deutschen Christen‹ und gegen die obersten Führer unserer Kirche gerichtet gewesen.
Da Ihnen von unseren Sachbearbeitern in der mündlichen Aussprache bereits Ihre Verfehlungen eindringlich vor Augen gehalten worden sind und Sie selbst in

---

93 Vgl. hierzu *Gauger*, S. 150.

Ihrer Eingabe vom 31. Januar 1934 eingestehen, daß Sie sich in Ihren kirchenpolitischen Äußerungen zu allzu großer Schärfe hätten fortreißen lassen, und eine
Bitte der Entschuldigung ausgesprochen haben, sehen wir davon ab, disziplinari-
sche Maßnahmen gegen Sie zu ergreifen.
    Indessen ist der Übergang in eine andere Pfarrstelle möglichst bald herbeizu-
führen.
    Um die Osterzeit wird die Pfarrstelle Dickenschied/Womrath in der Kreisge-
meinde Simmern frei, weil dem jetzigen Pfarrer R. Christmann die Pfarrstelle El-
lern-Mörschbach übertragen werden soll. Sobald die Genehmigung des Evangelischen Oberkirchenrates für die Wiederbesetzung der Pfarrstelle Dickenschied/
Womrath uns vorliegen wird, werden wir der Gemeinde mitteilen, daß Sie für diese Stelle von uns in Aussicht genommen würden. Es wird Ihnen dann von dem Superintendenten der Kreisgemeinde Simmern eine Mitteilung zugehen, an welchem Sonntage die Gemeinde eine Predigt von Ihnen zu hören wünscht. Wir fordern Sie auf, uns innerhalb einer Woche Ihre Bereitwilligkeit mitzuteilen, daß Sie
diese Pfarrstelle übernehmen wollen.«

Nach acht Tagen mußte die Personalakte dem zuständigen Sachbearbeiter erneut vorgelegt werden. Nachdem Pfarrer Schneider seine Bereitwilligkeit zur Übernahme der Pfarrstelle erklärt hatte, wurde die Akte
Hochelheim-Dornholzhausen geschlossen. Frau Schneider berichtet:

»Trotz seiner zweiten Beurlaubung fühlte er sich um des Gemeindeteils willen,
der treu hinter ihm stand, zum Bleiben verpflichtet. Aber am 19. Februar 1934
kam das amtliche Schreiben mit seiner Versetzung nach Dickenschied. Bis zum
Umzug, Ende April, sei kein Dienst mehr gestattet. Das war eine schwere Probe
für Paul, innerhalb der Gemeinde zu stehen und zu wohnen und doch Predigt und
Unterricht andern überlassen zu müssen.«[94]

Paul Schneider vermerkt unter dem 1. März 1934:

»Mein Hochelheimer Presbyterium stellte sich nicht hinter mich, und bei im übrigen sehr viel Sympathien in den Gemeinden sind nur sehr wenige da, die für ihren
Pfarrer den Kopf hinhalten wollen.«[95]

Obwohl der Kreisleiter der NSDAP als Landrat die Versetzung des
Pfarrers beim Konsistorium durchgesetzt und damit das von Anfang an
gesetzte Ziel erreicht hatte, läßt die NSDAP Paul Schneider nicht aus dem
Auge.
    Das offizielle Parteiorgan der NSDAP, der »Völkische Beobachter«,
stimmte von Zeit zu Zeit die Parteigenossen im Blick auf die kommende
Auseinandersetzung mit den bekenntnisgebundenen Pastoren ein:

»Wenn gekränkte Pastoren aus einer falsch verstandenen Gewissenspflicht heraus die Mitglieder ihrer Kirchengemeinde gegen die kirchlichen und staatlichen
Vorgesetzten aufhetzen, dann beweisen sie damit klar und deutlich, daß es ihnen
doch nicht um das Seelenheil ihrer Pfarrkinder und den inneren Frieden der Kir-

94 Prediger, S. 56.
95 Ebd.

che geht. Sie müssen sich schon den Verdacht gefallen lassen, daß sie sich zum Werkzeug reaktionärer Kreise hergeben und auf dem Wege über die Kirchen und durch die Gefährdung des Kirchenfriedens die Aufbauarbeit der nationalsozialistischen Regierung sabotieren wollen. Saboteure aber müssen unschädlich gemacht werden, auch wenn sie im Gewande eines Dieners Gottes ihr verwerfliches Handwerk ausüben.«[96]

Die NSDAP bestimmte das Maß, sie ordnete an, was verwerflich zu sein hatte oder nicht. Sie sah in allem, was ihr widersprach, den Tatbestand eines reaktionären Verhaltens gegeben, das bekämpft werden mußte.

Wenn wir den Lebensweg von Paul Schneider überschauen, wird deutlich, wie die Führer der Nationalsozialisten ihre persönlichen Ressentiments gegenüber den christlichen Kirchen mit den Machtmitteln der NSDAP befriedigt haben.

Rückblickend sei gestattet, an zwei Äußerungen von Paul Schneider zu erinnern. Im Protokoll des Presbyteriums der Evangelischen Gemeinde in Hochelheim, dessen Vorsitzender Paul Schneider war, wurde festgehalten: »Die Botschaft der Kirche kann nicht laut und deutlich genug in das nationale Erwachen unseres Volkes hinein ausgerichtet werden.«

Den anderen Ausspruch entnehmen wir dem bereits zitierten Brief[97]: »Ich glaube nicht, daß unsere evangelische Kirche um eine Auseinandersetzung mit dem NS-Staat herumkommen wird, daß es nicht einmal geraten ist, sie länger aufzuschieben, bei allem schuldigen christlichen Gehorsam.«

Zwei inhaltsschwere Aussagen! Inhaltsschwer insofern, weil sie deutlich machen, wie einsam Paul Schneider in der Brandung einer euphorisch-diabolischen Zeit als einsamer Rufer stand. Hinzu kam, daß die ›legalen‹ kirchlichen Stellen sich vor der alles beherrschenden Partei verneigt hatten, während die Männer der »Bekennenden Kirche« immer schwereren Bewährungen entgegensahen, ohne einen anderen Rückhalt als das Evangelium zu haben.

Zwangsversetzung nach Dickenschied und Womrath

Dickenschied war für Paul Schneider kein unbekanntes Kirchspiel, lag es doch unweit seines Geburtsdorfes Pferdsfeld. In seiner Erinnerung war

96 *Gauger,* S. 136.
97 *Prediger,* S. 55.

noch sehr gegenwärtig, daß er als Junge von Zeit zu Zeit zu seinem Onkel Walther nach Dickenschied wanderte, der damals dort Pfarrer war. Bei der Übernahme des Pfarramtes war noch das Protokollbuch im Gebrauch, das sein Onkel zur Eintragung der Beschlüsse des Presbyteriums benutzt hatte. Von seinem neuen Anfang schreibt Paul Schneider:

»Mit einem Rest der Möbel, in Sofa und Sessel sitzend, mit Aussicht nach hinten, fuhr die Familie höchst gemütlich, andere sagen zigeunerhaft, im Möbelauto die 200 km von Hochelheim nach Dickenschied. Ich selber habe wie ein Schäferhund mit meinem Motorrad das Auto begleitet. Die ganze versammelte Gemeinde mit dem Kirchmeister an der Spitze bereitete uns dann im Pfarrhofe einen schönen Empfang.
Auf die schönste und freundlichste Weise mit festlichem Grün und Kirchenfahnen wurde in der Filialgemeinde Womrath am 8. Mai 1934 die Amtseinführung gefeiert. Superintendent Ernst Gillmann, Simmern, hatte als Text seiner Ansprache Jeremia 15,19-21 gewählt:
›Darum spricht der Herr also: Wo du dich zu mir hältst, so will ich mich zu dir halten, und sollst mein Prediger bleiben. Und wo du die Frommen lehrest sich sondern von den bösen Leuten, so sollst du mein Mund sein. Und ehe du sollst zu ihnen fallen, so müssen sie eher zu dir fallen. Denn ich habe dich wider dies Volk zur festen, ehernen Mauer gemacht. Ob sie wider dich streiten, sollen sie dir doch nichts anhaben. Denn ich bin bei dir, daß ich dir helfe und dich errette, spricht der Herr, und will dich erretten aus der Hand des Bösen und erlösen aus der Hand der Tyrannen.‹
Ich hielt meine Einführungspredigt über 2. Petrus 2,19: ›Und wir haben desto fester das prophetische Wort, und ihr tut wohl, daß ihr darauf achtet als auf ein Licht, das scheint an einem dunklen Ort, bis der Tag anbreche und der Morgenstern gehe auf in euren Herzen.‹«

Die Annahme, daß Paul Schneider in der Abgeschiedenheit des Hunsrücks seinen Amtspflichten in Ruhe nachgehen kann, wäre ein Trugschluß. Dabei wäre vergessen, daß es die NS-Kreisleitung im Verein mit dem von den »Deutschen Christen« beherrschten Konsistorium in Koblenz gewesen ist, die diese Zwangsversetzung betrieben hat. So ist Paul Schneider ein von den Nationalsozialisten Gezeichneter, als er nach Dickenschied kommt.

Die nationalsozialistischen Funktionäre ließen, im Bewußtsein ihrer Macht, von Zeit zu Zeit ihre Masken fallen, wenn es galt, ihren totalen Führungsanspruch zur Schau zu tragen. Die NSDAP war eine hierarchisch gegliederte und straff geführte Organisation, die zum Zwecke der Durchsetzung ihrer Ziele in der Menschenbehandlung sehr variabel sein konnte. Bei allen Äußerungen der NS-Machthaber ist der Leser deshalb gut beraten, wenn er deren Zielsetzung immer im Auge hat, um nicht auch, wie so viele in der damaligen Zeit, falschen Vorstellungen zu erliegen.

Der »Völkische Beobachter« berichtete am 28. April 1934, daß NS-Reichsleiter Alfred Rosenberg, in seiner Eigenschaft als Reichsschulungsleiter der NSDAP verantwortlich für deren weltanschauliche Schulung, auf einer Kundgebung des »Kampfbundes für deutsche Kultur« in Königsberg gesagt hatte:

»Wir haben erklärt, daß wir die Konfessionen sowohl als Bewegung wie auch als Staat schützen. Jeder Glaube wird respektiert, ihre Träger geschützt. Aber wir sind nicht dazu da, der weltliche Arm einer Konfession zu sein, und auch nicht Schutzengel eines Teils dieser Konfession, auch nicht, wenn sie glaubt, dem Nationalsozialismus besonders nahe zu stehen.

Über eines sollen sich unsere Gegner endgültig klar sein: Wir kämpfen nicht mehr um Dogmen, dieser Kampf ist beendet, ein neuer Kampf der Charakterwerte hat begonnen. So lehnen wir es auch ab, die deutsche Jugend von früh auf mit Minderwertigkeitskomplexen zu belasten. Wir wollen in ihr nicht das Bewußtsein der Sündhaftigkeit, sondern Werte ihres Charakters wecken. Wenn wir uns während des Kampfes immer unsere Sündenregister vorgehalten hätten, wir hätten nicht gesiegt.«[98]

Auf der Landestagung des »Kampfbundes für deutsche Kultur« erklärte Rosenberg weiter:

»Es ist unsere Pflicht, die nationalsozialistische Weltanschauung im Volk zu fundamentieren, daß sie dem neuen Deutschland das Gesicht für die Zukunft prägt. Ich glaube, daß in diesem Kampf um die Weltanschauung die Zeiten hart werden. Ich glaube, daß die nächsten zehn Jahre sehr erregte Auseinandersetzungen mit sich bringen. Ich weiß aber auch, daß der Nationalsozialismus in diesem Kampf den Sieg davontragen wird.«[99]

Rosenberg hatte recht, der Nationalsozialismus konnte es von seinem Selbstverständnis her nicht dulden, daß christliche Gruppierungen, mochten ihre Anschauungen noch so verwässert sein, sich an den Nationalsozialismus anlehnten. Um so unverständlicher ist es, daß die »Deutschen Christen«, die glaubten, auf dem Boden des reformatorischen Christentums zu stehen (außer den radikalen »Deutschen Christen« Thüringer Prägung), diesen Tatbestand ignoriert haben.

Paul Schneider hatte die Verhaltensweise der NS-Machthaber durchschaut und hoffte zunächst noch immer, daß das Konsistorium den Ernst der Lage erkennen würde. So war es für ihn eine Enttäuschung, deren Schwere wir heute nicht ermessen können, als er erkennen mußte, daß das Evangelische Konsistorium in Koblenz ein Bündnis mit den Nationalsozialisten eingegangen war.

Diese seine Enttäuschung wuchs von Tag zu Tag, weil das Konsistorium nicht erkennen wollte, daß die Funktionäre der NSDAP alles oder nichts wollten und der Verkündigung des Evangeliums von Jesus Christus nur noch eine sehr begrenzte Zeit in Deutschland einräumten. Sie sollte, wie bekannt, von einer »germanischen Religiosität«, die sie »nationalsozialistische Weltanschauung« nannten, abgelöst werden. So ist es nicht verwunderlich, daß es auch auf dem Hunsrück sehr bald zu einem Zusammenstoß mit einem Funktionär der NSDAP kam.

98 *Gauger*, S. 188.
99 Ebd.

Der folgenschwere Zusammenstoß

Von dem Eklat mit dem Kreisleiter der NSDAP in der Nachbargemeinde Gemünden, in der er eine Urlaubsvertretung übernommen hatte, berichtet Paul Schneider so:

»Dickenschied, den 12.[13.] Juni 1934
Sehr geehrter Herr Superintendent!
Ich gebe Ihnen Kenntnis von einem Zusammenstoß, den ich gestern bei einer Beerdigung des achtzehnjährigen Hitlerjungen und Arbeitsdienstlagermitglieds Karl Moog von Gemünden hatte. Die ganze Hitlerjugend und [der] BdM und eine Arbeitsdienstabteilung und eine SA-Abteilung zum Spalierstehen waren aufgeboten.
Nach der liturgischen Einsegnung der Leiche am Grabe sprachen der Abteilungsleiter (stellvertretender) des Arbeitsdienstlagers (›das Schicksal hat ihn abgerufen‹), Hitlerjugendvertreter und dann auch der Herr Kreisleiter der NSDAP, Nadig von Gemünden. Er sagte unter anderem, daß Karl Moog nun in den Sturm Horst Wessel hinübergegangen wäre. Ich hatte den Segen noch nicht gesprochen und konnte ihn nicht in den Sturm Horst Wessel einsegnen. So sagte ich denn: ›Ob es einen Sturm Horst Wessel in der Ewigkeit gibt, weiß ich nicht, aber Gott der Herr segne deinen Ausgang aus der Zeit und deinen Eingang in die Ewigkeit. Lasset uns nun in Frieden gehen zum Hause des Herrn und Totengedächtnis halten vor Gott und seinem heiligen Wort.‹
Darauf trat der Kreisleiter noch einmal vor und sagte: ›Kamerad Karl Moog, du bist doch hinübergegangen in den Sturm Horst Wessel.‹ Darauf ich: ›Ich protestiere. Dies ist eine kirchliche Feier, und ich bin als evangelischer Pfarrer für die reine Lehre der heiligen Schrift verantwortlich.‹
Dann verließ ich mit dem Gemündener Kirchmeister an der Spitze der weggehenden Leute den Friedhof und ging in die Kirche.
Hier fanden sich nur Zivilleute ein, ein Mann [war] in Uniform, und zum Schluß drängte noch eine Anzahl BdM-Mädchen hinein. Die Masse der übrigen Uniformierten einschließlich der Schulkinder war offenbar an der Kirche vorbeibefohlen, obwohl sie sich zum Teil noch lange in den Gasthäusern Gemündens aufhielten.
Ich bitte Sie, sehr geehrter Herr Superintendent, Ihnen geeignet erscheinende Schritte zu tun, um die Würde und Reinheit unserer kirchlichen Beerdigungsfeiern zu schützen.

Mit freundlichem Gruß!
P. Schneider, Pfr.«

Für Paul Schneider war die Angelegenheit nicht erledigt. Er formulierte einen Brief, von dem wir nicht wissen, ob infolge seiner Verhaftung die Zeilen auf direktem Wege in die Hände des Kreisleiters gelangt sind.

»Dickenschied, d. 13. Juni 1934
Sehr geehrter Herr Kreisleiter!
Zum gestrigen Vorfall auf dem Friedhof möchte ich Ihnen, nachdem ich Sie gestern vergeblich zu sprechen suchte, einige Worte schreiben, die Sie bitten wollen, mein Handeln zu verstehen.

Es ist mir persönlich leid, daß es zu diesem Zusammenstoß kam, aber ich handelte in einer Zwangslage. Auch die Friedhofsfeier ist eine streng kirchliche Feier, im Namen des dreieinigen Gottes eingeleitet und geschlossen mit dem Segen und der Einladung zum Gotteshaus. Es geht nicht an, daß dabei wer nur will und was er nur will, redet. Dies Verständnis für rechte kirchliche Ordnung darf ich bei Ihnen voraussetzen. Wenn schon der Ersatz des lebendigen heiligen Gottes durch das ›Schicksal‹, das den Jungen abgerufen habe, in einer evangelisch- kirchlichen Feier nicht wohl unüberhörbar ist, so mußte die Einführung des himmlischen Sturmes, der übrigens von dem einmal gewesenen Bischof Hossenfelder erfunden worden ist, den die Feier leitenden und für deren kirchlich-bekenntnismäßigen Charakter verantwortlichen Pfarrer zu Widerspruch nötigen. Ich tat das in der mildesten Form, die am wenigsten Aufsehen erregen sollte. Ihr nochmaliges Auftreten zwang mich, Protest einzulegen.

Bei einer evangelisch-kirchlichen Feier hat die Stimme Gottes nach der Heiligen Schrift unüberhörbar zu Gehör zu kommen. Unser Kirchenvolk ist wahrhaft liberalisiert genug, als daß man noch länger jede Meinungsäußerung in der Kirche zu ihrem Rechte kommen lassen könnte. Bei einer kirchlichen Beerdigungsfeier insbesondere verträgt es der Ernst der Ewigkeit nicht, mit menschlichen Maßstäben gemessen zu werden. Nicht jeder, der einigermaßen in der HJ oder SA seine Schuldigkeit tut, ist darum seligzusprechen. Den irdischen Sturm Horst Wessel lasse ich sehr wohl gelten, aber darum läßt ihn Gott noch lange nicht gradlinig in die ewige Seligkeit marschieren. Das ist vielleicht ›Deutscher Glaube‹, aber nicht schriftgemäß christlicher Glaube, der mit der vollen Wirklichkeit der tief in das Herz und Leben des Menschen verflochtenen Sünde Ernst macht.

Ich wende mich außerdem an Ihr Verständnis für Ordnung und Disziplin. Ich darf in einer Parteiversammlung der NSDAP auch nicht auftreten und sagen, was ich will. Mit einer kirchlichen Feier auf dem Friedhof vereinbaren sich allenfalls Kranzniederlegungen mit einem schlichten Nachruf, aber nicht lange Ansprachen mit glaubensmäßigen Aussagen, zumal wenn vorher nicht das Einverständnis des die Feier leitenden Pfarrers eingeholt wurde.

Es ist jetzt wohl nur noch eine überflüssige Versicherung, die ich Ihnen gebe, daß mich nicht politische Reaktion leitete, und Sie werden es einem aufrechten deutschen Manne und Christenmenschen schon glauben, wenn er sich auf sein pfarramtliches, in Gott gebundenes Gewissen beruft. Im übrigen wäre es mir ein Vergnügen, wenn wir uns über die Sache selbst und die dahinterliegenden Glaubenswirklichkeiten weiter unterhalten dürften.

Mit deutschem Gruß!

P. Schneider, Pfarrer«

Der Nationalsozialismus wollte seine Weltanschauung, die sich mit biblisch begründetem christlichen Glauben nicht vertrug, sowohl offen als auch auf Schleichwegen im deutschen Volk heimisch machen. Von der »vollen Wirklichkeit der tief in das Herz und Leben des Menschen verflochtenen Sünde« wollte und durfte der völkische ›Glaube‹ nichts wissen, weil er allein das Maß zu setzen sich ausersehen fühlte und keine kritische Auseinandersetzung duldete. Aus den Äußerungen von Rosenberg in Königsberg auf der einen und denen von Paul Schneider auf der anderen Seite wird die Unvereinbarkeit von christlichem und pseudochristlichem Denken augenfällig deutlich.

Die Antwort des Kreisleiters war die Verhaftung Paul Schneiders, der durch die Anordnung von »Schutzhaft« angeblich vor der »kochenden Volksseele« geschützt werden mußte. Wie es aber darum in Wahrheit bestellt war, darüber gibt das folgende Schreiben Auskunft.

»Der Superintendent   Simmern, den 14. Juni 1934
Tgb.No. 269/34
nebst 2 Anlagen
Einschreiben
An das Evangelische Konsistorium zu Koblenz a. Rhein
Hiermit bestätige ich dem Evangelischen Konsistorium den durch Herrn Oberkirchenrat Siebert gegebenen fernmündlichen Bescheid in Sachen der Schutzhaft des Pfarrers Schneider – Dickenschied –, ›das Konsistorium könne und wolle in dieser Angelegenheit nichts tun‹. Damit aber das Konsistorium für sein Urteil wenigstens nachträglich auch eine Darstellung des beschuldigten Pfarrers Schneider zu den Akten erhält, lege ich zwei Briefe, und zwar einen an mich und einen anderen an den Herrn Kreisleiter, in Abschrift an. Diese Briefe sind beide vor der Schutzhaft und ohne Kenntnis davon, daß dieselbe würde verhängt werden, geschrieben worden. Wie Bruder Christmann, der heute in Womrath und Dickenschied war, mitteilen ließ, ist die Erregung unter der Bevölkerung außerordentlich groß, jedoch, um jedes Mißverständnis auszuschließen, nicht gegen Pfarrer Schneider.
            Siegel   E. Gillmann, Superintendent«
2 Anlagen!

Das Schreiben des Superintendenten mit den Anlagen dürfte zweifelsfrei geklärt haben, wer damals zu »schützen« war. Das Konsistorium, das sich für Paul Schneider nicht einsetzen wollte, erhielt zusätzlich noch eine weitere Eingabe:

»An das Evangl. Konsistorium Koblenz
Wir überreichen hiermit dem Konsistorium der Rheinprovinz die Abschrift eines Briefes, den wir gestern wegen der Verhaftung unseres lieben Herrn Pfarrers Schneider, Dickenschied, an den Herrn Regierungspräsidenten geschrieben haben.
                                           Womrath, den 15. Juni 1934
An
den Herrn Regierungspräsidenten
in Koblenz
Unser Herr Pfarrer Schneider, Dickenschied, ist am 13. d. Mts. infolge eines Zwischenfalls bei einer Beerdigung verhaftet worden.
    Wir sind der Meinung, daß unser Pfarrer am Grabe des Karl Moog, Gemünden, als Diener am Worte Gottes nichts anderes sagen konnte, als was der klare Wortlaut der Bibel verkündet. Unserer Meinung nach hat er sich nicht im geringsten gegen den Staat oder wider seinen Führer verfehlt, deshalb treten wir für unsern Herrn Pfarrer ein und bitten um seine Freigabe.«

Von 48 Haushaltungen folgten die Unterschriften von 43 Haushaltsvorständen. Das Presbyterium in Dickenschied schloß sich mit einer gesonderten Eingabe der aus Womrath an, in der es zum Schluß heißt:

». . . Wir benutzen diese Gelegenheit, nun auch Sie zu bitten, doch bei den maßgebenden Stellen sich einzusetzen, daß Pfarrer Schneider, der das Vertrauen der

ganzen Gemeinde besitzt, doch aus der Haft entlassen wird und wieder in seinem
Amte tätig sein kann. Der ganze Hunsrück ist empört und erregt über die Verhaftung.

Im Namen der ganzen Gemeinde
Das Presbyterium von Dickenschied
Klos, Müller, Diener, Jakoby«

Das Konsistorium kommentierte die beiden Eingaben so: »Die Vorgänge sind uns von der Staatspolizei Koblenz her bekannt. z[u] d[en] A[kten].«
Die Hunsrücker Pfarrbruderschaft, der Paul Schneider angehörte, blieb damals nicht untätig. In ihrer Eingabe, in der sie die Vorgänge klargestellt hat, heißt es u.a.:

».. . Wir unterzeichneten Pfarrer erklären unsere volle Gemeinschaft mit unserm Amtsbruder Schneider. Wir sind der Überzeugung, daß im Rahmen einer kirchlichen Beerdigungsfeier angesichts des Ernstes des Todes die Zitierung des ›himmlischen Sturmes Horst Wessel‹ unangebracht ist. Alles, was in einer kirchlichen Beerdigungsfeier gesagt und getan wird, hat sich an der alleinigen Norm des Wortes Gottes zu messen. Das Wort Gottes heiliger Schrift Alten und Neuen Testaments aber kennt keinen ›himmlischen Sturm Horst Wessel‹, sondern nur ein Gericht, das die der Sünde und dem Tode verfallene Welt erwartet, und ein ewiges Leben, dessen sich der Christ zu wahrem Glauben an seinen Heiland Jesus Christus getrösten darf. Wir halten allerdings dafür, daß der Christenmensch eine Pflicht zu tun hat, wo er steht, auch und erst recht in einer politischen Formation wie der HJ, aber wir wissen, daß wir keineswegs durch diese Pflichterfüllung selig werden können – auch nicht [durch] die Pflichterfüllung in der HJ –, sondern wir glauben und bekennen vielmehr, daß wir selig werden allein durch den Glauben an die Gnade in Jesus Christus. Die Rede von dem ›himmlischen Sturm Horst Wessel‹ – die übrigens von dem gewesenen Bischof Hossenfelder aufgebracht zu sein scheint – widerspricht dem innersten Wesen des Evangeliums, wie es uns die Reformatoren neu erkennen gelehrt haben.
Es ist jedem Einsichtigen ohne weiteres klar, daß die Zurückweisung des oben genannten Ausdrucks durch Herrn Pfarrer Schneider keineswegs eine persönliche Herabsetzung oder gar Verunglimpfung und Verunehrung des Verstorbenen bedeuten kann.
Es ist weiter klar, daß diese Zurückweisung alles andere als eine Herabsetzung oder gar Verunglimpfung des heutigen Staates oder der nationalsozialistischen Bewegung darstellt, als die sie anscheinend aufgefaßt ist. Sonst wäre die Inschutzhaftnahme unseres Amtsbruders Schneider wohl nicht erfolgt. Wir wissen, daß der Protest unseres Bruders Schneider allein vom Evangelium her bestimmt war. Darum mußte er jenen innerhalb einer kirchlichen Trauerfeier untragbaren Sätzen entgegentreten. Auch uns bewegt nichts anderes als die Sorge um die Reinerhaltung christlichen Glaubens und Sitte. Es ist unverständlich, wie das rein religiös-christlich motivierte Verhalten unseres Amtsbruders Schneider zu einem politischen Vorgehen gegen den heutigen Staat, den er ebenso anerkennt wie wir, mißdeutet werden konnte. Es ist vollends unverständlich, warum er wegen dieser durchaus berechtigten Abwehr widerchristlicher Irrlehren im Rahmen eines kirchlichen Gottesdienstes in Haft genommen worden ist und bis zum heutigen Tage nicht freigelassen worden ist.
Nicht nur wir, sondern auch die Laien, in Sonderheit in den Gemeinden Dickenschied und Womrath, sind durch diese Inhaftierung in eine tiefgehende Erre-

gung versetzt. Die Erregung, die zur Inhaftierung geführt hat, ist gering gegen die Erschütterung, die infolge der Inhaftierung durch die Gemeinden des Hunsrücks geht. Die Gemeinden in Dickenschied-Womrath verstehen diesen Schritt gegen ihren Pfarrer so wenig wie wir. Sie sehen ihre Kanzeln verwaist. Das Wort Gottes wird nicht mehr gepredigt. Die Seelsorge hört auf. Gerade angesichts dieser Erschütterung unserer Hunsrücker Bevölkerung wäre·eine weitere Schutzhaft einfach nicht zu verantworten.

Wir richten darum den herzlichen und dringenden Appell an alle maßgebenden behördlichen Stellen, unsern Amtsbruder Schneider wieder seinem Dienste zurückzugeben und für seine baldige Rehabilitierung zu sorgen.

Simmern (Hunsr.), 18. Juni 1934

Deuchert – Büchenbeuren	Langensiepen – Güldenroth
Disselnkötter – Sensweiler	Finsterbusch – Castellaun
Lutze – Cleinich	Rolffs – Bell
Oberlinger – Thalfang	Ringhardtz – Dill
Reif – Veldenz	Langensiepen, Pfr. i.R.
Storkebaum – Irmenach	Petry – Wischweiler«

Nach seiner unmittelbar darauf erfolgten Haftentlassung schreibt Paul Schneider der Geheimen Staatspolizei:

»Dickenschied, den 21. Juni 1934

An
die Staatspolizeistelle Koblenz
durch den Herrn Landrat

Wie ich schon bei meiner Entlassung aus der Schutzhaft am gestrigen Tage bei der mir gemachten Eröffnung durch Herrn Oberinspektor Schmidt diesem gegenüber zum Ausdruck gebracht habe, verwahre ich mich entschieden gegen die nachträgliche Beurteilung des Zwischenfalles auf dem Friedhof in Gemünden am 12. Juni, der zu meiner Inschutzhaftnahme Anlaß gab, als eine ›staatsfeindliche Äußerung‹. Diese Verwahrung gebietet mir meine Amtsehre.

Gerade die Anwesenheit der vielen Uniformierten, die ich in diesem Falle als Hörer der kirchlichen Botschaft anzusehen hatte, machte mir das Einstehen für die reine Lehre um so mehr zur Bekenntnispflicht. Darum kann ich nicht, wie Sie mir eröffnen ließen, der von mir in milder Form geübten Lehrzucht den Stempel der Staatsfeindlichkeit aufdrücken [lassen]. In dieser Auffassung weiß ich mich, wie verlautet, mit vielen anwesend gewesenen Uniformierten einig. Darum kann ich auch nicht, wie Sie mir in den gemachten Eröffnungen ansinnen, versprechen, mich in Zukunft ähnlicher ›staatsfeindlicher‹ Äußerungen zu enthalten, wenn es die Pflicht meines Amtes und christlichen Bekennens gebietet.

Damit aber solche Zwischenfälle vermieden werden, die freilich dem Ansehen der Partei bei unserer an Bibel und Bekenntnis festhaltenden Bevölkerung schaden könnten, wäre es geraten, wenn auch von seiten der Partei und ihrer Organisationen die Lebensordnungen, die Lehre und das Ansehen der Kirche ernstlich respektiert würden.

Schneider, Pfr.«

Wenige Wochen danach schreibt Pfarrer Schneider als ein von den Machenschaften der Nationalsozialisten Be- und Getroffener in einem Brief:

»Im übrigen müssen wir im Gottvertrauen die Spannungen tragen lernen – und uns auch immer ausspannen lassen von der Spannung, die heute in der Luft liegt, nicht in unseren Gemeinden, sondern allgemein – und es wissen, daß die Kirche Christi mit dem Spannungsverhältnis zur Welt recht eigentlich in ihren Normalzustand zurückkehrt. Der Herr aber mache uns, seine kleine Herde, bereit für die Entscheidungsstunde, da es gilt, seinen Namen nicht zu verleugnen.«

Die von den Nationalsozialisten befohlene kirchliche ›Großwetterlage‹ veränderte sich ständig und sorgte dann auch für die beabsichtigte Verwirrung. Folgender Vorgang mag dies verdeutlichen – seine Auswirkungen waren auch in Dickenschied und Womrath spürbar.

Am 9. August 1934 trat in Wittenberg die »Nationalsynode« zusammen, auf der es in erster Linie um die Legalisierung der deutschchristlichen Leitung der »Deutschen Evangelischen Kirche« unter Führung des Reichsbischofs Ludwig Müller ging. Der Reichswalter August Jäger kommentierte auf der Synode die neue Geschäftsordnung. Er führte u.a. aus:

»Früher wurden bei derartigen Tagungen Kämpfe ausgefochten. Obstruktion konnte zur Geltung kommen. Im Dritten Reich haben wir das nicht nötig. Die Geschäftsordnung regelt einfach das Notwendigste, und weitere Ausführungen kann ich mir ersparen.«[100]

Auf dieser Synode wurden die Machenschaften der »Deutschen Christen« nur zu deutlich. Sie schreckten auch vor flagranten Rechtsbrüchen nicht zurück, um nur dem Reichsbischof die Alleinherrschaft zu sichern. Dieses Vorkommnis ist aus der Fülle der Ereignisse herausgegriffen, von denen die Christenheit in Deutschland damals beunruhigt war und die das Verhalten von Paul Schneider mitbestimmt haben. Der schwedische Theologieprofessor Andreas Nygren hat im Mai 1934 vor den Pfarrern von Stockholm die kirchliche Lage in Deutschland treffend geschildert:

»Der Kirchenstreit gilt dem Christentum selbst. Eine neue Rassenreligion ist angetreten. Das gefährliche dabei ist, daß das gegenwärtige Kirchenregiment nicht das geringste Verständnis dafür hat, worum es in dem Kampfe geht. Es glaubt, die Stellung des Christentums zu behaupten, und merkt nicht, daß es in eine neue Rassenreligion abgeglitten ist. Aber es gibt in der deutschen Kirche Männer – und diese sind zum Glück nicht wenige –, die verstehen, was auf dem Spiele steht, und die verstehen, daß das, was diese neue Religion den Menschen zu bieten hat, vom christlichen Standpunkt aus nichts anderes als Abgötterei ist. Man schafft sich einen neuen Gott nach seinem eigenen Bilde, nach dem Bilde des ›deutschen Menschen‹. Die Christen, die das sehen, werden durch die Treue zum Evangelium zum Kampfe gezwungen; sie geraten dadurch in einen tragischen Konflikt, denn es gibt so vieles in dem neuen Staate, das sie von Herzen und mit Freude bejahen. Aber indem sie den neuen heidnischen Geist bekämpfen, der in die Kirche eingedrungen ist und sich die Führung in ihr angemaßt hat, werden sie von dem Kirchenregiment, das kein Verständnis dafür hat, zu Feinden des Staates gestempelt.

100   Vgl. hierzu *Gauger*, S. 273ff.

Nun ist es dahin gekommen, daß diejenigen, die ihren christlichen Glauben nicht aufgeben wollen, von dem gegenwärtigen Kirchenregiment mit Gewaltmitteln, von der geheimen Staatspolizei mit Absetzungen und Suspensionen bekämpft werden . . . Wir evangelische Christen eines verwandten Volkes haben mit Betrübnis und Kummer gesehen, daß das deutsche Kirchenregiment durch solches Verfahren den christlichen Namen befleckt hat. Mit tiefgehender Anteilnahme stehen wir zu den bedrängten Christen in ihrem heldenmütigen und opferfreudigen Kampfe, mit dem sie für das Christentum evangelischen Bekenntnisses in Deutschland und in der Welt streiten.«[101]

Professor Nygren hatte die Lage der damaligen »Deutschen Evangelischen Kirche« völlig richtig beschrieben. Es war für die gesamte ökumenische Bewegung unverständlich und durch nichts zu rechtfertigen, daß eine evangelische Kirche im Lande der Reformation sich so eng an ein offensichtlich antichristlich-weltliches Kirchenregiment anlehnen konnte. Im August 1934 schreibt Paul Schneider:

»Das ruhige neue Lebensjahr wünsche ich mir selber auch! – Nun müssen wir freilich am nächsten Sonntage wieder auf Weisung unsern Ungehorsam gegen die Nationalsynode und ihre Gesetze erklären, und ich muß sagen, ich tue das ja nun auch herzlich gerne, denn mit diesen verlogenen Praktiken kann es keinen ehrlichen Frieden geben für die Kirche Christi. Wir freilich bedürfen es, daß sich Gott unser erbarmt nicht nur äußerlich, auch über Weib und Kind, sondern auch innerlich, daß er uns reinigt und demütigt und neu ausrüstet zu seinem Dienst und Zeugnis. Dies unser Vertrauen zu ihm sollen wir nicht wegwerfen, und es hat große Verheißung. Welt bleibt Welt, und unsere Zeit ist gewiß nicht frommer und christlicher, als andere Zeiten waren. Aber seine Kirche will Gott erneuern in dieser gefährlichen Zeit, und zwar auf andere Weise, als es die DC meinen.«[102]

Die Kanzelabkündigung, mit der Paul Schneider sich erneut den Ungehorsamen zuordnet, lautet:

»Am 9. August 1934 hat unter dem Namen einer Nationalsynode eine unter Bruch der Reichsverfassung gebildete Versammlung Beschlüsse gefaßt, Gesetze beschlossen, bisher Unrecht für Recht erklärt. Diese sogenannte Nationalsynode, ihre Verhandlungen und Beschlüsse sind nach kirchlichem und weltlichem Recht ungültig. Wer sie befolgt, bricht selbst Verfassung und Recht der Kirche. Wir weigern uns dessen und rufen die Gemeinden und Kirchen auf, ich ihrerseits nicht des Verfassungs- und Rechtsbruchs schuldig zu machen. Verantwortlich dafür, daß es in unserer Deutschen Evangelischen Kirche bis hierher hat kommen können, ist durch ihr fortgesetztes unkirchliches Handeln die Reichskirchenregierung, besonders der zum Schutz der Verfassung der Deutschen Evangelischen Kirche berufene Reichsbischof. Die Reichskirchenregierung verachtet die einfachsten Grundsätze von Recht und Gerechtigkeit. Sie unterstellt die Verkündigung des Evangeliums dem Machtwillen fehlsamer Menschen. Sie ist bar der von der Heiligen Schrift geforderten Bruderliebe. Sie verläßt damit die Grundlage der auf dem Evangelium erbauten reformatorischen Kirche. Wer Recht und Verfassung, die

101   *Gauger*, S. 192.
102   Prediger, S. 71f.

er schützen soll, immer wieder selber bricht, hat den Anspruch verwirkt, Gehorsam zu fordern. Wer, zur Leitung der Kirchen berufen, immer wieder die Grundlagen christlicher Lehren und christlichen Handelns verläßt, stellt sich außerhalb der Kirche. Darum erklären wir den Kirchen, den Gemeinden und ihren Gliedern in der Verantwortung vor Gott: Gehorsam gegen diese Kirchenregierung ist Ungehorsam gegen Gott. Aber der feste Grund besteht und hat dieses Siegel: Der Herr kennt die Seinen; und: Es trete ab von der Ungerechtigkeit, wer den Namen Christi nennt (2.Tim. 2,19).«[103]

Für Paul Schneider bilden fortan die freien Synoden und ihre Organe das eigentliche Kirchenregiment und nicht mehr das Konsistorium in Koblenz, das sich nicht an der Heiligen Schrift und am reformatorischen Bekenntnis orientiert. In diesem Zusammenhang dürften die Äußerungen der freien Synoden wichtig sein, die sich von der staatlich gelenken Reichskirchenregierung distanzieren. Die Synode von Dahlem erklärt am 20. Oktober 1934 u.a.:

»Wir fordern die christlichen Gemeinden, ihre Pfarrer und Ältesten auf, von der bisherigen Reichskirchenregierung und ihren Behörden keine Weisungen entgegenzunehmen und sich von der Zusammenarbeit mit denen zurückzuziehen, die diesem Kirchenregiment weiterhin gehorsam sein wollen.
Wir fordern sie auf, sich an die Anordnungen der Bekenntnissynode der Deutschen Evangelischen Kirche und der von ihr anerkannten Organe zu halten.«[104]

Paul Schneider stimmt dieser Aufforderung aus innerer Überzeugung zu, der er bis zu seinem Tode im Konzentrationslager treu geblieben ist. Aus dem Gestapogefängnis in Koblenz hat er unter dem Datum des 24. November 1937 einen Brief herausschmuggeln können, in dem er den bemerkenswerten Satz vom März 1935 wiederholt: »Macht die Gemeinden möglichst selbständig!« Für Paul Schneider manifestiert sich die Kirche dort, wo Menschen unter dem Wort der Heiligen Schrift und in der schriftgemäßen Praktizierung der Sakramente sich als eine an Jesus Christus glaubende Gemeinde zusammenfinden. So ist er für jede Verbindung zu Gleichgesinnten und für jede Glaubenssolidarität dankbar. Er weiß wohl zwischen geistlichen und weltlichen Gewalten zu unterscheiden. Kompromisse zwischen beiden Gewalten sind für ihn nicht statthaft und haben in seinem Denken keinen Platz. Die Trennungslinien zieht er scharf. So widersetzt er sich zwangsläufig, wenn die weltliche Obrigkeit von ihm etwas fordert, wodurch er in der Ausübung seines geistlichen Dienstes gehindert wird. Er geht, wenn er es für richtig erkennt, auch einsam im Kreis der Amtsbrüder seinen Weg. In einem Brief über eine »Schutzhaft«, die die Geheime Staatspolizei gegen ihn verhängt hat wegen Verweigerung seiner Unterschrift, mit der er sich verpflichten soll, die

103 *Hermelink, H.*, Kirche im Kampf, a.a.O., S. 120f.
104 Vgl. hierzu *Gauger*, S. 379; *Hermelink, H.*, Kirche im Kampf, a.a.O., S. 72f.

Verlautbarung der altpreußischen Bekenntnissynode vom 5. März 1935 nicht zu verlesen, berichtet er:

»Macht die Gemeinden möglichst selbständig! . . . Von uns hätten wir Dir wieder viel zu schreiben. Du hast gehört von den fünfhundert verhafteten Pfarrern in Preußen über den letzten Sonntag, die sich weigerten, durch Unterschrift zu bescheinigen, daß sie sich vom Staat die Kundgebung der altpreußischen Bekenntnissynode vom 5. 3. 1935 zur Bekanntgabe im Kirchenvolk verbieten lassen.

Man wollte damit den Bekenntnischarakter und die Wucht dieses blitzartig die Situation erhellenden Zeugnisses der Kirche abdrosseln. Es ist nicht geraten. Der verhafteten Pfarrer waren viele. Sie sind wohl alle vorläufig wieder auf freiem Fuß. Ich saß vom Samstagabend über den Volkstrauertag bis Dienstagmorgen im Gefängnis in Kirchberg, leider als der einzige vom ganzen Hunsrück, aber es war doch gut, daß einer die Ehre des Hunsrücks rettete. Die Brüder hatten sich überrumpeln und nötigen lassen zur Unterschrift. Es war ihnen aber hinterher herzlich leid, und sie haben inzwischen alle ihre Unterschrift zurückgezogen, wenigstens soweit sie zur Pfarrbruderschaft gehörten. Gretel mußte sich am Samstag noch eine Hausdurchsuchung gefallen lassen, und ich bin noch heute einer großen Zahl von Schriften beraubt, die man mir entführte. Die Kundgebungen, die ich schon vorher gründlich verteilte, suchte man mit sehr geringem Erfolg aus den Dörfern herauszuziehen. Die Gemeinden standen wieder treu . . . «[105]

Die ›Kundgebung‹ lautete:

»In Übereinstimmung mit der Kundgebung der Vorläufigen Leitung der Deutschen Evangelischen Kirche in Nr. 4 ihrer Mitteilungen vom 21. Februar 1935 hat die Bekenntnissynode der Evangelischen Kirche der altpreußischen Union in ihrer Tagung zu Dahlem am 5. März 1935 folgendes Wort an die Gemeinden gerichtet:

›Die am 4. und 5. März 1935 in Berlin-Dahlem zusammengetretene Zweite Bekenntnissynode der Evangelischen Kirche der altpreußischen Union nahm ebenfalls ein Wort an die Gemeinden an, das gegen die neue heidnische Religion gerichtet war.

Wir sehen unser Volk von einer tödlichen Gefahr bedroht.

Die Gefahr besteht in der neuen Religion.

Die Kirche hat auf Befehl ihres Herrn darüber zu wachen, daß in unserem Volk Christus die Ehre gegeben wird, die dem Richter der Welt gebührt. Die Kirche weiß, daß sie von Gott zur Rechenschaft gezogen wird, wenn das deutsche Volk ungewarnt sich von Christus abwendet.

I.   Das erste Gebot lautet: Ich bin der Herr, dein Gott. Du sollst nicht andere Götter haben neben mir.

Wir gehorchen diesem Gebot im Glauben an Jesus Christus, den für uns gekreuzigten und auferstandenen Herrn. Die neue Religion ist Auflehnung gegen das erste Gebot.

1. In ihr wird die rassische, völkische Weltanschauung zum Mythus. In ihr werden Blut und Rasse, Volkstum, Ehre und Freiheit zum Abgott.

2. Der in dieser Religion geforderte Glaube an das ›ewige Deutschland‹ setzt sich an die Stelle des Glaubens an das ewige Reich unseres Herrn und Heilandes Jesus Christus.

3. Dieser Wahnglaube macht sich seinen Gott nach des Menschen Bild und Wesen. In ihm ehrt, rechtfertigt und erlöst der Mensch sich selbst. Solche Abgötterei hat mit positivem Christentum nichts zu tun. Sie ist Antichristentum.

II.   Angesichts der Versuchung und Gefahr dieser Religion haben wir, gehorsam unserem kirchlichen Auftrag, vor Staat und Volk zu bezeugen:

---

105   Prediger, S. 73f.

1. Der Staat hat seine Hoheit und Gewalt durch das Gebot und die gnädige Anordnung Gottes, der allein alle menschliche Autorität begründet und begrenzt.

Wer Blut und Rasse und Volkstum an Stelle Gottes zum Schöpfer und Herrn der staatlichen Autorität macht, untergräbt den Staat.

2. Das irdische Recht verkennt seinen himmlischen Richter und Hüter, und der Staat selbst verliert seine Vollmacht, wenn er sich mit der Würde eines ewigen Reiches bekleiden läßt und seine Autorität zu der obersten und letzten auf allen Gebieten des Lebens macht.

3. Gehorsam und dankbar erkennt die Kirche die durch Gottes Wort begründete und begrenzte Autorität des Staates an. Darum darf sie sich nicht dem die Gewissen bindenden Totalitätsanspruch beugen, den die neue Religion dem Staate zuschreibt. Gebunden an Gottes Wort ist sie verpflichtet, vor Staat und Volk die Alleinherrschaft Jesu Christi zu bezeugen, der allein die Macht hat, die Gewissen zu binden und zu lösen: Ihm ist gegeben alle Gewalt im Himmel und auf Erden.

III.   Die Kirche hat nach dem Befehl ihres Herrn allem Volk das Evangelium von der Gnade und Herrlichkeit Jesu Christi zu predigen.

1. Darum darf sie sich nicht aus der Öffentlichkeit der Welt in einen Winkel privater Frömmigkeit abdrängen lassen, wo sie in Selbstgenügsamkeit ihrem Auftrag ungehorsam würde. Auch der Gewalt gegenüber darf sie nicht aufhören, das ihr aufgetragene Wort zu verkündigen.‹

Ziffer 2 dieser Verlautbarung fordert auf zu Widerstand gegen die Verweltlichung der Sitte der Kirche (Entheiligung des Sonntags, Entchristlichung ihrer Feste), Ziffer 3 zu einer schriftgemäßen Unterweisung und Erziehung der Jugend. Dann fährt sie fort:

›4. Die Kirche betet, daß Gottes Name bei uns geheiligt werde, daß sein Reich zu uns komme und daß sein gnädiger Wille auch bei uns in Volk und Staat geschehe. Darum muß die Kirche darüber wachen, daß die ihr durch Gottes Wort befohlene Fürbitte und Danksagung für alle Obrigkeit in der Wahrheit geschehe und nicht zu einer religiösen Verklärung und Weihung irdischer Mächte und Ereignisse werde.

Der Eid findet seine Grenze darin, daß allein Gottes Wort uns unbedingt bindet.

An Gottes Wort gebunden, ruft die Kirche ihre Mitglieder auf zu willigem Gehorsam, Einsatz und Opfer für Volk und Staat. Sie warnt aber davor, sich einer Abgötterei zu überantworten, durch die wir uns Gottes Zorn und Gericht zuziehen.

Wir sollen Gott über alle Dinge fürchten, lieben und vertrauen.‹«[106]

Wider die Glorifizierung des Staates

Paul Schneider ging kompromißlos seinen Weg, der allein von seiner Bindung an Jesus Christus bestimmt war. Es war ihm nicht gegeben, den da-

---

106   *Hermelink, H.,* Kirche im Kampf, a.a.O., S. 250.

maligen Staat zu glorifizieren. Aus diesem Grunde lehnte er jede kultische Verehrung Hitlers ab, was ihm als Staatsfeindlichkeit ausgelegt wurde und zu Vernehmungen führte. Leider sind die Vernehmungsprotokolle in Dickenschied und Kirchberg nicht mehr vorhanden. Ob sie von interessierter Seite vernichtet wurden?

Am 17. Oktober 1935 erhält das inzwischen von Koblenz nach Düsseldorf übergesiedelte Konsistorium eine Beschwerde über Paul Schneider vom kommissarischen Oberpräsidenten der Rheinprovinz. Nach zwei Wochen folgt eine weitere, noch ausführlichere Beschwerde seitens des Regierungspräsidenten:

»Regierungspräsident
I a I Nr. 1001.
An
das Evangelische Konsistorium
der Rheinprovinz
in Düsseldorf
Betr.: Pfarrer Schneider in Dickenschied
Es besteht Veranlassung, auf folgenden Vorfall hinzuweisen: Der evangelische Pfarrer Paul Robert Schneider, geb. 29. 8. 1897 zu Pferdsfeld, Kreis Kreuznach, jetzt Dickenschied Nr. 58, Kreis Simmern, hat sich wiederholt geweigert, bei Beginn und Beendigung des Konfirmandenunterrichtes, den er in der Volksschule zu Dickenschied abhält, den Deutschen Gruß anzuwenden.

Als er am 9. Oktober 1935 dieserhalb durch den zuständigen Bürgermeister vernommen wurde, gab er folgende Erklärung ab: ›Ebensowenig wie wir den Gottesdienst mit dem Deutschen Gruß beginnen und beenden, muß ich, wie auch ein Teil meiner Kollegen, es ablehnen, den Religionsunterricht mit dem Deutschen Gruß zu beginnen bzw. zu beenden.‹ Daraufhin versuchte der Kreisschulrat Pfarrer Schneider in persönlicher Aussprache davon zu überzeugen, daß die Anwendung des Deutschen Grußes verlangt werden müsse. Pfarrer Schneider ließ sich jedoch nicht überzeugen, er erklärte vielmehr, bei der Aussage vom 9. Oktober bleiben zu müssen, wobei er noch hinzufügte, daß man durch die Grußpflicht das deutsche Volk zu einem Volk von Heuchlern und Heloten mache. Auch als ihm der Kreisschulrat erläuterte, daß in dem Gruß ›Heil Hitler‹ ein Glück- und Segenswunsch für unser Staatsoberhaupt liege und daß man infolgedessen bei Ausübung des Grußes eine rechte christliche Pflicht erfülle, hielt er die Weigerung des Grußes aufrecht.

Hat Pfarrer Schneider schon durch diese seine Handlungsweise seine staatsfeindliche Gesinnung zu erkennen gegeben, so kommt hinzu, daß er bereits im Jahre 1934 als Feind des neuen Staates in Erscheinung getreten ist. Ich verweise dieserhalb auf den Vorfall bei der Beerdigung des Hitlerjungen Moog am 12. Juni 1934, der zur Inschutzhaftnahme von Pfarrer Schneider geführt hat. Bezeichnend für die Gesinnung des Pfarrers Schneider ist auch der Inhalt einer Sonntagspredigt, die er Anfang September gehalten hat. Er kam hierbei auch auf das ›auserwählte Volk‹ der Juden zu sprechen, wobei er ausführte, daß man versuchen müsse, den Juden das Christentum beizubringen.

Ferner versuchte Pfarrer Schneider, in seiner Predigt die Deutschen Christen lächerlich zu machen, indem er erklärte, die Seelsorger der Deutschen Christen erschienen beim Gottesdienst im Smoking und eröffneten den Gottesdienst mit dem Deutschen Gruß. Außerdem würde das verkürzte Vaterunser gebetet und Märsche gesungen. Zum Schluß seiner Predigt wies Pfarrer Schneider darauf hin, daß nach Beendigung des Gottesdienstes für eine jüdische Mission im Inland gesammelt würde, und empfahl den Kirchenbesuchern, sich rege an der Kollekte zu beteiligen. Die Ermittlungen in dieser Angelegenheit sind noch nicht abgeschlossen.

Dessen ungeachtet halte ich Pfarrer Schneider schon auf Grund der übrigen klar erwiesenen Vorwürfe für einen ausgesprochenen Feind des heutigen Staates. Unter Berücksichtigung dieser Sachlage bitte ich ernsthaft in Erwägung zu ziehen, ob nicht die Entfernung Schneiders aus seinem Amte geboten erscheint.

Dem Herrn Reichs- und Preußischen Minister für die kirchlichen Angelegenheiten habe ich entsprechend Bericht erstattet.

gez. Turner

Siegel

Beglaubigt: Bode
Kanzleiangestellter«

Das Schreiben des kommissarischen Oberpräsidenten der Rheinprovinz, das zwei Wochen vor dem hier abgedruckten ausführlicheren beim Konsistorium eintraf, wird von dem im Konsistorium zuständigen Sachbearbeiter, Konsistorialrat Hasenkamp, an den Superintendenten Ernst Gillmann zur Stellungnahme weitergeleitet.

»Evangelisches Konsistorium Düsseldorf, den 24. Oktober 1935
Nr. 12261
An Herrn Superintendenten Gillmann
in Simmern
Der Oberpräsident der Rheinprovinz hat uns beifolgende Mitteilung über Pfarrer Schneider in Dickenschied übermittelt, um deren Rückgabe wir Sie ersuchen.

Mit tiefem Bedauern haben wir von dieser Mitteilung Kenntnis genommen. Wir ersuchen Sie, möglichst bald eine Aussprache mit Pfarrer Schneider herbeizuführen und ihn zu einer Änderung seines Verhaltens zu bewegen. Sie wollen ihm vorhalten, daß die Weigerung des Deutschen Grußes vor den Schulkindern nicht nur ihm, dem einzelnen Pfarrer, aufs neue politische Feindschaft zuzieht, sondern daß er dadurch das Ansehen des gesamten Pfarrerstandes ernstlich schädigt. Auch der ›Bekennenden Gemeinde‹, der er angehört, leistet er einen sehr schlechten Dienst. Denn er gibt dem so oft wiederholten und von der ›Bekennenden Gemeinde‹ stets mit schmerzlicher Entrüstung zurückgewiesenen Vorwurf neue Nahrung, daß sie zur Reaktion hinneige und als Feind des Staates zu beurteilen sei.

Würde es sich bei dem Unterricht der Kinder wie beim Kindergottesdienst um eine religiöse Feier handeln, die im Kirchenraum selbst vor sich ginge, so würde der vaterländische Gruß weder erwartet werden noch angebracht sein. Aber der Pfarrer ist in Dickenschied beim Konfirmandenunterricht auf einen Klassenraum der Ortsschule angewiesen, also Gast einer staatlichen Einrichtung. Jeder Lehrer, der den Klassenraum betritt, ist zu dem Deutschen Gruß verpflichtet. Der Pfarrer, der im Schulraum unterrichtet, kann und darf sich von diesem Brauch nicht ausschließen, wenn er nicht die Achtung der Kinder verlieren und den Unwillen des Staates auf sich ziehen will. Ihm sollte aber auch aus inneren Gründen der Gruß gegenüber dem Führer des deutschen Volkes nicht schwerfallen. Fleht er doch an jedem Sonntage im Gebet Gottes Heil und Segen auf das Oberhaupt des Staates herab. Er sollte daher, statt vor den Kindern auf den Heilgruß zu verzichten, ihnen lieber klarmachen, in welch tiefem Sinne ein gläubiger Christ den Heilgruß gegenüber dem Oberhaupt des Staates aussprechen kann und soll. Um des Ansehens unseres Pfarrerstandes willen und aus diesem innersten Grunde würden wir es begrüßen, wenn es Ihren Vorstellungen gelingen sollte, Pfarrer Schneider zu einer Änderung seines Standpunktes zu bewegen. Wir erwarten in Bälde einen Bericht hierüber.«

Der Oberpräsident der Rheinprovinz erhielt auf sein Schreiben vom 10. Oktober 1935 (eingegangen beim Konsistorium am 17. Oktober 1935 – D. 1835 – betr.: Pfarrer Schneider in Dickenschied, Kreis Simmern) die folgende Antwort:

»Den Herrn Superintendenten der Kreissynode Simmern haben wir sofort beauftragt, in persönlicher Aussprache mit Pfarrer Schneider in Dickenschied diesen zu einer Veränderung seines Verhaltens zu bewegen. Wir bedauern auf das tiefste, daß der Pfarrer bei der Erteilung des Konfirmandenunterrichtes in einem staatlichen Raum vor den Kindern den Deutschen Gruß, den sie zu Beginn jeder Stunde hören und erwarten, versagt. In seiner theologischen Verbohrtheit, die wir schon oft zu beklagen hatten, ist Pfarrer Schneider sich der Tragweite seiner Handlungsweise gar nicht bewußt. Wir hoffen, daß er den ernsten Vorstellungen, zu denen wir den Herrn Superintendenten verpflichtet haben, Gehör schenken wird.«

Aus dem Antwortschreiben des Superintendenten Ernst Gillmann ist Paul Schneiders Haltung klar ersichtlich:

»Der Superintendent   Simmern, den 9. 11. 1935
Fernsprecher 484
Tgb.Nr. 360/35 II
Dem Evangelischen Konsistorium
in Düsseldorf
teile ich hierdurch mit, daß die versuchte Unterredung mit Herrn Pfarrer Schneider – Dickenschied nicht zustande kam. Pfarrer Schneider hat mir unter dem 8. 11. 1935 folgendes mitgeteilt:
Abschrift:
›Herrn Superintendent Gillmann, Simmern
Auf Ihre Aufforderung vom 2. 11. Tgb. 347/II zu einer Unterredung mit Ihnen betr. Hitlergruß im Konfirmandenunterricht, die Sie als vom Konsistorium zuletzt beauftragt an mich richteten, muß ich Ihnen erwidern, daß ich mich nicht zu einer solchen Unterredung bereitfinden kann.
    Dem Herrn Regierungspräsidenten habe ich meine Stellungnahme schon zweimal, das erste Mal protokolliert von dem Herrn Amtsbürgermeister in Kirchberg, das andere Mal mündlich und schriftlich durch den Herrn Kreisschulrat, kundgetan. Es ist anzuerkennen, daß der Staat jetzt in Sachen des Konfirmandenunterrichtes den Weg über die Kirche zu mir sucht. Meine Kirchenbehörde ist aber nicht das Konsistorium, sondern die Evangelische Bekenntnissynode im Rheinland und der dieselbe vertretende Rheinische Bruderrat. Dieser Rheinische Bruderrat hat bereits meine Haltung gebilligt und mitgeteilt, daß es nicht angebracht sei, den Unterricht als einen Teil der Wortverkündigung mit einem Gruß zu beginnen, der Ausdruck einer politischen Bewegung ist.
    Sollte der Herr Oberpräsident meine Haltung dennoch nicht verstehen und billigen können, so gebe ich anheim, bei meiner vorgesetzten kirchlichen Behörde, dem Rheinischen Bruderrat, vorstellig zu werden.
                                                    gez. Schneider, Pfr.‹

Trotz des Scheiterns dieser Unterredung empfehle ich dringend, keine Maßnahmen gegen Pfarrer Schneider zu treffen, weil bei Schneider hier eine gewissensmäßige Glaubensentscheidung vorliegt, die keine Rückschlüsse auf seine politische Gesinnung zuläßt. Schneider ist alter Soldat und ein grundehrlicher, ehrenwerter Mann, auf den der Staat in jeder Lage zählen kann. Er sieht den Konfirmandenunterricht an wie etwa den katholischen Kommunionsunterricht, [d.h.] als Teil des Predigtamtes.

Siegel   E. Gillmann, Pfr.«

Angesichts der deutlichen Antwort von Paul Schneider, die im Konsistorium Verwirrung schafft, wendet dieses sich zur eigenen Absicherung mit einer Eingabe an den Oberkirchenrat in Berlin:

»Evangelisches Konsistorium   Düsseldorf, den 18. November 1935
Nr. 13284
Betr.: Verweigerung des Deutschen Grußes im Konfirmandenunterricht durch Pfarrer Schneider in Dickenschied (Simmern)
Ohne Erlaß
Berichterstatter:
Konsistorialrat Hasenkamp
Pfarrer Schneider hat sich geweigert, uns unmittelbar zu berichten, weil er den Rheinischen Bruderrat als seine Behörde betrachtet. In seiner Antwort an den Superintendenten vertritt er, im Einverständnis mit dem Bruderrat, der ihm mitgeteilt hat, daß ›es nicht angebracht sei, den Unterricht als einen Teil der Wortverkündigung mit einem Gruß zu beginnen, der Ausdruck der politischen Bewegung ist‹, die Auffassung, der Konfirmandenunterricht sei als religiöse Amtshandlung zu werten, die nicht mit einem aus der politischen Sphäre stammenden Gruß eingeleitet werden dürfe.
Wie uns bekannt ist, hat sich auch sonst der Deutsche Gruß vielfach im kirchlichen Unterricht, der in kirchlichen Gebäuden erteilt wird, noch nicht eingebürgert. Das hat anderswo keinen Ärger erregt. Hier aber, wo der Pfarrer in einem staatlichen Schulraum zu Gaste ist, mußte sein Verhalten den Schulkindern anstößig erscheinen. Das müßte er bedenken und vermeiden.
Da der Regierungspräsident Pfarrer Schneider wegen seiner Grußverweigerung ausdrücklich der staatsfeindlichen Gesinnung bezichtigt und im Zusammenhang mit einigen andern weniger bedeutsamen Vorgängen uns ernsthaft zu erwägen bittet, ob nicht die Entfernung Schneiders aus dem Amt geboten sei, da andererseits viele Pfarrer wie Schneider denken und handeln und leicht neu Klagen des Staates, die die Neuordnung des Verhältnisses zwischen Kirche und Staat auf der Grundlage des Aufrufes des Reichs- und Landeskirchenausschusses gefährden würden, daraus erwachsen können, scheint uns eine Klärung von maßgebender Stelle dringend angezeigt zu sein. Wir bitten daher erwägen zu wollen, ob nicht dem Landeskirchenausschuß die Bitte vorzutragen sei, eine Weisung, wie es mit dem Deutschen Gruß im Konfirmandenunterricht zu halten sei, herauszugeben.«

Der nationalsozialistische »Blut-und-Boden-Glaube« sollte sich langsam ins Volk einschleichen und das Christentum verdrängen. Die Aktionisten dieser Liquidierung waren nicht nur bei den Nationalsozialisten zu finden, sondern insbesondere bei den radikalen »Deutschen Christen« und den sogenannten »Gottgläubigen«, die an der Stelle einer Konfession in den Personalunterlagen die Abkürzung »ggl.« eintrugen.
Obwohl Paul Schneider von den Geschehnissen in Staat und Kirche stark bewegt war, hat er seinen familiären Bereich liebevoll gepflegt. So schreibt er seiner Schwiegermutter:

»Dickenschied, den 19. 12. 1935

Liebe Mutter!

Das hohe, liebe Fest gibt mir willkommene Gelegenheit, Dir einmal wieder meine Gefühle kindlicher Liebe und Dankbarkeit zu Füßen zu legen. Wir haben dazu ja auch so viel Ursache durch Dein treues Denken an uns in Briefen und Handarbeiten und Sendungen. Ich staune nur immer, wo du für all Dein treues Sorgen, doch nicht nur für uns, die Zeit und die Kraft hernimmst und auch das Geld. Es ist doch etwas an dem Sprichwort von der Mutter, die eher zehn Kinder ernährt als . . .

Es freut uns, wenn wir immer noch von neuen Reisen hören, die Du unternimmst, und von den Besuchen, die Du bekommst. So wissen wir, daß Deine alte Frische und Kraft ungebrochen ist. Auch freut es uns, daß Du sorgend und beratend, aber auch verstehend und vertrauend unseren Kirchenweg begleitest, und wir wissen, wie nicht ganz leicht es Dir in der intakten württembergischen Landeskirche sein muß, unsern Weg, Widerstand und Kampf immer verstehen zu können.

Die Lage ist ja ernst genug, da man wohl sagen muß, daß die Vernebelung durch die Kirchenausschüsse nicht ohne Erfolg gewesen ist und viele auf die faulen Friedensparolen, die uns die Erkenntnisse der Bekenntnissynoden von Barmen und Dahlem wieder nehmen wollen, hineinzufallen im Begriff sind. Gott wird doch auch diejenigen stärken und zusammenhalten, die von ganzem Herzen an ihm halten und keine andere Bindung als Gottes Wort für die Kirche gelten lassen. Wir halten jetzt Konfirmandenunterricht im Pfarrhaus und haben seit vierzehn Tagen die Verpflichtungskarten der Bekenntniskirche ausgegeben, die freilich nur langsam abgeholt werden. Das ist aber gut so . . .«

Obwohl Paul Schneider abseits von den Zentren der Geschehnisse lebt, beobachtet er all das, was sich im kirchlichen, im kirchenpolitischen und auch im allgemeinpolitischen Bereich ereignet, mit wachen Augen. Jede Verlautbarung der »Bekennenden Kirche« studiert er sehr gründlich, bevor er sie an die Gemeinde weitergibt. Wie sehr er von den Ereignissen berührt ist, zeigt der folgende Brief.

»Dickenschied, den 14. Februar 1936

Lieber Ludwig!

Dein Gruß aus Thale hat mich sehr gefreut. Auch ich habe Deiner namentlich auch auf dem Umwege über Deine verehrte Frau Mutter öfter gedacht. Ich meine mich zu erinnern, daß Du Frau und zwei Kinder hattest. Inzwischen werden es wohl mehr geworden sein . . .

Deine Karte hat mich auf dem Hunsrück, meiner alten Kinderheimat, erreicht, wo ich eine neue Pfarrstelle bekommen habe. Das kam so: providentia Dei und confusione hominum, staatspolitischen Anstoß, Schwierigkeiten in der Gemeinde. Aber es war wohl schon das Rechte so, und ich fand hier treue Gemeinden, mit denen wir schon mancherlei Freud und Leid geteilt haben, zweimalige Verhaftung u.a., und die bisher ziemlich geschlossen auf der bekennenden Seite standen. Zwei Jahre sind wir nun bald hier oben.

Wieviel haben wir erlebt, und wieviel werden wir noch erleben! Denn daß mit den Kirchenausschüssen die Kirchenfrage nicht gelöst ist und nicht gelöst werden kann, liegt auf der Hand.

Ja, wer hätte während des Krieges draußen gedacht, daß wir in der Heimat so bald einen noch viel wichtigeren Kampf für das Evangelium kämpfen müssen! Aber sei es, waren wir draußen rechte Soldaten für des Kaisers Ehr' und des Vaterlandes Wehr, so wollen wir auch erst recht tapfere Soldaten unseres Herrn Christus sein und auch in diesem heiligen Krieg bestehen, von dem es gilt:

›. . . denn wer nicht gekämpft, trägt auch die Kron' des ew'gen Lebens nicht davon‹.

Und haben wir draußen das Leben eingesetzt, wie sollten wir es um so viel höheren Preises willen nicht auch fröhlich wagen, zumal wir wissen, daß wir auch unserm Volk und Vaterland mit diesem Glaubens- und Kirchenkampf den allernötigsten und allerwichtigsten Dienst tun. Wie plastisch und wirklich wird uns wieder der altböse Feind mit groß Macht und viel List, von dem Luther singt! Dich als Pfarrerssohn wird ja dieser Weltanschauungs- und Glaubens-Kirchenkampf auch nahe genug berühren. Und welcher Christ könnte hier unbeteiligt sein? . . .«

Der zur ›Befriedung‹ der innerkirchlichen Auseinandersetzungen zusammengerufene Reichskirchenausschuß hatte sich auf Anregung des Oberkirchenrates in Berlin mit der Frage des Hitlergrußes im Konfirmandenunterricht zu befassen. Er erließ folgende Richtlinien:

»I. Der Gruß im Ornat
Der Geistliche erweist grundsätzlich auch im Ornat den deutschen Gruß. Es gelten jedoch folgende Einschränkungen:
1. Während der Dauer einer gottesdienstlichen Feier (Gemeindegottesdienst oder Amtshandlung) grüßt der Geistliche im Ornat nicht einzelne Personen oder Fahnen und dergleichen, sondern nur die gottesdienstliche Gemeinde in der agendarisch vorgeschriebenen Form (›Der Herr sei mit euch‹ u.a.), gegebenenfalls, wo dies üblich ist, in Verbindung mit einem segnenden Erheben des rechten Armes oder beider Arme.
2. Die gottesdienstliche Feier in geschlossenen Räumen (Kirche, Trauerhaus usw.) beginnt mit dem Betreten des Ortes der Feier (bei Beerdigungen z.B. der Grabstätte) und endet mit dem Verlassen des Raumes bzw. des Ortes der Feier.
3. Die in Ziffer 1 und 2 getroffene Regelung findet auch Anwendung, wenn unter Beteiligung von Geistlichen im Ornat die Gemeinde im geschlossenen Zuge zu kirchlichen Handlungen zieht (Trauerzug, Kirchen- und Friedhofseinweihung).
II. Der Gruß im Konfirmandenunterricht
Die Grußpflicht im Konfirmandenunterricht regelt sich nach den für den Schulunterricht bestehenden Vorschriften.
Berlin, den 1. September 1936

Der Reichskirchenausschuß
Dr. Mahrenholz

Vervielfältigung
Der Reichskirchenausschuß hat sich bei der Aufstellung der obigen Grundsätze von folgenden Erwägungen leiten lassen:
Ein besonderer kirchlicher Gruß besteht in der evangelischen Kirche nicht. Sie kennt lediglich die feststehende liturgische Grußformel zwischen dem Geistlichen und der Gesamtheit der versammelten Gemeinde. Der persönliche Gruß des Geistlichen im Ornat ist ein Adiaphoron.
Die bisher üblichen Formen des persönlichen Grußes im Ornat sind nicht-kirchlichen Ursprungs, sondern weltlichen Gebräuchen entlehnt:
Der Gruß durch Anlegen der rechten Hand an das Barett ist der militärischen Sitte nachgebildet. Dabei ist zu bedenken, daß der Talar grundsätzlich nicht als Uniform angesprochen werden kann. Wenn für die Militärgeistlichen eine verbindliche Regelung in diesem Sinne getroffen ist, so liegt das an ihrer besonderen Stellung im Rahmen der Wehrmacht.

Der Gruß durch Abnehmen des Baretts entspringt der bürgerlichen Gepflogenheit.

Hieraus ergibt sich, daß die bisherigen Grußformen im Ornat der staatlichen oder gesellschaftlichen Umwelt entstammen. Wenn heute der deutsche Gruß durch Erheben des rechten Armes bei dem ›Heil!‹ auf den Führer, bei den Nationalliedern und vor den Fahnen des Dritten Reiches, verbunden mit dem Ruf ›Heil Hitler!‹, im persönlichen Verkehr amtlich und allgemein herrschend geworden ist, so erscheint es nach dem Vorangegangenen selbstverständlich, daß der evangelische Geistliche diesen Gruß auch im Ornat anwendet.

Dabei ist zu bedenken, daß der deutsche Gruß mit dem ausgesprochenen oder unausgesprochenen damit verbundenen ›Heil‹-Wunsch für uns Christen ein Gebet um Gottes Segen für Führer und Reich bedeutet.

Während der unmittelbaren Amtsausübung des Geistlichen in Gottesdiensten und gottesdienstlichen Handlungen bleibt für einen persönlichen Gruß kein Raum.

Aus den eben dargelegten kirchlichen Gründen und im Blick auf die seitens der Schule zu dieser Ordnung erzogenen Kinder ist es nötig, auch die Konfirmandenstunde mit dem Gruß ›Heil Hitler!‹ zu beginnen und zu schließen. Die Unterweisung selbst wird, wie üblich, von Gesang und Gebet umrahmt.

Mahrenholz«[107]

Solche Verlautbarungen verraten nur zu deutlich die Linie, die der Reichskirchenausschuß in Wahrheit verfolgte. Wie die Geheime Staatspolizei diesen Ausschuß einschätzte, zeigt der »Lagebericht der Preußischen Geheimen Staatspolizei« für den Regierungsbezirk Erfurt vom 3. Februar 1936:

»Der aktive Teil der B[ekennenden] K[irche] steht unter der Führung der Pfarrer Niemöller aus Berlin und Pfarrer Müller aus Dahlem. Sie sind entschlossen, den Befriedungsversuchen des Reichskirchenausschusses nach wie vor den schärfsten Widerstand entgegenzusetzen . . . Der zweite Teil der BK, der unter Leitung des Bischofs Marahrens steht, hat seine Oppositionsstellung gegenüber dem Reichskirchenausschuß aufgegeben und ist bereit, in Zusammenarbeit mit dem Reichskirchenministerium eine endgültige und wirkliche Befriedung der Lage der ev. Kirche herbeizuführen. Diese Umstellung des Bischofs Marahrens hat bei den fanatischen Anhängern der BK große Entrüstung ausgelöst. Man wirft ihm vor, daß er den Auftrag der BK preisgegeben habe.«

Was Bischof Marahrens und den nach dem Zweiten Weltkrieg zum Oberlandeskirchenrat und Abt von Amelungsborn ernannten Prof. Dr. Chr. Mahrenholz zu einer solchen Haltung bewogen hat, kann hier über die Feststellung des Tatbestandes hinaus nicht weiter untersucht werden. Daß Paul Schneider aufgrund seiner Erfahrungen mit der herrschenden Macht von Befriedungsversuchen mit nationalsozialistischem Vorzeichen nichts hielt, liegt auf der Hand. Im November 1934 hatte er geschrieben:

---

107 *Schmidt, K.D.,* Dokumente des Kirchenkampfes, Bd. II/2, Göttingen 1965, S. 1018ff.

»Wir müssen uns ja alle erst ein wenig an den Kriegszustand gewöhnen, aber dürfen dann auch lernen, darin nichts Fremdes und Außergewöhnliches zu sehen. Jesus sagt: Ich bin nicht gekommen, den Frieden zu bringen, sondern das Schwert. Und wir als Christen können ja nun einmal unser Volk und Vaterland nicht lieben, ohne daß wir Jesus an die erste Stelle rücken, und wenn wir das nicht tun, leisten wir unserm Volke und Staate auch nicht den von uns geschuldeten Dienst und lassen ihn in Abgötterei versinken.«[108]

Der geforderte Gruß »Heil Hitler« war für Paul Schneider Abgötterei und hatte mit einem Segenswunsch, wie man es ihm klarzumachen versuchte, nichts zu tun. Eine Hakenkreuzfahne hat er nie gegrüßt. Als sich die Situation in der Frage des Grußes im Konfirmandenunterricht verschärfte, teilt Paul Schneider dem Bruderrat der Rheinischen Bekenntnissynode u.a. mit:

».. . 4. Religionsunterricht in der Schule erteile ich nicht. In meiner Eigenschaft als Synodaljugendpfarrer der Bekennenden Kirche hatte ich noch keine Anstöße. Mit dem Konfirmandenunterricht wurde ich aus dem auf kirchlichem Grund und Boden stehenden Schulsaal, in dem uns das Recht, kirchliche Veranstaltungen durchzuführen, zusteht, polizeilich ausgewiesen wegen Nichteinführung des Hitlergrußes im kirchlichen Unterricht im Schulgebäude. Es ist die Frage, ob und wie wir die Verpflichtung dieses unseres Beschlusses und vertragsmäßig festliegenden Rechts wieder aufnehmen sollen. Zu den Bibelstunden steht uns der Schulsaal nach wie vor zur Verfügung.

Schneider, Pfr.«

Eine mutige Erklärung

Anläßlich der von der NS-Administration befohlenen Wahl im Jahr 1936, bei der die Wähler nur »Ja« stimmen konnten, wurde die Forderung erhoben, Häuser und Kirchen zu beflaggen und die Glocken zu läuten. Paul Schneider gibt nach der Predigt folgende Erklärung ab:

»Der evangelisch-reformierten Gemeinde Dickenschied bin ich folgende Erklärung schuldig:
Die erzwungene Anteilnahme der Kirche an der heutigen Reichstagswahl durch Glockenläuten und Fahnen zu zeigen zwingt mich, aus meiner Zurückhaltung, die ich bisher beachtet habe, herauszutreten. – Die Kirche kann dem Staat in seinen Plänen und Handlungen entweder den göttlichen Segen anwünschen oder aber dem Staat mit der göttlichen Warnung entgegentreten, wenn seine Pläne,

---

108 Prediger, S. 73.

Entschlüsse und Handlungen offenbar gegen Gottes Willen und Wort gerichtet sind. – Fahnenzeigen und Glockenläuten aber können nur zu leicht als Segensanwünschung verstanden werden. Diese Segensanwünschung aber kann die Kirche dem Staate im Augenblick nicht geben. Offenbar ist mit dieser Reichstagswahl nicht nur verbunden, daß wir dem Führer unsere Stimme geben und die Außenpolitik des Führers billigen, sondern auch, daß wir die das ganze Schicksal der Nation zutiefst berührende Weltanschauungspolitik des Nationalsozialismus billigen, die sich in immer mehr offenbar werdenden Gegensatz zum biblischen Christentum setzt. – Deutschlands Schicksal entscheidet sich aber nicht an den Truppen am Rhein, sondern an der Stellung des deutschen Volkes zum Worte Gottes. Darum ist die Weltanschauungsfrage ungleich wichtiger als jene andere. Bis zum heutigen Tage aber ist dem Worte Gottes und dem bekenntniskirchlichen Leben die freie Entfaltung unter allen deutschen Volksgenossen immer mehr verwehrt worden. Vielmehr ist das deutsche Volk und seine Jugend einer immer offensichtlicheren Entfremdung von der Kirche Christi und von der Lehre der Hl. Schrift und damit dem Abfall und der Empörung gegen Gott entgegengeführt worden. Eine unchristliche deutsche Gemeinschaftsschule soll an Stelle unserer heutigen Konfessionsschulen mit Gewalt durchgesetzt werden. – Es ist auch nicht die leiseste Zusicherung von den verantwortlichen Männern in Staat und Partei gemacht worden, daß es in diesen Dingen anders werden soll. Die Kirche Christi kann darum den Weg des Dritten Reiches in diesen wichtigsten aller Fragen nicht gutheißen, kann der Wahl des neuen Parteireichstages die göttliche Segensanwünschung nicht geben. Sie ist es vielmehr schuldig, dem Führer und der Regierung die göttliche Warnung und Gottes Gericht anzusagen, wenn von der Politik der Entchristlichung und Entkonfessionalisierung des öffentlichen Volkslebens nicht Abstand genommen wird. Du aber, liebe evangelische Gemeinde, werde wach und verteidige mannhaft deine heiligsten Glaubensgüter, bezeuge die Ehre und Majestät des lebendigen Gottes, des Vaters unseres Herrn Jesu Christi, gegenüber den Herrgöttern und Abgöttern dieser vergehenden Welt.«[109]

Dieses mutige und offene Wort, das die damalige Situation erhellte, zeigt zugleich, was ein Mensch vermag, dessen Gewissen völlig in Gott eingebunden ist. Die glaubende Kirche stand im Kampf, wie Nygren sagte, »gegen die sich breitmachende Rassenreligion«. Der nationalsozialistische Staat wollte mit allen ihm zur Verfügung stehenden Mitteln seine Weltanschauung, seine politische Religion, im Volk durchsetzen. Jede Zustimmung zu seinen politischen Entscheidungen war für ihn eine Einverständniserklärung zu seinen weltanschaulichen Forderungen. Paul Schneider hatte von seinem Gewissen her keine andere Wahl: ER MUSSTE WIDERSTEHEN!

Ganz anders der »Evangelische Oberkirchenrat« in Berlin, der mit Zustimmung des Landeskirchenausschusses und sämtlicher Provinzialkirchenausschüsse der altpreußischen Union eine Anordnung herausgab, daß die Konfirmationsfeiern, die traditionsgemäß am Sonntag Palmarum stattfanden, wegen der befohlenen Reichstagswahl verlegt werden mußten:

109   Ebd., S. 78.

»Die Wahl vom 19. März 1936 ist von entscheidender Bedeutung für Leben und Zukunft unseres Volkes . . . Wir bitten alle Beteiligten, dieses Opfer freudig zu bringen und auch damit zu beweisen, daß die deutsche evangelische Christenheit mit ganzem Herzen für Volk und Führer, für die Zukunft unseres Vaterlandes und für einen Frieden in Ehren einsteht.«

Die Frau von Paul Schneider berichtet, wie es ihnen am Wahltag und in den Tagen danach ergangen ist:

»Am Wahltag selbst hatten wir wider Erwarten außer einigem Nötigen von seiten der Partei Ruhe. Am Sonntag darauf, dem Ostermorgen, war dagegen die Front unseres Hauses mit großen Buchstaben und viel roter Farbe verziert! ›Er hat nicht gewählt, Vaterland?? Volk, was sagst du??!!‹ Nun, das deutsche Volk konnte zu diesem Falle kaum Stellung nehmen, aber die Gemeinde tat es dafür um so gründlicher. Sie kam trotz des Ostermorgens mit Schrubbern und Eimern in einer wahren Schaffensfreude und ging der Farbe zu Leibe! Nachher beim Gottesdienst bedankte sich Paul für diese Hilfe.«[110]

Der altpreußische Bruderrat der »Bekennenden Kirche« beschloß am 30. April 1936, in der Zeit vom 17. Mai bis zum 15. Juni 1936 eine Generalvisitation der Gemeinden im gesamten Gebiet der Landeskirche durchzuführen, und erließ das folgende Wort an die Gemeinden:

»Am Tage der Visitation grüßen wir die Gemeinden im Namen der Bekennenden Kirche der altpreußischen Union. Die Gnade Gottes sei mit euch und der Friede Christi, mitten in den Stürmen der bewegten Zeit!
Drei Jahre währt nun der Kampf um die Alleinherrschaft des reinen Evangeliums in der evangelischen Kirche Deutschlands. Wir wissen nicht, wann der Kampf zu Ende gehen wird. Wir wissen nur das eine, daß die Gemeinde Christi niemals aufhören kann, darum zu kämpfen, daß auf dem Altar der Kirche kein fremdes Feuer brennen und daß ihre Verkündigung und ihr Leben durch nichts anderes bestimmt werde als durch Gottes Wort.
Wir führen diesen Kampf mit dem täglichen Gebet, daß Gottes Geist uns heilige zu rechter Kraft, Liebe und Zucht. Wir führen ihn in tiefer Dankbarkeit für manche herrliche Erweisung der Glaubenstreue, die der Herr durch sein Wort und seinen Geist in unsern Gemeinden gewirkt hat. Wir führen ihn in der Gewißheit, daß der Herr der Kirche diesen Kampf trotz aller Fehler der Menschen zu einem guten Ende bringen wird.
In einer Zeit schwerer Bedrängnis schrieb D. Martin Luther von der Feste Coburg an Melanchthon: ›Wenn Christus nicht bei uns ist, bei wem soll er denn sonst sein? Wenn wir nicht die Kirche sind oder doch nur ein Teil der Kirche, bei wem soll sonst Kirche sein? Wenn Gottes Wort bei uns nicht ist, bei wem soll es sonst sein? Darum: Ist Gott für uns, wer mag wider uns sein?‹
Dies Wort evangelischer Glaubenszuversicht nehmen wir auf, demütig und getrost. Mit ihm rufen wir die Gemeinden zu neuer Treue und zu neuer Glaubensgewißheit. Lasset euch durch niemand das Ziel verrücken: Christus allein der Herr!

---

110 Ebd., S. 79.

Wer bis ans Ende beharrt, der wird selig.
Der Bruderrat der Evangelischen Kirche
der altpreußischen Union
Müller«[111]

Paul Schneider nimmt an dieser Visitation gemeinsam mit Professor Dehn, Superintendent Neumann (Beeskow) und den Pfarrern Andler (Buckow), Buismann (Sellin), Harthausen (Guben), Hintzsche (Silkerode), Iskraut (Frankfurt/O.), Klingbeil (Essen), von Rabenau (Berlin) und zwei Ältesten: Kreuch (Erfurt) und Papst (Schoitzsch) teil. Es ist ein erlebnisreiches Zusammensein, das allen Beteiligten zum Segen gereicht und bei den betreffenden Gemeinden einen nachhaltigen Eindruck hinterläßt. Wilhelm Niemöller erinnert sich:

»Alle [die Visitatoren] waren einmal oder mehrere Male in meinem Haus. Wir verstanden uns vortrefflich und hatten neben der reichen Arbeit herrliche Stunden brüderlicher Verbundenheit. Das gilt vor allem für Buismann und Hintzsche, die bei uns wohnten, und für Paul Schneider, den Märtyrer von Buchenwald, der sich für eine Stunde in meiner Frauenhilfe gewinnen ließ und uns einen großen Eindruck hinterlassen hat. Das Wort des Apostels: ›Die brüderliche Liebe untereinander sei herzlich‹ fand in jenen Tagen eine schöne Erfüllung.«[112]

Eine entscheidende Kanzelabkündigung

Paul Schneider war für jedes wegweisende Wort, das er den Gemeinden weiterreichen durfte, von Herzen dankbar. So schreibt er am 2. September 1936 einem befreundeten Lehrer nach Wetzlar:

»Wir haben hier am 23. 8. die Abkündigung der Vorläufigen Kirchenleitung und des Bruderrates zu verlesen gehabt; mich hat es in der Seele froh gemacht, es war eine große Befreiung, daß unsere Kirchenleitung dies Wort gefunden und gewagt hat und wir damit durchstoßen durften durch die Nebelschwaden von List und Lüge, mit denen die weltanschauliche Lage getarnt und unser armes christliches Volk verwirrt wird. Die neu durchbrechende Sonne nach Regenwolken und Erntenot war mir wie ein freundliches Sich-Bekennen Gottes zu diesem Wort.«[113]

111   Vgl. hierzu *Niemöller, W.,* Aus dem Leben eines Bekenntnispfarrers, 1961, S. 167ff.
112   Ebd.
113   Prediger, S. 81. Vgl. hierzu auch: *Greschat, M.* (Hg.), Zwischen Widerspruch und Widerstand, 1987.

Die Kanzelabkündigung lautete:

»Brüder und Schwestern!
Das deutsche Volk steht vor einer Entscheidung von größter geschichtlicher Bedeutung. Es geht darum, ob der christliche Glaube in Deutschland Heimatrecht behalten soll oder nicht.

Mit einer Wucht und Planmäßigkeit ohnegleichen wird das Evangelium von Jesus Christus heute bei uns bekämpft. Das geschieht nicht nur von solchen, die jeden Glauben an Gott verwerfen, sondern auch von solchen, die Gott nicht verleugnen wollen, die aber meinen, die Offenbarung des einen lebendigen Gottes in Jesus Christus ablehnen zu können.

Machtmittel des Staates und der Partei werden weiterhin eingesetzt gegen das Evangelium von Jesus Christus und gegen alle die, die sich zu ihm bekennen. Es wird uns schwer, das auszusprechen.

Die evangelische Kirche weiß sich unserm Volk und seiner Obrigkeit durch Gottes Wort verbunden und verpflichtet. An jedem Sonntag wird in den evangelischen Gottesdiensten Fürbitte getan für den Führer und für das Vaterland. Millionen von evangelischen Deutschen haben vor drei Jahren den neuen Anfang im Leben unseres Volkes mit heißem Herzen begrüßt. Sie haben es um so freudiger getan, als die Regierung in ihrer ersten Proklamation vom 1. Februar 1933 gesagt hat, sie werde ›das Christentum als Basis unserer gesamten Moral in festen Schutz nehmen‹.

Es ist für evangelische Christen ein schier unfaßbarer Gedanke, daß sich im deutschen Vaterlande staatliche Organe gegen das Evangelium von Jesus Christus wenden. Und doch geschieht es.

Wir haben dazu lange geschwiegen. Wir haben uns sagen lassen, es handle sich nur um das Vorgehen weniger einzelner, die zur Ordnung gerufen werden müssen. Wir haben gewartet. Wir haben Vorstellungen erhoben. Auch dem Führer und Reichskanzler ist schriftlich vorgetragen worden, was Herz und Gewissen der evangelischen Christen beschwert. Bereits am 10. April 1935 haben die damalige Vorläufige Leitung der Deutschen Evangelischen Kirche, der Reichsbruderrat und die der Vorläufigen Leitung angeschlossenen Kirchenregierungen und die Bruderräte namens der ganzen Bekennenden Kirche Deutschlands ein Schreiben an den Führer und Reichskanzler gerichtet. Es klingt wie ein Schrei aus tiefer Not, wenn dieses Schreiben so beginnt: ›Es ist im deutschen Volk dahin gekommen, daß die Ehre deutscher Staatsbürger in den Staub getreten wird, weil sie Christen sind. Die christliche Bevölkerung Deutschlands nimmt in starker Erregung wahr, daß sie um ihres Glaubens an Jesus Christus willen auf jede Weise (Presse, Theater, Vortragssaal, Massenveranstaltungen) verspottet und verhöhnt und ihre deutsche Gesinnung und Zuverlässigkeit angezweifelt wird. Dieser Verdächtigung sind im besonderen Maße die ausgesetzt, die treu am Evangelium festzuhalten entschlossen sind. Alle Versuche, hier Wandel zu schaffen, sind vergebens gewesen, zumal uns im steigenden Maße fast jede Möglichkeit öffentlicher Gegenwehr genommen wird.‹

In diesem Jahr haben die jetzige Vorläufige Leitung und der Rat der Deutschen Evangelischen Kirche dem Führer und Reichskanzler eine Denkschrift zugeleitet, aus der die ganze Not und Sorge der evangelischen Bevölkerung sichtbar wird. Die Denkschrift ist Punkt für Punkt mit ausführlichem Beweismaterial belegt worden. Mit größter Gewissenhaftigkeit ist diese Denkschrift und ihr Inhalt vor der Öffentlichkeit, ja selbst vor den Gliedern der Bekennenden Kirche geheimgehalten worden, um dem Führer des Reiches Gelegenheit zu sachlicher Prüfung zu geben und gleichzeitig einen Mißbrauch dieser Denkschrift in der Öffentlichkeit zu verhindern. Gegen unseren Willen und ohne Verantwortung der Bekennenden Kirche wurde die Denkschrift in der ausländischen Presse veröffentlicht und dadurch in Deutschland bekannt.

Wir sind nunmehr gezwungen, öffentlich zu diesem Worte zu stehen. Wir müssen jetzt der Gemeinde bezeugen, was uns im Blick auf unser Volk und unsere Kirche bewegt. Es ist der christlichen Kirche geboten, Angriffen gegen das Evangelium frei und öffentlich entgegenzutreten, ohne Furcht vor Menschen. Es ist ihr geboten, ihren Gliedern, vor allem dem heranwachsenden Geschlecht, die Augen zu öffnen für die Gefahr, in der wir alle stehen. In solcher Verpflichtung reden wir. Was daraus wird, das befehlen wir dem, der uns in seinen Dienst gerufen hat. Er hat es geboten. Er wird es walten!

Die Wahrheit des Evangeliums wird in aller Öffentlichkeit angegriffen, auch von den führenden Männern des Staates. Wir erinnern an die Rede des Reichsleiters Dr. Ley zum 1. Mai 1936, die durch den Rundfunk und durch die gesamte deutsche Presse verbreitet worden ist. Es wird der evangelischen Kirche nicht gestattet, solchen Angriffen in derselben breiten Öffentlichkeit entgegenzutreten.

In den Schulungslagern wird vielfach die Weltanschauung des Rosenbergschen Mythus gelehrt, die den Menschen verherrlicht und Gott seine Ehre nimmt. Mit aller Offenheit wird stellenweise bereits verkündet, daß diese Weltanschauung unvereinbar sei mit dem christlichen Glauben und daß sie diesen christlichen Glauben abzulösen bestimmt sei. Auch diejenigen Christen, die den ehrlichen Willen haben, ihrem Volk zu dienen, müßten bekämpft werden; so wurde in einem studentischen Schulungslager gesagt: ›Wenn das Parteiprogramm vom ›positiven Christentum‹ rede, so sei damit in Wirklichkeit nicht das Christentum, sondern eine positive Religiosität gemeint. Man habe das nicht gleich aussprechen können. Denn der Arzt könne einem Kranken nicht die volle Wahrheit sagen.‹ Diese Ausführungen sind von dem Reichsamtsleiter Derichsweiler ausdrücklich bestätigt worden. Sie sind Hunderttausenden bekannt geworden. Niemals hat man ihnen amtlich widersprochen. Der Totalitätsanspruch dieser Weltanschauung bringt unzählige evangelische Menschen in schwere Gewissensnot und in ständige Versuchung zur Heuchelei und Lüge. Unter der Losung ›Entkonfessionalisierung des öffentlichen Lebens‹ wird die Kirche mehr und mehr in allen ihren Betätigungen in den Raum der Kirchenmauern zurückgedrängt. In dem Lande Martin Luthers wird es der evangelischen Kirche verwehrt, in öffentlichen Versammlungen das Evangelium zu bezeugen. Predigt und Seelsorge, wie sie etwa bei der Wehrmacht geschehen, werden in den Lagern des Arbeitsdienstes weithin nicht geduldet. Die evangelische Schule wird bekämpft. Die Seelsorge der heranwachsenden Jugend wird nahezu unmöglich gemacht. Gleichzeitig aber wird das junge Geschlecht an Herabsetzung, ja an Verhöhnung des christlichen Lebens gewöhnt. In Schriften der Hitlerjugend, in Zeitungen und Zeitschriften wie dem ›Schwarzen Korps‹ und anderen finden sich immer aufs neue Schmähungen des christlichen Glaubens, die sich der Wiedergabe entziehen. Wer sich gegen diese Bekämpfung des christlichen Glaubens auflehnt, muß gewärtigen, daß er als Staatsfeind gebrandmarkt wird. Der evangelische Christ findet vielfach bei Staatsbehörden kein Gehör, wenn er um seines Gewissens willen Dingen widersprechen muß, die wider Gottes klares Gebot sind, wie etwa der massenhaften Vereidigung von Kindern am 20. April 1936.

Aus solcher Bedrückung der Gewissen, verstärkt durch dauernde Bespitzelung, wachsende Heuchelei und knechtische Gesinnung, lösen sich schließlich die echten sittlichen Bindungen überhaupt. Wir sagen das alles mit tiefstem Schmerz. Wir sind bereit, dem Staat und unserm deutschen Volk Gut und Blut zu opfern, aber wir wollen uns vor Gottes Richterstuhl nicht sagen lassen: Als das Evangelium von Jesus Christus in deutschen Landen bekämpft wurde, da seid ihr stumm geblieben und habt eure Kinder widerstandslos einem fremden Geiste überlassen.

Angesichts dessen, was heute in unserer Mitte geschieht, bezeugen wir dem ganzen deutschen Volke die ewige Wahrheit Gottes.

Der Herr unser Gott ist ein heiliger Gott und läßt sich nicht spotten. Er hat sich geoffenbart in seinem Sohne Jesus Christus, dem Gekreuzigten und Auferstandenen. Es ist kein Gott außer diesem einen, der der Vater Jesu Christi ist. Sein Wort hat ewige Geltung und rettende Kraft für alle. er fordert und wirkt den Glauben und damit unsern Gehorsam, der das ganze Leben an die Gnade Gottes wagt.

In Jesus Christus ist auch dem deutschen Volk das Heil Gottes begegnet, in keinem andern als in IHM! Er spricht: ›Was hülfe es dem Menschen, wenn er die ganze Welt gewönne und nähme doch Schaden an seiner Seele!‹ Was an der Seele eines Volkes versäumt wird, macht kein äußerer Aufstieg, kein politischer, kein wirtschaftlicher, kein sozialer Aufschwung wieder gut. ›Gerechtigkeit erhöht ein Volk, aber die Sünde ist der Leute Verderben!‹ Das ist die ewige Wahrheit.

Christen sind es schuldig, der Obrigkeit Gehorsam zu leisten, soweit sie nicht verlangt, was gegen Gottes Gebot ist. Christen sind es schuldig zu widerstehen, wenn es von ihnen verlangt wird,was wider das Evangelium ist.

Es ist der Kirche aufgetragen, das Wort des lebendigen Gottes allem Volk zu verkündigen, nicht nur denjenigen, die zum Gottesdienst der Gemeinde zusammenkommen.

Christus spricht: ›Was ihr höret in das Ohr, das predigt auf den Dächern!‹ ›Gehet hin in alle Welt und predigt das Evangelium aller Kreatur.‹ An dieses Wort ist die Kirche gebunden. Wir wenden uns an die Obrigkeit im deutschen Volk.

Eindeutig hat die Reichsregierung versprochen, daß sie das Christentum als Basis der gesamten Moral in ihren festen Schutz nehmen will. Ebenso klar ist das Wort, das am 21. März 1933 vor dem Deutschen Reichstag gesprochen worden ist: ›Die Rechte der Kirche bleiben bestehen, an ihrer Stellung wird nichts geändert!‹

Schutz für das Evangelium kann nicht bedeuten, daß das Evangelium von menschlicher Macht beschützt werden müsse. Das Evangelium steht in eines Höheren Schutz! Es muß aber bedeuten, daß Verunglimpfung des Evangeliums von dem öffentlichen Leben des deutschen Volkes ferngehalten und daß unserer Jugend der Glaube, den die Kirche bezeugt, nicht systematisch zerstört wird. Das fordern wir im Namen des lebendigen Gottes von allen, die in Deutschland ein Amt haben.

Wir müssen das Recht haben, dem deutschen Volk den Glauben seiner Väter in aller Öffentlichkeit und Freiheit zu bezeugen. Die fortgesetzte Bespitzelung der kirchlichen Arbeit muß aufhören. Die Verbote kirchlicher Versammlungen in öffentlichen Räumen müssen fallen. Die Fesseln, die der kirchlichen Presse und Liebestätigkeit angelegt sind, müssen gelöst werden. Es muß vor allem aufhören, daß staatliche Stellen sich unausgesetzt in das innere Leben der Kirche einmischen, die durch ihr Lehren und Handeln die Zerstörung der evangelischen Kirche bewirken. Es muß aufhören, daß durch Aufmärsche, Festzüge, Kundgebungen und sonstige Veranstaltungen gerade am Sonntagvormittag der Besuch des Gottesdienstes vielen evangelischen Christen unmöglich gemacht wird. Es muß gefordert werden, daß die deutsche Jugend nicht durch politischen und sportlichen Dienst so in Anspruch genommen wird, daß das christliche Familienleben darunter Schaden leidet und für die kirchliche Betreuung kein Raum mehr bleibt.

In dem allen geht es um das Daseinsrecht der Kirche Jesu Christi in dieser Welt. Wir bitten alle Obrigkeit im deutschen Volk, mit Ernst zu bedenken, daß sie Rechenschaft geben muß vor dem lebendigen Gott für alles, was sie tut. Wir beschwören sie, hinfort nichts zu tun und nichts zuzulassen, was wider Gottes Gebot und wider die Freiheit des in Gott gebundenen Gewissens ist!

Wir wenden uns an die gesamte evangelische Christenheit Deutschlands. Wir bitten sie, getreu den Mahnungen des Evangeliums: Lasset euch nicht verbittern gegen Staat und Volk, wenn ihr um des Gewissens willen leiden müßt!

Immer und unter allen Umständen ist der evangelische Christ seinem Staate und seinem Volke Treue schuldig. Auch das ist Treue, wenn der Christ einem Gebot, das gegen Gottes Wort ist, widersteht und seine Obrigkeit dadurch zum Gehorsam gegen Gott zurückruft.

Wir bitten alle evangelischen Christen, sich der heranwachsenden Jugend anzunehmen und ihr die Ehrfurcht vor dem Evangelium zu erhalten, das in einer tausendjährigen Geschichte dem deutschen Volk Kraft und Halt gab.

Wir rufen alle evangelischen Christen auf, fest und offen das Evangelium von Jesus Christus zu bekennen. In dieser Stunde der Entscheidung will Jesus Christus aufrechte Bekenner und entschlossene Jünger und Jüngerinnen haben. Jetzt gilt das Wort: ›Wer mich bekennt vor den Menschen, den will ich auch bekennen vor meinem himmlischen Vater!‹ Wir rufen die Diener der Kirche auf, das Evangelium von Jesus Christus ohne Kompromisse und ohne Menschenfurcht zu bezeugen. Viele Pfarrer und Laien haben in diesen Jahren um des Glaubens willen gelitten, haben zum Teil im Gefängnis und im Konzentrationslager gesessen, Ausweisungen u.a. erdulden müssen. Wir wissen nicht, was uns noch bevorsteht. Aber was auch komme – wir sind gebunden an den Gehorsam gegen unseren himmlischen Vater! Laßt uns tun, was uns geboten ist, und laßt uns des fröhlichen Glaubens leben, daß Menschen, die nur Gott fürchten und sonst nichts auf der Welt, die besten Diener ihres Volkes sind.

Wir erheben die Hände zu Gott, dem Vater und dem Sohne und dem Heiligen Geist:

Nimm dich unseres Volkes gnädig an! Laß deine Wahrheit bei uns bleiben! Hilf du ihr zum Siege! Amen.

Der Bruderrat der Bekenntnissynode der DEK

Koch, Asmussen, D. Dürr, v. Arnim-Kröchlendorff, Müller (Heiligenstadt), Tramsen, L. Steil, Martin Richter, Hans Iwand, von Soden, Hesse, Middendorf, Berger, von Thadden, Remé, Niemöller, Jacobi, Kloppenburg, Humburg, W. Pressel

Die Vorläufige Leitung der DEK Müller, P. Albertz, Forck, Fricke, Böhm«[114]

In den Tagen der Bekanntgabe dieser Verlautbarung war die Auseinandersetzung zwischen Christentum und pseudoreligiöser nationalsozialistischer Weltanschauung mit einer bis dahin nicht gekannten Heftigkeit entbrannt. Der SS-Gruppenführer Heydrich sah in der Kirche nach den Juden den Staatsfeind Nr. 2. Der Reichsleiter der NSDAP Dr. Ley und der Reichspropagandaminister Dr. Goebbels glauben »allein an Adolf Hitler« und an »das allein seligmachende Deutschland«. Der in Pommern residierende SS-Gruppenführer Schulz beendete seine Ansprachen oft mit: ». . . denn unser ist das Reich und die Kraft, denn wir haben die starke Wehrmacht, und die Herrlichkeit, denn wir sind wieder ein angesehenes Volk, in Ewigkeit. Heil Hitler!«

In der obigen Verlautbarung finden wir Äußerungen, die Paul Schneider schon früher offen ausgesprochen hatte und deretwegen er von der NSDAP beim Konsistorium angeklagt war. Auf dem Höhepunkt der Auseinandersetzung zwischen der Bekennenden Kirche und der nationalsozialistischen Weltanschauung ist eine Äußerung bezeichnend, die ›Bischof‹ Dr. Heinrich Oberheid am 26. April 1936 auf einer Kreistagung der »Deutschen Christen« in Jena machte:

---

114   *Schmidt, K.-D.*, Dokumente des Kirchenkampfes II/2, 1965, S. 984.

»Das Neue Testament kann nicht als Anhängsel des Alten betrachtet werden. Es ist kraß, daß man die Botschaft des Neuen Testaments mit den Augen des Alten Testaments liest. Luther hat eine jahrhundertelange Tradition beiseite geschoben und ist durchgestoßen zur Schrift. Wir haben 400 Jahre lang weitergeforscht und sind durchgestoßen zum Heiland. Diese 400 Jahre Geistesarbeit dürfen nicht unterschlagen werden. Wir sind durchgestoßen zum Heiland, denn er ist das Wort Gottes und nicht die ganze Schrift. Wir werden das Alte Testament entfernen, wir werden auch das Neue Testament kritisch untersuchen. Der Jude Paulus kann kein Maßstab sein, ebensowenig wie irgendwelche Bekenntnisse der Vergangenheit. Wir werden auch viele, viele Stellen aus dem Neuen Testament vor den Richterstuhl fordern.«[115]

Die Nationalsozialisten arbeiteten zielbewußt auf eine in ihrem Sinne fallende Entscheidung in der Kirchenfrage hin. Dabei war die Unruhe, die sie in die Kirche hineingetragen hatten, ein bewährtes Mittel zur Erreichung ihres Ziels.

Zwei Gruppen hatten sich innerhalb der nationalsozialistisch-politischen Hierarchie gebildet, die zwar unterschiedliche Wege beschritten, aber gleiche Zielvorstellungen hatten, nämlich die Liquidierung der Kirche:

1. Die Gruppe um den Reichskirchenminister Hanns Kerrl steuerte einen staatskirchlich-zentralistischen Kurs, um die evangelische Kirche der NS-Staatsgewalt unterzuordnen.

2. Eine andere Gruppierung, die sich um Himmler und Rosenberg zusammengefunden hatte, zu der sich dann auch Bormann gesellte, arbeitete auf eine sofortige völlige Isolierung der Kirche hin, um sie auf dem Verordnungsweg ausschalten zu können.

Solche und ähnliche Absichten konnten im Volk nicht unerkannt bleiben, denn was die ›Oberen‹ dachten und taten, fand seine Entsprechung auf der unteren Parteiebene bei den linientreuen Parteigenossen. Diese wollten ihre Staatsergebenheit dokumentieren, um so auch an der staatlichen Macht teilhaben zu können.

Paul Schneider, der ganz hinter der Verlautbarung des Bruderrats der Bekennenden Kirche steht – und zwar nicht aus kirchenpolitischer Leidenschaft, sondern aus seelsorgerlicher Verantwortung für seine Gemeinde –, gerät sehr bald in eine Situation, in der es gilt, dem in die Gemeinde einbrechenden bekenntnisfeindlichen, unchristlichen Geist zu widerstehen.

115   Ebd, II/1, S. 621.

Es rumort in Womrath

Ein Landwirt aus Womrath, Parteigenosse der NSDAP und »Deutscher Christ«, will die bekenntnisgebundene Einheit der Kirchengemeinde Dickenschied und Womrath sprengen, um den »Deutschen Christen« Eingang in die Dörfer zu verschaffen. Verantwortlich dafür ist der zum extremen Flügel der »Deutschen Christen« zählende Pfarrer Dr. Wippermann aus Kreuznach.

In diesem Zusammenhang muß man wissen, daß die evangelischen Kirchengemeinden auf dem Hunsrück in sich festgefügte, vom Bekenntnis der Reformation getragene Gemeinschaften waren, in denen die Presbyterien ein besonderes Gewicht hatten. Die »Deutschen Christen« wollten mit allen Mitteln die jeweilige Autorität dieser bekenntnisorientierten Presbyterien erschüttern, um sie aus ihren überkommenen Bindungen und Verantwortlichkeiten zu lösen. Hierzu suchten sie Gelegenheiten, die ihnen die Parteigenossen der NSDAP lieferten. Folglich schreibt der Landwirt aus Womrath an Paul Schneider nach Dickenschied und schreckt dabei auch vor Unterstellungen nicht zurück:

»Sehr geehrter Herr Pfarrer!
Da Sie – wie Sie mir sagten – mich als ein faules Glied der Gemeinde ausstoßen wollen und ich noch über meinen Sohn Vater bin, kann ich meinen Sohn nicht mehr zu Ihnen in den Unterricht schicken, es geht gegen mein Gewissen und meine Ehre als Vater. Ich bitte Sie deshalb, mir einen Schein zu geben, damit ich meinen Sohn zu einem anderen Pfarrer in den Unterricht schicken kann.

Heil Hitler!
Ernst Scherer«

Paul Schneider antwortet im Februar 1937:

»Sehr geehrter Herr Scherer!
Auf Ihre zweimalige Bitte um einen Schein für Ihren Sohn Hermann zwecks Umschulung im kirchlichen Unterricht habe ich Ihnen folgendes mitzuteilen:
Mein letzter Besuch bei Ihnen aus Anlaß der Krankheit Ihrer Tochter Hilde und die dabei mit Ihrer Frau und Ihnen selbst gehabte Unterredung war eine seelsorgerliche Angelegenheit, die ich als Pfarrer persönlich mit Ihnen auszutragen suchte. Ich selber kann Sie gar nicht, wie Sie schreiben, aus der Kirchengemeinde ausstoßen, das habe ich Ihnen ausdrücklich gesagt. Ausstoßen kann Sie auch das Presbyterium nicht. Aber dieses kann und muß Sie unter Kirchenzucht nehmen, wenn Sie bei Ihrer Haltung verharren.
Ausdrücklich hat das Presbyterium am 16. April 1936 im Rahmen der geltenden Rheinisch-westfälischen Kirchenordnung beschlossen, die Väter unter Kirchenzucht zu nehmen, die ihre Kinder einem anderen als dem rechtmäßigen Unterricht zuführen oder dieselben von dem Unterricht der Gemeinde fernhalten.
Ein Entlassungsschein oder Dimissoriale für Ihren Sohn Hermann könnte von uns nur ausgestellt werden, wenn Sie angeben und nachweisen können, daß Sie Ihren Sohn einem anderen bekenntniskirchlichen Unterricht zuführen . . . Das ist nicht Ihre Absicht, da Sie die Bekennende Kirche in ihrer Rechtmäßigkeit bestrei-

ten. Zu einem anders ausgerichteten Gemeindeleben haben wir keine direkten kirchlichen Beziehungen mehr, können also auch keinen Überweisungsschein ausstellen.

Da Sie außerdem meinen seelsorgerlichen Besuch bei Ihnen zum Anlaß genommen haben, Ihren Sohn aus dem kirchlichen Unterricht fernzuhalten, würden wir uns selber ins Unrecht setzen und Sie in Ihrer das kirchliche Gemeindeleben verachtenden und der ganzen Gemeinde Ärgernis bietenden Haltung bestärken, wollten wir Ihnen einen Überweisungsschein schreiben.

Ich fordere Sie hierdurch als Ihr Pfarrer und Seelsorger auf, Ihr Kind unverzüglich dem rechtmäßigen Unterricht zuzuführen. Andernfalls zwingen Sie mich, diesen Fall und Ihr ganzes Verhalten dem Presbyterium zur weiteren kirchenzuchtlichen Behandlung zu übergeben.

Mit freundlichem Gruß!

Schneider, Pfarrer«

Bevor wir die Vorgänge in Womrath weiterverfolgen, soll uns zunächst der Fragenkomplex der Kirchenzucht beschäftigen:

1. Johannes Calvin, dessen theologische Aussagen die Gemeinden von Dickenschied und Womrath mit geprägt haben, schreibt:

».. . Es gibt nun aber Leute, denen vor lauter Haß gegen die Zucht auch schon der Name widerwärtig ist. Die sollen folgendes wissen: Wenn keine Gemeinschaft, ja kein Haus, in dem auch noch so wenige Hausgenossen miteinander leben, ohne Zucht im rechten Stande erhalten werden kann, so ist solche Zucht doch viel notwendiger in der Kirche, deren Zustand noch gebührenderweise so geordnet sein muß, wie eben möglich. Wie also die heilbringende Lehre Christi die Seele der Kirche ist, so steht die Zucht in der Kirche an der Stelle der Sehnen: Sie bewirkt, daß die Glieder des Leibes, jedes an seinem Platz, miteinander verbunden bleiben. Jeder also, der da begehrt, die Zucht solle abgeschafft werden, oder ihre Wiederherstellung hindert, der sucht, ob er das nun absichtlich tut oder aus mangelnder Überlegung, unzweifelhaft die völlige Auflösung der Kirche. Denn was soll wohl geschehen, wenn jeder tun darf, was ihm gefällt? Ebendies muß aber eintreten, wenn zur Predigt der Lehre nicht persönliche Einzelermahnungen, Zurechtweisungen und andere Hilfsmittel dieser Art hinzutreten, welche die Unterweisungen stützen und sie nicht wirkungslos bleiben lassen. Die Zucht ist also gleichsam ein Zügel, mit dem alle die zurückgehalten und gebändigt werden sollen, die sich trotzig gegen die Lehre Christi erheben, oder auch gleich einem Sporn, um die gar zuwenig Willigen auszutreiben, zuweilen aber auch gewissermaßen eine väterliche Rute, mit der solche, die sich ernstlich vergangen haben, in Milde und im Einklang mit der Sanftmut des Geistes Christi gezüchtigt werden sollen. Weil wir denn nun in der Kirche bereits anfangsweise eine schreckliche Verwüstung hereinbrechen sehen, die darauf zurückgeht, daß man keine Sorgfalt und Überlegung darauf wendet, das Volk in Schranken zu halten, so sagt uns die Not selber schon laut und deutlich, daß ein Heilmittel vonnöten ist. Das einzige Heilmittel aber ist das, das Christus verordnet hat und unter den Frommen im Gebrauch gewesen ist.«[116]

Martin Luther hat sich ebenfalls mit der Frage der »Kirchenzucht« beschäftigen müssen; er kommt zu folgendem Ergebnis:

116 *Calvin, J.*, Institutio IV/12, Bd. 1, S. 213.

».. . Diesen äußerlichen Bann, klein und groß, hat Christus eingesetzt Matth. 18,15ff: ›So dein Bruder wider dich sündigt, straf ihn zwischen dir und ihm allein. Höret er dich, so wirst du deinen Bruder gewonnen haben. Höret er dich nicht, so nimm noch einen oder zween oder dreier Zungen Rede. Höret er sie nicht, so sag es der ganzen Gemeinde der Kirchen. Höret er die Kirchen nicht, so halt ihn als einen Heiden und Zöllner . . .‹
Wie der Bann getan sein soll: Zum ersten, daß wir nicht Rache noch unsern Nutz suchen sollen, wie jetzt allenthalben ein schädlicher Brauch ist, sondern die Besserung unseres Nächsten. . ., denn der Bann kann nichts anders sein denn eine gütige, mütterliche Geißel, auf den Leib und zeitlich Gut gerichtet, womit niemand zur Hölle gestoßen, sondern mehr herausgezogen wird und gezwungen von der Verdammnis zu seiner Seligkeit . . . Aber den Tyrannen, die nicht mehr denn ihre Gewalt, Furcht und Gewinn darinnen suchen, kann er nicht ohn greulich Schaden abgehn, denn sie verkehren den Bann und sein Werk und machen aus der Arznei ein Gift . . .«[117]

Paul Schneider hat die Kirchenzucht bzw. Bußzucht, wie Luther sagt, als »mütterliche Geißel« verstanden, um den Nächsten vor dem ewigen Tod zu bewahren. Es war die Sorge um den Nächsten, die Paul Schneider und die Presbyterien zum Nachdenken über die Bußzucht trieb.
Die Gedanken der Reformatoren sind in die rheinisch-westfälische Kirchenordnung von 1923 in Abschnitt VI eingeflossen. Diese Kirchenordnung war zur Amtszeit von Paul Schneider verbindliches Kirchenrecht:

»51:   Es ist beschlossen, 1. daß anstößig und lasterhaft wandelnde Glieder der Gemeinde, nachdem sie durch die Seelsorge nicht haben zur Besserung gebracht werden können, die den christlichen Glauben ausdrücklich verwerfen und verspotten, als welche der christlichen Gemeinde ein Ärgernis geben, vom Presbyterium oder vom Pfarrer im Namen des Presbyteriums ernstlich und freundlich vermahnt werden sollen; 2. daß solche, die ungeachtet der erfolgten Vermahnungen einen notorisch lasterhaften und ärgerlichen Lebenswandel oder den vorher bezeichneten Ausdruck ihres entschiedenen Unglaubens fortsetzen und dadurch fortwährend das christliche Gemeindegefühl sowie die Ehre der christlichen Gemeinschaft verletzen, durch das Presbyterium so lange vom Genusse des heiligen Abendmahls und dem Rechte, Taufpaten zu sein, ausgeschlossen werden sollen, bis sie das Versprechen eines bessernden und die Probe eines gebesserten Lebenswandels abgelegt haben. Der Rekurs an den Kreissynodalvorstand bleibt dem Ausgeschlossenen offen.«

Der Heidelberger Katechismus war und ist bis heute das Bekenntnisbuch der Kirchengemeinden Dickenschied und Womrath. Die dort aufgewachsenen evangelischen Gemeindeglieder sind mit ihm vertraut und kennen die Fragen 81 bis 85 des Katechismus:

»Frage 81: Welche sollen zum Tische des Herren kommen?
Die sich um ihrer Sünden wollen mißfallen und doch vertrauen, daß dieselben verziehen und die übrige Schwachheit mit dem Leiden Christi bedeckt sei; begehren auch je mehr und mehr ihren Glauben zu stärken und ihr Leben zu bes-

---

117 *Luther, M.*, Ein Sermon vom Bann, Münchener Ausg. Bd. 1, S. 399ff.

sern. Die Unbußfertigen aber und Heuchler essen und trinken sich selber das Gericht.

Frage 82: Sollen aber zu diesem Abendmahl auch zugelassen werden, die sich mit ihrem Bekenntnis und Leben als Ungläubige und Gottlose erzeigen?
Nein; denn es wird also der Bund Gottes geschmäht und sein Zorn über die ganze Gemeinde gereizt; deshalb ist die christliche Kirche schuldig, nach der Ordnung Christi und seiner Apostel solche zur Besserung ihres Lebens durch das Amt der Schlüssel auszuschließen.

Frage 83: Was ist das Amt der Schlüssel?
Die Predigt des heiligen Evangeliums und die christliche Bußzucht, durch welche beiden Stücke des Himmelreich den Gläubigen aufgeschlossen und den Ungläubigen zugeschlossen wird.

Frage 84: Wie wird das Himmelreich durch die Predigt des heiligen Evangeliums auf- und zugeschlossen?
Also, daß nach dem Befehl Christi allen und jedem Gläubigen verkündigt und öffentlich bezeugt wird, daß ihnen, sooft sie die Verheißung des Evangeliums mit wahrem Glauben annehmen, wahrhaftig alle ihre Sünden von Gott, um des Verdienstes Christi willen, vergeben sind; und hinwiederum allen Ungläubigen und Heuchlern, daß der Zorn Gottes und die ewige Verdammnis auf ihnen liegt, solange sie sich nicht bekehren: Nach welchem Zeugnis des Evangeliums Gott beide in diesem und dem zukünftigen Leben urteilen will.

Frage 85: Wie wird das Himmelreich zu- und aufgeschlossen durch die christliche Bußzucht?
Also, daß nach dem Befehl Christi diejenigen, so unter dem christlichen Namen unchristliche Lehre oder Wandel führen, nachdem sie etlichemal brüderlich vermahnt sind und von ihren Irrtümern oder Lastern nicht abstehen, der Kirche oder denen, so von der Kirche dazu verordnet sind, angezeigt und, so sie sich an derselben Vermahnung auch nicht bekehren, von ihnen durch Verbietung der heiligen Sakramente aus der Gemeinde und von Gott selbst aus dem Reich Christi werden ausgeschlossen; und wiederum als Glieder Christi und der Kirche angenommen, wenn sie wahre Besserung verheißen und erzeigen.«

Während des Kirchenkampfs hat sich auch Dietrich Bonhoeffer zur »Bußzucht« geäußert:

»Gemeindezucht ist die notwendige sichtbare Folge der rechten Ausübung des Schlüsselamtes innerhalb der Gemeinde. Die neutestamentliche Gemeinde kennt hier eine lange Stufenreihe der Zuchtübung. Der Ursprung aller Zuchtübung ist die Predigt des Wortes nach beiden Schlüsseln. Diese Verkündigung ist aber nicht beschränkt auf die gottesdienstliche Versammlung. Vielmehr ist der Amtsträger, ›der im Hause Gottes wandelt‹ (1. Tim. 3,15), nirgends von seinem Auftrag entbunden. ›Predige das Wort, halte an, es sei die Zeit günstig oder ungünstig, strafe, drohe, ermahne mit aller Geduld und Lehre (1. Tim. 4,2). Der Amtsträger, der die Schlüsselgewalt übt, soll als Seelsorger im täglichen Umgang mit seiner Gemeinde Zucht üben. Das gehört zu seinem Amt, es ist der Beginn der Kirchenzucht . . . Fällt nämlich ein Bruder in offenbare Sünde des Wortes oder [der] Tat, so muß die Gemeinde die Kraft haben, das eigentliche Gemeindezuchtverfahren gegen ihn einzuleiten. Dieses besteht in drei Stücken: Die Gemeinde muß die Kraft haben, sich vom Sünder zu trennen. ›Habt nichts mit ihm zu schaffen‹ (1. Tim. 5,14). ›Weichet von ihnen‹ (Röm. 16,17). ›Ihr sollt auch nicht mit ihnen essen‹ (Abendmahl, 1. Kor. 5,11). ›Meide solche‹ (2. Tim. 3,5; 1. Tim. 6,5). ›Wir gebieten euch aber, liebe Brüder, im Namen unseres Herrn Jesus Christus, daß ihr euch entzieht von jedem Bruder, der da unordentlich wandelt und nicht nach der Satzung, die ihr von uns empfangen habt‹ (2. Thess. 3,6). Dieses Verhalten der Gemeinde ist dazu da, um den Sünder ›schamrot‹ werden zu lassen (2. Thess. 3,14) und ihn dadurch zurückzugewinnen . . . Der Sünder bleibt noch Bruder und erfährt eben darum Strafe und Vermahnung der Gemeinde. Es ist barmherzige Brüderlichkeit, die die Gemeinde Zucht üben läßt . . .«[118]

Die Kirchenzucht/Bußzucht war somit keine Erfindung der Presbyterien von Dickenschied und Womrath, sondern Bestandteil der Ordnung einer an Jesus Christus gebundenen Gemeinde. Der Rheinisch-Westfälische Gemeindetag »Unter dem Wort«, an dem Paul Schneider am 18. März 1934 mit einigen Presbytern teilgenommen hatte, vergab das Thema »Die Zucht der Kirche und ihre Verheißung« als Auftragsarbeit zur weiteren Klarstellung. Paul Schneider hat die später veröffentlichte Schrift mit größter Sorgfalt durchgearbeitet und dabei das Für und Wider der Kirchenzucht, das in dieser Schrift offen ausgebreitet wurde, bedacht.

In ihr heißt es u.a.:

»... 1.   Den Menschen soll die Vergebung gepredigt werden, in der Gemeinde muß Frieden herrschen, das Band der Liebe darf nicht zerschnitten werden, kurzum: Ruhe ist die erste Bürgerpflicht!
Wie sollte die Kirche die Aufgabe haben, über bestimmte Menschen den Bann zu verhängen, die das Amt hat, den Menschen die Vergebung zu predigen? Wie könnte die Kirche so unbarmherzig sein, diesem ihrem Auftrag so ungetreu, daß sie es wagen sollte, eine Scheidewand aufzurichten zwischen sich und denen, die sie für offenbare Sünder hält, sie, die ihre Tore weit aufmachen sollte und nicht fragen, ob Jude oder Heide, ob Sünder oder Gerechter? Macht sie nicht ihre eigene Verkündigung unglaubhaft, wenn sie den einen ausscheidet aus ihrer Gemeinschaft und den andern nicht, sie, die doch berufen ist, allen Menschen das Heil zu verkündigen? Verstößt die Kirchenzucht nicht gegen die ungefärbte Liebe, die von uns gefordert ist?
... 2.   Ein zweiter Einwand erhebt sich aus dem Bedenken, daß die Kirche in einen ihr Wesen leugnenden Pharisäismus verfalle, wenn sie sich ein Urteil über den Lebenswandel eines anderen anmaßt. Wirft sich nicht die Kirche zum Richter auf über eine Sache, über die nur Gott richten kann? Ergreift sie nicht ein Amt, das ihr untersagt ist: Richtet nicht, auf daß ihr nicht gerichtet werdet? Muß die Kirche nicht in Ungewißheit und Dunkelheit tasten, im Glauben und nicht im Schauen ihren Weg gehen und warten, geduldig auf den Tag Jesu warten, daß der Herr die Scheidung in die Reinen und die Unreinen vollziehe, Spreu vom Weizen sondere, was wir nicht können und dürfen? . . . Ist die Kirchenzucht nicht einfach aus dem Grunde abzulehnen, weil sie irren kann? . . . Wie wollen wir armen, elenden, fehlsamen Menschen wissen, welche Gedanken Gott über den Sünder hat. Wie sollen wir wissen, daß wir nicht aus Irrtum und Verblendung handeln, sondern im Gehorsam, wie sollte die Kirche Zucht üben, die eine Kirche der gerechtfertigten Sünder sein will? . . .
3.   Und schließlich wird man einwenden: Kirchenzucht ist heute unmöglich.

118   *Bonhoeffer, D.*, Gesammelte Schriften, Bd. III, S. 374.

Die Kirche der Reformation ist eine Volkskirche geworden. Sie hat zwar noch ein Bekenntnis, in dem auch stets die Übung der kirchlichen Zucht gefordert wird, aber die Geltung dieses Bekenntnisses hat notwendig etwas von ihrer Kraft einge-büßt . . . Gewiß ein ernstes Bedenken, was kann man dagegen schon sagen? Es wird nichts anderes dienlich sein, als daß wir uns kurz auf das Wesen der Kirchen-zucht besinnen . . .

1. Kirchenzucht ist notwendig um der Wahrheit und Gewißheit der Verge-bung der Sünden willen. Dem Einwand gegen die Kirchenzucht, daß Gott die Liebe sei und die Kirche die Vergebung zu predigen habe, ist entgegenzuhalten: Gerade dann, wenn die Kirche die Vergebung predigt, muß die Predigt gewißma-chen, indem sie auch die Bindung der Sünde predigt für den, der nicht zur Buße bereit ist. Gerade um der Wirklichkeit der Liebe Gottes zu den Menschen willen muß es deutlich werden, daß uns diese Liebe zuteil wird, wenn wir Buße tun, wenn wir unsern Sinn ändern. Es ist keine Liebe, wenn die Kirche den Menschen darüber in Zweifel läßt, ob er nun wirklich glauben könne, daß ihm die Sünden vergeben seien, wo doch sein Bruder, der etwas wider ihn hat oder gegen den er etwas hat, auch am Mahl des Herrn teilnimmt. Es ist keine Liebe, wenn die Kirche die Menschen darüber im ungewissen hält, daß man wirklich nur im Gehorsam gegen die heilige Schrift leben und selig werden kann . . . Die Kirche, die keine Zucht kennt, betrügt ihre Glieder und die Welt um die Gewißheit und den Ernst der Sündenvergebung . . . Mit welchem Recht stellt man in der Kirche der Refor-mation die Gewißheit der Vergebung zurück? Mit welchem Recht begibt man sich in Wort und Tat des Anspruchs, daß es hier ernst ist? Mit welcher ›Mensch-lichkeit‹, mit welcher Humanität will man es vereinbaren, daß man Gottes Wort als ein ungewisses, als ein vielleicht und unter Umständen glaubhaftes verkün-digt? Welche Liebe welches Gottes meint man, welche Vergebung welcher Sün-den, wenn man nicht mehr wissen und glauben will, daß der Kirche das Amt der Schlüsselgewalt, Sünde zu behalten und zu vergeben, aufgetragen ist und sie die-ses Amt auf alle Gefahr hin – die wahrlich nicht unterschätzt werden soll – zu war-ten hat? Welche Liebe ist es, die einen Menschen darüber hinwegtäuschen will, daß er die Gemeinde verstört hat, daß er der Gemeinde Ärgernis gibt durch sei-nen Wandel? . . .

2. Noch von einem anderen Gedanken her ist die Kirchenzucht in einer wah-ren Kirche unentbehrlich. Gott hat seine Ehre darin gesucht, daß er seinen Sohn auf diese Welt sandte, damit er sich eine Gemeinde auserwählte, durch die er ge-ehrt wird. Was in der Gemeinde Christi geschieht, was vorgeht in der Gemein-schaft derer, die das Wort Gottes hören und verkündigen, ist nicht gleichgültig, ist nicht etwas, was nur die Menschen anginge, sondern es geht den lebendigen Gott an. Wenn die Gemeinde Christi geschmäht wird, wird er geschmäht . . . Die Frage ist nicht so echt gestellt: Wie kann die Kirche eine Zucht ausüben? Im Vorder-grund steht die andere, wichtigere Frage: Wie kann die Kirche dulden, wenn sie und damit die Ehre ihres Herrn geschmäht wird durch offenbare Sünden und das Ärgernis, das ihre eigenen Glieder erregen? Eine Kirche, die hier nicht weiß, daß sie die heilige Kirche des dritten Artikels nicht nur glauben, sondern nach Kräften sein soll, weil sie sie ist, begibt sich des Anspruches, an die Welt heranzutreten mit der Verkündigung der Vergebung der Sünden, denn sie weiß nicht mehr um den Ernst der Sünde und um die Heiligkeit des Zornes.

Um der Wahrheit willen muß die Kirche den unbußfertigen Sünder aus ihrer Gemeinschaft ausschließen.

Um der Liebe willen darf sie die Frage nach den Sünden nicht ohne Antwort lassen, sonst macht sie sich der Vergebung ungewiß.

3. Es bleibt die Frage übrig: Woher nimmt die heutige Kirche mit all ihren vorhandenen Schäden und Mängeln das Recht, Kirchenzucht im Einzelfall zu üben? Können wir fehlsamen Menschen, die wir unsere Schwachheiten und Lei-denschaften nur zu gut kennen, es wagen, die Kirchenzucht wieder in die Hand zu

nehmen . . .? Zu all diesem ist zuerst und vor allem zu sagen: Die Kirche hat den Auftrag des Herrn! All denen, die so große Angst vor der Wiedereinführung der Kirchenzucht haben, die der Kirche die Frage nach ihrer Vollmacht immer wieder mit so verdächtiger Leidenschaft stellen, ist zu sagen: Mit welchem Recht und in welcher Vollmacht hält man die Worte von Matth. 18,15ff für verbindlich? Wer gibt uns das Recht, weil wir in die Schwierigkeiten und Nöte der Kirchenzucht einen besonderen Einblick zu haben meinen, zu erklären, wir wollten den Gehorsam gegen Matth. 18,15ff auf gelegenere Zeiten verschieben? Mit welchem Recht will man alles, was die Reformatoren über die Kirchenzucht gesagt haben . . ., einfach unter dem Tisch fallen lassen? Die Kirche hat den Auftrag, das Wort Gottes ganz unverkürzt zu predigen, und dazu gehört wahrlich auch Matth. 18. Sie hat sich in ihrem Leben und in ihrem Wandel nach diesem Worte zu richten.«[119]

Ein später in diesem Buch wiedergegebenes Dokument wird zeigen, daß Paul Schneider die Aussagen des Neuen Testaments zu unserem Fragenkomplex ernst genommen hat und dieses Ernstnehmen letztlich im Konzentrationslager Buchenwald mit seinem Leben bezahlen mußte. Die Auseinandersetzung mit dem deutsch-christlich geführten Konsistorium in Düsseldorf im Bunde mit der Geheimen Staatspolizei auf der einen Seite und Paul Schneider mit seinen Presbyterien von Dickenschied und Womrath auf der anderen Seite zeigt, wie er um das einzelne Glied seiner Gemeinde gerungen hat.

Ein schwerer Konflikt bahnt sich an

In der zur Amtszeit von Paul Schneider gültigen Kirchenordnung vom 6. November 1923 war festgeschrieben: »Die Erteilung des Losscheines ist dem pflichtgemäßen Ermessen des Pfarrers anheimgestellt« (75, in Abs. 1).

Solange der Landwirt Ernst Scherer aus Womrath Glied der Evangelischen Kirchengemeinde von Dickenschied und Womrath ist, die sich der Bekenntnissynode unterstellt hat, ist für ihn nach der gültigen Kirchenordnung das im Amt befindliche Presbyterium und der amtierende Pfarrer zuständig. Daher besucht Paul Schneider die Familie Ernst Scherer wie jede andere Familie der Gemeinde. Daß solche Besuche in der kir-

119 *Hellbardt, H.*, Die Zucht der Kirche . . ., 1935, S. 23f und *Röhm, E.* und *Thierfelder, J.*, Evangelische Kirche zwischen Kreuz und Hakenkreuz, 1981, S. 54f. Der Gemeindetag verlief nicht ohne Probleme. ». . . Die örtlichen Schwierigkeiten wurden besonders deutlich bei der Teilnahme am Gemeindetag in Dortmund am 18. März. Durch Sabotage der Autobuslenker kamen alle Teilnehmer zu spät« (*Oehme, W.*, Märtyrer der evangelischen Christenheit 1933-1945, 1985, S. 162).

chenpolitisch so bewegten Zeit oft unter einer spannungsgeladenen Atmosphäre litten, hatte seinen Grund darin, daß Ernst Scherer versuchte, Paul Schneider im Gespräch auf politisches Glatteis zu führen.
Ernst Scherer hatte sich in seiner Angelegenheit an den nationalkirchlichen Pfarrer von Gemünden gewandt. Dieser wiederum setzte sich mit seinem deutsch-christlichen Amtskollegen wegen der erwähnten Aussage der Kirchenordnung in Verbindung. Pfarrer Dr. Karl Wippermann in Kreuznach wandte sich unmittelbar an den von den »Deutschen Christen« beherrschten Oberkirchenrat in Berlin-Charlottenburg. Dieser wiederum hielt Rückfrage beim Konsistorium in Düsseldorf, die wie folgt beantwortet wurde:

»An den Evangelischen Oberkirchenrat
Berlin-Charlottenburg
Betr.: Beschwerde des Pfarrers Dr. Wippermann, Kreuznach
Erlaß vom 9. 3. 1937 - E.O. III/798/37
In Anlage reichen wir die uns mit obigem Erlaß zugeleiteten Anlagen ergebenst zurück. Pfarrer Schneider in Dickenschied, der von eigenartiger psychologischer Veranlagung und dazu ein sehr eifriger Anhänger der Bekenntnisfront ist, hat verschiedentlich mit Stellen der Partei und auch mit staatlichen Organen zu Beschwerden Anlaß gegeben.
Das Konsistorium hat sich schon häufig wegen derartiger Klagen mit ihm beschäftigt. Im Jahre 1934 mußte er wegen politischer Schwierigkeiten versetzt werden. Ein hinreichender Grund zu disziplinarischem Einschreiten hat sich jedoch bisher nicht geboten.
Entgegen den Ausführungen in der Beschwerde des Herrn Pfarrer Dr. Wippermann hatte auch der Provinzial-Kirchen-Ausschuß bisher keinerlei Anlaß und vor allem auch keine rechtliche Möglichkeit, gegen Pfarrer Schneider vorzugehen.
Was den jetzigen Beschwerdepunkt angeht, so mißbilligen wir es, daß Pfarrer Schneider entgegen der Rheinisch-Westfälischen Kirchenordnung den Entlassungsschein dem Antragssteller verweigert hat.[120] Desgleichen mißbilligen wir die Gründe und die Androhung von Kirchenzuchtmaßnahmen, mit denen er es in dem Brief vom 12. 1. 1937 an Scherer getan hat.
Scherer hat sich ebenfalls bereits mit Schreiben vom 14. 2. 1937 an das Konsistorium gewandt und um Ausstellung des Losscheines gebeten. Dieser wurde ihm auch nach Erledigung einer Rückfrage durch Verfügung vom 1. 3. 1937 durch das Konsistorium erteilt. Der eigentliche Gegenstand der Beschwerde ist damit erledigt. Dem Verhalten des Pfarrer Schneider wenden wir im übrigen ständige Aufmerksamkeit zu.

Kaphahn Sp. (16. 3.)«

Nach dem bisherigen Erkenntnisstand müssen Pfarrer Dr. Wippermann und sein Amtskollege in Gemünden der Thüringer Richtung der »Deutschen Christen« zugerechnet werden. Sie spielten eine unrühmliche Rolle im Hintergrund.

120 Hier liegt ein klarer Verstoß seitens des Konsistoriums gegen die geltende Kirchenordnung vor. Vgl. zur Bemerkung »von eigenartiger psychologischer Veranlagung« *Röhm, E.*, Sterben für den Frieden, 1985, S. 230ff. Auch hier wird entschlossene Gradlinigkeit als psychologisch abartig gedeutet, eine damals beliebte Methode der Verächtlichmachung.

Die Kirchenjuristen im Düsseldorfer Konsistorium legen an die geltende Kirchenordnung deutsch-christliche Maßstäbe an und widersprechen somit Sinn und Geist dieser Ordnung. Der Landwirt aus Womrath richtet bei seiner Eingabe an das Konsistorium erhebliche Angriffe gegen Paul Schneider:

»Der Seelsorger unserer Gemeinde, Herr Pfarrer Schneider, Dickenschied, der bereits weit über den Hunsrück hinaus als hinterhältiger Gegner unserer neuen Staatsführung bekannt geworden ist, hat den inneren Frieden unseres Gemeindelebens in einer Weise hintertrieben und zerstört, die himmelschreiend ist. Der größte Teil seiner Predigten ist mit versteckten und gehässigen Angriffen gegen den Nationalsozialismus und die Regierung ausgefüllt . . . Er treibt die Jugend in Gewissenskämpfe zwischen einer judenchristlichen Religionslehre und der politischen Weltanschauung . . . Bei ihm gelten nur diejenigen als ›echte Christen‹, die eine grüne Mitgliedskarte der Bruderratskirche haben . . . Nachdem ich ferner seine ganz verschrobenen mittelalterlichen Ansichten kennenlernte und außerdem sogar erleben mußte, daß er in fanatischem Verfolgungseifer zweifelhafter Ziele . . .«

Diese Äußerungen finden wir später als Begründung dafür wieder, warum eine Ausweisungsverfügung für Paul Schneider aus der Rheinprovinz durch die Gestapo als unumgänglich angesehen wurde.

Ernst Scherer schickt seinen Sohn, nachdem er den »Losschein« vom Konsistorium erhalten hat, zum Pfarrer der »Deutschen Christen« Thüringer Richtung nach Gemünden und bezeugt damit, daß es ihm nicht um den Glauben an Jesus Christus und um das Wort Gottes, wie es im Alten und Neuen Testament überliefert ist, geht, sondern um die Belange seiner Partei, die er bei einem Thüringer »Deutschen Christen« am besten vertreten sah.

Wie schwer und gefährlich es war, mit Nationalsozialisten Gespräche zu führen, zeigt der folgende Bericht, der auch belegt, daß die schriftlichen Äußerungen Scherers in die Hände der Gestapo gelangt waren. In der späteren Koblenzer »Schutzhaft« schreibt Paul Schneider folgenden Hergang nieder:

»Meine seelsorgerlichen Anliegen: Ernst Scherer zu ermahnen, seine seit langem bestehende kirchenfremde Haltung aufzugeben. Ernst Scherer schob sofort meine bzw. die Bekennende Kirche betreffende angeblich staatsfeindliche Haltung, mein Hetzen gegen die Regierung, von dem er doch nur sehr wenig gehört haben kann, vor als Grund seiner negativen Haltung gegenüber der Kirche . . . Ich versuchte, Ernst Scherer klarzumachen, daß die angebliche staatsfeindliche Haltung der Bekennenden Kirche in gewissen Spannungen und Gegensätzen ihren Grund habe – nannte ihm das Beispiel des NS-Studentenführers Derichsweiler und wohl auch Schulungsbriefe für die Hitlerjugend und daß natürlich eine wahrhaft christliche Kirche vom Worte Gottes aus die Pflicht des Bekennens und Eintretens gegen solche unchristlichen Bestrebungen habe.

Nun zog Ernst Scherer selbst die Person Hitlers in die Debatte. Ob denn Hitler kein Christ sei? Was ich wörtlich geantwortet habe, weiß ich nicht mehr, daß ich ihm diese Frage nicht bejaht habe, steht fest! Es ist möglich, daß ich zur Beleuchtung der Frage Scherers hingewiesen habe auf Hitlers Redeschluß bei der Beisetzung Hindenburgs in Tannenberg. Es ist möglich, daß die Rede auch auf Walhalla kam von der Gemünder Beerdigungsfeier für den Hitlerjungen Karl Moog, auf die Scherer die Sprache brachte. Daß sowohl der Sturm Horst Wessel wie auch Walhalla keine passenden Begriffe und Bilder sind für unsere christliche Ewigkeitshoffnung, ist klar. Nur um Scherer dies klarzumachen, erzählte ich ihm die Anekdote zu Walhalla, die eine ausländische Zeitung (ich glaube die Times) gebracht haben soll, die ich ebensogut in diesem Augenblick hätte selber erfinden können.

Worauf es ankam: Daß ich Scherer überzeugen wollte, daß das Schicksal der christlichen Kirche nicht einfach im blinden Vertrauen in die Hand von Staat und Partei gelegt werden kann und daß solchen staatsfeindlichen Plänen und Bestrebungen gegenüber, zumal für die Partei eine andere als die christliche Weltanschauung Geltung hat, eine christliche Kirche nur eine bekennende sein kann.

Ernst Scherer hat dafür bei seiner schon lange bestehenden Kirchenfremdheit wohl kaum Verständnis aufgebracht. So ist es möglich, daß er später unser Gespräch, das verhältnismäßig freundschaftlich und friedlich geführt wurde, so verzerrt politisch gegen mich ausmünzen wollte.

Bei dem verhältnismäßig freundschaftlich und friedlich geführten Gespräch bei dem ersten meiner drei Besuche bei ihm ist es auch undenkbar, daß ich in dieser gehässigen oder verächtlichen Weise den Ausdruck ›braune Gesellschaft‹ gebraucht haben soll, als Ernst Scherer die Rede auf die Gemünder Beerdigung brachte. Darum glaubte ich zuerst auch bestreiten zu dürfen, daß ich den Ausdruck getan habe. Erst im Polizeigefängnis Koblenz am 19. 10. 1937, in den Zusammenhang der Aussagen Scherers eingeführt, glaube ich, obwohl ich mich selbst nicht auf den Ausdruck besinnen kann, die Bestreitung desselben nicht festhalten zu sollen. Man soll etwas wohl nur bestreiten, wovon man fest überzeugt ist, daß es nicht gewesen ist. Es mag sein, daß ich es gesagt habe, durch den mir gegebenen Anlaß auf die geschehene Weise vor der ganzen braunen Gesellschaft den Ernst von Tod und Ewigkeit zu bezeugen. ›Gesellschaft‹ soviel wie ›Versammlung‹. Ich bestreite die verächtliche oder gehässige Art und die Häufung der Ausdrücke; daß ich überhaupt den Ausdruck gebrauchte, halte ich für keineswegs erwiesen. Die Sache mit der Hitlerjugend und dem Unterricht muß bei einem späteren Besuch gewesen sein.«

Wider eine unchristliche Weihnachtsfeier

Am 24. Januar 1937 hält Paul Schneider eine Predigt über Lukas 2,2ff, in der er auf Fragen christlicher Erziehung eingeht und diese an drei Punkten verdeutlicht:» 1. Die christliche Erziehung ist kindgemäß. 2. Christliche Erziehung kann nur sein in dem, was Gottes ist, das ist in der Kirche Christi. 3. Christliche Erziehung kann nur eine totale, das ganze Leben des Kindes umfassende sein, oder es ist keine christliche Erziehung.«

Im Verlauf dieser Predigt erwähnt Paul Schneider, daß eine Tageszeitung einen Artikel veröffentlicht habe, demzufolge Weihnachten als germanisches Ahnenerbe und nicht mehr als ein christliches Fest zu gelten habe. Hier der Zeitungsbericht:

»Verspätete Weihnachtspost aus der Womrather Schweiz. – Am Vorabend des 4. Advent boten Mädchenarbeitslager, Gesangverein und Schulkinder in gemeinschaftlichem Wirken unter Leitung von Lehrer Sturm ein Krippenspiel dar, das nach dem Vorbild des Oberuferer Christgeburtsspiels und des ›Deutschen Krippenspiels‹ von Lienhard eigens für unsere Verhältnisse zusammengestellt war. Es wurde noch verschönt durch einige Männer-, Frauen- und gemischte Chöre und viele volkstümliche Weihnachtslieder.

Eingangs wies Lehrer Sturm in kurzen Umrissen darauf hin, daß das deutsche Weihnachtsfest unbestritten das schönste und innigste der ganzen Welt sei und daß die Züge, die uns dasselbe gerade so lieb und wert machen, nicht mit der Christianisierung zu uns hereingetragen wurden, sondern als ureigenste deutsche Wesensart von unseren germanischen Vorfahren stammen. Uns modernen und vielfach schon instinktlos gewordenen Menschen sei gleichsam ein sechster Sinn verlorengegangen, der unsern Ahnen im hohen Maße eigen war: eine innige Verkettung mit dem Leben und Weben in der Natur und eine daraus erwachsende Instinktsicherheit gegenüber den ungeschriebenen Gesetzen des Lebens; dazu eine lebhafte Phantasiebewegung, die hinter dem bloßen Leben und Naturgeschehen die gestaltenden und wirkenden Kräfte zum bildhaften Erleben bringt. Es wäre ein Segen für unser Volk, wenn wir diese Wesensart unserer Ahnen wiedergewinnen könnten.

Die anschließende Vorlesung von Selma Lagerlöffs erster Christuslegende führte tiefer in diese Gedanken ein und klang aus mit den Worten: ›Was not tut, ist, daß wir Augen haben, die Gottes Herrlichkeit sehen können.‹ Nach dem Krippenspiel erschien überraschend Knecht Rupprecht und beschenkte die Kinder mit Lebkuchenmännern und Malbüchern. Danach blieben alle noch einige Stunden unterm brennenden Adventskranz und an festlich mit Leuchtern und Tannengrün geschmückten Tischen bei Kaffee und Kuchen als Feiergemeinde im Schulsaal beisammen. Gemeinsam gesungene Weihnachtslieder und Weihnachtsgedichte der Kinder weckten Gemeinschaftsgeist und Adventsgesinnung. ›Und wenn es am schönsten ist, dann soll man abbrechen und heimgehen, dann klingt das Erlebnis am schönsten und reinsten in uns nach.‹ So mahnte die Schlußrede, die ausklang und uns sammelte unter den Worten: ›Wir tragen ein Licht im Dunkel der Nacht‹.«

Die Nationalsozialisten bemühten sich, eine von ihrer politischen Religionsauffassung geprägte Weihnachtsidee ins Volk zu tragen. Hans Baumann veröffentlichte damals sein Lied »Hohe Nacht der klaren Sterne«, das mit anderen die alten Weihnachtslieder ablösen sollte. Paul Schneider äußert sich in der Predigt u.a. so[121]:

»Ich habe aufgehorcht, und ihr habt es hoffentlich mit mir getan, was kürzlich in der verspäteten Weihnachtspost aus Womrath zu lesen stand als Charakteristik einer Weihnachtsfeier. Dort heißt es in der Wiedergabe der Rede des ›christlichen‹ Lehrers, ›daß die Züge, die uns das Weihnachtsfest so lieb und wert machen, gar nicht mit der Christanisierung Deutschlands zu uns gekommen sind‹, deutlicher gesagt, daß Weihnachten mit dem Christentum nichts zu tun habe, ›sondern als ureigenste deutsche Wesensart von unseren germanischen Vorfah-

---

121 Kopie beim Verfasser.

ren stammen‹. Ich kann nur raten und ermahnen, daß wir eine Weihnachtsfeier, auf die diese Beschreibung zutrifft, von der die Hunsrücker Zeitung vom 4. Januar geschrieben hat, nicht mehr als christliche Weihnachtsfeier ansehen können. Sie will ja auch bewußt nichts mehr mit der Kirche zu tun haben, und wir wollen aus diesem Grunde unsere Kinder von solchen und ähnlichen Feiern fernhalten. Das ist eine arge Schalkerei, christliche Erziehung ohne christliche Gemeinde und Kirche tun zu wollen. Christliche Erziehung gibt es nur in der christlichen Kirche. ›Wisset ihr nicht, daß ich sein muß in dem, das meines Vaters ist?‹«[122]

Daß Paul Schneider mit seinen Gedanken nicht allein steht, zeigt ein Bericht in den Mitteilungen des Reichsverbandes deutscher evangelischer Schulgemeinden vom Dezember 1936, der illegal als Manuskript vervielfältigt erschien.

»Wieder ist es Weihnachten geworden in deutschen Landen. Dazu ist auch in diesem Jahre viel gesagt und geschrieben worden. Wir wollen die Zahl solcher, oft recht unverbindlicher Betrachtungen nicht um eine weitere vermehren. Uns geht es um ein klares Wort an den Kreis unserer Freunde und Mitarbeiter, um ein Wort in einer klaren Sache, in unserer Sache, die heißt: biblisch-christliche Erziehung der Jugend in Haus, Schule und Gemeinde. Das heißt gerade heute mit ganz besonderem, erneutem Nachdruck: christliche Schule, um es rund heraus zu sagen: ›Schule und Bibel‹. Es wird sich in unserem Volke – vielleicht sehr bald auch für viele erkennbar – zeigen, wer diese Schule noch will oder wer bereit ist, ihr deutschgläubiges Gegenteil mitzuverantworten.

Kaum eine andere Zeit im Jahre ist so geeignet wie die weihnachtliche Jahreswende, uns die verschiedenen Fronten im Weltanschauungs- und Glaubenskampf erkennen zu lassen. Keine andere nötigt uns allerdings auch so ernst zu einer Überprüfung des eigenen Standortes wie solche letzten Tage eines abgelaufenen Jahres.

Gerade in diesen Wochen war es wieder mit aller Deutlichkeit zu merken, daß ›Deutsche Weihnacht‹ und ›Deutsche Schule‹ ganz in einer Linie liegen. Wir sollten dankbar sein für jede weitere Klärung der Lage! Wir sollten es mehr und mehr als Tatsache hinnehmen, d.h. ganz nüchtern damit rechnen und uns darauf einstellen, daß heute weite Kreise unseres Volkes vom christlichen Weihnachtsfeste nichts mehr wissen wollen, daß sie statt dessen das Brauchtum unserer heidnischen Vorfahren neu beleben möchten oder doch jedenfalls die Feier der völkischen Wiedergeburt sowie den Triumph völkischer Notgemeinschaft im Rahmen des W[inter]H[ilfs]W[erks] in den Vordergrund rücken. Das alles hat – so wertvoll es für sich sein mag – mit christlicher Weihnachtsfeier nichts mehr gemeinsam. Eins sollte uns darum klar werden: Von all den Leuten, die so oder ähnlich ›Deutsche Weihnachten‹ feiern, haben wir für eine christliche Schule auch nicht das Allermindeste mehr zu erwarten. – Wenn wir so einmal die Schulfrage im Zusammenhang mit der Weihnachtsfrage in unserer Zeit betrachten, werden wir mit Erschrecken merken, wie inhaltslos daher auch alle Zusicherungen betr. eines christlichen Charakters solcher ›Deutschen Schule‹ bereits geworden sind.

Sind wir somit auf bestem Wege, für ein christliches Weihnachten einen deutschen Weihnachtsersatz einzutauschen, so ist noch das Schlimmste dabei, daß sehr vielen Christen diese Entwicklung gar nicht einmal bewußt wird. Und dieser Sachverhalt führt uns zu ernster weihnachtlicher Selbstbesinnung. Was haben wir selbst denn aus Weihnachten gemacht? . . . Wiederum an der Schulfrage ist uns das zum Bewußtsein gekommen. – Gerade im Schutze der festlichen Vorweih-

122 Wiedergegeben in: *Schneider, P.,. . . und sollst mein Prediger bleiben*, 1966, S. 123ff.

nachts- und Weihnachtszeit haben die Gegner der christlichen Schule in manchen Orten zu einem überraschenden Angriff angesetzt. Und wir haben bei dem Versuch, zu tatkräftiger Gegenwehr aufzurufen, in mancher Gemeinde den ärgerlich-abweisenden Bescheid erhalten: Man sei mit Weihnachtsfeiern derart in Anspruch genommen, daß man sich mit der Schulfrage unmöglich zur Zeit befassen könne.

Wir erinnern uns einer ähnlichen Antwort seitens der württembergischen Kirchenleitung, die im Frühjahr dieses Jahres mit dem Hinweis auf den Ernst der Karwoche ein entschlossenes Eintreten für die christliche Schule glaubte ablehnen zu müssen. Die traurigen Folgen, die daraus für Württemberg entstanden, sind unseren Freunden bekannt . . .«

Unter Kirche versteht Paul Schneider nicht eine von Menschen für Menschen geschaffene Organisation, die sich mit religiös-weltanschaulichen, sittlichen oder moralischen Fragen unter dem Einfluß des Zeitgeistes zu beschäftigen hat. Kirche, Gemeinde Jesu Christi, ist für ihn dort existent, wo Menschen, vom Heiligen Geist angesprochen, bereit sind, in der Nachfolge Jesu zu leben und dies im Bekenntnis offen auszusprechen. Darum kann Kirche für Paul Schneider nie eine nach allgemeinpolitischen Gepflogenheiten geleitete Institution sein, die heute diese und morgen jene Färbung hat.

Die Kirche darf sich nach Paul Schneider kein äußerliches Machtgebilde aufbauen oder sich an ein solches anlehnen. Wo sie das im Verlauf ihrer Geschichte getan hat, hat sie geirrt, hat sie versagt. Die in der Kirche im Glauben an den einen Herrn vereinten Glieder sollen in der Welt wie Salz wirken, damit durch die Botschaft des Evangeliums die Gewissen geschärft und der Blick für das Reich Gottes geweitet wird.

Paul Schneider betrieb nicht politische Auseinandersetzung in der Kirche, sondern wehrte der Politik den Eingang in die Kirche. Wenn er sich für die evangelische Bekenntnisschule einsetzte, dann deshalb, weil er es als Christ nicht dulden konnte, daß die Jugend, die durch die heilige Taufe das Pfand der Gotteskindschaft erhalten hatte, durch weltanschaulich-politische Machtgruppierungen an der Einübung in den christlichen Glauben gehindert werden sollte.

Wie ernst die Presbyterien von Dickenschied und Womrath die Schulfrage nehmen, ersehen wir aus dem folgenden Schreiben:

»Das Presbyterium der
Evangelisch-Reform. Gemeinde Dickenschied
                                        Dickenschied, den 15. Februar 1937
An den
Regierungspräsidenten in Koblenz
als oberste Schulbehörde der Rheinprovinz
durch den Herrn Schulrat in Simmern
Betr.: Evangelische Schule und Lehrer Kunz in Dickenschied
Das Gesamtpresbyterium der evangelischen Kirchengemeinden Dickenschied-Womrath hat im Juli vorigen Jahres dem Herrn Schulrat in Simmern erhebliche Beschwerden über den Religionsunterricht an den evangelischen Schulen beider Gemeinden zugeleitet. Es ist uns bekannt geworden, daß der Herr

Kreisschulrat beide Schulen besucht und auch den Religionsunterricht geprüft hat. Dafür, welche Feststellungen er gemacht hat, sind wir auf die Aussagen der Kinder angewiesen. Einer Antwort ist das Presbyterium bis heute nicht gewürdigt worden.

Im übrigen ist der evangelische Charakter der Schule in Dickenschied nun weiter beseitigt worden durch den Wegfall des evangelischen Schulgebetes und seinen anderswertigen Ersatz. Ferner bemüht sich Lehrer Kunz, seine Verachtung des evangelisch-kirchlichen Gemeindelebens deutlich an den Tag zu tun und die christlich und kirchlich gesinnten Leute der Gemeinde, das ist die übergroße Mehrheit, vor den Kopf zu stoßen.

Als die Gemeinde am Donnerstag, dem 11. 2., sich ihr vertragsmäßig festgelegtes Recht auf die Benutzung des evangelischen Schulsaales erst erzwingen mußte, nachdem angeblich der Schlüssel nicht vorhanden war, machte sich der Unwille der Gemeinde gegen ihren sich noch evangelisch nennenden Lehrer in erregten Auftritten Luft, der nun auf einmal schnell hatte herbeikommen können, als die Gemeinde schon oder noch im Schulsaal war.[123]

Von dem Presbyterium erwartet die Gesamtgemeinde mit wenig Ausnahmen, daß es sich der Schul- und Lehrernot annimmt . . . .

Sollte eine evangelische Gemeinde für ihre evangelischen Schulinteressen bei den Schulbehörden kein Verständnis mehr finden, so wäre das im Interesse des Zusammengehens von Gemeinde und Schule, das ist auch Elternschaft und Schule, im Interesse des wahren Friedens und der Volksgemeinschaft, für welch letztere auch die evangelische Kirche immer keine Belanglosigkeit ist, nur sehr schmerzlich zu beklagen; dann wäre eine evangelische Gemeinde nur um so mehr genötigt, dem gegen die evangelische Lehre, den evangelischen Geist und die evangelischen Kirchen handelnden Lehrer ihrer Kinder mit den ihr gegebenen Mitteln der Gemeindezucht zu begegnen und die Eltern auf das ihnen von Gott mit ihren Kindern gegebene Recht und die Pflicht christlicher Schulerziehung hinzuweisen.

Die evangelische Gemeinde Dickenschied ist gewillt und entschlossen, bei ihrer evangelischen Gemeindeschule zu verharren, für die sie sich einen wahrhaft evangelisch gesinnten Lehrer in aller Ehrerbietung, aber auch mit allem Nachdruck von der obrigkeitlichen Schulbehörde erbittet.

Das Presbyterium der
Evangelisch-Reformierten
Gemeinde Dickenschied«

Alfred Rosenberg, seit Januar 1934 »Beauftragter des Führers für die Überwachung der weltanschaulichen Schulung der Partei und ihrer Gliederungen und Verbände«, sagte auf einer »Reichskulturtagung« 1938:

»Daß die katholische Kirche und mit ihr die evangelische Bekennende Kirche in der heutigen Formgestaltung aus dem Leben unseres Volkes verschwinden muß, darüber bin ich mir – und ich glaube das auch im Sinne des Führers sagen zu können – vollkommen klar. Der Aufbau des Lehrplanes in allen Kategorien unserer Schulen ist bereits derartig im antichristlich-antijüdischen Sinne erfolgt, daß die aufwachsende Generation vor dem schwarzen Schwindel bewahrt bleibt.«[124]

Hitler war religiös Nihilist. 1942 erklärte er vor der Generalität in seinem ostpreußischen Bunker, ohne bei dieser auch nur die leiseste Andeutung von Widerspruch hervorzurufen: »Ich bin nicht der Meinung, das et-

---

123 Das Schulgrundstück gehörte der Evangelischen Gemeinde.
124 Vgl. hierzu *Gauger,* S. 188.

was bleiben muß, was einmal war.« Im Blick auf das Christentum sagte er weiter:»Die Zeit, in der wir leben, ist die Erscheinung des Zusammenbruchs dieser Sache. Es kann noch 100 oder 200 Jahre dauern. Es tut mir leid, daß ich wie Moses das gelobte Land nur aus der Ferne sehen kann.«[125]

Paul Schneider hat, was er durch seine Haltung immer neu bestätigt, den Nationalsozialismus in seiner Scheinheiligkeit und Brutalität erkannt und daraus seine Konsequenzen gezogen. Er tritt für das Elternrecht ein, denn nach Psalm 127,3 sind Kinder ein Geschenk Gottes, für das die Eltern Gott verantwortlich sind.

Unablässig waren die Nationalsozialisten am Werk, um die biblische Botschaft aus dem öffentlichen Leben zu verbannen. So war Pfarrer Karl Steinbauer wegen Äußerungen in einer Predigt, die er als Soldat in der Weihnachtszeit 1943 während eines Genesungsurlaubs gehalten hatte, vor einem Kriegsgericht im August 1944 des Hochverrats angeklagt. In den allermeisten Fällen endete ein solches Verfahren mit einem Todesurteil. Auf Befragen während der Verhandlung berichtete er dem Kriegsgericht:

»Am 1. Mai 1937 hatte Dr. Ley in seinem Aufruf die biblische Botschaft von Buße und Gnade lächerlich gemacht. Ich habe daraufhin die Beflaggung der Kirche verweigert, weil ich zu einem Tag, der unter offensichtlicher Verhöhnung der biblischen Botschaft steht, nicht den Ort beflaggen konnte, in dem ich auftragsgemäß diese verhöhnte Botschaft zu verkündigen habe. – Die ausführliche Begründung meiner Weigerung, zu läuten und zu flaggen, hatte dann schließlich, in Nachwirkung früherer Konflikte, meine zweite Schutzhaft zur Folge. Mir wurde damals der alsbaldige Prozeß in Aussicht gestellt. Ich wurde vernommen. Der Prozeß wurde nie durchgeführt. Nach einem halben Jahr wurde ich wieder ohne irgendwelche Begründung entlassen.

Der Kriegsrichter fragte nach dem Grund meiner Einweisung ins KZ Sachsenhausen. Der Anlaß hierzu, so fuhr ich fort, war eine Predigt, die ich auf Grund des Textes vom Bethlehemitischen Kindermord über die seelische Gefährdung der Jugend in der Gegenwart gehalten habe. Ich erzählte in dieser Predigt unter anderm offen, die Leiterin des BdM habe alle höheren BdM-Führerinnen ins Hochlandlager gerufen und etwa folgendes erklärt: ›Es ist notwendig, daß ich in meinem Führerinnenkorps absolute Klarheit habe. Christentum und Nationalsozialismus verhalten sich wie Feuer und Wasser und sind unvereinbar. Wir verwerfen nicht nur den politischen Katholizismus, sondern auch den evangelischen Glauben und jegliche Form von Christentum. Deshalb muß ich von jedem eine klare Entscheidung verlangen. Freilich dürft Ihr davon öffentlich unter keinen Umständen etwas sagen. Das gibt sonst zuviel Unruhe bei den Alten. Die muß man in Ruhe lassen, bis sie sterben. Aber die Jugend muß klar vom Christentum wegerzogen werden. Darum frage ich Euch: Wofür entscheidet Ihr Euch, für den Nationalsozialismus oder fürs Christentum? Wer sich fürs Christentum entscheidet, ist eine Verräterin.‹ – Drei bekannten sich als Christen und wurden mit Schimpf und Schande zum Lager hinausgestoßen. – Auf diese gefährlichen, seelenmörderischen Machenschaften habe ich unter anderem in meiner Predigt in aller Öffentlichkeit redlich aufmerksam gemacht, weil ich, um diese Dinge wissend,

---

125 *Picker, H.*, Hitlers Tischgespräche im Führerhauptquartier, 1961, S. 115.

die Verantwortung für die Jugend der Gemeinde nicht allein tragen konnte und darum alle, die von Gott als Erzieher der Jugend eingesetzt sind, Eltern, Paten, Lehrer, zur Mitverantwortung aufrief. Es sollte wenigstens niemand sagen können, ich hätte es ihm nicht gesagt.

Acht Tage nach der Predigt, am Sonntag, dem 15. 1. 39, gegen 3 Uhr früh mag es gewesen sein, sind 10 bis 15 angetrunkene SA-Leute ins Pfarrhaus eingedrungen, haben die Haustüre gewaltsam eingeschlagen und die Fenster eingeworfen und mich aus dem Bett geholt. Ich wurde ins Gefängnis gebracht und von dort nach mehreren Wochen ins KZ.«[126]

Karl Steinbauer wurde nach schwieriger Verhandlung, ein Mitglied des Gerichts hatte die Todesstrafe gefordert, freigesprochen.

Die Presbyterien schweigen nicht

Die Presbyter der evangelisch-reformierten Gemeinden von Dickenschied und Womrath wußten sich dem Heidelberger Katechismus verantwortlich, mit dem sie aufgewachsen waren. Von dieser Verantwortung getragen, verfolgten sie mit ihrem Pfarrer die Zeitereignisse.

Die kirchenpolitische Lage in Deutschland spitzte sich zu. Die Agitatoren der »Nationalsozialistischen Deutschen Arbeiterpartei« reisten durch Deutschland, um das vorzubereiten, was nach dem Willen des Führers einmal werden sollte. Hierbei spielte die Verächtlichmachung der christlichen Kirche zugunsten einer der »nordischen Rasse gemäßen Religiosität« eine besondere Rolle.

In Dickenschied und Womrath griffen die Presbyterien zur Selbsthilfe. Schweigen hielten sie für verantwortungslos und erbärmlich. Sie wußten um den tiefen Ernst von Hesekiel 3,17-19:

»Du Menschenkind, ich habe dich zum Wächter gesetzt über das Haus Israel; du sollst aus meinem Munde das Wort hören und sie von meinetwegen warnen. Wenn ich dem Gottlosen sage: Du mußt des Todes sterben, und du warnst ihn nicht und sagst ihm nicht, damit sich der Gottlose vor seinem gottlosen Wandel hüte, auf daß er lebendig bleibe: So wird der Gottlose um seiner Sünde willen sterben; aber sein Blut will ich von deiner Hand fordern. Wo du aber den Gottlosen warnst und er sich nicht bekehrt von seinem gottlosen Wesen und Wege, so wird er um seiner Sünde willen sterben; aber du hast deine Seele errettet.«

Die Presbyterien der beiden Gemeinden sahen sich durch ständige Angriffe einiger in der Gemeinde lebender Nationalsozialisten gezwungen,

126 *Steinbauer, K.,* Die Predigt vor dem Kriegsgericht, 1963, S. 15.

einen auf dem Hunsrück nicht ungewöhnlichen Weg zur Wahrung des Bekenntnisstandes und zur Mahnung einzelner Gemeindeglieder, die sich auf einen falschen Weg begeben hatten, zu gehen. Die gültige Kirchenordnung gab den Presbyterien, wie schon erwähnt, die Handhabe dazu. Wir drucken hier die wichtigsten Abschnitte dieser Kirchenordnung ab:

»Von der Kirchen-Disziplin:
    109:    (1) Der Pfarrer hat das Recht und die Verpflichtung, nicht allein in seinen öffentlichen Vorträgen seine Gemeinde zu einem christlichen Leben zu ermahnen und vor herrschenden Lastern und unchristlichen Grundsätzen zu warnen, sondern auch die spezielle Seelsorge zu üben und jedes einzelne Gemeindeglied zu bitten, zu ermahnen, zu warnen und zu trösten.
    (2) Auch die Ältesten haben das Recht und die Verpflichtung, durch Bitte und Ermahnung christliche Ordnung und einen frommen Wandel der Gemeindeglieder zu fördern.
    (3) Insbesondere liegt dem Presbyterium ob: a) die Handhabung der Kirchenzucht in der Gemeinde innerhalb der gesetzlichen Grenzen . . .
    110:    In betreff der Ausübung der Kirchenzucht verbleibt es, unbeschadet der allgemeinen kirchlichen Vorschriften (Kirchengesetz vom 30. 7. 1880), bei den nachfolgenden Beschlüssen 205-207 der 4. Westfälischen Provinzialsynode in 51.
    1. Lasterhafter und offenbar gottloser Wandel sowie ausdrückliche Verwerfung und Verspottung des christlichen Glaubens in bestimmten schriftlichen oder mündlichen Erklärungen oder öffentlichen Handlungen fallen nach vorgängiger vergeblicher seelsorgerischer Bemühung in der Art der Kirchendisziplin anheim, daß die betreffenden Personen von dem Presbyterium durch den Pfarrer nachdrücklich vermahnt werden. – Es bleibt dem Presbyterium überlassen, diese Ermahnung zu wiederholen und dabei auf die folgende Stufe der Kirchendisziplin hinzuweisen.
    2. Bleiben diese Vermahnungen fruchtlos, so untersagt das Presbyterium durch den Pfarrer dem vergeblich Vermahnten die Teilnahme am heiligen Abendmahle und die Übernahme von Patenstellen, bis nach dem Beschlusse des Presbyteriums die Teilnahme des Ausgeschlossenen nach aufgehobenem Ärgernisse wieder eintreten kann.
    3. Sowohl über Rechtmäßigkeit der presbyterialen Vermahnungen als auch über die verfügten unter Ziff. 2 erwähnten Ausschließungen oder über die verweigerte Wiederzulassung zum heiligen Abendmahle und zur Übernahme von Patenstellen findet Berufung an den Vorstand der Kreissynode statt.«

Um den Zusammenhang deutlich zu machen, sei noch ein weiterer Abschnitt der Kirchenordnung hinzugefügt:

»51:   Es ist beschlossen:
    1. daß anstößig und lasterhaft wandelnde Glieder der Gemeinde, nachdem sie durch die Seelsorge nicht haben zur Besserung gebracht werden können, sowie solche, die den christlichen Glauben ausdrücklich verwerfen und verspotten, als welche der christlichen Gemeinde Ärgernis geben, vom Presbyterium oder vom Pfarrer im Namen des Presbyteriums ernstlich und freundlich vermahnt werden sollen;
    2. daß solche, die ungeachtet der erfolgten Vermahnung einen notorisch lasterhaften und ärgerlichen Lebenswandel oder den vorher bezeichneten Aus-

druck entschiedenen Unglaubens fortsetzen und dadurch fortwährend das christliche Gemeindegefühl sowie die Ehre der christlichen Gemeinschaft verletzen, durch das Presbyterium so lange vom Genusse des heiligen Abendmahles und dem Rechte, Taufpaten zu sein, ausgeschlossen werden sollen, bis sie das Versprechen eines zu bessernden und die Probe eines gebesserten Lebenswandels abgelegt haben. Der Rekus an den Kreissynodalvorstand bleibt den Ausgeschlossenen offen.«

Die Presbyterien haben sich die Beschlüsse, die zur Entscheidung anstanden, nicht leicht gemacht. Sie haben alle Gesichtspunkte, die zu bedenken sie als Presbyterien von der Kirchenordnung her verpflichtet waren, berücksichtigt. Es ging dabei ausschließlich um die Wahrung des Bekenntnisstandes in Verbindung mit dem Seelenheil der Betroffenen. Mag es oftmals im Verlauf der Kirchengeschichte schwer gewesen sein, die Geister zu unterscheiden, so war zur Zeit des Nationalsozialismus alles klar erkennbar.

Die Presbyterien hatten sich mit dem bekenntniswidrigen Schulunterricht in den evangelischen Schulen von Dickenschied und Womrath zu beschäftigen. Was dort gelehrt wurde, hatte mit einer christlichen Schule nichts mehr gemeinsam, es war weiter nichts als die Ausbreitung der nationalsozialistisch gefärbten neugermanischen Weltanschauung. Hinzu kam das Verhalten von zwei Bauern, die den nationalsozialistischen Kurs in der Schulpolitik vorbehaltlos unterstützten und der Gedankenwelt des Nationalsozialismus in den Dörfern Raum verschaffen wollten. Für sie war Paul Schneider zwangsläufig ein Dorn im Auge. Sie traten nicht aus der Kirche aus, sondern versuchten, mit Hilfe der NSDAP und den von Kreuznach aus operierenden »Deutschen Christen« das gemeindliche Leben zu beeinflussen.

So entschieden sich die Presbyterien zu folgendem Schreiben an die Betroffenen:

»Evang. Pfarramt Dickenschied   Dickenschied, d. 12. März 1937
Kirchberg (Hunsrück) Land
Herrn
. . .

Das Presbyterium hat am 28. Februar zum erstenmal und am vergangenen Sonntag zum zweitenmal die christliche Bußzucht für Sie von der Kanzel der Gemeinde bekanntgegeben, die wir Ihnen mit der Vorladung zur Sitzung des Presbyteriums angekündigt hatten.

Sie werden demnach von der Gemeinde durch Verbietung der Sakramente aus der Kirche Christi und von Gott selbst aus dem Reich Christi ausgeschlossen, bis Sie wahre Besserung versprechen und erzeigen (Heidelberger Katechismus Frage 85 und seine biblische Begründung).

Die Gründe sind Ihnen bekannt. Es kommt dazu, daß Sie die Zucht der Gemeinde verachtet und sich an einer Unterschriftensammlung beteiligt haben, die der Verkündigung eines Pfarrers in der Gemeinde Raum schaffen soll, der den Thüringer Deutschen Christen angehört und in deren Auftrag tätig ist. Damit haben Sie versucht, einer Sekte in der Gemeinde Eingang zu verschaffen, die sogar nach dem Urteil des Vorsitzenden des gewesenen Reichskirchenausschusses Dr.

Zöllner in einem theologischen Gutachten als Irrlehre und außerhalb der Kirche Christi stehend bezeichnet wurde.

Die Gemeinde ist aufgefordert und gehalten, die christliche und kirchliche Gemeinschaft mit Ihnen abzubrechen, jedoch in allem notwendigen Verkehr Ihnen mit Freundlichkeit zu begegnen, wie auch die christliche Bußzucht nicht Ihren Verderb und Ihre Verdammnis, sondern Ihre Buße und Wiedergewinnung für die Gliedschaft der Gemeinde sucht.

Sie behalten Anspruch auf Wortverkündigung und Seelsorge in der Gemeinde. Die kirchlichen Beiträge haben Sie als Glied der Gemeinde, das Sie äußerlich noch sind, weiter zu entrichten.

Wollen Sie auch jetzt die Gemeinde noch nicht hören, so tritt mit der 3. Verkündigung die Bußzucht in Kraft. Gott richte Ihr Herz zu seiner Wahrhaftigkeit und Barmherzigkeit und lasse Sie erkennen seine heilige christliche Kirche auf Erden, außer der kein Heil und keine Seligkeit zu finden ist.

Im Namen des Presbyteriums
Schneider, Pfarrer«

Zur dritten Verkündigung der Bußzucht ist es nicht gekommen. Paul Schneider war von vornherein willens, diese nur dann vorzunehmen, wenn der Gemeindekern sich auch öffentlich mit dem Beschluß des Presbyteriums identifizieren konnte und die Betroffenen sich auch weiterhin für das »Neuheidentum«, vertreten durch einen radikalen »Deutschen Christen«, einsetzten.

Die Bußzucht hat mit einer persönlichen Diskriminierung nichts zu tun, sie ist eine alte Gepflogenheit in der Kirche, die gerade am Oberrhein praktiziert wurde. In den jungen Kirchen hat sie noch heute ihren festen Platz.

Es ist zu bedenken, daß der christliche Glaube im Gemeindeleben bestimmte Ordnungen erforderlich macht, deren Verletzung das Heil des einzelnen wie das der ganzen Gemeinde in Frage stellt. Der Einbruch eines Thüringer »Deutschen Christen« in Dickenschied und Womrath mit seiner ganz den Interessen der braunen Machthaber entgegenkommenden Verkündigung hätte zwangsläufig zu einem schweren Schaden in der Gemeinde führen müssen.

Paul Schneider kennt seine Bibel, er und sein Presbyterium sind nicht nur durch die gültige Kirchenordnung und die Aussagen der Reformatoren gedeckt, sondern durch die Heilige Schrift selbst (vgl. Mt 18,15-18; 16,18f; Joh 20,23 oder bei Paulus 1Kor 6,9-10; Gal 5,19).

Paul Schneider ist kein »Neuerer«, sondern will gemeinsam mit seinen Presbyterien, unter Besinnung auf das aus der Heiligen Schrift entwickelte überkommene reformatorische Bekenntnis, der neuerlichen Irrlehre wehren. Dabei verhält er sich getreu der in Barmen gewonnenen Erkenntnis: »Auf die Brüder hören!«

Die Reaktion auf die Abkündigung in Dickenschied ist, wie nicht anders erwartet werden konnte, spektakulär. Die NS-Presse spricht von »echt jesuitisch und echt jüdisch«.

Vor der ersten Ankündigung der Bußzucht hat Paul Schneider folgende Ansprache an die Gemeinde gehalten:

»Liebe Gemeindeglieder! Das Presbyterium hat sich genötigt gesehen, zum ersten Mal ein in unserer Kirche lang vernachlässigtes Mittel, die öffentliche Bußzucht, in Anwendung zu bringen. Es handelt sich in drei Fällen, in denen das geschah, um öffentliches Ärgernis, das der Gemeinde Jesu Christi gegeben wurde und das leicht größeren Schaden in der Gemeinde anrichten könnte, wenn es nicht gemäß der Anweisung unseres Herrn Jesus (Mt. 18,15-20) und gemäß dem Bekenntnis unserer reformierten Kirche (Heidelberger Katechismus Frage 83ff) unter die strafende Zucht der Gemeinde gestellt würde.

Diese kirchliche Zucht der Gemeinde wird ausgerichtet in der Vollmacht Christi und auf seinen Befehl und seine Verheißung hin. Christus spricht: ›Was ihr binden werdet auf Erden, soll gebunden sein im Himmel, und was ihr lösen werdet auf Erden, soll los sein im Himmel.‹ ›Merke du aber ernstlich, daß er gewiß zusagt: tut ihr der Schlüssel Werk, so will ich's auch tun; ja wenn ihr es tut, so soll's getan sein. Was ihr bindet und löset, das soll gebunden und los sein, ohn' mein Binden und Lösen – es sei einerlei Werk, meines oder eures, tut euer Werk, so ist meines schon geschehen. Da haben wir . . . Sünde zu behalten oder zu vergeben.‹ Die kirchliche Zucht der Gemeinde wird ausgerichtet nicht aus Zorn oder Haß, sondern aus Liebe. Die Reformatoren haben die Kirchenzucht gepriesen als das köstliche Mittel, an einem Menschen wirklich Liebe zu üben, indem die Gemeinde ihm seine Sünden vorhält und durch den Ernst, mit dem sie dies tut, ihn in besonderem Maße zur Buße treibt. Luther sagt: ›Der kirchliche Bann ist also eine liebevolle und mütterliche Geißel der Kirche, verhängt über den Leib und die leiblichen Dinge.‹

So ist es beides, die Sorge um die Gemeinde und die Liebe, die Besserung des unbußfertigen Sünders sucht, wodurch die Kirchenzucht der Gemeinde unumgänglich wird. Wolle man einwenden, daß durch die Kirchenzucht Feindschaft geweckt und die Gemeinde uneinig gemacht und auseinandergerissen werde, so darf hier nicht zu große Rücksicht genommen werden auf eine falsche Einigkeit und einen falschen Frieden, die unter dem Angriff die Welt auf die Kirche und Gemeinde sowieso nicht standhalten werden. Es gibt keine wahre Einigkeit und Frieden ohne Wahrheit.

1. Das ist vielmehr Zerstörung der Gemeinde, wenn ihr ungestraft öffentliches Ärgernis gegeben wird, wenn die Gemeinde, die christlichen Eltern und der Ort, da ihre Kinder Schulunterweisung empfangen, durch die Art und Weise, in der dies geschieht, auseinandergerissen werden und eine Kluft befestigt wird zwischen Schule und christlicher Gemeinde; wenn eine andere Art, das heilige Christfest zu feiern, eingeführt und gepriesen wird.

2. Das ist Zerstörung der Gemeinde, wenn etliche sind, die ihre Kinder vom Unterricht und Kindergottesdienst fernhalten. Das ist Zerstörung der Gemeinde, wenn Wort und Sakrament und die Mahnung und die Zucht der Gemeinde verachtet werden, das zu deren Leitung bestellte Presbyterium, der Pfarrer und die Ältesten der Gemeinde gar verhöhnt und gescholten werden, ohne daß hierfür der Beweis angetreten wird.

3. Das ist endlich Zerstörung der Gemeinde, wenn man hin und her in den Häusern die Gemeindeglieder verführt zur Unterschrift, daß die Predigt eines Thüringer Deutschen Christen, die selbst nach dem Gutachten des Generalsuperintendenten Zöllner vom Reichkirchenausschuß auf unbiblischem und unkirchlichem Boden steht, in die Gemeinde hineingelassen werden soll.

Wahrlich, wo das alles in einer Gemeinde geschehen kann, ist es Zeit, daß sich die christliche Gemeinde auf Recht und Pflicht christlicher Bußzucht besinnt, wenn sie nicht den Vorwurf verdienen will, daß sie selber an der Zerstörung und Verweltlichung des christlichen Gemeindelebens Schuld hat.

Wer sich an der Kirchenzucht ärgert, mag sich immerhin ärgern; er beweist damit, daß er nicht auf dem Bekenntnis der Väter steht und eine zuchtvolle Kirche, die aus dem Wort Gottes allein lebt und ihrem Herrn Jesus Christus allein gehorcht, ihm selber nicht liebenswert ist. Die christliche Bußzucht sucht nicht das Verderben des Sünders, den sie aus der christlichen und kirchlichen Gemeinschaft ausschließt, sondern seine Besserung. Demnach – sagt Calvin –, ›wenn es auch die Kirchenzucht nicht erlaubt, mit den Verbannten familiär zu verkehren oder innigen Umgang zu haben, so sollen wir dennoch bestrebt sein, sie zu besserer Frucht zu bekehren und in die Gemeinschaft und Einheit zurückzurufen.‹ So lehrt der Apostel 2.Thess. 2,15: ›Haltet sie nicht für Feinde, sondern straft sie als Brüder.‹

So behalten die unter christlicher Bußzucht Stehenden, wenn ihnen auch die Sakramente verboten sind und ihre kirchlichen Rechte ruhen, doch Anspruch auf Wortverkündigung und Seelsorge in der Gemeinde.

Möge Gott die Wiedererweckung ernsthafter Kirchenzucht unserer Gemeinde und den Betroffenen zu Segen, zu der Seele Heil und Seligkeit setzen.«

Der Reichskirchenausschuß, der von dem Reichskirchenminister eingesetzt war (»zur Befriedung der Situation innerhalb der evangelischen Kirche«), hatte führende Theologieprofessoren zu einer Besprechung über die Frage des Verhältnisses der »Thüringer Deutschen Christen« zum Artikel 1 der Verfassung der »Deutschen Evangelischen Kirche« eingeladen.

»Art. 1: Die unantastbare Grundlage der Deutschen Evangelischen Kirche ist das Evangelium von Jesus Christus, wie es in der Heiligen Schrift bezeugt und in den Bekenntnissen der Reformation neu ans Licht getreten ist. Hierdurch werden die Vollmachten, deren die Kirche für ihre Sendung bedarf, bestimmt und begrenzt.«[127]

Für Paul Schneider hat dieser Artikel in der Auseinandersetzung mit den »Deutschen Christen« ein bestimmendes Gewicht, bestätigte er doch sein eigenes Denken und Handeln. Von daher ist es mehr als verständlich, daß er das anläßlich obiger Besprechung erarbeitete Gutachten begrüßt.

»1. Die Forderung, den Christusglauben und die uns Deutschen heute gestellte politische Aufgabe aufeinander zu beziehen, wird von den Thüringer Deutschen Christen in einer Weise verstanden, die sich nicht mit dem Evangelium von Jesus Christus verträgt, wie es in der Heiligen Schrift bezeugt und in den Bekenntnissen der Reformation ausgelegt ist.
2. Das zeigt sich zunächst in einem falschen Verständnis des Wesens der Kirche. Die Kirche darf nie mit dem Volke als einer aus natürlich-geschichtlichen Kräften erwachsenen Gemeinschaft gleichgesetzt werden. Sie geht zwar in jedes Volk in besonderer geschichtlicher Gestalt ein, aber sie bleibt dabei als Kirche Christi von allen Völkern unterschieden und ihnen gegenüber eigenständig. Kein geschichtliches Volk hat, auch nicht als christliches, die Sendung, die der Kirche gegeben ist.
3. Der falschen Gleichsetzung von Volk und Kirche entspricht die falsche Gleichsetzung von Volks- und Heilsgeschichte. Denn die Erkenntnis, daß Gott wie mit allen Völkern, so auch mit dem deutschen in seiner Volksgeschichte handelt, wird verfälscht in eine geschichtsphilosophische Schau, welche die deutsche Geschichte zur Heilsgeschichte macht, nämlich zur Geschichte des Heilsvolkes

127 *Hermelink, H.*, Kirche im Kampf, 1950, S. 44.

für alle Welt, das gemäß seiner Heilandssendung auch das Schicksal des Heilandes erleidet. Hier wird entgegen dem Neuen Testament und dem Bekenntnis der Kirche in unerträglicher Weise Christi Geschichte und deutsche Geschichte, Christi Bedeutung als Erlöser und die politische Bedeutung des deutschen Volkes verwirrt. Ein geschichtliches Volk wird an die Stelle der Kirche Christi gesetzt.

4. Damit hängt die falsche Auffassung vom Wesen des christlichen Glaubens zusammen. Christlicher Glaube ist nicht Gläubigkeit, welche die durch die geschichtliche Lage gestellte Aufgabe als göttliche Forderung begreift. Er ist auch nicht die seelische Kraft des Einsatzes für solche Aufgabe. Sondern christlicher Glaube hat seinen Gegenstand an Gottes Offenbarung in Jesus Christus.

5. Jesus Christus aber ist mißverstanden, wenn er als ›Garant‹ einer schon ohne ihn vorhandenen Gläubigkeit aufgefaßt wird. Das Kreuz Christi wird mißverstanden, wenn nicht sein grundsätzlicher Unterschied von allem menschlichen Leiden und Opfern herausgestellt wird.

6. Auf jenem Mißverständnis des Glaubens als einer seelischen Kraft des Einsatzes für innerweltliche Aufgaben beruht die falsche Entgegensetzung des ›Lebens‹ gegen die Theologie. Ist der christliche Glaube der durch das Wort der Verkündigung geweckte Heilsglaube, so enthält er als solcher ganz bestimmte Erkenntnisse über Gott, Welt und Mensch, die in theologischer Besinnung zu klären und zu begründen sind. Mit der Aufgabe der Verkündigung des Wortes ist der Kirche unausweichlich die Aufgabe gestellt, ständig um die Wahrheit und damit um die Einheit der Lehre zu ringen. Die grundsätzliche Bestreitung der Verbindlichkeit christlicher Lehre hebt die Einheit der Kirche auf, die ihr Wesen im gemeinsamen Bekennen hat. Die Verschiedenheit der Lehrformulierungen muß zwar getragen werden, darf aber nicht zur Vergleichgültigung der theologischen Arbeit führen, denn diese Verschiedenheit ist gerade ein Zeichen dafür, daß jene Aufgabe des Ringens um die Wahrheit und die Einheit der Lehre wirklich ergriffen ist.

7. Dem falschen Ansatz der Thüringer Deutschen Christen folgt schließlich zwangsläufig auch ihr Gedanke der deutschen ›Nationalkirche‹. Dieser erweist seinen schwärmerischen Charakter darin, daß seine Verwirklichung nicht davon erwartet wird, daß die Wahrheit des Evangeliums von Jesus Christus, wie Luther sie bezeugt hat, in den christlichen Kirchen, vor allem auch in der römischen, neu durchbreche, sondern davon, daß die Kirchen von ihren trennenden Lehren zurückgehen auf die ›Gesinnungseinheit im Geiste Jesu‹ (Rundschreiben des Thüringer Landeskirchenrates vom 4. Juni 1936) oder auf die Botschaft vom Reiche Gottes.«[128]

Obgleich der Reichskirchenausschuß kein Organ der Bekennenden Kirche war, hat er mit diesem Gutachten, entgegen seiner Verlautbarung über die Grußpflicht, zur sachlichen Klärung damaliger kirchlicher Standorte beigetragen. Paul Schneider befindet sich mit seiner Argumentation gegen die »Thüringer Deutschen Christen« auch außerhalb der Bekennenden Kirche somit in guter Gesellschaft.

Am Sonntag Estomihi 1937 hält Paul Schneider eine Predigt über Lukas 18,31-43. Noch konnte keiner ahnen, daß es seine letzte Predigt im regulären Pfarrdienst sein sollte.

»Liebe Gemeinde!
Wir gehen heute wieder durch ein neues Tor, durch das Eingangstor der heiligen

128 *Schmidt, K.-D.*, Dokumente des Kirchenkampfes II/2, 1965, S. 825f.

Passionszeit, da unser lieber Herr und Heiland auch uns zu sich nehmen möchte und zu uns sprechen: ›Sehet, wir gehn hinauf nach Jerusalem!‹ Er wartet darauf, daß wir das wirklich ernst nehmen, was wir gesungen haben: ›Lasset uns mit Jesus ziehen, seinem Vorbild folgen nach.‹ Darf er uns denn zu sich nehmen auf dem Passionsweg, dem Weg ins Leiden, ins heilige Kreuz? Oder gehören wir vielleicht zu denen, von denen es heißt: ›Von da ab – als er von seinem Leiden und Sterben sprach – gingen viele seiner Jünger hinter sich‹? Daß unser gekreuzigter Herr uns mitnehmen möchte hinauf auf die Höhe des Kreuzes, hinab in die Tiefe des Leides, das dürfte jedem allmählich deutlich geworden sein, der den Herrn Christus aufrichtig liebhat.

Aber daß wir uns wieder sammeln dürfen um sein Kreuz in dieser angehenden Passionszeit, das ist seine große Gnade. Daß er uns mit seinem Wort weist und zurüstet, den Weg hinauf mit ihm zu gehen, das ist unser Trost und unsere Zuversicht. Und nun zeigt uns der Herr gleich in unserm ersten Evangelium am Tore der Passion so viel Herrliches und Tröstliches, so viel Licht und Gnade, daß es uns wie eine ermunternde Wegweisung begleiten darf vor dem Tor der Passion: durch Leiden zur Herrlichkeit, durchs Kreuz zur Krone. Dieser Weg will im Glauben erkannt, die Wegweisung im Glauben hingenommen werden.

Als Jesus seinen Jüngern von seinem Weg durch Leiden und Sterben zur Auferstehung sagt, durch Schmach und Hohn und Verspeiung, durch Preisgabe an die Heiden und Geißelung und Tod zur Auferstehung am dritten Tage, da können es die Jünger nicht fassen. Sie dachten nicht und begriffen nicht, daß das der Weg ihres lieben Herrn und Meisters sein kann, weil Gott so offensichtlich mit ihm war in Zeichen und Wundern und Heilungen. Und obwohl sie ihr Herr und Meister auch auf das Zeugnis der Schrift hingewiesen hatte, daß es so alles erfüllt werden müsse, was die Propheten sagten von des Menschen Sohn, konnten sie es doch nicht fassen. Es widerstritt zu sehr aller ihrer Vernunft. Wie sollten auch die Jünger das begreifen können! Den Heiden preisgegeben, die ärgste Schmach, getötet, und doch sollte die Sache einen herrlichen Ausgang nehmen! Weil denn der Jünger Vernunft das Wort ihres Meisters von heiligem Leiden und Kreuz nicht fassen konnte, gehörten dieses Wort und dieser Weg des Heilandes durch Leiden zur Herrlichkeit und der Glaube zusammen, der solches Wort fassen kann. Der Weg des Meisters ist aber der Weg seiner Jünger und seiner Gemeinde, so wie es die Apostel hernach auch gelernt und erfahren haben. Auch für die Jünger und die Gemeinde kann es nur durch Leiden zur Herrlichkeit und durchs Kreuz zur Krone gehen.

Darum setzt Jesus schon diese Seligpreisung in das Tor der Bergpredigt, und alle Seligpreisungen haben ihre Kraft und Bedeutung nur, wenn wir sie mit dieser zusammennehmen: ›Selig sind, die um Gerechtigkeit willen verfolgt werden‹, und: ›Selig seid ihr, wenn euch die Menschen um meinetwillen schmähen und verfolgen und reden allerlei Übles wider euch, so sie daran lügen‹, und wiederum: ›Wer mir will nachfolgen, der verleugne sich selbst und nehme sein Kreuz auf sich!‹

Und über allem steht die Verheißung, daß unser Glaube der Sieg sei, der die Welt überwunden hat, und daß wir mit Christus leben, regieren und triumphieren sollen, wenn wir mit ihm gelitten haben und mit ihm gestorben sind.

Das alles ist gegen unser natürliches Gefühl und gegen unsere Vernunft, genauso wie es damals die Worte Jesu für die Jünger waren. Der natürliche Mensch sieht in dem Kreuz und dem Kreuzesweg nur den Zusammenbruch aller menschlichen Kräfte und das gänzliche Ende eines Weges. Ohne Glauben kann kein Mensch bereit sein, den Weg des Kreuzes zu gehen, und hat daher auch an der Herrlichkeit des Sieges, an der göttlichen Wundermacht keinen Teil.

Wie töricht fragen doch die Menschen heute in bezug auf den Kirchenkampf: Ist's denn nicht bald mit der Kirche wieder in Ruhe und guter Ordnung? Hat es die Kirche nicht bald gepackt? Ich meine doch, wir werden es packen! So urteilen die der Kirche günstig Gesinnten; sie sind schon baß erschrocken über den geringen

Anfang von Kampf und Leiden, in die Gott uns geführt, und meinen, es könne doch unmöglich so weitergehen, und indem sie das meinen, nehmen sie sich selbst vom Leidensweg aus. Die andern aber, die Feinde der Kirche, urteilen nun vollends, daß unsere Sache, die Sache Jesu Christi, aus und verloren sei, daß von der Kirche jetzt schon nur noch ein Haufe sich streitender Pfarrer übrig sei und man die Kirche ruhig ihrem sich von selbst vollziehenden Ende überlassen könne, und beide, Freunde wie Feinde, können nicht sehen, daß der Sterbensweg der evangelischen Kirche nun gerade der Weg Jesu, der Weg des Kreuzes, der Weg zum Leben ist. Ein Blick nach Rußland sollte uns belehren; dort ist jede äußerlich organisierte Kirche zerschlagen, die Pfarrer verschwunden, die Kirchenhäuser zerstört bis auf wenige.

Und doch lebt dort die Kirche Jesu Christi wohl mehr als je und vielleicht schon stärker als bei uns in Deutschland. Sie lebt dort unter dem heiligen Kreuz der Verfolgung in denen, die sich hin und her in den Häusern sammeln, in den schlichten Laienpriestern, die das Wort verkündigen und willig die darauf gesetzten Strafen auf sich nehmen. Warum sollte nicht auch in Deutschland der Weg der Kirche durch noch viel größeres Leid und Sterben, durch gänzliches äußerliches Unterliegen zum Siege der Herrlichkeit führen? Und täusche dich nicht: Auch du kannst an Jesu Herrlichkeit und Sieg nicht anders Anteil haben, als indem du das heilige Kreuz um Jesu willen auch auf dich nimmst und mit ihm den Leidens- und Sterbensweg gehst. Dazu bedarf es des Glaubens, der von der Kraft und dem Sieg des Kreuzes weiß. Solcher Glaube ist ja eine verborgene, stille Kraft, aber er ist darum nicht untätig und träge, sondern bestätigt sich im herzandringenden Gebet.

Der Blinde am Wege nach Jericho hat von Jesus gehört, der eben gerade hinaufzieht nach Jerusalem; und er glaubt an Jesus und wartet auf ihn. Als er vorbeigeht, erhebt er sein Geschrei, läßt sich nicht abhalten von anderen, die ihm vorreden wollen, der Heiland sei nicht da für seine Not und sein Elend. Als er dennoch vor Jesus steht, da wagt er kühn und glaubensstark die Bitte: Herr, daß ich sehend werde!, und Jesus quittiert es ihm: Dein Glaube hat dir geholfen! Die Welt ist blind für den Weg Jesu und seiner Jünger: durch Leiden zur Herrlichkeit; und auch wir sind von Natur dafür blind. Unsere Augen sind gehalten, daß wir die verborgene und kommende Herrlichkeit auf dem Leidensweg nicht sehen. Wir sind dem blinden Manne gleich, mutlos, verzagt, verzweifelt in Not und Leid, blind für die Herrlichkeit des Kreuzes. Wie die Heiden, die von Jesus nichts wissen, als Bettler am Wege sitzen und warten, bis Jesus vorüberkommt; wir sitzen mitten in der alten Christenheit ebenso in dieser Blindheit für des gekreuzigten Jesu Herrlichkeit, für die Herrlichkeit des Kreuzweges. Wir würden viel lieber Wonne und Freude erwählen als die Schmach Christi.

Wie wäre es, wenn wir mit der herzandringenden Bitte zu unserm Herrn gehen würden, daß er uns die Glaubensaugen öffne für seine Kreuzesherrlichkeit, damit wir von diesem Glaubensblick fröhlich, satt und reich gemacht werden, daß wir nicht mehr als Bettler am Wege der Welt sitzen und von ihrer Bettelfreude und ihrem Bettelvergnügen leben müssen! Die Welt will dich nicht zu Jesus lassen, damit du ihm nicht folgen kannst. Sie will dir die Kraft deines einen Wollens gleich zu Anfang des Passionsweges ausbrechen, indem sie dich in ihre Lust hineinlockt. Es ist der Ausdruck knechtischen Unglaubens, wenn man meint, vor Beginn der Passionszeit noch einmal mit der Welt sich lustig machen zu müssen, als ob die Welt uns entschädigen kann für das, was wir unter dem Kreuz Jesu einbüßen müssen. Das ist keine evangelische, innerliche und von Herzen kommende Erwählung der Kreuzesnachfolge, die in den weltlichen Vergnügen sich zuerst schadlos zu halten versucht. ›Habt nicht lieb die Welt . . .!‹ Karnevalsveranstaltungen und Fastnachtstreiben sind nicht auf evangelischen Boden erwachsen, und wahrhaft evangelische Christen haben damit nichts gemein, auch dann nicht, wenn solche Fastnachtsvergnügen von ›Kraft durch Freude‹[129] veranstaltet werden. Dafür

---

129   Eine nationalsozialistische Organisation zur Regelung der freizeitlichen Betätigung.

aber laßt uns in stiller Sammlung innerer Bereitschaft und wahrhaft sonntäglicher Feier vor unsern Herrn Jesus treten und glaubensvoll ihn bitten, daß er uns sehend mache für die Herrlichkeit seines Kreuzesweges! ›Freuet euch, daß ihr mit Christo leidet, auf daß ihr auch zur Zeit der Offenbarung seiner Herrlichkeit Freude und Wonne haben mögt!‹ ›Lasset uns mit ihm hinausgehen vor das Lager und seine Schmach tragen!‹ So wird er uns begegnen in dem Blinden am Wege und zu uns sprechen: Sei sehend, dein Glaube hat dir geholfen.

So hat uns Gott in der Kreuzesnachfolge unseres Herrn einen Weg gegeben durch Leiden zur Herrlichkeit. Ist er nicht am Ende doch der schönste und beste Weg durch dieses Erdenleben? Der Weg, bei dem wir nicht im Bettelleben dieser Welt bleiben, sondern reiche, gesegnete Kinder unseres reichen himmlischen Vaters sein dürfen. Der Weg, auf dem wir nicht auf die schalen, nichtigen und giftigen Freuden dieser Welt angewiesen sind, sondern die Freude am Herrn allewege gewinnen dürfen. Die Jünger, denen noch das Verständnis der Worte ihres Herrn verschlossen war, sind ihm dennoch gefolgt, und ihr Weg mündet in solchem Nachfolgegehorsam aus in die schöne Pfingstfreude. Der blinde Bettler, dem das Licht neu geschenkt war und zugleich der Blick auf Jesu Herrlichkeit, auch er folgte ihm nach und lobte Gott. ›Und alles Volk, das solches sah, lobte Gott.‹ Wie sollten wir anders durch das Tor der Passion treten, wie sollten wir anders mit Jesus ziehen wollen, als daß auch wir Gott die Ehre geben? Der Herr, der uns vorangeht im Kreuz, der wird uns stärken und erhalten vor dem Bösen. Er wird uns unser Leben, wenn wir es hier an ihn verlieren, erhalten zum ewigen Leben. Er wird uns seine Herrlichkeit sehen lassen, hier und dort. Denn durch Leiden geht es zur Herrlichkeit. Das wollen wir glauben nach seinem Wort, darum wollen wir ihn bitten nach seiner Verheißung, dafür wollen wir ihm danken mit Freude. Amen!«[130]

In dieser Predigt läßt Paul Schneider die Gemeinde teilhaben an dem, was er glaubt. Er zeigt die Kraftquelle auf und sagt unmißverständlich, daß er vor den Mächten dieser Welt nie kapitulieren wird, wenn es um die Ehre Jesu Christi geht. Hier erlebt die Gemeinde, wie neutestamentliche Aussagen und deren Konsequenz sich im Leben auswirken können.

Infolge eines unverschuldeten Verkehrsunfalls muß er mehrere Wochen das Bett hüten. Es ist uns der Brief erhalten, den er vom Krankenbett aus seiner Gemeinde geschrieben hat:

»1. Gemeindebrief der Pfarrei Dickenschied-Womrath
Wochenspruch: Wir haben nicht empfangen den Geist der Welt, sondern den Geist aus Gott. 1.Kor. 2,12.
Zum heiligen Pfingstfest geht dieser erste Gemeindebrief in die Häuser als Beilage unserer Predigt- und Sonntagsblätter, zugleich ein herzlicher Pfingstgruß des Pfarramtes nach der durch meinen Unfall veranlaßten langen Zwischenzeit von acht Wochen, in welcher die Verbindung von Pfarramt und Gemeinde nur eine lose sein konnte.
Auch diese Zwischenzeit wird ihren Wert und Segen für die Gemeinde gehabt haben. Wenn ich meine Krankheit als Urlaub von meinen Amtsgeschäften auffassen darf, so hat die Gemeinde gewissermaßen auch Urlaub gehabt von ihrem Ortspfarrer und hatte Gelegenheit, das Evangelium aus anderem Munde zu hören. Das wird die einen Weges, den wir mit unserm Gemeindeleben gehen, um so gewisser gemacht haben. Sie haben aus dem Munde anderer Diener am

130   *Schneider, P.*, . . . und sollst mein Prediger bleiben, 1966, S. 133ff.

Wort das Wort Gottes als das lebendige und kräftige wiedererkannt, als das scharfe zweischneidige Schwert, das uns nicht in unserer Ruhe und Zufriedenheit mit uns selbst läßt, sondern uns zur Buße ruft, auf daß wir recht an Christus glauben können als an unseren Heiland und Seligmacher von unsern Sünden.

Sie werden aber zugleich auch aus dem Munde anderer Zeugen das Wort Gottes erkannt haben als die helle scharfe Waffe im Kampf wider den Zeitgeist und die ungläubige und unbußfertige Welt, die über den Herrn Christus und seine Kirche hinwegschreiten möchte, als ob sie nicht vorhanden wären, um das Leben und die Welt allein nach irdischen, menschlichen Maßstäben und Zielsetzungen zu gestalten. Wie sollten wir anders als eine ihren Herrn tapfer und standhaft bekennende Gemeinde in dieser Zeit und Welt unseren Weg gehen können? Andere werden gewiß aus dem Munde anderer Prediger ebenso williger und aufgeschlossener das Wort des Evangeliums, das Wort von Gottes Gericht und Gnade in Jesus Christus über uns, gehört haben. Wie wünsche ich von Herzen, daß es bei keinem zur Verstockung, sondern zum Glauben und seiner Seele Seligkeit geschehen sei. – Es war gewiß eine Zeit besonderer Absichten Gottes mit der Gemeinde, die uns diese Zwischenzeit geschenkt und die mancherlei andere Pfarrer zum Vertretungsdienst in die Gemeinde geführt hat.

Darum wollen wir auch in der Gemeinde diesen Pfarrern von Herzen dankbar sein, die so gerne und brüderlich für mich eingetreten sind. Wenn es auch eine Zeit loser Verbindung zwischen Pfarramt und Gemeinde von Ostern bis Pfingsten gewesen ist, so habe ich mich doch von Herzen freuen dürfen über die persönliche Anteilnahme so vieler Gemeindeglieder, die mich in Simmern und auch noch in Dickenschied besucht haben. Die Gemeinde hat an ihrem Pfarrer das Trostamt nach dem Wort Jesu: ›Ich bin krank gewesen, und ihr seid zu mir gekommen.‹ Die Teilnahme der Gemeinde war mir ein großer Trost und eine große Erquickung auf dem nicht immer leichten Wege meines Amtes und Dienstes, für die ich auch hier noch einmal von Herzen danken möchte. Nicht zuletzt gilt das auch unserer lieben Jugend aus beiden Gemeinden, die so zahlreich zu mir gekommen ist, Burschen und Mädchen, Konfirmanden und Unterrichtskinder. Ich habe mich darüber sonderlich gefreut als ein Zeichen der bei uns noch festen Verbundenheit der Jugend mit der christlichen Gemeinde. Solche Verbundenheit wolle Gott uns auch ferner bewahren.

So dürfen Gemeinde und Pfarrer auf die hinter uns liegende Zeit trotz allem Schweren und allem Vermissen doch zurückschauen auf eine Segenszeit. Der Gemeinde und Kirche Gottes sind auch Gerichtswege, die er uns führt, immer heilsam und gut, denn ›denen, die Gott lieben, müssen alle Dinge zum Besten dienen‹. Gott leite uns durch seinen Heiligen Geist immer mehr in alle Wahrheit und selbständige Erkenntnis seiner Gnade und Heiligkeit und überschwenglichen Liebe gegen uns in Christo Jesu, unserm Herrn, nach seiner pfingstlichen Verheißung.

›Ich will mein Gesetz in ihr Herz geben und in ihren Sinn schreiben; und sie sollen mein Volk sein, so will ich ihr Gott sein; und wird keiner den andern noch ein Bruder den andern lehren und sagen: Erkenne den Herrn; sondern sie sollen mich alle kennen, beide, klein und groß, spricht der Herr, denn ich will ihre Missetat vergeben und ihrer Sünde nimmermehr gedenken‹ (Jer. 31,33-34).«

Die Geheime Staatspolizei greift ein

Paul Schneiders Frau berichtet:

»Am 28. Mai wird Paul von seinem Gipsverband endgültig befreit. Das Bein mußte nun bestrahlt und massiert werden; es blieb ihm keine Zeit. Ich rufe ihn heim, da ein besonders tragischer Todesfall vorliegt. Er hält am 30. Mai die Leichenrede in der Kirche. Am 31. Mai wird er von Beamten der Gestapo in seiner Studierstube verhaftet und zu einer ›Vernehmung‹ nach Koblenz geführt. Wir zu Hause bleiben ohne Nachricht, bis wir es über den Superintendenten und den Regierungspräsidenten erfahren, daß Paul in Koblenz in Schutzhaft sei. Im Dorf herrscht größte Bestürzung, niemand kann sich den Grund der Verhaftung denken. Unsere beiden Gemeinden senden vier Bauern nach Koblenz zu der Gestapo. Auf ihre Frage nach den Gründen der Verhaftung ihres Pfarrers wird ihnen gesagt: 1. den Grund können sie in der Zeitung lesen; 2. Pfarrer Schneider wiegele den ganzen Hunsrück gegen den Staat auf; 3. da sie in keinerlei Organisationen[131] wären, kämen sie mit ihren Aussagen gar nicht in Frage.«[132]

Superintendent Gillmann berichtet dem Konsistorium:

»Kreisgemeinde   Simmern, den 2. Juni 1937
                                                  Fernsprecher Nr. 484
An
das evangelische Konsistorium
zu Düsseldorf a/Rh.
Auf meine fernmündliche Unterredung mit Herrn Oberrat Spieß in Sachen der Verhaftung von Herrn Pfarrer Schneider in Dickenschied teile ich noch mit, daß ich gestern morgen, sobald ich von dem Vorfall Kenntnis erhielt, mit zwei Stellen der Gestapo in Koblenz gesprochen habe und die Auskunft erhielt:
   1. Schneider sei in Koblenz in ›Schutzhaft‹.
   2. Auskunft könne man mir nicht geben; ich könne aber um Auskunft schriftlich einkommen.
   3. Grund zur Sorge sei nicht vorhanden. Schneider hat nämlich einen schweren Unfall gehabt und lag wochenlang im hiesigen Krankenhaus. – Ein Arzt sei vorhanden.
   4. Auf meine Frage, was ich denn nun der Frau Schneider sagen solle, erhielt ich die Antwort, die Sache mit der Aufrechterhaltung der Haft werde in Berlin entschieden. Das stünde nicht bei der Gestapo in Koblenz.
   Diese Auskunft scheint sich im wesentlichen mit der Auskunft an Herrn Dr. Spieß zu decken bis auf den einen Punkt, ›Frau Schneider hätte Auskunft erhalten‹. Bisher nicht.
   Die Erregung in den Gemeinden ist groß.

                                                  E. Gillmann«

---

131   Gemeint sind nationalsozialistische Gliederungen.
132   Prediger, S. 100.

Dann melden sich die Gemeinden zu Wort:

»Die Presbyterien
der vereinigten Kirchengemeinden
Dickenschied und Womrath

Dickenschied, den 8. Juni 1937

An den Rat der Ev. Bekenntnissynode im Rheinland
W-Barmen

Unter Bezugnahme auf den Bericht der Frau Pfarrer Schneider über die Verhaftung ihres Mannes bitten wir den Rheinischen Rat, Beschwerde beim Kirchenministerium einzulegen.

1. Herr Pfarrer Schneider hat von jeher – schon in seiner früheren Gemeinde – die Notwendigkeit einer christlichen Bußzucht vertreten und diese auch praktisch gehandhabt. Er hat auch uns das Gewissen geschärft, daß wir die Bußzucht ausweiten sollten. Die in Womrath geschehene Ankündigung der Bußzucht über drei Mitglieder dieser Gemeinde ist auf unsern – im Protokollbuche nachzulesen – Beschluß geschehen. Wir übernehmen diesen Beschluß auf unsere volle Verantwortung.

2. Unsere Abgesandten sind in Koblenz bei der Gestapo übel empfangen worden.

Nach Feststellungen ihrer Personalien sind sie gefragt worden, welcher Organisation sie angehörten. Als sie sagten: ›keiner‹, ist ihnen bedeutet worden, daß dann ihre Aussagen überhaupt nicht in Frage kämen. Es ist uns schmerzlich, feststellen zu müssen, daß der Wert der Organisierten anscheinend größeres Gewicht hat als das Wort derer, die für die Glaubwürdigkeit ihrer Worte nur ihre Unbescholtenheit ins Feld führen können.

3. Auf die Frage nach den Gründen der Schutzhaft für Pfarrer Schneider wurden unsere Abgesandten auf die Zeitung verwiesen. Es ist uns neu, daß eine Körperschaft öffentlichen Rechts – ganz zu schweigen von der Familie des Verhafteten –, die Gründe für die Verhaftung eines ihrer Beamten durch die öffentliche Presse erfährt und von der verhafteten Behörde mit einem Hinweis auf eine Pressenotiz abgespeist wird.

4. Da die Gestapo Koblenz sich ausdrücklich auf die Pressenachricht berufen hat, so halten wir sie für ihren Inhalt verantwortlich. Dann ist folgendes festzustellen: Es ist nicht wahr, daß Herr Pfarrer Schneider von der Kanzel zum Boykott irgendeines Mannes aufgerufen hat. In dem Schreiben an die drei mit der Bußzucht belegten Mitglieder der Gemeinde heißt es ausdrücklich: ›Die Gemeinde ist aufgefordert und gehalten, die christliche und kirchliche Gemeinschaft mit Ihnen abzubrechen, jedoch in allen notwendigen Dingen Ihnen mit Freundlichkeit zu begegnen, wie auch die christliche Bußzucht nicht Ihren Verderb und Ihre Verdammnis, sondern Ihre Buße und Wiedergewinnung für die Gliedschaft der Gemeinde sucht.‹ In den Ausdrücken ›in unverantwortlicher Weise‹ und ›aus nichtigen Gründen‹ liegt eine ungehörige Beurteilung der Gründe vor, die das Presbyterium zur Aussprechung der Bußzucht bewogen haben.

5. Unsern Abgesandten wurde in Koblenz erklärt, es sei nicht angängig, daß ein Bauer öffentlich von der Kanzel gemaßregelt würde. Wir erklären dagegen, daß wir uns durch derartige Einmischungsversuche weltlicher Behörden in die Handhabung der christlichen Bußzucht nicht beirren lassen werden und alleine in solchen Fragen uns nach Gottes Wort richten werden.«

Das Presbyterium in Womrath verfaßt noch ein gesondertes Schreiben, das von der Evangelischen Bekenntnissynode allen Bruderräten und Presbyterien der Bekennenden Kirche im Rheinland zugeleitet wird:

»Evangelische Bekenntnissynode   Essen, den 18. Juni 1937
im Rheinland
Hiermit geben wir das nachfolgende Wort des Presbyteriums Womrath/Huns-
rück weiter:
An die Bruderräte und Presbyterien der Bekennenden Kirche im Rheinland.
Liebe Brüder!
Über die Verhaftung unseres Pfarrers Schneider (siehe Fürbittenliste) haben
verschiedene Tageszeitungen folgende Notiz gebracht:
›In Schutzhaft genommen. Pfarrer Schneider aus Dickenschied (Hunsrück)
wurde durch die Geheime Staatspolizei in Schutzhaft genommen, weil er in unverantwortlicher Weise von der Kanzel herab gegen einen Bauern aus nichtigen Gründen zum Boykott aufgefordert hat‹ (Nationalblatt Nr. 128 vom 5./6. Juni 1937).
   Wir haben unsere Abgesandten nach Koblenz zur Geheime Staatspolizei geschickt, um nach Gründen für die Verhaftung unseres Pfarrers zu fragen. Sie wurden
mit dem Hinweis abgefertigt, daß sie die Gründe im Nationalblatt lesen können.
   Unseres Wissens kann sich die Nachricht in der Zeitung nur auf einen Fall
der Kirchenzucht in unserer Gemeinde beziehen. Drei Männern aus unserer
Gemeinde liegt zur Last, daß sie Gottes Wort und Sakrament in der Gemeinde
verachtet haben. Darüber hinaus hat einer von ihnen, der Lehrer unseres Ortes,
die Kirchengemeinde aus dem Schulsaale ausgesperrt und am 19. 12. 36 eine
Weihnachtsfeier in der Schule gehalten, die lt. Zeitungsmeldung ›das Christliche‹ hinter dem Germanischen zurücktreten ließ und das Letztere als dasjenige
bezeichnete, was uns Weihnachten eigentlich lieb und wert macht. Ein Landwirt hat seinen Sohn mit Gewalt aus dem Kindergottesdienst ferngehalten, ein
anderer hat seinen Sohn nicht zum kirchlichen Unterricht geschickt.
   Alle drei Männer sind vom Herrn Pfarrer Schneider wegen dieser Vorkommnisse des öfteren besucht worden. Da sie zur Umkehr von ihrem bösen
Weg nicht zu bewegen waren, wurden sie zur Sitzung des Presbyteriums am 22.
Februar 1937 schriftlich vorgeladen. Als niemand, ja der Lehrer in einem un-
flätigen Briefe die Vorladung beantwortete, beschloß das Presbyterium über
die drei Gemeindeglieder die Verhängung der Kirchenzucht. Der Beschluß ist
in der Kirche zweimal abgekündigt worden.
   Das Presbyterium bittet Sie, diesen Sachverhalt zum Steuer der Wahrheit in
Ihrer Gemeinde in geeigneter Weise bekanntzugeben.
Womrath über Kirchberg (Hunsr.), den 16. Juni 1937
                                                  Das Presbyterium
                                          der Evangelischen Kirchengemeinde
Der stellvertr. Vorsitzende: Pfr. Langensiepen
Die Presbyter: Auler, Fuchs, Scherer
                                          (die vierte Stelle des Presbyteriums
                                                  ist z.Zt. unbesetzt)«

   Die Briefe von Paul Schneider aus der Haft, teils legal, die wichtigsten illegal, legen ein beredtes Zeugnis von seiner festen inneren Haltung ab. Indes müht sich der Rheinische Rat um ihn. Frau Schneider erhält den folgenden Brief:

»Der Rat der Evangelischen Bekenntnissynode
im Rheinland
Der Präses
                                     W.-Barmen, den 18. Juni 1937
                                     Heinr.-Janßenstr. 16, Fernruf: 5 42 35
                                     Postscheckkonto Essen 37681

An
Frau Pastor Schneider
Dickenschied, Kr. Simmern
Liebe Frau Pastor!
Nach meinem vergeblichen Versuch, Ihren Mann im Gefängnis zu sprechen, habe ich gestern (nochmal) an den Leiter der Gestapo-Stelle in Koblenz geschrieben und ihm einige Bitten vorgetragen: Daß er mich oder Bruder Langensiepen zu Ihrem Mann lasse, daß er Ihnen einen Besuch erlaube, daß man ihm Bibel und Gesangbuch usw. ausliefere, und habe gestern gebeten, ob er nicht auch die Vergünstigung haben kann, daß ihm theologische Literatur zugeschickt werden darf.
Wir wollen sehen, was daraus wird. Wenn Sie etwas von Ihrem Mann hören, wäre ich dankbar für eine Nachricht.

Mit herzlichem Gruß!

Ihr Humburg«

Pfarrer Fritz Langensiepen schreibt:

»Um Paul Schneider gerecht zu werden, muß jede Darstellung über ihn sein Hauptanliegen, die Erneuerung der Gemeindezucht, in den Vordergrund stellen. Ein Fall von Kirchenzucht hat ihn ja auch ins KZ gebracht. Meiner Ansicht nach ist dieser Punkt in allem, was bisher über ihn geschrieben und gesagt worden ist, nicht mit der nötigen Ausführlichkeit zur Sprache gekommen.«

Im Sicherheitshauptamt der SS in Berlin gab es für kirchliche Angelegenheiten ein eigenes Referat. Das Geschehen in Dickenschied und Womrath war für die Geheime Staatspolizei so unheimlich, daß sie ihm ein besonderes Augenmerk schenkte. Es muß vermerkt werden, daß es in der »Deutschen Evangelischen Kirche« keinen Parallelfall zu den Dickenschied-Womrather Ereignissen gegeben hat. Paul Schneider hat stets offen und dabei zu jeder Konsequenz bereit dem NS-Regime die Wahrheit des Evangeliums bekannt. Sein Widerstand war vom Evangelium gefordert und aus christlicher Verantwortung durchlitten.
Der Rat der Evangelischen Bekenntnissynode im Rheinland setzt sich weiter für Paul Schneider ein.

»Der Rat der Evangelischen Bekenntnissynode im Rheinland
Der Präses

W.-Barmen, den 26. Juni 1937
Heinr.-Janßenstr. 16, Fernruf: 54235
Postscheckkonto Essen 37681

An Frau Pastor Schneider
Dickenschied
Kreis Simmern
Liebe Frau Pastor!
Ich möchte Ihnen noch einmal gern ein paar Worte schreiben. Es scheint mir fast, als ob der Fall Ihres Mannes jedenfalls hier im Rheinland der schwerste sei; er wird offenbar härter behandelt, als die anderen behandelt worden sind. Am meisten schmerzt es mich, daß er offenbar immer noch nicht seine Bibel hat. Sobald sich darin etwas ändert, bitte ich mir Mitteilung zu machen. Sollten Sie einen neuen Beweis dafür bekommen, daß Ihr Mann seine Bibel noch nicht hat, so bitte ich

mir auch das zu schreiben, und zwar möglichst bald, damit ich etwas in der Sache tun kann. Überhaupt bin ich für jede Nachricht dankbar.

An den Herrn Justizminister habe ich ganz besonders in Sachen Ihres Mannes geschrieben, aber dieser hat wohl auch nicht viel Einfluß auf das Verfahren der Gestapo. Halten wir uns an das Wort der Schrift Psalm 12,6: ›Ich will eine Hilfe schaffen dem, der sich danach sehnt.‹

Mit herzlichem Gruß!
Ihr Humburg«[133]

Schon wenige Tage danach erfolgt ein erneuter Vorstoß des Rates:

»Der Rat der Evangelischen Bekenntnissynode im Rheinland
Der Präses

W.-Barmen, den 3. Juli 1937
Heinr.-Janßenstr. 16, Fernruf: 54235
Postscheckkonto Essen 37681

An
Frau Pastor Schneider
Dickenschied, Kr. Simmern
Liebe Frau Pastor!
Ich habe soeben an den Reichsführer SS Himmler telegraphiert und um Erleichterung für Ihren Mann gebeten. Wir müssen sehen, was wir sonst noch tun können, aber Sie dürfen wissen, daß in der ganzen Provinz sich viele fürbittende Hände für Sie und Ihren Mann und Ihre Kinder erheben. ›Und ob es währt bis in die Nacht und wieder an den Morgen, doch soll mein Herz an Gottes Macht verzweifeln nicht noch sorgen.‹

Mit herzlichem Gruß!
Ihr Humburg«

»Der Rat der Evangelischen Bekenntnissynode im Rheinland
Der Präses

W.-Barmen, den 7. Juli 1937
Heinr.-Janßenstr. 16, Fernruf: 54235
Postscheckkonto Essen 376 81

Liebe Frau Pastor!
Als wir gestern zusammen waren, der Rat, Bruderrat und die Vertrauensmänner

---

133   Eine Bibel war Paul Schneider in seiner Gefängniszelle erlaubt, jedoch kein Papier, um seine Gedanken aufzuschreiben. Diese notierte er dann am Rand des jeweiligen Bibelverses, u.a. so:
2Mose 2,2: »Im Glauben ungehorsam gegen des Königs Gebot.«
1Sam 8,6-7: »So hat Deutschland den einen Mann erbeten und seinen Mann Jesus verworfen. Auf den König folgt der Tyrann.«
1Sam 13,12: »Hier wird Gott den Menschen dienstbar gemacht; der Staat darf nicht Kirche werden.«
Neh 9,36-37: »Das ist die Zucht Gottes, aber über die Seelen setzt er keinen fremden Herren. – Aber doch besser in der Zucht Gottes geknechtet, als frei in Gottlosigkeit.«
Esther 4,14a: »Schreien von allen Kanzeln!«
Esther 6,16b: »Wider das Gebot komme ich um, so komme ich um« (stark unterstrichen).
Jes 6,13: »Um der Gabe der Berufung Gottes willen, Herr! Auch von der evangelischen Kirche Deutschlands ein solcher Rest.«
Mt 16,10: »Die christliche Bußzucht scheidet nicht aus der Kirche aus; Ausschluß vom Heiligen Abendmahl war richtig.«
Mt 18,15-27: »Kirchenzucht und Gebet zueinandergestellt und zusammengestellt wegen der unbegrenzten Vergebungsbereitschaft.«

der Rheinischen Bekenntnissynode, hat es uns alle tief bewegt, die Nachrichten, die ich von Ihrem Mann geben mußte, zu vernehmen. Es bleibt uns nur das Gebet. Petrus war zwar im Gefängnis gehalten, aber die Gemeinde betete ohne Aufhören für ihn zu Gott, Apg. 12,5.

Lassen Sie den Mut nicht sinken. Tausende von Gotteskindern in unserer Rheinischen Provinz gedenken täglich Ihres Mannes und Ihrer Kinder. Wir erwähnen gerade diesen Fall bei jedem Gottesdienst. Je mehr wir unserer Ohnmacht, auf menschliche Weise zu helfen, innewerden, um so mehr hält sich der Glaube an den Herrn, der Wunder tut.

Mit herzlichem Gruß!

Ihr Humburg«

Paul Schneider bleibt zum Ärger der Gestapo auch im Gefängnis Seelsorger. Für ein seelsorgerliches Gespräch, das er mit einem mitgefangenen SS-Mann führt, erhält er Postsperre. Zur gleichen Zeit gelangt der Bericht, den Frau Schneider dem Bruderrat übermittelt hatte und der vervielfältigt an die Bekenntnisgemeinden weitergereicht wurde, in die Hände der Gestapo, die ihre Schreibmaschine beschlagnahmt und eine Postsperre verhängt.[134]

Die Ausweisung

Die Gestapo kümmert sich im Gefängnis zeitweilig kaum um Paul Schneider, um dann wieder während ausgedehnter Vernehmungen Material gegen ihn zu sammeln. Letztlich aber ist sie, trotz ihrer Machtdemonstrationen, sehr verunsichert. Paul Schneiders ›Vergehen‹ reichen für eine längere Schutzhaft nicht aus, und die ordentlichen Gerichte sind noch nicht völlig auf Gestapo-Kurs eingeschwenkt. So läßt sie Paul Schneider ohne Verfahren und Urteil, aber mit einem Befehl frei: Ausweisung aus der Rheinprovinz und somit aus Dickenschied und Womrath.

Unter Gestapobewachung wird Paul Schneider von Koblenz mit einem Auto nach Wiesbaden gebracht, das nicht zur Rheinprovinz gehörte. Hier entläßt sie ihn am 24. Juli 1937. Am 25. Juli 1937 erhält Frau Schneider von Womrath aus die folgende Nachricht: »Ich bin in Womrath! Obwohl aus dem Rheinland ausgewiesen, werde ich heute dort predigen. Wenn Du das Herz hast, komm herüber.«[135]

Dann steht er wieder auf den Kanzeln seiner Gemeinden. Am Tag da-

---

134 Prediger, S. 103.
135 Ebd., S. 108.

nach überredet ihn sein Freund Fritz Langensiepen zu einem Urlaubsaufenthalt in Baden-Baden. Stadtmissionspfarrer Ippach und seine Frau sind bereit, das Ehepaar Schneider auch ohne polizeiliche Anmeldung im christlichen Hospiz während des Urlaubs wohnen zu lassen. Sie tun es im vollen Bewußtsein des Risikos. Zunächst fährt Paul Schneider allein, seine Frau folgt, nachdem sie die häuslichen Angelegenheiten geregelt hat, wenige Tage später. Am vierten Tag nach Aufhebung seiner Haft berichtet Paul Schneider dem rheinischen Präses des Bruderrates:

»Baden-Baden, d. 27. Juli 1937
Sehr verehrter, lieber Bruder Humburg!
Nach dem Anruf gestern mittag vor der Reise möchte ich auch von hier aus Ihnen noch einmal herzlich danken und auch berichten, was über meine Haftentlassung zu sagen ist.

Vor mir habe ich drei Briefe von Ihnen liegen, die Sie meiner Frau zur Tröstung und Stärkung geschrieben haben. Ich ersehe auch daraus, wie viele Mühe Sie sich gegeben haben, mein Los zu erleichtern und zu wenden. Gewiß sind auch alle diese Schritte und Bitten und Besuche nicht vergeblich gewesen und haben mit dazu geholfen, daß ich doch endlich auf freien Fuß gesetzt werden mußte. Sie werden mir auch jetzt noch auf meinem Wege weiterhelfen. Vor allem waren mir die aufgehobenen Gebetshände eine tragende Kraft im Gefängnis und eine Hilfe in der Freiheit; sie haben gewiß mit Schuld, daß mir die Wochen der Haft im ganzen eine Zeit getroster Freudigkeit wurden und daß ich vorgestern wieder Gottesdienst in meinen Gemeinden gehalten habe.

Sie haben mich sogar selber besuchen wollen. Wie ärgerlich und niederdrückend ist es dann, wenn man unverrichteter Sache wieder gehen muß, und war auch das doch wieder nicht vergebens, weil es das Bekenntnis der Bekennenden Kirche zu der zu vertretenden Sache und ihren Zusammenhalt zum Ausdruck brachte. Sie wissen ja, wie man bemüht war, mich und meinen Fall zu isolieren und in der hermetischen Abgeschlossenheit von Gemeinde und Kirche zu erledigen. Nun mußte diese Abgeschlossenheit dazu helfen, daß die Kirche und Gemeinde um so mehr Anteil nahm. So wendet Gott immer zum Guten, was Menschen böse machen wollten.

Gott ließ es also nicht zu, daß ich die ganze Zeit über ohne Bibel blieb, wenn der Wille dazu auch vorhanden war. So hat sie mich denn getröstet und gestärkt, ist mit mir ins Gericht gegangen und hat mir den Weg gewiesen. Die Haft ist mir zu einer geistlichen Rüstzeit geworden, für die ich Gott sehr dankbar bin und die ich nicht missen möchte.

Am Samstag, d. 24. Juli, wurde ich aus der Haft entlassen und gleichzeitig unter Strafandrohung für den Fall der Zuwiderhandlung aus dem Rheinland ausgewiesen. Ich wies darauf hin, daß man in den acht Wochen meiner Schutzhaft nicht einmal den Versuch gemacht habe, mich einer unrechten oder aufrührerischen Handlung zu überführen. Die mir eröffnete Ausweisung, so erklärte ich, stelle es unter Beweis, daß Schutzhaft und Schutzhaftbefehl mit den angezogenen Gründen und aufgrund des bekannten Hindenburgparagraphen[136] ein Unrecht und eine Unwahrheit seien, sich eindeutig gegen die Bekennende Kirche richten und damit die Kirche Jesu Christi verfolgen. Ich zerriß den Schutzhaftbefehl vor den Augen des Kommissars, der wohl als Vertreter des Chefs die Verhandlung führte, und erklärte weiter, daß ich natürlich auch die Ausweisung nun nicht anerkennen

---

136   Ein von Hitler bei Hindenburg unter Vortäuschung falscher Tatsachen erwirkter Gesetzesparagraph »Zum Schutz von Volk und Staat« (Reichsgesetzblatt, Teil I, Berlin, 28. Februar 1933, Nr. 17, S. 83).

und annehmen könne. Ich wisse mich von meinem Superintendenten vor Gott an diese Gemeinden gewiesen, von denen man mich jetzt losreißen wolle, und müsse Gott mehr gehorchen als den Menschen. Alle Versuche des Herrn Kommissars, mich zur Annahme meiner Ausweisung zu bewegen, aus denen deutlich wurde, daß [das] das Ziel meine Versetzung sei, lehnte ich ab. Er ließ dann ein Protokoll der Verhandlung aufnehmen, in dem er ganz von sich aus diktierte, was ihm aufzunehmen wichtig oder geeignet erschien von meinen Aussagen, einige Berichtigungen von mir wohl aufnehmend. Ich wies sofort darauf hin, daß ich das Protokoll nicht unterschreiben werde. Trotzdem diktierte er im Aussagestil der ersten Person, auch als ich noch einmal darauf hinwies, daß ich nicht unterschreiben werde. Als Gründe meiner Weigerung gab ich an, daß nicht der ganze Inhalt unserer Verhandlung, insbesondere nicht der Eingang und die Zerreißung des Schutzhaftbefehls, wiedergegeben werde. Hierin lag ja die Begründung für die Ablehnung der Ausweisung. Als zweiten Grund gab ich an, daß alle meine bisherigen Protokolle wegen meiner offenherzigen Verantwortung mich nur tiefer in die Bestrafung hingeführt hätten! Nur dieser zweite Grund wurde ins Protokoll aufgenommen, indem der Ausdruck Bestrafung in ›Verantwortlichkeit‹ umgeändert wurde. Das wurde auch nicht richtiggestellt, als ich darauf hinwies, daß das nicht dasselbe sei und ich für mein Handeln und Aussagen wohl verantwortlich sein wolle. Auch wies ich noch einmal auf den andern nicht protokollierten Grund meiner Unterschriftsverweigerung hin. Zwei anwesende Zeugen unterschrieben statt meiner das Protokoll. Dagegen unterschrieb ich, auf Drängen nach der Verhandlung, daß ich aus der Schutzhaft keine Ansprüche an den Staat stellen wolle wegen meines noch nicht ausgeheilten Beines, da ich nicht dringlich zum Arzt verlangt habe.

Trotz meiner Weigerung, die Ausweisung anzunehmen, wurde mir die Annahme des Ausweisungsbefehls gegen Quittung aufgenötigt. Derselbe sprach die Ausweisung aus der Rheinprovinz aus mit der Begründung, daß ich die öffentliche Sicherheit und Ordnung in der Rheinprovinz gefährdet habe und mein Verhalten zeige, daß ich mich nicht in den nationalsozialistischen Staat einfügen wolle. Für jeden Fall des Betretens des Rheinlandes wurde Strafgeld in Höhe von 150 M, ersatzweise für je 10 M einen Tag Haft, angedroht, außerdem könne Schutzhaft verhängt werden. 48 Stunden nach Annahme eines Wohnsitzes und 48 Stunden vor Aufgabe desselben solle ich mich melden, wenn ich recht erinnere, bei dem zuständigen Landratsamt. Ich besitze den Ausweisungsbefehl nicht mehr. Ich wurde um 10 Uhr vorm. etwa in ein Auto gesetzt und unter zwei Mann Bedeckkung außer dem Kraftfahrer über die Grenze des Rheinlandes nach Wiesbaden gebracht. Die Angabe eines Ortes, wohin ich gebracht werden wolle, hatte ich gemäß meiner grundsätzlichen Weigerung, die Ausweisung anzuerkennen, abgelehnt. In Wiesbaden wurde ich im Auto noch eine lange Weile festgehalten, während der mit der Durchführung der Ausweisung Beauftragte irgendwelche Stellen verständigte. In der Stadt fühlte ich mich überwacht bis zum Bahnhof. Ich fuhr dann mit dem nächsten Bahnwege nach Simmern und am Abend mit Auto in meine Filialgemeinde. Am Sonntag tat ich den gewöhnlichen Dienst in beiden Gemeinden. Am Montag begab ich mich auf Drängen der Freunde in Urlaub.

Zur Schutzhaft ist noch nachzutragen, daß wir unter der Gefängnisordnung stehen sollten, wie man uns sagte. Die Unterbringung war sauber. Irgendwelche Rechte standen uns offenbar nicht zu. Es konnten Anträge gestellt werden auf Schreiberlaubnis, Selbstverpflegung und anderes, die dann gewährt oder abgelehnt werden konnten. Mir wurde die Schreiberlaubnis in der dritten Woche entzogen, wie ich annehmen mußte, wegen zu lauten Verhaltens in der Zelle (Singen) und aus dem Zellenfenster heraus, als ich abends geistliche Verständigung nach dem Worte Gottes mit einem Mitgefangenen suchte. Es war mir jedenfalls, darüber zur Rede gestellt, der Entzug jeder Vergünstigung in Aussicht gestellt worden, als dann Schreib- und Postsperre ausgesprochen wurde. So habe ich tatsächlich von der sehr von Anfang an einlaufenden Post nur einen Brief meiner Frau in der dritten Woche der Haft, ein Taufkuchenpaket aus Anlaß der Taufe meines Kindes am 13. Juni und die notwendigen Wäschesendungen ausgeliefert bekommen. Am letzten Tage vor meiner Entlassung habe ich die Auslieferung einer Bibel quittieren dürfen.

Über die Behandlung im übrigen darf ich mich nicht beklagen. Von vorstehendem Bericht bitte ich den Ihnen geeignet oder notwendig erscheinenden Gebrauch zu machen.

Möchten Sie, lieber Bruder Humburg, in Ihrer unruhigen und verantwortungsvollen Stelle noch ferner von Gott die notwendige Kraft und Gesundheit geschenkt bekommen. Die Beschriftung des Umschlages wird Ihnen ein lieber Gruß sein, wie mir deren Schreiberin eine liebe Verbindung zu Ihnen ist.

Ihr Paul Schneider«

Präses Humburg antwortet unverzüglich:

»D. Paul Humburg
Pfarrer der reformierten Gemeinde Barmen-Gemarke

Fernruf: 54235
Postscheckkonto Essen 23955
Wuppertal-Barmen, den 4. 8. 1937
Heinrich-Janßenstraße 16

Lieber Bruder Schneider! Von Herzen danke ich Ihnen für Ihren Bericht, den ich an den Rheinischen Rat weiterleiten ließ. Ich will jetzt – schriftlich – nicht auf Einzelheiten der Vergangenheit eingehen.

Ihr Fall beschäftigt mich unausgesetzt. Heute möchte ich nur Folgendes schreiben. Mir scheint es sehr wichtig, daß Ihre Sache nun klar und sauber durchgeführt wird.

Sie haben den Ausweisungsbefehl nicht anerkannt und können nicht anders, als in Ihre Gemeinde zurückkehren. Aber bitte, lieber Bruder Schneider, nicht zu schnell und nicht auf Ihre eigene Faust! Es darf keine persönliche Sache von Ihnen sein, sondern es muß eine Sache des Kirchenregimentes sein. Und, es darf nicht einfach Übertretung des Gebotes der Gestapo sein. Sondern Sie oder wir müssen durch einen Rechtsanwalt (etwa Dr. Holstein in Berlin) beim Justizministerium beantragen, daß ein regelrechtes Verfahren gegen Sie eröffnet und ein Urteil gesprochen wird. Sonst könnten Sie sich nicht abhalten lassen, nach Hause in Ihren Dienst zurückzukehren . . . Ich bitte Sie deshalb, sich alsbald mit Bruder Schlingensiepen, der jetzt den Präses vertritt, in Verbindung zu setzen. Entweder durch meine Tochter Irmgard u. Frau Schlingensiepen oder besser durch Deckadresse: Conrektor Hillebrandt, Virchowerstr. 34 (bitte vertraulich behandeln!!), Barmen.

Ich nehme an, daß Sie sich keiner Schuld bewußt sind und nur die Kirchenzuchtsmaßnahme, nach Ihrer Beurteilung, die Ursache Ihrer Verhaftung und Ausweisung ist. Sonst müßten Sie alles an Schlingensiepen berichten. Jedenfalls bitte ich Sie, nicht zurückzukehren, bis diese Vorarbeit getan ist. Sie müßten sich entschließen, länger dazubleiben, etwa noch den ganzen August, denn ganz schnell geht es nicht.

Es ist dies ja auch nur meine Meinung. Ich weiß nicht, ob die andern Brüder es anders beurteilen. Ich habe in diesem Sinn soeben an Schlingensiepen geschrieben und auch (stenographisch durch meinen Sohn Waldemar, der bei ihm ist) an Langensiepen. Ich kann von hier aus ja nichts tun, auch nur meine Meinung sagen. Der Herr leite uns recht! Soeben kommt die Nachricht, daß Müller-Dahlem und Niesel wieder verhaftet sind. Wir gehen noch harten Kämpfen entgegen, desto mehr wollen wir alles tun, daß die Berechtigung unserer Stellungnahme jedem

Gericht... einleuchtet, daß jedenfalls die Kinder Gottes im Gebet hinter uns stehen können.
Ihnen und Ihrer lieben Frau und Bruder Disselnkötter herzliche Grüße!
Ihr Humburg«

Dieses Schreiben zeigt die Unsicherheit im Umgang mit den damaligen Machthabern. Es erweckt den Eindruck, als ob Präses Humburg zweifle, daß Paul Schneider wirklich nur aufgrund einer ausschließlich innerkirchlichen Maßnahme inhaftiert worden sei.

Präses Humburg hatte recht, wenn er schreibt: »Es darf keine persönliche Sache von Ihnen sein, sondern es muß eine Sache des Kirchenregimentes sein.« Es erhebt sich die Frage, warum das Kirchenregiment in dieser Angelegenheit von sich aus nicht aktiv geworden ist und einen Rechtsanwalt eingeschaltet hat. Unter Kirchenregiment verstand Paul Schneider die »Evangelische Bekenntnissynode im Rheinland«, d.h. als geschäftsführendes Organ den Bruderrat. Von ihr erwartet er das weisende Wort.

Daran wird sichtbar, daß er es nicht auf einen Alleingang abgesehen hat, sondern die Autorität einer kirchlichen Obrigkeit anerkennt. Wir müssen uns immer wieder neu ins Gedächtnis rufen, daß für Paul Schneider eine rechtmäßige kirchliche Obrigkeit auf dem Boden der ungeteilten Heiligen Schrift und dem Bekenntnis der Väter stehen muß. Abstriche von diesem oder jenem beinhalten für ihn bereits Auflösungserscheinungen und sind als solche schon im Ansatz zu verwerfen.

Wenige Tage nach dem Erhalt des Briefes von Präses Humburg schreibt er seinem Freund:

»Im Urlaub, d. 8. August 1937
Lieber Fritz!
Deine Bilder heute und Hildes Brief brachten uns mit unsern lieben Kindelein große Sonntagsfreude. Wir danken herzlich für die große Mühe, die Du Dir gemacht. So schöne Bilder von unserer kleinen Gesellschaft haben wir noch gar nicht gehabt. Auch liebe Freunde hier, besonders Irmgard Humburg, haben sich mit gefreut.
Ich danke Euch auch noch für die niedliche Karte der Freundin Hilde und Fritzchens Zeilen auf meinen Brief. Im letzteren hatte ich noch ein wenig um mich geschlagen. Das mußte ich ja notgedrungen aufgeben. Hoffentlich macht das Kirchenregiment die Sache *ordentlich.*
Präses Humburg hat mir ähnlich geschrieben, wie er es in dem heute beiliegenden Auszug tut. Er fürchtet offenbar ein wenig, daß ich nicht ganz unschuldig sein könnte und dem Staat vielleicht berechtigte Ursache meiner Verhaftung und Ausweisung gegeben haben könnte. Ich habe sofort an Br. Schlingensiepen geschrieben, daß zwar die Kirchenzuchtssache offenbar nur der letzte Anlaß meiner Verhaftung gewesen sei und meiner Ausweisung, daß ich aber bei allen vorausgehenden Ursachen, die ich Partei und Staat gegeben haben mag, ein gutes Gewissen habe und daß auch die andern und die Kirche ein gutes Gewissen haben möchten. Bei der Aufzählung der Ursachen habe ich vergessen meine Nichtbeteiligung an der letzten politischen Wahl und meine Nichtanwendung des Deutschen Grußes im Unterricht und überhaupt. Du kannst das gelegentlich ergänzen. Ich habe auch über diesen Punkten ein gutes Gewissen und habe die hier vor-

liegenden Entscheidungen in meinem an Gottes Wort gebundenen Gewissen getroffen. Ich bin bereit, das ausführlich zu begründen, wenn es gewünscht wird. Auch den Entscheid über die Ablehnung der Ausweisung und Rückkehr in die Gemeinde habe ich nach ernstlichem Prüfen und Gebet getroffen und bereits grundsätzlich vollzogen. Ich begrüße es aber dankbar und halte es für richtig, daß die Kirchenleitung meine Rückkehr in die Gemeinden zu ihrer Sache macht. Das wird 1. der Durchsetzung der Kirchenzucht und 2. dem gegenüber der Ausweisung gebotenen Widerstand seitens der Pfarrer und Gemeinden förderlich sein. Grundsätzliche Entscheidungen in beiden Dingen sind ja bereits durch die Kirchenleitung im Sinne meines Handelns ausgesprochen. Ich halte es auch für gut, wenn die Kirchenleitung für ihre Forderung gegenüber dem Staat die Willenskundgebung der Gemeinde durch Presbyteriumsbeschluß und Unterschriften der Gemeindeglieder in Händen hätte. In Womrath wurde eine solche gegen mein Dafürhalten zu eilig durchgeführte Unterschriftensammlung (110-120 bei nicht ganz 280 Seelen) am Dienstag oder Mittwoch nach dem 25. 7. durch die Polizei konfisziert (vielleicht auch kein Schade!). In Dickenschied waren bis zu meiner Frau Abreise schon über 100 Unterschriften, bei etwa 180 Seelen, gegeben worden.

Der dringenden Bitte von Präses Humburg, nichts auf eigene Faust zu unternehmen, der ich mich zunächst ganz fügen will, möchte ich nun auch mit der Bitte meinerseits dringlich begegnen, die Rückkehr bzw. den Termin derselben einer *schnellen* Entscheidung zuzuführen, um der Sache willen, damit die Zwischenzeit auch wirklich nur als Urlaubszeit gewertet werden kann . . . Wir wollen sehen, was Gott dazu sagt und welch neue Schläge über unsere B. K. hereinbrechen. Offenbar ist ja unserer Kirche der Untergang geschworen. Aber Gott ist unsere Zuversicht und Stärke. Er wird uns nicht verlassen und seine Macht und Güte wunderbar uns spüren lassen, wenn wir nur glauben und bleiben auf dem von ihm uns gewiesenen Weg.

Dir und den Deinen viele herzliche Grüße
von Deinem dankbaren Paul.«

Daß Paul Schneider dennoch trotz aller Versicherungen allein bleibt, ist nicht zuletzt die Tragik der Bekennenden Kirche, denn auch für sie war eine Haltung, wie er bis zur letzten psychischen und physischen Konsequenz für die Sache der Kirche stand, ein Novum. Oder war in ihr das Evangelium, weil es in einer Organisation institutionalisiert war, kraftlos geworden? Aus der späteren Haft, aus der ihm eine Rückkehr nicht mehr gestattet war, schreibt er inoffiziell seiner Frau:

»Ich halte allerdings jetzt, obwohl ich mir dessen nicht so bewußt war, die zurückgewiesene Ausweisung, die ohne Rechtsgrund vom Staat angeordnet und nun mit Lager durchgefochten werden soll, für außerordentlich wichtig für das Verhältnis von Staat und Kirche und die um des Evangeliums willen zu behauptende innere und äußere Freiheit der Kirche. Ich begreife eigentlich immer weniger, wie man sich das bisher so unter bloßem Protest mit Worten hat gefallen lassen, wo wir sogar noch als Körperschaft öffentlichen Rechts fungieren. Hoffentlich sieht die Kirchenleitung, die bisher in meiner Sache nicht reden wollte, die Wichtigkeit der Sache ein und findet noch die Sprache dazu. Oder sollte ich als kleinstes Pastörlein auf dem Hunsrück allein dem Staate bezeugen müssen, was recht ist? Es ist dann fast dem Staate zuviel zugemutet, das als kirchliche Entscheidung ernst zu nehmen. Warum hat man nun schon ein Vierteljahr lang seit meiner zurückgewiesenen Ausweisung von der Leitung dazu geschwiegen? Ich hatte es ihr ja deutlich geschrieben, daß ich es für recht hielte, wenn die Leitung meine von mir für mich entschiedene Rückkehr zu ihrer Sache machte. Mir scheint es so, daß nicht bei der Kirche und ihrer Leitung, sondern bei den einzelnen Gemeinden die Entscheidung für die kommende Kirche in Deutschland fällt. Darum verrechnen sich auch alle klugen Kirchenpolitiker, die nicht an ihrem Platz in der Gemeinde kämpfen und einstehen. Auch von hier aus gesehen ist mein Kampf für die unlösliche – nach Menschenspruch unlösliche – Verbundenheit von Gemeinde und Pfarrer nur richtig und für die Dauer der Kirche lebensnotwendig.«

Die Geheime Staatspolizei verfolgt Paul Schneider mit einem Steckbrief:

»Stapo Düsseldorf   den 29. Juli 1937
II B/8, 10/F. W. Otto
1. An die Außendienststellen
die Herren Landräte des Bezirks und
die Pol.-Verwaltungen Krefeld, Neuss und Viersen
Betrifft: Maßnahmen gegen Geistliche

Gegen den evangelischen Pfarrer Friedrich Wilhelm Otto, geb. 19. 9. 1900 in Lichau i.Sa., wohnhaft Berlin W 30, Nollendorfstrasse 14/15, ist ein Redeverbot für das gesamte Reichsgebiet verhängt worden.
Gegen den evangelischen Pfarrer Paul Robert Schneider (aus Dickenschied, Kr. Simmern), geb. 29. 8. 97 zu Pferdsfeld, Kr. Kreuznach, ist ein Aufenthaltsverbot für die Rheinprovinz verhängt worden.
Das mit Rundverfügung vom 20. 5. 1937 – II B/80,10 Middendorf – gegen den evangelischen Pfarrer Friedrich Middendorf aus Schüttorf, geb. 2. 2. 83 in Emden, verhängte Aufenthaltsverbot für den Reg.-Bez. Düsseldorf ist aufgehoben worden. Das Redeverbot für das gesamte Reichsgebiet besteht jedoch weiter.
Zusatz für die Herren Landräte
Überdrucke für die Herren Bürgermeister liegen bei.
2. Der Vorgang betr. Redeverbot Paul Robert Schneider befindet sich in dessen Personalakte, ebenso der Vorgang betr. die Aufhebung des Aufenthaltsverbots für den Pfarrer Middendorf.
3. Je einen Abdruck dieser Rundverfügung zu dem Vorgang Paul Robert Schneider und Middendorf nehmen.
4. Archivmäßige Auswertung für Schneider und Middendorf erfolgt in den betr. Vorgängen.
5. II F, Personalkarte und Suchkarte: Redeverbot für Pfarrer Friedrich Wilhelm Otto anlegen. Personalien siehe Fernschreiben.
6. z. d. A. Personalkarte F. W. Otto

           [zwei Abzeichnungen]«

Das Konsistorium in Düsseldorf berichtet nach Berlin:

»Evangelisches Konsistorium
6940   Düsseldorf, den 28. Juli 1937
An
den Evangelischen Oberkirchenrat
in Berlin-Charlottenburg
Betrifft: Verhaftung des Pfarrers Schneider in Dickenschied
Erlaß vom 21. 6. 1937, E.O. III 2524/37
Berichterstatter: Kons. Rat Hasenkamp

Im Nachtrag zu unserm Bericht Nr. 68 vom 8. 6. 1937 berichten wir ergänzend, daß uns die Staatspolizeistelle Koblenz auch auf eine schriftliche Anfrage über die Gründe der Verhaftung des Pfarrers Schneider nicht geantwortet hat. Am 27. 7. hat unser Sachbearbeiter Kons. Rat. Hasenkamp auf einer Dienstreise, die ihn durch Simmern führte, von dem dortigen Superintendenten Folgendes vernommen: Pfarrer Schneider hatte in seiner Gemeinde Dickenschied entsprechend der dortigen Sitte einer scharf durchgeführten Kirchenzucht von der Kanzel im Namen des Presbyteriums mitgeteilt, daß ein Gemeindeglied namens Scherer, weil sein Kind von ihm nicht regelmäßig zum Unterricht gesandt worden sei, vermahnt werden müsse.

Falls keine Besserung eintrete, sei das Presbyterium gezwungen, diesen Vater vom heiligen Abendmahl auszuschließen. Darüber habe sich offenbar der Betroffene beschwert, und seine Beschwerde habe Anlaß zur Verhaftung gegeben. Fast zwei Monate hat Pfarrer Schneider zu Koblenz im Gefängnis gesessen. Dann ist er am Morgen des 24. 7., ohne daß eine Gerichtsverhandlung stattgefunden hatte, aus der Haft entlassen und nach Wiesbaden abgeschoben worden, und zwar mit einem Ausweisungsbefehl, der ihm den Aufenthalt im Rheinland verbietet. Wir fragen heute nochmals bei der Staatspolizeistelle in Koblenz an, aus welchen Gründen der Pfarrer verhaftet und jetzt ausgewiesen worden sei.

Ha[senkamp] 30. 7.«

Mit einem zweiten Schreiben erinnert das Konsistorium die Gestapo an die bereits ergangene erste Eingabe:

»Konsistorium
6840/III   Düsseldorf, den 28. Juli 1937
An
die Staatspolizei-Leitstelle
in Koblenz
Regierungspräsidium
Betr.: Verhaftung und Ausweisung des Pfarrers Schneider in Dickenschied, Kr. Simmern
Es ist uns mitgeteilt worden, daß Pfarrer Schneider aus Dickenschied am 24. 7. 1937 aus seiner Haft entlassen und gleichzeitig aus dem Gebiet der Rheinprovinz ausgewiesen worden sei. Indem wir Bezug nehmen auf unser Schreiben vom 8. 6. Nr. 6840, ersuchen wir nochmals dringend um gefl. Mitteilung über die Gründe, die erst zur Verhaftung und dann zur Ausweisung des Pfarrers geführt haben. Wir als kirchliche Aufsichtsbehörde haben ein dringendes Interesse daran, die Gründe zu erfahren, die zu so einschneidenden Maßnahmen gegen einen uns unterstellten Geistlichen geführt haben. Wir bitten deshalb sehr darum, uns hierüber unterrichten zu wollen.

Ha[senkamp] 30. 7.«

Die Gestapo hat es nicht so eilig mit einer Antwort und läßt die »Deutschen Christen« im Konsistorium warten. Ob allerdings die Gestapo-Leitstelle in Koblenz befugt war, derartige Auskünfte zu erteilen, oder ob sie erst Instruktionen des Sicherheitshauptamtes der SS in Berlin in der Prinz-Albrecht-Straße 8 einholen mußte, kann heute nicht mehr geklärt werden. Eines dürfte aber unbestritten sein: Paul Schneider hatte unter den nationalsozialistischen Größen einen besonders unerbittlichen Widersacher, der als Parteigenosse der NSDAP und aufgrund seiner parteiamtlichen Stellung über weitreichende innerparteiliche Beziehungen verfügte.

Über den Urlaubstagen in Baden-Baden, die die Dickenschieder Pfarrfamilie im wahrsten Sinne des Wortes genossen hat, schwebt wie ein Damoklesschwert die Ausweisung aus dem Rheinland. Ihre eigentliche Sorge gilt den beiden Gemeinden im Hunsrück.

Bernhard Heinrich Forck, Pastor in Hamburg und zugleich Mitglied der Vorläufigen Kirchenleitung der Deutschen Evangelischen Kirche, schreibt von Berlin an die Pfarrersleute von Dickenschied und Womrath nach Baden-Baden:

»Die Vorläufige Leitung
der Deutschen Evangelischen Kirche

Berlin-Dahlem, den 18. 8. 1937
Friedbergstraße 11

Herrn
Pfarrer Schneider und Frau Gemahlin
z. Zt. Baden-Baden, Taborhöhe
Lieber Bruder Schneider!
Ihren Brief haben wir gestern richtig erhalten und danken Ihnen für Ihre Zeilen. Selbstverständlich bleiben wir Ihnen und allen bedrängten Brüdern in Fürbitte verbunden. Ganz besonders bewegt uns Ihr Fall sehr. Im allgemeinen haben es die Brüder so gehalten, daß sie dem Ausweisungsbefehl Folge geleistet haben. Wir verstehen es aber gut, daß der Ordinationsernst den Amtsbruder an seine Gemeinde weist. Immerhin hat die Staatspolizei die Macht in den Händen und wird sie auch gebrauchen. Es ist eine ernste Entscheidung, in der Sie stehen. Daher ist es richtig, daß der Rheinische Rat Sie gebeten hat, die Entscheidung der Kirchenleitung abzuwarten. Wenn die Kirchenleitung Sie anweist, in Ihrer Gemeinde zu bleiben, so haben Sie zu gehorchen, einerlei, was daraus folgt. Wenn die Kirchenleitung Ihnen rät, dem Ausweisungsbefehl Folge zu leisten, so werden Sie auch diesem Rat Folge leisten müssen und dürfen es der Kirchenleitung überlassen, für eine Betreuung der Gemeinde Sorge zu tragen. Gott der Herr sei und bleibe mit Seinem Segen bei Ihnen und den Ihrigen. Er segne auch Ihre Gemeinde in dieser Zeit der Betrübnis. Das wollen wir immer im Auge behalten, daß die Sache unseres Herrn und Seiner Kirche stets gefördert und nicht gehindert werde. Wir dürfen aber auch den Herrn bitten, über unsere Schwachheit und Sünde hinwegzusehen und trotz allem die Gemeinde zu segnen und ihr aus dem Erleiden dieser Zeit reiche Frucht und wundersamen Segen erwachsen zu lassen.
Mit herzlichen Grüßen

in Treue
für die Vorläufige Leitung der
Deutschen Evangelischen Kirche
Forck

Pfarrer Böhm, an den Sie Ihre Zeilen richteten, befindet sich bereits seit 14 Tagen wieder in Haft!«

Über dem Urlaub in Baden-Baden liegt eine verhaltene Freude, wie uns die vorliegenden Bilder zeigen. Es war von den Pfarrersleuten Ippach eine mehr als brüderliche Tat, dem aus dem Rheinland ausgewiesenen Amtsbruder gemeinsam mit seiner Frau den Urlaub zu gestalten und dabei ihren illegalen Aufenthalt zu decken.

Während dieser Zeit besucht der stellvertretende Präses der Evangelischen Bekenntnissynode im Rheinland Paul Schneider und seine Frau. Den Gesprächsverlauf hat Frau Ippach nach dem Krieg aus der Erinnerung in einem Brief an Frau Schneider niedergeschrieben:

»Pfarrer Schlingensiepen fragte als Vertreter des Präses ihren Gatten: ›Ist es Ihre Absicht, nach diesem Erholungsurlaub in Ihre Gemeinde zurückzukehren, obwohl von seiten der Gestapo das Kanzelverbot für Sie ausgesprochen ist?‹ Ihr Mann antwortete: ›Ich bin meiner Gemeinde verpflichtet und nehme in kirchlichen Dingen keinen Befehl von der Gestapo entgegen.‹ Da sagte Schlingensiepen etwa: ›Und wenn wir als Bruderrat Ihnen dringend davon abraten, wieder auf Ihre Kanzel zurückzukehren, was würden Sie dann tun?‹ Antwort: ›Dazu möchte ich heute keine Stellung nehmen, ich werde nach meinem Gewissen handeln‹ und ließ durchblicken, daß er entschlossen sei, in seine Gemeinde zu gehen. Dann sagte Pfarrer Schlingensiepen zu Ihnen: ›Wie denken Sie darüber – sind Sie sich ganz bewußt, welche gefährlichen Folgen die Rückkehr Ihres Mannes in seine Gemeinde für ihn haben kann?‹ Antwort: ›Ich kann meinen Mann nicht zurückhalten, wenn er es als seine Berufung ansieht, wieder auf seine Kanzel zu gehen; Gefahren drohen ihm überall.‹«

Was hier ausgesprochen wird, ist im Glaubensgehorsam gegründet und duldet keinen diplomatischen Kompromiß, auch dann nicht, wenn sich das Martyrium ankündigt. Es muß hinzugefügt werden, daß Paul Schneider sich ausschließlich im geistlich-kirchlichen Raum bewegt und keinen Schritt aus ihm heraustritt. Persönlich ist er nie einem seiner Gegner zu nahe getreten, er hat auch nie Rücksicht auf eigenen Nachteil oder Schaden genommen. Seine Widersacher wie auch seine ›christlichen‹ Kritiker hatten nicht so viel Anstand und Lebenserfahrung, um zu erkennen, daß Paul Schneider ausschließlich aus Glaubensverantwortung und Glaubenstreue handelte.

Geistliche, die mit den staatlichen Machthabern in Konflikt geraten waren, wurden damals nicht selten aus ihren Gemeinden und Landeskirchen verbannt. Sie unterlagen dann einer besonderen Meldepflicht und hatten auch sonst mancherlei Behinderungen zu ertragen. Wenn kein Redeverbot für das gesamte Deutsche Reichsgebiet verfügt war, hatten sie jedoch an ihrem Unterkunftsort die Möglichkeit zu kirchlichem Dienst.

Der Rheinische Rat bemüht sich um eine Zusammenkunft aller von der Ausweisung betroffenen Pfarrer. Von einer solchen Konferenz erwartet man nicht nur einen Austausch gemachter Erfahrungen im Umgang mit der Staatsmacht, sondern auch ein gemeinsam abgestimmtes Vorgehen gegen die nationalsozialistische Willkür. Paul Schneider wird auf eine solche brüderliche Begegnung vertröstet, die dann doch nicht zustande kommt.

»4. 9. 1937
Lieber Bruder Schneider!
Durch die neuerliche Behinderung der V[orläufigen] L[eitung] wird wohl zu-

nächst aus der Zusammenkunft nichts werden. Ich habe mich fast täglich darum bemüht, bekomme aber keine Antwort. Nun kann ich Sie nicht noch länger auf Nachricht warten lassen, zumal ich nicht weiß, ob Sie die Freiheit haben, auf unbestimmte Zeit zu warten. Wir befehlen Sie Gott und Seiner Gnade. Mir war es eine große Freude, bei Ihnen und Ihrer l[ieben] Frau sein zu dürfen.

In treuem Gedenken
Ihr Schlingensiepen«

Dieser inhaltsschwere Brief, der Ohnmacht und Unsicherheit der Bekennenden Kirche zeigt, erreicht Paul Schneider in Eschbach über Usingen (Taunus). Dort hatte er für seinen langjährigen Freund und Pfarrbruder Emil Weber die Urlaubsvertretung übernommen. Die Frage sei an dieser Stelle erlaubt, was geschehen wäre, wenn der Rheinische Rat sich hinter Paul Schneider gestellt hätte.

Präses Humburg schreibt nach Eschbach:

»Der Rat der Evangelischen Bekenntnissynode im Rheinland
Der Präses   W.-Barmen, den 17. September 1937
                                    Heinr.-Janßenstr. 16, Fernruf: 54235
                                    Postscheckkonto Essen 37681
Herrn
Pastor Schneider
Eschbach
b. Usingen im Taunus
b. Pfarrer Weber
Lieber Bruder Schneider!
Sie haben lange nichts mehr von mir gehört. Ich bitte das aber nicht so zu deuten, daß wir mit Ihrer Sache nicht mehr beschäftigt wären. Es geht uns immer noch darum, möglichst bald ein Zusammenkommen der Brüder, die das Gleiche erlebt haben wie Sie, herbeizuführen, damit ein gleichmäßiges Vorgehen verabredet werden kann. Ich bitte Sie herzlich und dringend, die Geduld nicht zu verlieren. Es ist natürlich für Sie ein schwerer Gedanke, daß Ihre Gemeinde nicht versorgt ist. Aber das muß nun einmal getragen werden. Sobald sich irgend etwas klärt und zu sagen ist, bekommen Sie von uns Nachricht.

Seien Sie herzlich gegrüßt
von Ihrem
Humburg«

Nach über acht Wochen findet sich die Geheime Staatspolizei bereit, dem Konsistorium zu antworten, und bezieht sich dabei auf dessen zweites Schreiben:

»Geheime Staatspolizei
Staatspolizeileitstelle Koblenz

Koblenz a. Rhein, den 24. September 1937
Im Vogelsang 1
Fernsprecher: Nr. 2291

Br.-Nr. II B 355/37

Betrifft: Verhaftung und Ausweisung des Pfarrers Schneider aus Dickenschied, Krs. Simmern
Vorgang: Dortiges Schreiben vom 2. 6. 1937 Nr. 6840 III
An das
Evangelische Konsistorium
der Rheinprovinz
in Düsseldorf
Inselstraße 10
Pfarrer Schneider ist ein fanatischer Anhänger der Bekenntniskirche, der jede Gelegenheit benutzt hat, um gegen den nationalsozialistischen Staat zu hetzen. Gegen ihn schweben deshalb bei dem Sondergericht in Köln mehrere Strafverfahren wegen Vergehens gegen das Heimtückegesetz und Vergehens nach § 30a StGB.

Seine Inschutzhaftnahme war s.Zt. erforderlich, weil er von der Kanzel aus die ›christliche Bußzucht‹ gegen zwei Volksgenossen bekanntgegeben hatte. Einer der in Bußzucht Genommenen war Anhänger der Deutschen Christen. Wegen dieses an mittelalterliche Zustände erinnernden Vorgehens sowie wegen der Verunglimpfung eines Volksgenossen von der Kanzel aus wurde Pfarrer Schneider am 31. 5. 1937 in Schutzhaft genommen und am 24. 7. 1937 aus der Schutzhaft entlassen.

Es wurde aufgrund der Verordnung des Reichspräsidenten vom 28. 2. 1933 gegen ihn ein Aufenthaltsverbot für die Rheinprovinz verhängt, weil sein Verhalten die öffentliche Sicherheit und Ordnung gefährdete und den Interessen des nationalsozialistischen Staates zuwiderlief. Auch diese letzte staatspolitische Anordnung hat er umgangen, indem er trotz Verbotes am 25. 7. 1937 in der Kirche zu Dickenschied gepredigt hat und dann mit unbestimmtem Ziel abgereist ist.

Ferner ist ihm aufgegeben worden, innerhalb 48 Stunden seinen neuen Wohn- und Aufenthaltsort der zuständigen Ortspolizeibehörde anzugeben; dieses hat er ebenfalls bis jetzt unterlassen. Ist dort der derzeitige Aufenthaltsort von Pfarrer Schneider bekannt?

In Vertretung:
Siegel   gez. Dr. Albath
Beglaubigt: Steil
Kanzleiangestellte«

Damit waren die Gründe der Inhaftierung seitens des Staates offen ausgesprochen. Die Geheime Staatspolizei im Sicherheitshauptamt der SS in Berlin wurde noch deutlicher. Sie bezeugt, wie der NS-Staat innerkirchliche Vorgänge beobachtete und die Beurteilung von Richtigkeit oder Unrichtigkeit jeweiliger Entscheidungen in die eigene Zuständigkeit übernehmen wollte und somit die Kirche weder als Institution, d.h. als Körperschaft öffentlichen Rechts, noch als Gemeinschaft der Glaubenden ernst nahm. Die Verweigerung einer nur im kirchlichen Raum gültigen Bescheinigung sowie die Vorankündigung des Ausschlusses vom Abendmahl aus rein kirchlichen Erwägungen heraus wurde von der Geheimen Staatspolizei mit Gefängnis und Ausweisung geahndet. Paul Schneider und nicht eine kirchliche Institution hat die Unrechtmäßigkeit solchen Eingreifens offen vor der Staatsmacht ausgesprochen:

»Die mir eröffnete Ausweisung, so erklärte ich, stelle es unter Beweis, daß Schutzhaft und Schutzhaftbefehl mit den angezogenen Gründen und aufgrund des bekannten Hindenburgparagraphen ein Unrecht und eine Unwahrheit seien, sich eindeutig gegen die Bekennende Kirche richten und damit die Kirche Jesu Christi verfolgen« (vgl. oben S. 162).

Der Evangelische Oberkirchenrat gibt abschriftlich dem Konsistorium die Äußerungen der staatlichen Stellen bekannt:

»Evangelischer Oberkirchenrat

Berlin-Charlottenburg, den 25. Sept. 1937
Jebensstraße
Fernsprecher: 315331

E. O. III 3625/37
Abschrift!
Der Reichs- und Preußische Minister
für kirchliche Angelegenheiten
I 15757/37

Berlin, W. 8, den 17. Aug. 1937
Abschrift!

Geheime Staatspolizei
Geheimes Staatspolizeiamt
B.-Nr. II B 2 – 873/37 E

Berlin SW 11, den 27. Juli 1937
Betr.: Pfarrer Paul Schneider, Dickenschied, Kreis Simmern
Vorg.: UR-Schreiben vom 8. 7. 1937 – G I 14599/37
Anl. 4
Pfarrer Paul Schneider wurde am 31. 5. 1937 auf Anordnung des Führers aus folgenden Gründen in Schutzhaft genommen:
Der Landwirt Ernst Scherer in Womrath, Kr. Simmern, bat Pfarrer Schneider um eine Umschulungsbescheinigung, um seinen Sohn am Unterricht eines anderen Pfarrers teilnehmen zu lassen, da er nicht wünschte, daß dieser im Sinne der Bekenntnisfront erzogen würde. Pfarrer Schneider antwortete Scherer darauf, daß er die Bescheinigung nicht ausstellen könne, da allein der bekenntniskirchliche Unterricht rechtmäßig sei und Scherer in Kirchenzucht genommen werden müßte, wenn er sich weiterhin weigere, seinen Sohn zu ihm in den Unterricht zu schicken. Weiter ließ Schneider den Landwirt Scherer zur Verantwortung vorladen und drohte ihm bei dieser Gelegenheit wiederum die Kirchenzucht an, falls er der Ladung keine Folge leisten würde. Da Scherer nicht erschien, gab Schneider zweimal die christliche Bußzucht gegen Scherer von der Kanzel bekannt und teilte Scherer folgendes mit:
›Sie werden demnach von der Gemeinde durch Verbietung der Sakramente aus der Kirche Christi und von Gott selbst aus dem Reiche Christi ausgeschlossen, bis Sie wahre Besserung versprechen und erzeigen (Heidelberger Katechismus, Frage 85 und seine biblische Begründung)
Die Gemeinde ist nach Inkrafttreten der christlichen Bußzucht für Sie gehalten, die christliche und kirchliche Gemeinschaft mit Ihnen abzubrechen, jedoch in allen notwendigen Dingen Ihnen mit Freundlichkeit zu begegnen, wie auch die christliche Bußzucht nicht Ihren Verderb und Ihre Verdammnis, sondern Buße und Wiedergewinnung für die Gliedschaft der Gemeinde sucht. Sie behalten Anspruch auf Seelsorge und Wortverkündigung in der Gemeinde. Die kirchlichen Beiträge haben Sie als Glied der Gemeinde, das Sie äußerlich noch sind, weiter zu entrichten.
Wollen Sie auch jetzt die Gemeinde noch nicht hören, so tritt mit der dritten Verkündigung die Bußzucht in Kraft.‹

Pfarrer Schneider ist inzwischen wieder aus der Schutzhaft entlassen und aus der Rheinprovinz ausgewiesen worden.
Im Auftrage   gez. [Unterschrift]

An den Herrn Reichs- und Preußischen Minister für kirchliche Angelegenheiten, Berlin W 8
Vorstehende Abschrift übersende ich unter Bezugnahme auf Ihr Schreiben vom 21. Juni 1937 – E.O. III 25/24/37 – zur gefälligen Kenntnisnahme
Im Auftrage   gez. Albrecht

An den Evangelischen Oberkirchenrat, Berlin-Charlottenburg 2
Abschrift übersenden wir dem Evangelischen Konsistorium im Nachgange zu E.O. 2524/37 vom 21. Juni d. Js. mit Bezug auf den dortigen Bericht vom 2. August d. Js. – Nr. 6840 III – zur Kenntnisnahme und Äußerung.
Für den Präsidenten
gez. Freitag
Siegel   Beglaubigt
Fiebig
Kanzleiobersekretär«

Die Zentrale der Geheimen Staatspolizei gibt das Schreiben an Ernst Scherer in Womrath kommentarlos exakt wieder und bestätigt somit, daß es sich bei dem Vorgang um eine rein innerkirchliche Angelegenheit handelt. Es ist in diesem Zusammenhang die Frage zu stellen, warum die Zentrale der Gestapo ausschließlich auf die Kirchenzucht abhebt und Anklagepunkte, die wir aus dem Schreiben der Gestapo-Leitstelle in Koblenz kennen, nicht erwähnt.

Die Geheime Staatspolizei war im Bewußtsein ihrer unkontrollierten Machtstellung im NS-Staat gewohnt, daß diejenigen, die mit ihr in Berührung kamen, ohne Widerrede gehorchten. Die Bekennende Kirche hatte sich im theologisch-verbalen Bereich zum Bekennen aufgerafft und Position bezogen. In der offenen Konfrontation mit dem NS-Staat, wie sie auf dem Hunsrück sichtbar wurde, wirkte die Leitung hilflos, überrascht, unsicher und kraftlos, wie schon an anderer Stelle dargelegt.

Während die Korrespondenz zwischen Düsseldorf und Berlin hin und her wandert, steht Paul Schneider auf einer hessischen Kanzel in Eschbach im Taunus. In dieser Zeit wird in Dickenschied und Womrath eine Unterschriftensammlung zugunsten von Paul Schneider veranstaltet und von der Polizei beschlagnahmt. Die Stimme des Volkes soll sich nicht zu Wort melden. Pfarrer Dr. Wippermann, Kreuznach, dürfte als eifriger radikaler Verfechter deutschchristlichen Gedankenguts die Verbindung zu den Machtzentren des NS-Staates unterhalten und auf jede Aktivität der evangelischen Gemeinden in Dickenschied und besonders in Womrath für Paul Schneider reagiert haben. Denn zweifellos ist die Zentrale der Gestapo durch ihn in den Besitz des bereits erwähnten Schreibens des Presbyteriums in Womrath an Ernst Scherer gekommen.

Das Presbyterium empfindet den gegenwärtigen pfarrerlosen Zustand der Gemeinde unerträglich. Es ist bereit, Verantwortung mitzutragen, und teilt ihrem Pfarrer mit:

»Womrath, den 19. September 1937
Lieber Herr Pfarrer Schneider!
Da Sie bereits seit dem 31. Mai ds. Jhs. durch die Geheime Staatspolizei in Koblenz von uns gerissen wurden und Ihnen keinerlei Vergehen nachgewiesen werden konnten, womit man sie bestraft hätte [. . .]. Wir erkennen darin nur eine verleumderische Anzeige, welche eigentlich von Rechts wegen strafbar gewesen wäre. Da Sie nun längere Zeit aus der Verhaftung entlassen und Ihre Ausweisung noch nicht zurückgezogen ist, können wir als Presbyter der hiesigen Gemeinde den jetzigen Zustand nicht länger über uns ergehen lassen. Weil die Konfirmanden keinen Religionsunterricht seit Ihrer Abwesenheit erhielten. Die Christenlehre für die angehende Jugend unterlassen wurde. Es fehlt die Seelsorge an den Kranken in beiden Gemeinden. Die heilige Abendmahlsfeier ist bereits zweimal übergangen worden. – Alle recht stehenden Gemeindeglieder wünschen dringend Ihre baldige Rückkehr, damit Sie wieder in Gottes Namen Ihres Amtes walten können. Das Presbyterium verlangt daher Ihre baldige Rückkehr und bittet Sie höflichst, die dringende Bitte, wenn irgend möglich, an eine höhere Staatsgewalt (Obrigkeit) weiterzugeben; denn wir können die Verantwortung in der Gemeinde durch Ihre Abwesenheit nicht mehr länger übernehmen.
Das Presbyterium der Gemeinde Womrath
Fuchs, Scherer, Auler«

Ein Schreiben des Presbyteriums von Dickenschied hatte ähnlichen Wortlaut.
Von der Bekenntnissynode des Rheinlands erhält Paul Schneider die folgende Mitteilung:

»Evangelische Bekenntnissynode im Rheinland
Düsseldorf, den 28. September 1937
Copernicusstr. 9
Fernruf: 10181 (nachts) 17225

Lieber Bruder Schneider!
Da Bruder Humburg zur Zeit abwesend ist, hat mich der Rat beauftragt, Ihren an den Präses gerichteten Brief zu beantworten, und zwar unter Berufung auf den Beschluß der Augsburger Bekenntnissynode. Wir möchten Ihnen dieses Wort ausdrücklich für Ihren Weg bezeugt haben.
›Im Ringen der Bekennenden Kirche um die Freiheit der Verkündigung des Evangeliums häufen sich die Fälle, in denen den Predigern die öffentliche Ausübung ihres Amtes auf mancherlei Weise verwehrt wird. Das bedeutet für sie und für ihre Gemeinde eine Anfechtung, in der sie nach einem wegweisenden Wort der Kirche fragen, weil sie mit uns allen unter dem Befehl des Herrn der Kirche stehen, der uns gebietet, seine Botschaft bis zur letzten Möglichkeit auszurichten. Obwohl die Entscheidungen, die hier gefällt werden müssen, zunächst an die einzelnen herangetragen sind, wird es immer deutlicher, daß in diesen Vorgängen die gesamte Kirche zur Verantwortung gerufen ist. Die Synode bekennt sich ausdrücklich zu dieser Verantwortung als ihrer eigenen.
Es ist ihr zur Zeit nicht gegeben, den betroffenen Predigern und Gemeinden eine allgemein gültige bindende Weisung für ihr Verhalten zu geben, weil trotz der großen Zahl gleich und ähnlich gelagerter Vorgänge nicht allgemein gesagt werden kann, wo im einzelnen der Punkt erreicht ist, an dem das Wort in Kraft tritt: 'Man muß Gott mehr gehorchen als den Menschen.' Diese Entscheidung zu vollziehen, vermögen wir dem einzelnen Gewissen nicht abzunehmen.
In der gemeinsamen Verantwortung wissen wir uns aber mit den betroffenen

Brüdern und Gemeinden unter die gleiche Leitung des Wortes und Geistes Gottes gestellt. Darum geben wir ihnen zu bedenken, daß nicht unsere eigenen menschlichen Befürchtungen oder Hoffnungen, auch nicht irgendwelche Drohungen oder Lockungen für ihre Entscheidung bestimmend sein dürfen, und bitten sie, sich in allen solchen Versuchungen Gott und dem Wort seiner Gnade anzubefehlen.

Gottes Wort ist uns zur Verkündigung aufgetragen; das macht die Verantwortung so groß. Gottes Wort will uns aber auch mit seiner Kraft zugleich selber tragen bis hinein in die Einsamkeit der letzten persönlichen Entscheidung. Im Gehorsam des Glaubens sollen wir der rechtfertigenden Gnade und Führung unseres Herrn gewiß sein. Wer sich in seiner Entscheidung auf sie verläßt, tut recht.

Er soll wissen, daß er damit in der Gemeinschaft der Bekennenden Kirche steht, die ihn als Glied an dem einen Leibe Jesu Christi mit ihrer Fürbitte trägt und ihm mit ihrem brüderlichen Rate dient. Wir verweisen deshalb alle Angefochtenen auf die Glaubensstärkung und Gewissenshilfe, die ihnen aus der seelsorgerlichen Aussprache erwachsen soll. Hierbei haben sich Gemeinde, Bruderrat und kirchliche Führung in ihrem Auftrag zu bewähren und zu bezeugen, daß die Bekennende Kirche ihre Verantwortung zu tragen bereit ist.

'Gott ist getreu, der euch nicht läßt versuchen über euer Vermögen, sondern macht, daß die Versuchung so ein Ende gewinne, daß ihr es könnt ertragen!'‹

Lieber Bruder Schneider! Es scheint uns nicht so, als ob in absehbarer Zeit eine Zusammenkunft der Ausgewiesenen zustande kommen könnte. Wir sind deswegen auch nicht in der Lage, Sie um eine Verschiebung Ihres Vorhabens zu bitten unter Berufung auf diese in Aussicht genommene Konferenz. Was Sie Ihrerseits tun können, ›um alle Gerechtigkeit zu erfüllen‹, erscheint uns auch gut und recht.

Es ist uns klar, daß wir zu Ihrer Entscheidung nicht nein sagen können. Ebenso klar ist uns aber auch, daß es sich bei dem Ja Ihrer Entscheidung nicht um das Befolgen einer kirchenregimentlichen Anweisung handeln kann, sondern nur um die Gewißheit des Gehorsams gegenüber dem Befehl des Herrn selbst. Darum kann hier weder etwas befohlen noch etwas verboten werden.

Wir befehlen Sie, lieber Bruder Schneider, Gott und dem Wort Seiner Gnade in der Gewißheit, daß jeder von uns mit seinem Herrn steht oder fällt. ›Denn unser keiner lebt sich selber, und keiner stirbt sich selber. Leben wir, so leben dem Herrn, sterben wir, so sterben wir dem Herrn; darum wir leben oder sterben, so sind wir des Herrn.‹

Mit herzlichen brüderlichen Grüßen
im Namen und Auftrag des Rates
Ihr
gez. Beckmann«

Die für ihn wichtigen Sätze hat Paul Schneider kurz danach in der Gestapo-Zelle in Koblenz eigenhändig unterstrichen. Seiner Frau schreibt er, daß die Augsburger Sätze »zu gewunden« seien, denn er selbst erwarte von einer Synode klare Anweisungen; er vertröstet sich somit selbst auf die nächste Kirchenversammlung.[137]

---

137 Die Augsburger Bekenntnissynode faßte eine Reihe von Beschlüssen, in denen sich konträre konfessionelle Meinungsunterschiede zum Schaden der Evangelischen Kirche niederschlugen.
Wir schwer sich die Bekennende Kirche noch 1939 im Umgang mit den NS-Machthabern tat, mag eine Mitteilung von Probst Grüber zeigen, der sich für ›Nichtarier‹, d.h. für jüdischstämmige Christen einsetzte und auf Unterstützung der Bekennenden Kirche hoffte:
»Nachdem die meisten der bis dahin verhafteten nichtarischen Pfarrer im Frühjahr 1939 aus dem Konzentrationslager entlassen worden waren, konnte ich mir einen genauen

Paul Schneider hat auch in den schwersten Situationen nie mit seiner Meinung zurückgehalten. Sein Gegenüber, ob Widersacher oder Freund, konnte ohne Schwierigkeiten erkennen, daß er es stets ehrlich meinte. Es gab damals in Deutschland nur sehr wenige Juristen, die sich für die von der Gestapo Verfolgten verwandt haben. Dr. jur. Horst Holstein gehörte zu den mutigen Rechtsanwälten, die zum Beistand Inhaftierter bereit waren.

»Rechtsanwalt und Notar   Berlin W 8, den 25. September 1937
Dr. Horst Holstein   Mauerstraße 18

Herrn
Pfarrer Schneider, Dickenschied / Rheinland

Sehr geehrter Herr Pfarrer!
Es wird Ihnen bekannt sein, daß seit 8 Wochen hier zunächst in Potsdam und sodann in Berlin Pfarrer Danicke aus Strausberg in Untersuchungshaft sitzt. Danicke hat bei einer Predigt behauptet, ein Pfarrer wäre im Tresor einer Reichsbankstelle in Haft gehalten worden.
Wie mir gesagt wird, könnten Sie mir Näheres darüber mitteilen, wie dieses Gerücht entstanden ist. Leider sind die Angaben über die ganze Angelegenheit sehr unklar.
Von einer Seite hörte ich sogar, daß Sie der in Betracht kommende Pfarrer sein sollten.
Ich bitte im Interesse des Pfarrers Danicke um möglichst umgehende Antwort.
Mit deutschem Gruß!   Dr. Holstein
        Rechtsanwalt
        durch:
        [Unterschrift]
        Assessor

[Handschriftl. Anmerkung von Paul Schneider:]
Erledigt durch Schreibmasch.brief
am 28. 9. 37
Abschrift z. d. A.«

Überblick über die Schikanen verschaffen, denen sie und die anderen Häftlinge in den Lagern ausgesetzt wurden. Ich war der Meinung, daß man dazu nicht schweigen durfte. So versuchte ich kirchliche Stellen dafür zu interessieren. Die Bekennende Kirche wurde auf den Tagungen des Preußischen und des Berliner Bruderrates von mir unterrichtet, aber ihr waren ja die Hände gebunden. Dann setzte ich mich mit dem Geschäftsführer der Lutherischen Bischofskonferenz, Martin Gauger, in Verbindung. Er verschaffte mir die Möglichkeit, auf einer Tagung der Lutherischen Kirchenführer über meine Ermittlungen zu berichten.
Vielleicht schilderte ich den versammelten Bischöfen die Mißhandlungen, denen die KZ-Häftlinge ausgesetzt wurden, etwas zu ausführlich. Ich hörte jedenfalls, wie einer der Würdenträger sagte: › Wir müssen nun langsam zum zweiten Punkt der Tagesordnung übergehen.‹ Der Vorsitzende der Konferenz, Bischof Theophil Wurm, der 1940 dann den Machthabern wegen der Euthanasie tapfer widersprochen hat, geleitete mich zur Tür und sagte: ›Ich danke Ihnen im Namen der Brüder und wünsche Ihnen und Ihrer Arbeit Gottes Segen.‹ Das war eine ganz großen Enttäuschungen, die ich erlebt habe. Daß man Gottes Segen braucht, war mir klar, aber ich hatte gehofft, daß diese Kirchenführer uns helfen würden« (*Grüber, H.*, Erinnerungen, 1968, S. 104ff).

Paul Schneider antwortet auf dieses sehr vorsichtig formulierte Schreiben des Rechtsanwalts von Eschbach im Taunus aus.

»Pfarrer Schneider   Eschbach bei Usingen, d. 28. September 1937
Dickenschied

Herrn Rechtsanwalt und Notar
Dr. Horst Holstein, Berlin W 8, Mauerstr. 18

Sehr geehrter Herr Doktor!
Die Behauptung des Herrn Pfarrer Danicke, Strausberg ist insofern nicht unrichtig, als ich 8 Wochen lang weniger 2 Tage in Koblenz im früheren Reichsbankgebäude, Vogelsang 1 im Kellergeschoß, in dem früher die Tresorräume der Reichsbank gewesen sind, in Haft gehalten wurde.
  Dies frühere Reichsbankgebäude ist nun umgewandelt in eine Geheime Staatspolizeiliche Leitstelle. Im Kellergeschoß ist ein Gefängnis für Schutzhäftlinge eingerichtet, das in 5 Zellen für 7 Häftlinge Raum bietet. Die Zellen sind regelrechte Gefängniszellen mit spärlichem Einfall von Tageslicht. Die Luft im ganzen Kellergefängnis war auch in den heißen Juni- und Julitagen feuchtkalt, so daß Gummi- und Ledersachen im Flur oder im Verwahrraum der Sachen schimmelten.
  Es ist stadt- und allgemein bekannt, daß im Kellergeschoß des früheren Reichsbankgebäudes die Tresore waren. Es ist nicht ausgemacht und nach einer Aussage eines Mitgefangenen, die mir im Gefängnis gemacht wurde, nicht anzunehmen, daß die Tresorräume an der gleichen Stelle gewesen sind, wo nun unsere Gefängniszellen waren. Vielmehr habe ich es so verstanden, daß die Tresorräume der Reichsbank in den vorderen Kellerräumen nach der Straße zu gelegen gewesen seien, während unsere Zellen nach hinten, nach dem Innenhof und zum Teil unter dem Innenhof (Betondecke) eingerichtet worden waren.
  Wie das nicht ganz zutreffende Gerücht entstanden ist, kann ich nicht sagen. Ich durfte nur 2 Briefe an meine Frau schreiben in den beiden ersten Wochen meiner Haft. Darin habe ich nur mitgeteilt, daß ich sauber untergebracht sei und daß ich in einem Kellerraum untergebracht sei, wo es auch in heißen Tagen kühl sei, so daß ich warme Unterwäsche gebrauchen könnte. Nachher hatte ich bis zu meiner Entlassung Schreib- und Postempfangssperre. Am 24. Juli wurde ich aus der Haft entlassen und habe an diesem und den folgenden Tagen erst meinen Freunden und Brüdern von der Haft erzählen können. Den Ort meiner Haft habe ich dabei im Sinne der obigen ersten beiden Absätze gekennzeichnet. Um der Entstehung des Gerüchtes näher nachzugehen, käme es darauf an, welchen Sonntag Pfarrer Danicke die Behauptung in seiner Predigt getan hat.
  Zu weiterer Auskunft bin ich nach Möglichkeit gerne bereit. Die Einrichtung der Gestapoleitstelle, besonders des Gefängnisses in den Kellerräumen, ist neueren Datums. Die Zellen sollten erst wenige Wochen vorher eingerichtet worden sein. Dadurch ist das Gerücht um so entschuldbarer. Genaue Auskunft über das Datum der Einrichtung und die Lage der früheren Tresorräume kann vielleicht Gefängnispfarrer Appell in Arenberg bei Koblenz geben oder auch die Anwohner des Gebäudes Vogelsang 1.
  Für Mitteilung über Ausgang der Untersuchungshaft wäre ich dankbar.

                                                  Mit freundlichem Gruß
                                                  Ihr ergebener
                                                  . . .

[Handschriftlich angemerkt:] Vom kühlen Kellerraum habe ich erst in einem 3. Brief mitgeteilt, den meine Frau nicht mehr bekommen hat. Mein Aufenthalt im Vogelsang war aber allgemein bekannt.«

Bevor Paul Schneider Eschbach verläßt, hat er für sich und somit auch für seine Familie eine folgenschwere Entscheidung getroffen, die er, in der ihm eigenen Offenherzigkeit, der Reichskanzlei und weiteren hohen Regierungsstellen mitteilt.

»Pfarrer Schneider
Dickenschied (Hunsrück)

Eschbach, den 30. September 1937

An die
Hohe Reichskanzlei des Deutschen Reiches
in Berlin, Wilhelmstraße
Zugleich in Abschrift an das Reichsinnenministerium und an den Regierungspräsidenten in Koblenz

In aller Ehrerbietung beehre ich mich, den hohen staatlichen Stellen folgendes anzuzeigen:
Am 30. Mai d. Js. wurde ich, gerade aus dem Krankenhaus nach Behandlung eines Unterschenkelbruches entlassen, von Beamten der Geheimen Staatspolizei aus meinem Pfarrhaus zu einer Vernehmung nach Koblenz mitgenommen und dort sofort gemäß einer mir gemachten Eröffnung ohne Vernehmung in längere Schutzhaft genommen.
Der Schutzhaftbefehl, der mir in den ersten Tagen meiner Haft zugestellt wurde, beruft sich auf den Erlaß Hindenburgs vom Februar 1933 zur Aufrechterhaltung der öffentlichen Sicherheit und Ordnung und nennt als Gründe meiner Verhaftung ganz allgemein mein Verhalten als geeignet, die öffentliche Sicherheit und Ordnung zu gefährden. Acht Wochen weniger zwei Tage wurde ich in Schutzhaft gehalten, ohne daß mir in einem Verhör oder einer Untersuchung eine unrechte oder aufrührerische Handlung nachgewiesen wurde, die diesen Schutzhaftbefehl gerechtfertigt hätte.
Am 24. Juli wurde mir meine Ausweisung aus dem Rheinland eröffnet. Als Begründung nannte der Ausweisungsbefehl wieder mein Verhalten, das die öffentliche Sicherheit und Ordnung dieses Mal der ganzen Rheinprovinz gefährde.
Bei der Ausweisungsverhandlung vor der Geheimen Staatspolizei, Leitstelle Koblenz, erklärte ich: In acht Wochen Schutzhaft habe man nicht einmal den Versuch gemacht, mir eine ungerechte oder aufrührerische Handlung nachzuweisen. Die mir jetzt gemachte Eröffnung meiner Ausweisung sei für mich nunmehr ein Beweis, daß schon die Schutzhaft eine Verfolgungsmaßnahme gegen die Bekennende Kirche und damit gegen die Kirche Jesu Christi in Deutschland darstelle. Ich müsse den Schutzhaftbefehl bei der Berufung auf den Hindenburgerlaß als ungerecht und unwahr bezeichnen; ich zerreiße zum Zeichen dessen den Schutzhaftbefehl. Dieses tat ich dann auch. Ein Vermächtniswort Hindenburgs sei gewesen: ›Sorgen Sie dafür, daß Christus in Deutschland gepredigt wird.‹ Nichts anderes tut die Bekennende Kirche. Selbstverständlich könne ich auch die Ausweisung nicht anerkennen und annehmen. Ich wisse mich vor Gott an meine Gemeinde gewiesen und könne mich von ihr nicht durch Menschen, auch durch die Obrigkeit nicht, einfach losreißen lassen, ohne daß mir ein Unrecht nachgewiesen sei. – In der Konsequenz dieser Erklärung lehne ich es auch ab, einen Ort außerhalb des Rheinlandes zu nennen, wo ich Wohnung nehmen wolle. Die Unterschrift des von dem die Verhandlung leitenden Herrn Kommissar aufgenommenen Protokolls verweigerte ich mit doppelter Begründung. Ich sagte, daß das Protokoll nicht die ganze Verhandlung wiedergebe, indem es meine Eingangserklärung über Schutzhaft und Schutzhaftbefehl vermissen lasse als Begründung für die Ablehnung der Ausweisung. Ich sagte weiter, daß ich durch alle bisherigen,

offenherzig gemachten und unterschriebenen Protokollerklärungen für die Geheime Staatspolizei nur tiefer in die Bestrafung – nicht ›Verantwortung‹, wie das Protokoll sagt – hineingeraten sei. Ich faßte dabei die lange Schutzhaft als Strafmaßnahme auf, was mir auch im Gestapo-Gefängnis von hoher Stelle bestätigt worden war. Nur der zweite Grund mit der erwähnten Veränderung meiner Aussage wurde protokolliert.

Sodann wurde ich mit dem Auto über die Grenze gebracht. Gemäß der von mir gemachten Erklärung nahm ich mir das Recht, sofort in meine Gemeinde zurückzukehren. Am folgenden Tage predigte ich in meinen beiden Gemeinden wieder das Evangelium von Jesus Christus, daß er der Herr sei und daß wir vom Bekenntnis nicht weichen dürfen.

Der von mir genommene längere Urlaub, den ich wegen der langen Schutzhaft und wegen meines noch nicht ausgeheilten Beines auch brauchen konnte, ändert nichts an meiner grundsätzlich getroffenen Entscheidung in dem von mir bezeugten und zu bezeugenden Ungehorsam gegen ein unrechtes Gebot von Menschen. Ohne Rechtsgrund greift die Ausweiung erheblich in das Leben der Kirche und Gemeinde hinein. Sie reißt Pfarrer und Gemeinde auseinander, die vor Gott feierlich zueinander gewiesen sind. Auch für diese Zueinanderweisung gilt das Wort Heiliger Schrift: ›Was Gott zusammengefügt, das soll der Mensch nicht scheiden‹, ebenso wie für den christlichen Ehestand. Gemeinden und Pfarrer sind hier darum gehalten, dem unrechten Verlangen und Gebot obrigkeitlicher Personen zu widerstehen, zumal ein solcher ohne Rechtsgrund gemachter Eingriff in Freiheit und Selbständigkeit des kirchlichen Lebens den feierlichen Versicherungen der höchsten obrigkeitlichen Personen des Deutschen Reiches widerspricht.

Die gemachten Strafandohungen von Geldstrafen oder Haft und neuer Schutzhaft können mich nicht schrecken. Gott kann mich wohl davon erretten, wenn er will, durch Einsicht obrigkeitlicher Stellen oder auf sonst eine Weise. Mögen die Strafen auch angewandt werden, so weiß ich doch, daß Gott Gericht und Gerechtigkeit schaffen wird allen, die Unrecht leiden, und daß er auch richten wird zwischen meiner Obrigkeit und mir an seinem Gerichtstage über den schuldigen Gehorsam nach Gottes Wort, Römer 13,1, welches Wort man mir bei meiner Ausweisung vorgehalten hat, und über den gebotenen Ungehorsam nach Gottes Wort Apostelgeschichte 5,29: ›Man muß Gott mehr gehorchen denn den Menschen‹, auf welches Wort ich mich auch bei Ablehnung meiner Ausweisung berufen habe.

Ich darf auf einige Punkte hinweisen, die zwar meine getroffene Entscheidung nicht maßgeblich begründen, die aber schon vom äußeren Interesse der Kirche und aus Gesichtspunkten staatspolitischer Klugheit beachtenswert erscheinen. Meine Gemeinden sind bereits seit 20. März, also ein halbes Jahr, ohne geregelte Seelsorge, die christliche Unterweisung der Jugend liegt vollkommen brach. Es besteht ferner die Gefahr, daß bei einer etwaigen Befolgung der Ausweisung meine Pfarrgemeinde als öffentlich-rechtliche Pfarrstelle überhaupt nicht mehr ordnungsgemäß besetzt werde, nachdem schon viele kleine Pfarrstellen eingespart sind.

Meine sechs Kinder sehen in Dickenschied ihre Heimat, wie ich selber auch, der ich auch geborener Hunsrücker bin. Zum Zeichen der Verbundenheit mit der Gemeinde habe ich mir in Dickenschied einen eigenen Garten erworben.

Durch die lange Schutzhaft im Gefängnis unter Gefängnisordnung mit verschärften Bedingungen ist meine Ehre als deutscher Staatsbürger, als Mensch, als Christ, als evangelischer Pfarrer, als früherer Offizier und Kriegsteilnehmer, der 3 1/2 Jahre an der Front war, genügend geschändet. Eine weitere Verfolgung meiner Person und weitere Bedrängnis der Gemeinden, die an ihrem rechtmäßigen Pfarrer festzuhalten gewillt sind, würde von allen gut und recht gesinnten Leuten der Gemeinde, würde vor allem von allen ernsthaften Christen der Gemeinde nicht verstanden werden und zu großer Vertrauenseinbuße in die Gerechtigkeit der derzeitigen Staatsführung Ursache geben. Das Geschrei der ganz wenigen Gegner des bekenntniskirchlichen Lebens in der Gemeinde, die sich als offenbare Zerstörer kirchlichen Lebens überhaupt, z.T. seit langem, erwiesen haben und das Presbyterium zur Abwehr mit der gebotenen und im Bekenntnis verankerten kirchlichen Zucht nötigten, ist dagegen nicht aufzuwiegen.

Endlich will ich auch noch auf ein Letztes hinweisen, indem ich hoffe, daß die Stimme der christlichen Gemeinde noch das Ohr der Obrigkeit findet: Meine beiden Gemeinden haben mich durch ihre ordentlich bestellten Presbyterien ausdrücklich schriftlich aufgefordert, zurückzukehren und mein Amt wieder zu versehen. Damit lehne ich die Ausweisung nicht mehr nur aus meinem eigenen in Gott gebundenen Gewissen heraus ab, sondern meine Presbyterien und Gemeinden nehmen die schwere Last und Verantwortung des Ungehorsams gegen ein obrigkeitliches Gebot aus Gehorsam gegen den Herrn der Kirche, der doch zugleich auch der Herr der Obrigkeit ist, auch auf sich.

Ich befehle hiermit meine Sache dem Gerichte Gottes, dem Obrigkeit und Kirche für das ihnen beiden von Ihm verliehene Amt Rechenschaft schulden, der jener das weltliche Schwert zur Strafe der Bösen und zum Schutze der Frommen, dieser aber das geistliche Schwert seines heiligen und ewigen Wortes gegeben hat, bis daß Gottes Reich in ewiger und vollkommener Gerechtigkeit kommt, da unser Herr und Heiland Jesus Christus selber Priester und König zugleich sein wird. Bis dahin halten wir es damit:

›Gebet dem Kaiser, was des Kaisers, und Gott, was Gottes ist.‹

Schneider, Pfarrer«

Wenn wir das Original des Schreibens, das im Bundesarchiv in Koblenz verwahrt wird, auch nur oberflächlich ansehen, müssen wir erkennen, daß es in der Reichskanzlei kaum Beachtung gefunden hat. Wir finden auf ihm nur den Eingangsvermerk, aber keinen Hinweis auf eine Bearbeitung, lediglich eine kurze Mitteilung an Paul Schneider, danach »zu den Akten«.

Es ist zu fragen, ob Paul Schneider mit seiner Ehrlichkeit die Mächtigen in Berlin letztlich doch überfordert hat. Der nationalsozialistische Staat ist während der gesamten Zeit seines Bestehens zu keinem Zeitpunkt bereit gewesen, mit der Kirche über ihr Wesen, über ihren Auftrag in der Zeit und ihre bekenntnisgemäßen Grundlagen einen ernsthaften Dialog zu führen. Er wollte die Kirche gleichschalten, um ihr dann seine Weltanschauung zu verordnen. Sie sollte von seinem »kämpferischen Geist« beseelt werden und zu seiner Machtentfaltung und Machterhaltung beitragen. Kurz und bündig antwortet die Reichskanzlei:

»Der Staatssekretär und Chef
der Reichskanzlei   Berlin W 8, den 7. Oktober 1937
RK 15547 B

An
Herrn Pfarrer Schneider
Dickenschied
über Kirchberg (Hunsrück)

Nach der Anschrift haben Sie Ihre Eingabe vom 30. September d. J. wegen Schutzhaft gleichfalls dem Herrn Reichs- und Preußischen Minister des Innern zugeleitet. Dieser ist für die Angelegenheit in erster Linie zuständig. Ich darf Ihnen anheimstellen, sich gegebenenfalls nochmals an ihn zu wenden.

Im Auftrag
(gez.) Wienstein«

Dem Bruderrat teilt Paul Schneider ebenfalls seine Entscheidung ordnungsgemäß mit:

»Pfarrer Schneider
Dickenschied, Hunsrück

Eschbach, d. 30. Sept. 1937

An den
Bruderrat der evgl. Bekenntnissynode im Rheinland
Zu Händen des Herrn Präses Pfr. Dr. Humburg
Hierdurch gebe ich in Abschrift Kenntnis von einem Schreiben meinerseits meine Ausweisung betreffend an die staatlichen Stellen und mache Mitteilung von meiner für den nächsten Sonntag, d. 3. Okt., vorgesehenen Rückkehr in meine Gemeinden.

Seitens der Kirchenleitung war mir der Weg freigegeben einmal durch den Besuch und die Beratung des stellvertretenden Präses Pfr. Schlingensiepen in Baden-Baden am 17. August und durch ein Schreiben von Bruder Schlingensiepen vom 4. September.

Da bis heute eine bestimmte Einladung zu einer Zusammenkunft aller ausgewiesenen Brüder nicht vorliegt, fühle ich mich nicht berechtigt, den Termin meiner Rückkehr, den ich dem Presbyterium Dickenschied schon benannt hatte, auf dessen Bitte, baldigst zurückzukehren, noch einmal hinauszuschieben.

Die Möglichkeit, an einer solchen Konferenz teilzunehmen, besteht noch für mich. Sonst weiß ich mich durch die Tatsache meiner Rückkehr und alle etwaigen Folgen und durch mein Schreiben an die staatlichen Stellen auch vertreten.

Mit brüderlichen Grüßen
Schneider, Pfarrer«

Zuvor hat er seinem Freund Fritz Langensiepen geschrieben:

»Eschbach, den 1. Oktober 1937
Lieber Fritz!
›Die Würfel sind nun gefallen.‹ Soeben habe ich Briefe des Ungehorsams an die staatlichen Stellen abgeschickt. Reif hat meine Rückkehr auf den 3. Okt. nachm. 2 Uhr erbeten. Er will selber dabeisein. Ich werde mich vorbereiten auf eine Erntedankpredigt nach Ps. 145, 12-21. Bereits auf den Brief des Dickenschieder Presbyteriums mit der Bitte, baldigst zurückzukehren, hatte ich den 3. Oktober als Termin der Rückkehr dem Presbyterium benannt. Es kamen noch bis in die letzten Tage dringende und herzliche Bitten von Humburg, Geduld zu halten, die Zusammenkunft noch abzuwarten usw. Ich entschied aber nun doch schon meine Rückkehr. Da kam gestern ein neues Ratsschreiben durch Beckmann, das mir den Weg nun vollends freigibt; zumal die Zusammenkunft auch nicht stattfinden kann.

Ich erwarte für den 3. Oktober keine Haupt- und Staatsaktion, da ich ja schon am 25. 7. zurückgekehrt bin, überlasse es aber Dir und den Brüdern, ob Ihr Euch beteiligen wollt. Ein etwaiges Wort . . . Es wäre aber auch möglich, und darum würde ich bitten, daß Reif auch ein kurzes Wort an die Gemeinden richtet.

Womrath muß erst einmal zurückstehen. Vielleicht, daß ich dort abends einen Gottesdienst halten kann. Ich werde auf alle Fälle versuchen, um 2 Uhr ohne vorherige Ankündigung in der Kirche zu Dickenschied im Talar aufzutreten. Das Wie muß sich noch finden. Vorher bin ich am besten unsichtbar.

Für Dich und die Brüder lege ich [eine] Abschrift meiner Anzeige an die staatlichen Stellen bei, die ich auch schon dem rheinischen Rat zugeleitet habe. Hoffen wir nun, daß diese Sache, an der Du so herzlich Anteil genommen hast, zu einem guten Ende gerate für unsere Gemeinden, indem wir dessen immer gewisser werden, daß es der Weg unseres Herrn ist, den er uns führen will. Er mache uns demütig und geschickt zu seinem Willen.

Herzliche Grüße Dir und Deinen Lieben!

In Treue und Dankbarkeit

Dein Paul

Meine Frau, die heute heimfährt, grüßt herzlich!«

Es ist ein folgenschwerer Schritt, den Paul Schneider hier ankündigt und dann auch ausführt. Im Ringen um die Wahrheit des Evangeliums steht Paul Schneider in der konkreten Situation des furchtlosen und rückhaltlosen Bekennens dessen, was in letzter Konsequenz das Wort Gottes in der Auseinandersetzung mit den widergöttlichen Mächten fordert, allein. Es ist uns aus dieser Zeit keine Äußerung der Leitungsgremien der Bekennenden Kirche bekannt, in der diese sich rückhaltlos vor Paul Schneider stellt und der Geheimen Staatspolizei signalisiert, daß er und die Presbyterien von Dickenschied und Womrath kirchenrechtlich legal gehandelt haben. Dieses Versäumnis wird eine quälende Frage an die Bekennende Kirche bleiben.

Die letzte Predigt

»Aller Augen warten auf dich und du gibst ihnen ihre Speise zu seiner Zeit. Du tust deine Hand auf und erfüllest alles, was lebt, mit Wohlgefallen. Der Herr ist gerecht in allen seinen Wegen und heilig in allen seinen Werken. Der Herr ist nahe allen, die ihn anrufen, allen, die ihn mit Ernst anrufen. Er tut, was die Gottesfürchtigen begehren, und hört ihr Schreien und hilft ihnen. Der Herr behütet alle, die ihn lieben, und wird vertilgen alle Gottlosen. Mein Mund soll des Herrn Lob sagen, und alles Fleisch lobe seinen heiligen Namen immer und ewiglich! (Psalm 145, 15-21)

Liebe Gemeinde! Erntedankfest auch in diesem Jahr der Kirchennot! Es war uns in der Kirche, im Dorf und auch in der Stadt immer ein besonders freudiges Fest, über den Früchten des Feldes als dem äußerlich sichtbaren Segen, den Gott auf unsere Arbeit gelegt hat, womit er uns Scheuern und Keller wieder gefüllt hat, Gott zu danken. Das ist dieses Jahr nicht anders, und so wollen wir uns die Freude und den Dank auch dieses Jahr nicht rauben, nicht ersticken lassen durch die Stürme der Not, die über unsere teure evangelische Kirche dahinbrausen. Auch heute wollen wir mit dem Psalmsänger froh werden des Gebens und des Waltens Gottes über seinen Gaben, die er uns aufs neue gegeben hat.

Wie reich und gütig ist Gott in seinem Geben! Das sagen uns die ersten Verse unseres Psalmtextes, der vielen ein liebes Tischgebet ist. Wir wollen heute auf zwei Worte daraus sonderlich achten. Da steht einige Male großgeschrieben und zugleich so nah vertraut auf uns zukommend das Wörtlein Du oder auch Dich. Aller Augen warten auf dich, du gibst ihnen ihre Speise zu seiner Zeit, du tust deine milde Hand auf und füllest alles, was da lebt, mit Wohlgefallen. Da sehen wir hinter der Kraft unserer Arme bei der Arbeit, hinter der Trieb- und Keimkraft der Erde, hinter allem geheimnisvollen Sprießen und Wachsen zwar unsichtbar, aber doch lebendig und wirklich das persönliche, väterliche Du des lebendigen Gottes und Vaters im Himmel. Dieses Du ist es, das noch immer nach seiner Verheißung im Bunde mit Noah die Erhaltungsordnungen gnädig über dieser sündigen Erde und Menschheit festhält: ›Solange die Erde steht, soll nicht aufhören Saat und Ernte, Frost und Hitze, Sommer und Winter, Tag und Nacht.‹ Laßt uns doch nicht Gott die Ehre rauben und nicht hinter Naturgesetze und Naturkräfte, hinter Gesetze und Kräfte von Blut und Boden uns flüchten und verstecken, um diesem großen persönlichen Du des lebendigen Gottes zu entgehen, das in seinen Gaben so väterlich, so warm, so vertraut heute am Erntedankfest auf uns zukommt! Da steht noch ein zweites kleines Wort in unserm Text, das uns die reiche Güte göttlichen Gebens ausdrückt und in seiner Wiederholung nachdrücklich betont: das Wörtlein alles und alle. Alle Augen warten auf dich; du erfüllest alles, was lebt, mit Wohlgefallen. Dazu gehört die unvernünftige Kreatur, die in ihrem tierischen Instinkt, wie wir sagen, ihr Futter sucht und auf Gottes Gaben wartet. Sie ist an ihrem Teil und in ihrer Art uns ein Vorbild, wie unser Heiland selbst auf das sorglose Ernährtwerden der Vögel unter dem Himmel durch unseren himmlischen Vater hinweist. Die Henne, die den Schluck Wasser findet, hebt das Köpfchen wie dankend zum Himmel und mahnt damit uns vernunftbegabte Menschen an den Geber, von dem auch all unser Trank und Speise kommt. Des Nachts gehen die Raubtiere aus und finden ihren Raub zur Stillung ihres Hungers. So geht dann auch der Mensch frühe an seine Arbeit und fordert Verdienst und Nahrung. Alle, auch die bösen und gottlosen Menschen, ob sie es erkennen und zugeben und Gott Dank wissen oder nicht, warten auf Gottes sich öffnende Hand. Auch ein Belsazar, ein gottloser, stolzer Weltherrscher in Babylon, der sich über Gott erhebt und stolz und trotzig spricht: ›Dies ist die große Babel, die ich selbst erbaut habe durch meine Macht, zu Ehren meiner Herrlichkeit‹, hat diese Macht doch nur von Gott geliehen bekommen, wie er auch bald mit Schrecken erkennen muß. Auch alle, die Gott nicht über seinen Gaben danken, empfangen sie doch von dem, der seine Sonne aufgehen läßt in seiner reichen Güte über die Bösen und über die Guten und regnen läßt über Gerechte und Ungerechte.

Aber viel reicher noch ist Gottes Geben. Auf die Gaben seiner Hand aus unseren Feldern und Äckern legt er sein segnendes Wort, so wie es die Früchte auf dem Altar unserer Kirche andeuten. Mit unserer Kirche ruft er uns hinein in sein Haus zum Gottesdienst, daß wir ihn, den Geber, mit Gebet und Flehen darüber anrufen. Unter seinem heiligen, segnenden Wort soll uns der Segen seiner Gaben erst aufgeschlossen werden. Hier sollen und dürfen wir erkennen, daß Gott uns als Vater unseres Herrn Jesus Christus, und durch ihn auch unser Vater, alles gibt. Hier lernen wir, daß Gott die Welt noch unter seinen gnädigen Erhaltungsordnungen hält, nicht wegen unserer Tüchtigkeit und Würdigkeit, sondern weil das Blut seines lieben Sohnes vom Kreuz von Golgatha für uns um Barmherzigkeit zum Vater gen Himmel schreit. Hier ruft uns Gott mit allen anderen Gaben seiner Hand zur Gabe aller Gaben, zu Jesus Christus. Hier gibt Jesus Christus selbst sich uns als Brot der Seele zum ewigen Leben.

Nun ermessen wir den Reichtum der Güte Gottes in den Gaben zu unserer leiblichen Notdurft, daß er uns dadurch erhalte, damit uns das Heil und die Erlösung in Jesu Christo gepredigt werde und noch viele selig werden. Nun werden wir bewahrt vor dem Mißbrauch der Gaben Gottes in sorgendem Geiz oder hochmütiger Verschwendung, daß unser Herz darüber hart und stolz und sicher wird wie das des Kornbauern im Gleichnis und wir uns vermessen möchten, daß unsere Seele von den irdischen Gaben leben soll: Iß und trink, liebe Seele, du hast jetzt Vorrat für viele Tage!

Nun gewinnt unser Dankgebet erst den vollen, warmen Herzenston zum Herzen Gottes hin, und wir preisen Gottes reiches, gütiges Geben recht, wenn wir sprechen: Aller Augen warten auf dich, und du gibest ihnen ihre Speise zu seiner Zeit. Du tust deine Hand auf und erfüllest alles, was da lebt, mit Wohlgefallen.

Die reiche Güte Gottes in seinem Geben verbindet sich mit der Heiligkeit und Gerechtigkeit in seinem Walten; und nun möchten wir ausrufen: Wie heilig und gerecht ist Gott in seinem Walten! Wie Gott diese Welt unter dem Kreuz seines lieben Sohnes noch unter seinen gnädigen Erhaltungsordnungen hält, so ist dies teure, unschuldig für unsere Sünden vergossene Blut auch die Garantie für die Heiligkeit und Gerechtigkeit des göttlichen Waltens. Um dieses Blutes willen will Gottes Güte im Geben und Nehmen, in Gewähren und Versagen zur Buße leiten. ›Will man sich nicht bekehren, so hat Gott seinen Bogen schon gespannt.‹ Wehe denen, die über Gottes Gnade weltselig und gottvergessen werden! Um seiner Gerechtigkeit und Heiligkeit willen hat Gott auch Mißwachs und teure Zeit, Dürre und unfruchtbare Jahre, Armut und Krankheit eingebettet in seine gnädigen Erhaltungsordnungen. Diese Nöte sind sein aufgehobener heiliger Finger für den einzelnen und für ganze Völker, daß man Gott nicht vergesse und aus der gnädigen Hand des allein Heiligen und Gerechten alle Gaben nehme, in Demut und Buße seinen Segen suchend.

Heilig und gerecht sind Gottes Wege auch mit der Gabe seines Wortes. Laßt uns das bei diesem Erntedankfest nicht vergessen und wohl bedenken! Schlimmer als Teuerung des Brotes ist für ein Volk die Teuerung des Wortes Gottes. Daß wir solche Zeit der Teuerung des Wortes Gottes im deutschen Volk befürchten müssen, da schon viele evangelische Pfarrer, die lauter und rein und ohne Scheu vor dem Mißfallen der öffentlichen Gewalten Gottes Wort und Willen verkündigten, Gefangenschaft und Verfolgung erleiden, das will uns die Freude und den Dank dieses Erntedankfestes dämpfen. Es gab auch in Israel Zeiten, von denen es heißt, daß Gottes Wort teuer war im Lande. Zu Elias Zeiten war außer ihm kein Prophet Gottes im Lande, weil die gottlose Königin Isebel und ihr ebenso gottloser Gemahl Ahab die Propheten des Herrn ausgerottet hatten im Lande. Solche Zeiten waren keine gesegneten und guten für Israel. Sie brachten mit sich gottloses Regiment, Kriegsnöte, Armut und Teuerung. Es ist aber der Menschen und der Völker Schuld, wenn solche teure Zeit des Wortes Gottes kommt. Auch wir haben diese Zeit der Kirchennot in Deutschland wohl verdient mit unserer Gleichgültigkeit und Verachtung des göttlichen Wortes. Aber wehe uns, wenn wir nicht mehr die Säe- und Erntearbeit treiben dürfen am göttlichen Wort mit Alten und Jungen in unsern Dörfern und Gemeinden! Was hülfe es dem Menschen, wenn er die ganze Welt gewönne und nähme doch Schaden an seiner Seele! Darum, o Land, Land, Land, höre des Herrn Wort!

Das heilige und gerechte Walten Gottes teilt sich in Wege der Gnade für die ernsthaften Beter, für die Gottesfürchtigen, für die, die in ihrer Not zu Gott schreien können und wollen, für diejenigen, die Gott, den Geber, liebhaben mehr als alle seine Gaben und seine Geschöpfe, und in Wege des Gerichts für alle Gottlosen. Der Herr ist nahe allen, die ihn anrufen, allen, die ihn mit Ernst anrufen. Wenn wir etwas ernsthaft von ihm mit gottesfürchtigem Herzen begehren, will er unser Schreien hören, daß wir seine Hilfe erfahren. Das soll gelten für die Not ums Brot und für die Not ums Wort Gottes, für die Not der Existenz, die heute so manchen Gottesfürchtigen bedroht, und für die Kirchen- und Gemeindenot. Wir sind gefragt, ob wir uns von der Kirchen-, Gemeinde- und Schulnot denn haben ernsthaft ins Beten hin eintreiben lassen. Waren wir ebenso besorgt um die christliche Unterweisung unserer Kinder, wie wir froh waren, daß wir sie wegen des ausfallenden Schul- und kirchlichen Unterrichts frei hatten zur Arbeit? Ach, um die Gemeinde und Kirche und ihre christlichen Anliegen wird nicht genug und nicht ernstlich genug gebetet! Woran liegt es? Viele sind, die sich erst gar nicht in die Not von Gott wollen hineinführen lassen, nicht in die Not ums Brot um die Existenz, nicht in die Not um die Kirche und das Wort Gottes. Viele sind, die vorher ausbiegen auf die Wege der Welt, auf ihre krummen Wege der Heuchelei, der Unaufrichtigkeit, der Lüge, des Kompromißmachens mit dem Geist dieser Welt und des Ungehorsams. Wie sollte aber der, der sich nicht in die Not mitten hineinführen lassen will, die Erfahrung der Hilfe Gottes machen können? Es ist unmöglich. So bringt er sich selbst um die Erfahrung des lebendigen Gottes und seiner herrlichen Hilfe.

Wir sollen es heute wissen, daß das Bekenntnis zu Jesus uns etwas kostet, daß wir um seinetwillen in mancherlei Not und Gefahr, in Schmach und Verfolgung kommen müssen. Wohl dem, der dieser Not nicht ausweicht! Er darf es dann auch erfahren, daß Gott ein Nothelfer ist und sich als solcher finden läßt. Er darf es erfahren, was Gott den Gottesfürchtigen verheißt: Noch ehe sie rufen, will ich sie hören; noch ehe sie schreien, will ich ihnen antworten. Er darf sich dessen trösten mitten in der Not: ›Wer unter dem Schirm des Höchsten sitzt und unter dem Schatten des Allmächtigen bleibt, der spricht zu dem Herrn: Meine Zuversicht und meine Burg, mein Gott, auf den ich hoffe!‹ Ja, der Gerechte und er allein ist auch in seinem Tode getrost und spricht: ›Wenn ich nur dich habe, so frage ich nichts nach Himmel und Erde. Wenn mir gleich Leib und Seele verschmachtet, so bist du doch, Gott, allezeit meines Herzens Trost und mein Teil.‹ Die Gnade der wunderbaren Hilfe und Durchhilfe Gottes soll auch die Gemeinde und Kirche Jesu Christi erfahren, die sich der Not nicht weigert. Mitten im Sturm gilt ihr das Wort ihres Herrn, daß die Pforten der Hölle sie nicht überwältigen sollen. Er, der Herr selber, will sich lebendig und wirklich in ihrer Mitte bezeugen: ›Siehe, ich bin bei euch alle Tage bis an der Welt Ende!‹

Es fehlte aber etwas an der Heiligkeit und Gerechtigkeit des Waltens Gottes, wenn seine Wege nicht auch Gerichtswege wären für alle Gottlosen. Als Belsazar, der babylonische Weltherrscher, in seinem gottlosen, stolzen und verschwenderischen Mißbrauch der Gaben Gottes ausgereift war, als er aus den heiligen Geräten des Tempels gotteslästerlich soff mit seinen Großen und ihren Weibern und Kebsweibern, als ihm nun Gottes Flammenschrift an der getünchten Wand des Königssaales erschien und er auch jetzt nur mehr erschrak, statt sich zu bekehren, da war sein Gericht gekommen: ›. . . und ward Belsazar in derselbigen Nacht von seinen Knechten umgebracht.‹ Wie über den reichen Kornbauern im Gleichnis, so steht über jedem Bauern, der über dem Bauen und Füllen seiner Scheunen das Bauen des Reiches Gottes versäumt, die Gerichtsstunde: ›Du Narr, heute wird man deine Seele von dir fordern!‹

Wehe den Verführern, welche die Leute, ein Volk, seine Jugend verführen, abzufallen von dem lebendigen Gott und seinem Wort, das allein die Seele satt macht zum ewigen Leben! Wehe auch denen, die sich verführen lassen, Eltern und Kinder, weil ihnen die irdische Not wichtiger ist als das ewige, göttliche Himmelsbrot! Wehe einem ganzen Geschlecht, von dem nichts weiter mehr zu sagen ist als von dem Geschlecht zu Noahs Zeit: Sie aßen, sie tranken, sie freiten und ließen sich freien! Über ihm steht nur noch die Gerichtsmacht Gottes in seinem letzten ewigen Gericht. Wer Ohren hat zu hören, der höre! Du gleichgültiger und sicherer und selbstgerechter Sünder, mache dich auf und suche deinen Heiland!

Erntedankfest! Wir rühmen den Reichtum der Güte Gottes in seinen Gaben. Wir rühmen die Gerechtigkeit und Heiligkeit seines Waltens. Was soll denn nun unser Dank sein? Das sagt uns der letzte Vers unseres Textes: ›Mein Mund soll des Herrn Lob sagen.‹ Nicht der Mund eines andern, etwa nur eines Pfarrers, sondern dein Mund soll deinen Gott als den Vater unseres Herrn Jesu Christi bekennen, hier in und vor der Gemeinde, aber ebenso auch draußen vor der Welt und der Öffentlichkeit, vor denen, die es hören wollen, und denen, die es nicht hören wollen, vor Volk und Staat und Obrigkeit. ›Alles Fleisch lobe seinen heiligen Namen immer und ewiglich!‹ Das bedeutet, daß Gottes Lob und Ehre nicht im Winkel bleiben darf. Wenn darum unser Weg, liebe Gemeinde, heute so angefochten ist, wie es denn offenbar ist, weil man von eurem Festhalten und Bekennen rundum spricht, weil man das Lob und Bekenntnis des Herrn und seiner Kirche nicht so haben will, so soll das eine Ehre sein und eine Ermunterung, fortzufahren auf dem Wege der ihren Herrn laut bekennenden Kirche. Das sei unser Erntedank! Kommt, schließt die Reihen!

Ich sing' in Ewigkeit von des Erbarmers Huld.
Er liebet treu sein Volk, vergibt und hat Geduld.
Mein Mund soll seine Treu' und Wahrheit
laut verkünden,
daß auch die Enkel Gott, wie wir ihn fanden,
finden.
Ja, seine Gnade steigt, sich ewig zu erhöhen,
und seine Wahrheit bleibt im Himmel feste stehen.
Amen!«

Diese seine letzte Predigt schreibt Paul Schneider nach seiner erneuten Verhaftung, die auf dem Weg zum Gottesdienst nach Womrath erfolgt, im Gestapo-Gefängnis Koblenz für seine Gemeinde in Womrath auf und schmuggelt sie in einem Wäschepaket heraus. Sie wird von seiner Frau vervielfältigt und an Gemeindeglieder in Womrath verteilt.

In einem Brief vom 18. März 1935, als Paul Schneider wegen der Weigerung, sich durch Unterschrift zu verpflichten, eine Verlautbarung der Bekennenden Kirche im Gottesdienst nicht zu verlesen, in Haft kommt, schreibt ihm seine Frau u.a.:

». . . Dränge Dich nicht zum Martyrium! Manchmal tun mir die anderen Pfarrer leid, auf die nun bei den Leuten ein schlechtes Licht fällt – oder umgekehrt? Im übrigen bin ich zufrieden, wie Du Dich entscheidest; ich weiß genug, wie Dich etwas plagt, das Du nicht von ganzem Herzen tun kannst. Du weißt, äußerlich kann ich schon meinen Mann stehen, es gibt auch ungeweinte Tränen. Gott gebe uns beiden Kraft, seine Wege zu gehen.«

Ein langjähriger Freund des Hauses Schneider, Pfarrer Heinz Rolffs, der mit der Familie Freud und Leid getragen hat, schreibt[138]:

». . . Aber in seinem Lebensbild darf auf keinen Fall seine Lebensgefährtin fehlen. Denn ihr Anteil an seinem Martyrium besteht darin, daß sie unter Schmerzen ihren Mann freigab, auf ihr Frauen- und Mutterrecht verzichtete und sich jeder Einflußnahme auf die Gewissensentscheidung ihres Mannes enthielt. Das wiegt um so schwerer, als diese beiden Menschen sehr vitale, eigenständige Charaktere sind. Welche inneren Kämpfe beide zu bestehen hatten, das weiß Gott allein.«

138 Brief an den Verfasser

Von der erneuten Verhaftung Paul Schneiders unterbreitet Superintendent Ernst Gillmann dem Konsistorium in Düsseldorf eine eindrucksvolle Nachricht:

»Der Superintendent   Simmern (Hunsrück), den 5. Oktober 1937
Tgb.-Nr. 475/37
Betr.: Pfarrer Schneider, Dickenschied
Dem Evangelischen Konsistorium
der Rheinprovinz
in Düsseldorf/Rh.
mache ich hiermit pflichtgemäß die dienstliche Mitteilung, daß der Pfarrer Paul Schneider aus Dickenschied am Sonntag gegen Abend auf dem Wege zu einem Erntedankgottesdienst erneut verhaftet und in das Amtsgerichtsgefängnis in Kirchberg eingeliefert und am folgenden Tag mit einem Auto, anscheinend durch die Gestapo, nach Koblenz (?) abtransportiert worden ist. Die näheren Umstände weiß ich nicht. Ich habe nur folgendes gehört: Paul Schneider ist am Sonntag, dem 3. 10. 1937, überraschend aus seinem Exil in seine Gemeinde zurückgekehrt. Er habe, so heißt es, eine Voranzeige seiner Rückkehr an verschiedene oberste Dienststellen abgesandt und hat dann in Dickenschied nachmittags anstelle eines von mir eingesetzten Vertreters Gottesdienst gehalten. Auf dem Wege zu seinem Filial Womrath sei er laut Mitteilung seiner Frau von zwei Gendarmen verhaftet und ins Gefängnis eingeliefert worden. Wo er sich im Augenblick befindet, weiß ich nicht. Der Sachverhalt nach seiner Ausweisung ist ja noch in Erinnerung. Er ist damals aus Wiesbaden, wohin er von der Gestapo gebracht worden war, zurückgekehrt, hat in beiden Gemeinden Gottesdienst gehalten, ging nach Baden-Baden in Urlaub und von da irgendwohin zu einem Freund, den Ort weiß ich nicht.

Es tut mir leid, daß Schneider nunmehr wieder in Haft ist, vor allem wegen seiner Frau und den sechs Kindern. Tun kann man nicht viel, wenigstens im Augenblick, die Erregung ist groß.

Meine ganz persönliche Ansicht ist die: Schneider hätte klüger getan, noch etwas Wasser den Rhein hinunterfließen zu lassen, ehe er den zweiten Schritt der Rückkehr tat. Aber er ist mit niemandem von uns zu Rate gegangen, so daß er uns der Pflicht überhoben hat, ihm abzuraten, was auch wahrscheinlich nichts genutzt hätte; denn er handelt aus einer nur ehrlichen Überzeugung heraus. ›Er steht oder fällt seinem Herrn‹ (Röm. 14,4).

E. Gillmann«

Die Presbyterien der Gemeinden Dickenschied und Womrath schweigen gegenüber der staatlichen Gewalt auch weiterhin nicht und bekennen sich zu ihrem Pfarrer.

»Die Presbyterien der Kirchengemeinden
Dickenschied/Womrath
                              Dickenschied, den 13. Oktober 1937
                              (über Kirchberg/Hunsrück)
An den Herrn
Reichs- und Preußischen Minister des Innern
Berlin
Unser Pfarrer Schneider hat vor seiner Rückkehr, die auf unsere Bitte erfolgte, eine Eingabe an die Reichskanzlei gerichtet – Datum vom 30. September. Diese Eingabe ist in Abschrift auch dem Herrn Reichsminister und Preußischen Minister des Innern zugegangen.

Herr Pfarrer Schneider ist am Sonntage seiner Rückkehr, dem 3. Oktober, abends vor 8 Uhr auf dem Wege in seine Filialgemeinde erneut in Schutzhaft genommen worden. Er wurde zuerst in Polizeigewahrsam nach Kirchberg gebracht. Am Montage wurde er in das Staatspolizeigefängnis in Koblenz, Vogelsang 1, überführt. Weitere Nachrichten fehlen bisher.

Wir machen uns die Eingabe unseres Pfarrers vom 30. September vollinhaltlich zu eigen. Wir weisen besonders darauf hin, daß unsere Gemeinden seit März dieses Jahres ohne Pfarrer sind, sich in ihren Gottesdiensten mit Vertretungen der umwohnenden Pfarrer behelfen müssen, die Kranken nicht regelmäßig besucht werden können, die Konfirmanden keinen geregelten Unterricht erhalten usw.

Wir bitten den Herrn Reichs- und Preußischen Minister des Innern, uns unsern Pfarrer bald zurückgeben zu wollen.

Peter Klos	Jak. Scherer
Heinrich Diener	Peter Auler
Adolf Müller	Jakob Fuchs«

Das Presbyterium der evangelisch-reformierten Gemeinde Dickenschied verfaßt noch einen Bericht an das Konsitorium:

»Unser Pfarrer Paul Schneider ist bekanntlich wieder seit 3. Oktober d.J. (Erntedankfest) in Schutzhaft in Koblenz. Pfr. Schneider ist seit 1. 4. 1934 Pfarrer unserer Gemeinde und der Gemeinde Womrath. Er hat mit großer Liebe und Begeisterung sein Amt verwaltet. Die Gemeinden sind mit Pfarrer Schneider, von Ausnahmen abgesehen, sehr zufrieden. Wiederholte wahrheitswidrige Anzeigen bei Partei und Behörden von Leuten, die aus persönlicher Gehässigkeit heraus dies taten, haben Pfarrer Schneider zum Staatsfeind stempeln sollen. Es ist denselben ja auch so ziemlich geglückt.

Wir vom Presbyterium und mit uns fast die ganze Gemeinde, auch die katholische Gemeinde und die Bevölkerung des ganzen Hunsrücks, die Pfarrer Schneider kennt, sind der Ansicht, daß er nichts Staatsfeindliches begangen hat, sondern nur für die reine Lehre des Evangeliums jederzeit mutig eingetreten ist. Er hat fast in jedem Gottesdienst für den Führer und seine Mitarbeiter gebetet. Die Ausweisung aus dem Rheinland, die Pfarrer Schneider nach achtwöchiger Schutzhaft im Juni und Juli d.J. ohne Begründung von der Gestapo erhielt, erkennt er und erkennen auch wir nicht an.

Wenn Pfarrer Schneider sich nun nach mehrmonatiger Trennung von Gemeinden und Familie (Frau mit sechs kleinen Kindern) entschlossen hat, wieder seinen Dienst bei uns aufzunehmen, so hat er nichts Unrechtes getan. Die Gemeinden sind in großer Sorge und Aufregung um das Schicksal ihres treuen Pfarrers und hoffen, daß er bald wieder in seine Gemeinden zurückkehren kann.

Das Presbyterium der
evgl.-ref. Gemeinde
Dickenschied, Hunsrück
Klos Diener Müller«

Das in Koblenz bei der Geheimen Staatspolizei angefertigte und in Abschrift (in der Gefängniszelle in Koblenz von Paul Schneider mit Bleistift abgeschrieben) überlieferte Vernehmungsprotokoll zeigt mit aller Deutlichkeit das Unrecht, das die damaligen staatlichen Organe in ihrem Machtrausch begingen:

»Abschrift
Verantwortlich vernommen erklärt Pfarrer Schneider von Dickenschied, geb. 29.

8. 1897, zu seiner Inhaftierung vom 31. Mai bis 24. Juli 1937, zu seiner am 24. Juli erfolgten Ausweisung aus dem Rheinland und zu seiner erneuten Festnahme am 3. Oktober 1937 folgendes:

Ich habe fast 8 Wochen in Schutzhaft gesessen im Gefängnis der Geheimen Staatspolizei Koblenz, Vogelsang 1. In dieser Zeit ist mir nicht nachgewiesen worden, daß die ganz schweren Anschuldigungen des Schutzhaftbefehles, Störung der öffentlichem Sicherheit und Ordnung, das ist im Sinne des Gesetzgebers Anstiftung zu öffentlichem Aufruhr, zu Recht bestehen. Es ist mir in Sonderheit kein Gerichtsverfahren gemacht worden. Der Rechtsschutz gegen die entehrende Strafe einer achtwöchigen Haft unter Gefängnisordnung blieb mir versagt. Schutzhaft ist aber und kann nur sein eine vorbeugende und vorläufige Maßnahme.

Gleichwohl trotz der langen Bemessung der Schutzhaftzeit, in der meine Gesundheit ernstlich gefährdet war, und trotz nicht eingesetzten Rechtsschutzes zur Feststellung der Verfehlung wurde die Schutzhaft mit einer fast noch schwerer wiegenden Strafe, der Ausweisung aus dem Rheinland, beendet.

Ich erklärte bei der Ausweisungsverhandlung, daß ich aus vorgenannten Gründen meine Schutzhaft nur als eine Verfolgungsmaßnahme gegen die Bekennende Kirche ansehen und sie darum als unrecht und unwahr bezeichnen müsse. Dieses zu bezeugen, zerriß ich den Schutzhaftbefehl. Ich erklärte, auch aus vorgenannten Gründen die Ausweisung nicht anerkennen und nicht annehmen zu wollen. Der Ausweisungsbefehl wurde mir gegen Quittung aufgedrungen mit der Begründung, daß dies nur eine Formsache sei, ich könne hinterher damit machen, was ich wolle. Ich zerriß denselben in Wiesbaden nach meiner Freilassung.

Ich kehrte im Sinn meiner in Koblenz gegebenen Erklärung sofort in meine Gemeinden zurück und predigte am Sonntag, dem 25. Juli, und bezeugte so den Gemeinden, daß ich ihr Pfarrer sei und bleibe.

Zum Schutze meiner Gesundheit und zur Ausheilung meines Beinbruches vom 19. März 1937 nahm ich längeren Urlaub, den ich außerhalb des Rheinlandes verbrachte, auch um den Stellen der Geheimen Staatspolizei durch die dazwischen gelegene Pause Gelegenheit zu geben, sich mit meiner Haltung auszusöhnen, die ich bei der Ausweisung deutlich zum Ausdruck gebracht hatte.

Am Freitag, dem 1. Oktober, teilte ich in Einschreiben an Reichskanzlei, Innenministerium und Regierungspräsidenten in Koblenz mit, daß und warum ich dem Ausweisungsgebot der Geheimen Staatspolizei nicht gehorsam sein könne, mit ausführlicher Begründung aus meinem in Gottes Wort und Willen gebundenen Gewissen und unter Anführung von Gesichtspunkten, die mir schon im äußeren Interesse der Kirche und aus staatspolitischen Erwägungen beachtenswert erscheinen.

Am 3. Oktober kehrte ich aus dem Urlaub zurück und nahm meinen Dienst mit der Erntedankfestpredigt in Dickenschied wieder auf. Schon vor der zweiten Amtshandlung, einem Abendgottesdienst in Womrath – die Gemeinde hatte den ganzen Sonntag keinen [Gottesdienst] gehabt –, wurde ich erneut festgenommen. Der Sonntagsfriede der Gemeinde und ihre Sonntagsheiligung im Hören und Lernen des göttlichen Wortes wurden so aufs gröblichste verletzt.

Ich habe die Schutzhaft am 31. Mai angenommen und einige Tage später den Schutzhaftbefehl zu mir gesteckt und die acht Wochen mich willig in die mir auferlegte Strafe gefügt. Ich werde auch jetzt das, was ja letztlich nicht Menschen, sondern Gott mir auferlegt, willig tragen und kein Aufrührer werden. Es ist mir aber klar, daß ich nun eine erneute Schutzhaft, nachdem die Berechtigung der alten noch keineswegs erwiesen ist, nicht anerkennen oder annehmen kann, daß ich auch den Schein der Anerkennung oder Annahme der Schutzhaft als zu Recht durch Annahme des Schutzhaftbefehles nicht erwecken darf.

Ich habe am 5. Oktober vor dem Herrn Kommissar einen sachlichen Bericht über meine Person und mein zweimaliges Predigen in meinen Gemeinden zu Protokoll unterschrieben. Schon bei dieser Gelegenheit habe ich mich auf meine Eingabe an die hohen staatlichen Stellen berufen. Ich tue das hiermit noch einmal und bitte um Freilassung zu ungehindertem Dienst an meinen Gemeinden oder aber vor ein ordentliches deutsches Gericht gestellt zu werden zur Aufdeckung der mir zur Last gelegten Unruhestiftung.

[Unterschrift]«

Die Würfel sind gefallen: Buchenwald

Die Eingaben und Berichte bleiben unbeachtet. Paul Schneider wird am Sonnabend vor dem ersten Advent 1937 in das Konzentrationslager Buchenwald eingeliefert. Zuvor schreibt er seiner Frau:

»24. 11. 1937
Nun sind, wie es scheint, die Würfel gefallen. Lager, ob es nun Konzentrationslager oder Schutzhaftlager heißt, ist wohl einerlei. Wir sollen menschliche Behandlung und Verbindung mit unseren Angehörigen behalten . . . Macht die Gemeinden möglichst selbständig – ein Grund für die plötzliche Wendung ins Lager ist mir nicht bekannt. Ich vermute, daß die Entscheidungen allgemeiner Art höheren Orts mitsprechen. – Was soll ich Dir nun noch raten? Das ist von außen her so leicht und billig. Ich sehe voraus, daß die Nötigung zum offenen Geständnis und freien Bekenntnis nun an jeden aufrichtigen Christen kommt. Du wirst schon wegen unserer Kinder auch bald drankommen. Dann bedenke: ›Lieber alle Kreaturen preisgeben, denn im Geringsten wider Gottes Willen tun‹, und traue der Verheißung zugleich: ›Wer Gott fürchtet, der hat eine sichere Zuflucht, und seine Kinder werden auch beschirmt.‹ Laß uns das Trauerspiel so vieler christlicher Eltern nicht mitmachen. Halte der Gemeinde die Treue . . . Gott wird dir Kraft geben, Du Liebe, Deinen Weg zu gehen. Frage immer zuerst in allen Dingen Gott um Rat, ehe Du die Menschen fragst, auch die besten Freunde werden uns oft nicht das Richtige raten. – Auch die Gemeinden in Thüringen (Buchenwald) werden meinem Herzen so nahe bleiben, wie sie es hier in Koblenz waren . . . Herr und Frau M. aus O. gehen auch gleichzeitig mit auf ›Transport‹. Mit Herrn M. werde ich auch in das gleiche Lager kommen. Ja, so werden wir mit den Sektierern zusammengesteckt. Sicher sollen wir uns gegenseitig dienen. Frau M. ist jetzt nach schweren Stunden ganz aufgemuntert und auch ruhiger. Die Freunde und Brüder lasse ich alle grüßen. Wir sollen jetzt unser Leben nicht teuer achten, wo der Wolf schon eingedrungen ist in unsere Hürden und nach der Seele unserer Leute und vor allem unserer Jugend giert, auf daß wir nicht als Halbe erfunden werden. Wo Mietlinge sind, da erhascht und zerstreut der Wolf die Schafe. – Laß uns bedenken, Liebste, unsere Trübsal ist zeitlich und leicht und wirkt eine ewige und über alle Maßen wichtige Herrlichkeit. Unsere Kinder gehören Gott durch unsern Glauben und die Taufe auf Christus. Der treue Herr wird sie behüten an Leib und Seele.«

Paul Schneiders Frau vermerkt:

»Paul hat seinen Kindern, der alten Sophie, unserer Hausgehilfin Luise und Vikar Kemper noch Abschiedsworte geschrieben. Aus dem Brief an den Letztgenannten: ›Wenn Sie die Brüder sehen und grüßen, dann bitten Sie von mir aus, daß Sie jetzt um Gottes Willen etwas tun und vor die Gemeinde treten möchten, in den Riß springen mit ihrem persönlichsten und letzten Einsatz, um dem Geist greulicher Verführung und Abgötterei zu wehren, der sich aufgemacht und schon die Herrschaft, die geistige auch, an sich gerissen hat. Mit aller 'Klugheit' und 'Besonnenheit' wird nichts mehr gerettet, aber auch das Letzte verlorengehen. Siehe den Bankrott so vieler Amtsbrüder in ihren Gemeinden! Hier muß jeder jetzt auch das Leben wagen, sonst kann er's nicht gewinnen.‹«

Frau Schneider steht für ihren Mann ein und wendet sich nach vielen Überlegungen an verschiedene staatliche Stellen, um ihn freizubekommen.

»Margarete Schneider   Dickenschied, am 8. Januar 1938
Ehefrau des z.Zt. im
Konzentrationslager Buchenwald
bei Weimar befindlichen Pfarrers
Paul Schneider
Als Mutter von sechs unmündigen Kindern (1/2 bis 10 Jahre alt) richte ich folgende Bitte an Sie:
Mein Mann befindet sich seit dem 28. November 1937 im Konzentrationslager Buchenwald bei Weimar, da er als evangelischer Pfarrer und verordneter Diener am göttlichen Wort die gegen ihn ausgesprochene Ausweisung aus dem ganzen Rheinland im Gehorsam gegen die Heilige Schrift und das Bekenntnis unserer Väter nicht annehmen konnte. Er hat dies selbst in einem ausführlichen Schreiben an die höchsten Stellen (Reichskanzlei, Reichsinnenministerium) eingehend begründet, ehe er am 3. Oktober in seine Gemeinde zurückgekehrt ist. Am selben Abend wurde er auf eine Anzeige einer Frau – die übrige Gemeinde verhielt sich ruhig – verhaftet und nach Koblenz gebracht. Mein Mann ist Pfarrer von zwei kleinen Hunsrückgemeinden mit zusammen 500 Seelen (5 km von der Bahnlinie) und an sie gewiesen und dazu berufen, diesen Gemeinden das Evangelium von Jesus Christus zu verkündigen und darüber zu wachen, daß Gottes Wort lauter und rein verkündigt wird und auch danach gelebt werde. Das hat er bis zu seiner ersten Inhaftierung im Mai 1937 getan, und um dessen willen wurde er von wenigen Leuten in seiner Gemeinde angefochten und schließlich zur Anzeige gebracht, da man kein Verständnis für die Botschaft vom Reiche Gottes hatte. Der Hauptgrund des Anstoßes war die kompromißlose Durchführung der christlichen Bußzucht aufgrund unseres Bekenntnisbuches, Heidelberger Katechismus, Frage 85. Ich kann bezeugen, daß mein Mann schon lange vor dem Kirchenstreit während seiner ganzen Amtszeit von 1926 an mit besonderer Gewissenhaftigkeit über diesen Punkt der christlichen Lehre wachte und viele Anfechtungen zu leiden hatte.
Die Presbyterien seiner beiden kleinen Gemeinden stehen geschlossen hinter ihm und haben bereits unter dem 8. Juni 1937 in einem Schreiben an das Reichsinnenministerium erklärt, daß sie mit der Amtsführung meines Mannes sehr zufrieden wären und ihn als Seelsorger zurückwünschten; auch steht der weitaus größte Teil der Gemeindeglieder in beiden Gemeinden hinter meinem Mann und hat dies unterschriftlich bekundet (die Unterschriftslisten sind zum Teil von der Staatspolizei beschlagnahmt worden). Die Gemeinde kann bezeugen, daß ihr Pfarrer in wahrer und echter Volksgemeinschaft in Freud und Leid mit seinen armen Bauern gelebt hat und ihnen in allen Dingen helfend zur Seite stand. Ihm als

gebürtigem Hunsrücker und seiner Familie ist der Hunsrück zur Heimat geworden, von der man sich nur schwer trennen kann. Nur ganz wenige, die durch ihren
Wandel in der Gemeinde Anstoß erregt haben, stehen wider ihn.

Da mein Mann als Seelsorger dieser zwei kleinen Hunsrückgemeinden niemals daran denkt, die Ruhe und Ordnung des Rheinlandes zu stören und es von
jeher grundsätzlich abgelehnt hat, politisch tätig zu sein (er ist als Kriegsfreiwilliger ins Feld gegangen, 3 1/2 Jahre an der Front gewesen, früherer Offizier, verwundet worden und Ritter des Eisernen Kreuzes; seine nationale Gesinnung ist
dadurch wohl genügend unter Beweis gestellt), da er nur Gottes Wort zum Wohl
und Heil unseres Vaterlandes auftragsgemäß verkündigen mußte, richte ich die
herzliche Bitte an Sie, die gegen meinen Mann erlassene Ausweisung zurückzunehmen bzw. die Zurücknahme zu veranlassen und ihn für seine Gemeinde und
Familie freizugeben.

Ich spreche diese Bitte auch in ernster Sorge um die Gesundheit meines Mannes aus. Er ist vom 19. März 1937 bis zum 28. März wegen eines komplizierten
Unterschenkelbruches im Krankenhaus gewesen. Als er aus dem Krankenhaus
entlassen wurde, war sein Bein noch nicht geheilt. Noch am ersten Oktober 1937
hat der Vertrauensarzt der Haftpflichtversicherung eine 40% Beschädigung des
Beines festgestellt. [Unterschrift]«

Die NS-Behörden verschließen sich diesem Schreiben. Die Gestapo,
als eine von Gerichtsentscheidungen unabhängige Macht im Staat, hält
Paul Schneider weiter im Konzentrationslager fest. Das deutschchristliche Konsistorium in Düsseldorf kümmert sich nicht um ihren rheinischen
Pfarrer, sie läßt ihn fallen.

Frau Schneider gibt nicht auf. Sie fährt nach Berlin und wohnt gut eine
Woche bei Superintendent Diestel. Sechsmal wird sie im Sicherheitshauptamt der SS in der Prinz-Albrecht-Straße 6 vorstellig. Fünfmal wird
sie mit fadenscheinigen Begründungen hingehalten: Die Akte sei z.Zt.
nicht greifbar, oder ohne den Chef, der abwesend sei, könne man nichts
sagen. Beim sechsten Besuch legt ihr der Sachbearbeiter des SS-Haupt-
amtes für Kirchenfragen, der sich als Pfarrerssohn ausgibt, nahe, sie
möchte schriftlich eine Loyalitätserklärung für den gegenwärtigen Staat
einreichen; sie könne den Gang der Dinge günstig beeinflussen. Ihre
schriftliche Erklärung lautet:

»Mein Mann und ich sind uns darin einig, daß wir das Wort auch für uns gelten
lassen: ›Jedermann sei untertan der Obrigkeit, die Gewalt über ihn hat.‹ Wir sind
keine Staatsfeinde. Wir können auch dafür unsere Beweise bringen. Wir können
aber auch die Ausweisung nicht als rechtmäßig anerkennen, weil sie auf einer böswilligen Verleumdung beruht, und wir bitten, sie zurückzunehmen. Unsere Gemeinde ist in diesem Punkte völlig mit uns einig, wie aus beiliegendem Schreiben
ersichtlich ist. Wir glauben, kein Recht zu haben, unserer Gemeinde die Treue zu
brechen. Bei der feierlichen Einführung versprach mein Mann, der Gemeinde ein
treuer Hirte zu sein, und fühlt sich durch dieses Versprechen im Gewissen gebunden. Um dieser Treue willen hat er den Vorwurf des Ungehorsams ertragen und
die Strafe willig und ohne Bitterkeit auf sich genommen.

Wir sind bereit, unter Beweis zu stellen, daß wir die Staatsgesetze achten und
ihnen gehorsam sind. Ich weiß, daß mein Mann nichts anderes will als in treuer
Pflichterfüllung seinen Gemeinden das Evangelium [zu] verkünden.

Margarete Schneider«

Kurt Scharf, der spätere Präses und Bischof, gibt diese Erklärung persönlich im SS-Hauptamt ab. Der Sachbearbeiter für Kirchenfragen kommentiert sie mit den Worten:»Immer dasselbe . . .!«[139]

Pfarrer Fritz Langensiepen bemüht sich um den Freund und schreibt von Berlin aus einem einflußreichen Bekannten (bei dem Adressaten dürfte es sich um den Legationsrat 1. Klasse Walther Hewel gehandelt haben, der als Ministerialdirigent ständiger Beauftragter des Reichsaußenministers bei Hitler war):

»Berlin, Juli 1938

Sehr geehrter Herr Hev[w]el!
Um einer alten Freundschaft willen, die unsere Familie jahrelang verband, möchte ich mir gestatten, eine Bitte an Sie zu richten.

Es handelt sich um den noch heute im Konzentrationslager Buchenwald/Weimar befindlichen Pfarrer Paul Schneider aus Dickenschied im Hunsrück. Es lag ein Verfahren gegen Pfarrer Schneider wegen des Kanzelparagraphen und des Heimtückegesetzes beim Sondergericht in Köln vor. Dieses Verfahren ist am 10. Juni 1938 aufgrund des Gesetzes über die Gewährung von Straffreiheit vom 30. April 1938 auf Kosten der Reichskasse eingestellt worden.

Anlaß der Verhaftung von Pfarrer Schneider am 31. Mai 1937 war folgender: Die kleine Kirchengemeinde Dickenschied-Womrath ist in sich geschlossen. Einige Mitglieder dieser Kirchengemeinde suchen schon jahrelang diese kirchliche Einheit zu zerstören. Das erregte bei der Gemeinde öffentliches Ärgernis. Die Leitung der Gemeinde, das Presbyterium, sah sich deshalb genötigt, dem Bekenntnis der Gemeinde entsprechend Zucht zu üben. Die drei Gemeindeglieder wurden vom Presbyterium bis zur ›Besserung ihres Lebens‹ vom Heiligen Abendmahl ausgeschlossen (Heidelberger Katechismus, Frage 85). Der Beschluß wurde erst gefaßt, nachdem der Pfarrer diese Gemeindeglieder vorher seelsorgerlich ermahnt hat.

Einer dieser Betroffenen deutete diese Maßnahme des Presbyteriums als ›Boykott‹. Er erstattete Anzeige, und Pfarrer Schneider wurde ohne jede Vernehmung in Schutzhaft genommen. Der Beschluß des Presbyteriums war der Gemeinde Anfang März 1937 bekanntgemacht worden, die Verhaftung erfolgte am 31. Mai 1937. In der Zwischenzeit hatte er einen schweren Beinunfall gehabt (komplizierter Unterschenkelbruch). Die Verhaftung erfolgte einige Tage nach seiner Entlassung aus dem Krankenhaus, im übrigen 14 Tage nach der Geburt des 6. Kindes, dessen Taufe in Abwesenheit des Vaters erfolgen mußte.

Acht Wochen brachte Pfarrer Schneider im Gefängnis der Gestapo in Koblenz zu. Dann wurde ihm, ohne daß er sich auch nur ein einziges Mal über die beanstandete Kirchenzuchtsmaßnahme äußern konnte, eröffnet, daß er aus dem gesamten Rheinland ausgewiesen sei, da er ›die öffentliche Ruhe und Sicherheit‹ des Rheinlandes gestört hätte. Es darf dabei nicht vergessen werden, daß die Gemeinde Dickenschied ganz abgelegen auf dem Hunsrück liegt, 5 km von der nächsten kleinen Bahnstation entfernt.

Der von Pfarrer Schneider geforderte Rechtsschutz wurde ihm verwehrt. Ihm wurde lediglich der Ausweisungsbefehl vorgelegt, den er ablehnen mußte, da er nicht ohne weiteres zugeben konnte, daß er ein Unruhestifter sei. Zudem hatte seine Gesundheit schon durch die erste Haft erheblich gelitten – die Folgen des

---

139   Solche Eingaben waren damals nicht unproblematisch, weil die NS-Machthaber die Bearbeitung mit einer Loyalitätserklärung für ihre Verhaltensweise verbanden. Eine solche konnte Frau Schneider natürlich nicht abgeben. Vgl. Prediger, S. 78.

Unfalls machten sich noch ernst bemerkbar. Es darf auch nicht vergessen werden, daß die entehrende Strafe – Pfarrer Schneider ist als Freiwilliger in den Krieg gezogen, wurde verwundet, trägt noch heute das Geschoß im Bauch, erwarb sich das Eiserne Kreuz und kam als Offizier aus dem Krieg zurück – ihn empfindlich getroffen hat.

Nachdem Pfarrer Schneider zunächst einmal wieder in seiner Gemeinde gepredigt hat, trat er einen notwendigen Erholungsurlaub an. Das Presbyterium seiner Gemeinde forderte im September 1937 seinen rechtmäßigen Pfarrer auf, in die Gemeinde zurückzukehren, nachdem sie nun schon Monate hindurch seinen Dienst hatte entbehren müssen und das Presbyterium und der größte Teil der Gemeinde ihm volles Vertrauen entgegenbrachte, zumal Pfarrer Schneider seine Amtspflichten ernst nahm.

Pfarrer Schneider erklärte jetzt in einer Eingabe vom 30. 9. 1937 an die Reichskanzlei, das Innenministerium und den Regierungspräsidenten, daß und warum er in seine Gemeinde zurückkehren werde. Dabei hob er hervor, daß er durch Treue an seine Gemeinde gebunden sei und daß er durch sein feierlich vor der Gemeinde abgelegtes Gelübde ihr zum Dienst verpflichtet sei. Zudem ist Pfarrer Schneider geborener Hunsrücker und weiß sich mit seinen 6 Kindern seiner Heimat sehr verbunden.

Nachdem er am 3. Oktober 1937 in seiner Gemeinde wieder gepredigt hatte, wurde er abends desselben Tages erneut verhaftet und zunächst 8 Wochen nach Koblenz ins Gefängnis gebracht. Als er auch dann sich nicht in der Lage sah, die Ausweisung anzunehmen, wurde er am 28. November 1937 ins Konzentrationslager gebracht, wo er sich noch heute befindet. Auch noch heute wird er immer wieder vor die Entscheidung gestellt, die Ausweisung anzunehmen, ist aber aus den dargelegten Gründen dazu nicht in der Lage. Während der letzten 3 Monate darf er seiner Frau nur alle 4 Wochen schreiben und hat bisher im Konzentrationslager noch keinen Besuch von seiner Frau empfangen dürfen.

Ohne jeden Rechtsschutz und ohne jede gerichtliche Verhandlung wird Pfarrer Schneider aufgrund einer bloßen Anzeige eines gehässigen Feindes nun schon seit 8 Monaten im Konzentrationslager gehalten. Soll ein aufrechter deutscher Mann nun einfach zermürbt werden und als Gesinnungslump seiner Frau und seinen 6 Kindern zugeführt werden?

Ich wäre Ihnen sehr dankbar, wenn Sie sich für die Freigabe des Pfarrers Schneider einsetzen könnten.

Mit freundlichem Gruß!

Fritz Langensiepen«

Die erhoffte Antwort bleibt aus.

Die Personalakte von Paul Schneider ist weiter beim Konsistorium in Düsseldorf im Geschäftsgang.

»Evangelisches Konsistorium   Düsseldorf, den 11. Juni 1938
Nr. 448
An
den Evangelischen Oberkirchenrat
Berlin-Charlottenburg
Betrifft: Pfarrer Schneider, Dickenschied
Vorgang: Letzter Erlaß vom 4. ds. Mts. – EO III 2466/38
Berichterstatter: Gerichtsassessor Kolrep
Die inzwischen wiederholt von uns unternommenen Versuche, von dem zuständigen Superintendenten Ernst Gillmann einen Bericht über den Pfarrer Schneider, Dickenschied zu erhalten, sind leider bisher ergebnislos geblieben, wie

dies auch von unserem Sachbearbeiter bei einer Vorsprache beim Evangelischen Oberkirchenrat zum Ausdruck gebracht worden ist. Von der Geheimen Staatspolizei ist dem Unterzeichneten mitgeteilt worden, daß Pfarrer Schneider sich nach wie vor in einem Konzentrationslager befindet und seine zu Weihnachten in Aussicht genommene Freilassung daran gescheitert sei, daß er die Unterschrift unter eine ihm vorgelegte Erklärung bezüglich seines weiteren Verhaltens verweigert hat.

Rö[ssler]. Sinnig 19. 5. Kolrep 17. 5.«

Die einleitende Bemerkung zeigt, wie das Konsistorium seine Gleichgültigkeit und Unsicherheit dem Superintendenten der Synode Simmern, Ernst Gillmann, anlasten wollte. Scheinbar war dessen Bericht vom 5. Oktober 1937, Tgb.-Nr. 475/37, nicht mehr in Erinnerung oder war nicht zur Kenntnis genommen worden, weil eine solche Eingabe für das Konsistorium zwangsläufig hätte Konsequenzen nach sich ziehen müssen. Superintendent Gillmann konnte seinerseits im Blick auf die bekenntnistreue Haltung des weitaus größeren Teils der Gemeindeglieder von Dickenschied und Womrath kein Interesse daran haben, daß ein von »Deutschen Christen« und Nationalsozialisten durchsetztes Konsistorium in die inneren Angelegenheiten der Gemeinden eingreift.

In diesem Zusammenhang ist das nächste Schreiben von besonderer Bedeutung. Es zeigt, wie das Konsistorium den eigenen Einfluß und die eigene Macht ohne Rücksicht auf die Gemeinden auszudehnen suchte. Von Düsseldorf aus wurde beim Oberkirchenrat in Berlin der Anstoß zu neuen kirchlichen ›Ermächtigungsgesetzen‹ mit dem Ziel der Abschrekkung und Gewaltanwendung gegeben, die, von Dr. Werner, dem Präsidenten der Kirchenkanzlei des Evangelischen Oberkirchenrates in Berlin, unterzeichnet, bereits am 31. März 1939 im Kirchlichen Amtsblatt der Rheinprovinz abgedruckt werden konnten. Welche Konsequenzen schon im Vorfeld entstanden waren, wird die folgende Dokumentation zeigen.

Wie gleichgültig das Konsistorium in Düsseldorf mit dem ›Fall Paul Schneider‹ umging, wird durch die Tatsache belegt, daß es erst am 11. Juni 1938 und dann wieder am 7. September 1938 Fühlung mit dem Oberkirchenrat in Berlin aufnahm, obwohl Paul Schneider bereits seit November 1937 im Konzentrationlager Buchenwald einsaß. Dieser Umstand wie die gesamte kirchenbehördliche Behandlung des Falles zeigt nicht nur das Desinteresse von Konsistorium und Oberkirchenrat, sondern belegt auch, wie diese Institutionen von der nationalsozialistischen Ideologie durchsetzt waren. Das Zusammenspiel zwischen Gestapo und dem evangelischen Konsistorium gehört zu den schwärzesten Flecken in der Geschichte der Evangelischen Kirche Deutschlands.

»Evangelisches Konsistorium   7. September 1938
4480 II
An
den Evangelischen Oberkirchenrat
Berlin-Charlottenburg
Betrifft: Pfarrer Schneider in Dickenschied

ohne Erlaß
Berichterstatter:
Konsistorial-Assessor Kolrep
Oberkonsistorialrat D. Euler
In Anknüpfung an unseren unter dem 11. 6. 1938 – 4480 – erstatteten Bericht können wir diesen aufgrund der jetzt an uns ergangenen Mitteilung der Geheimen Staatspolizei in Koblenz wesentlich ergänzen. Danach befindet sich Pfarrer Schneider seit dem 25. 11. 1937 im Konzentrationslager Buchenwald bei Weimar und weigert sich auch heute noch – trotz wiederholter Befragung –, den staatlichen Anordnungen Folge zu leisten. Ferner ist über Pfarrer Schneider ein dauerndes Einreiseverbot in die Rheinprovinz verhängt worden. An seiner Stelle amtiert zur Zeit der Bekenntnisvikar Kemper in Dickenschied.

Sowohl die Geheime Staatspolizei wie auch die Gauleitung Koblenz-Trier sind an uns wegen einer baldigen Versetzung Pfarrer Schneiders herangetreten. Wir haben daraufhin zunächst um Übersendung der Strafakten von Pfarrer Schneider ersucht, um ein Disziplinarverfahren gegen ihn einleiten zu können. Wir haben aber die genannten Stellen auch darüber nicht im Zweifel gelassen, daß wir eine Versetzung des Pfarrers unbedingt für geboten erachten, da anders die kirchenpolitischen Schwierigkeiten in Dickenschied nicht zu beseitigen sind. Unser gegenwärtiges Bestreben ist jedoch in der Hauptsache darauf gerichtet, durch entsprechende Verhandlungen eine freiwillige Versetzung Schneiders zu erreichen. Zu diesem Zweck werden wir in den kommenden Wochen eine Gelegenheit zu einer örtlichen Fühlungnahme, wobei wir uns auch der Vermittlung des zuständigen Superintendenten bedienen würden, nehmen und über das Ergebnis weiteren Bericht erstatten.

In diesem Zusammenhang erlauben wir uns schließlich noch den Hinweis, daß dieser Fall Schneider ebenso wie die aus dem Verhalten des Pfarrers Boysen in Köln-Lindenthal entstandenen Schwierigkeiten mit besonderer Deutlichkeit die Notwendigkeit vor Augen führen, daß durch die recht baldige Schaffung einer Regelung über die Versetzung von Pfarrern in den Wartestand eine erleichternde Möglichkeit zur Erledigung aller solcher Fälle, die anders nicht befriedigend geregelt werden können, geboten wird. Damit würde in derartigen Versetzungsfällen die Hauptschwierigkeit, eine andere geeignete Pfarrstelle für die von der Versetzung betroffenen Pfarrer ausfindig zu machen, fortfallen.
Sinnig 24. 9.   Euler 23. 9.   Kolrep 27. 9.

Frau Schneider, die dem Superintendentenehepaar Martin und Marianne Albertz in Spandau sehr verbunden war, erhält vom Rat der Bekennenden Kirche in der Mark Brandenburg folgenden teilnehmenden Brief:

»Der Rat der Bekennenden Kirche   Berlin SW 42, d. 26. VII. 1938
in der Mark Brandenburg   Alexandrinenstr. 101
          Fernruf: 173172

Sehr verehrte, liebe Frau Pfarrer!
Ihr ausführlicher Brief an Frau Albertz und die Zitate darin haben mich tief bewegt. Gott der Herr schenke Ihnen beiden weiter so viel Kraft und Geduld, diese besondere Prüfung zu tragen.

Sie haben wohl inzwischen gehört, daß der Antrag des Rheinischen Rates auf Sprecherlaubnis einstweilen abschlägig beschieden und Bruder Schlingensiepen aufgefordert ist, was er mit Ihrem Gatten besprechen möchte, über den betreffenden Dezernenten des Geheimen Staatspolizeiamtes schriftlich an Ihren Gatten gelangen zu lassen. Ich will bei diesem, möglichst noch heute oder morgen, persönlich darzulegen versuchen, daß dies kaum möglich ist. Seelsorgerlich einwirken auf einen anderen kann man ja nun wirklich nur, wenn man ihn und seinen Zustand sieht und ihn selbst hört. Daß Sie selbst, liebe Frau Pfarrer, nun auch für sich, unabhängig von dem Versuch des Rheinischen Rates, einen Antrag auf Sprecherlaubnis stellen, halte ich für gut und richtig. Sie können sich dabei getrost auf Frau Pfarrer Niemöller und die dort geübte Praxis berufen. Das wird Bruder Niemöller keineswegs schaden. Sie wissen wohl, daß Frau Pfarrer Niemöller jetzt generell die Erlaubnis bekommen hat, alle vier Wochen ihren Mann auf dem Polizeipräsidium am Alexanderplatz zu sehen und abwechselnd eins der Kinder mitzunehmen. Das darf bekannt werden. Es ist dies verschiedenen Gemeindeabordnungen ganz offiziell von staatlichen Stellen als ein Beweis für die freundliche Art der Behandlung gesagt worden. Deshalb schadet es auch nichts, wenn Sie darauf Bezug nehmen.

Adressieren Sie Ihr Gesuch bitte an das Geheime Staatspolizeiamt, Berlin SW 11, Prinz-Albrechtstr. 8, Abteilung II B 2, Buchungsnummer 873/73 E. Sobald ich weiß, daß Sie Ihren Antrag gestellt haben, werde ich persönlich nachfragen. In herzlicher Verbundenheit grüße ich Sie
als Ihr getreuer
[Scharf]«

Obwohl die Familie Niemöller durch die Inhaftierung des Vaters und Onkels hart getroffen war, gingen ihre Gedanken dennoch zu all denen, die durch die Gestapo ihrer Freiheit beraubt waren. Die Kinder griffen zur Feder und schrieben:

»Sehr geehrter Herr Hitler!
Es freut uns sehr, Ihnen unseren ersten Brief schicken zu dürfen, an welchen wir eine Bitte anschließen wollen, nämlich folgende Bitte: Wir wissen schon viel von der kirchlichen Lage und wollen Sie darum bitten, unserem Vater und Onkel (Pfr. Niemöller-Dahlem) zu helfen, weil er schon über ein Jahr unschuldig leidet. Helfen Sie doch bitte auch anderen Pfarrern, insbesondere Schneider (Dickenschied). Frau Pastor Niemöller und die anderen Bekenntnisleute leiden sehr darunter. Wir wissen, wie es ist, keinen Vater zu haben. Er fehlt einem an allen Ecken und Enden. Sie können uns ja verstehen.
Es grüßt Sie mit deutschem Gruß!
[Unterschriften]«

Dieses Schreiben wurde von Herta Niemöller, Tochter von Martin Niemöller, und ihrem 10jährigen Vetter Wilhelm Günther Niemöller verfaßt.

Innerhalb der Bekennenden Kirche Deutschlands wurden Fürbittenlisten weitergereicht:

»Evangelische Bekenntnissynode   W.-Barmen, den 15. September 1938
im Rheinland
Fürbittenliste
(Stand am 15. Sept. 1938)
I. Im Konzentrationslager befinden sich:
1. Pfarrer Schneider – Dickenschied/Rhld.
2. Pfarrer Martin Niemöller – Berlin-Dahlem

3. Notariatspraktikant Leikam – Korb/Wttg.
4. Kaufmann Thiessies – Altroggenrahmede/Westf.
II. In Schutzhaft befinden sich:
5. Pfarrer Lücking – Dortmund
6. Dipl.-Kaufmann Suppert – Dortmund
7. Herr Lohmeyer – Dortmund
8. Dr.jur. Schmidt – Dortmund
9. Pastor Krause – Kriescht/Neumark
III. 93 Behinderungen, 2 Relegationen, 11 Ausreiseverbote, 39 Aufenthaltsverbote, 37 Redeverbote, 48 Ausweisungen.

Herr Jesu Christe, Du hast Deiner Kirche gesagt, daß Deine Jünger um Deines Namens willen viel leiden müssen; denn der Jünger ist nicht über seinen Herrn. Gib Deiner Gemeinde einen freudigen Glauben, damit sie Dir für alles Leiden, das Du über sie kommen läßt, von Herzen danke und Dich anbete. Allen Verfolgten aber gib, daß sie ihr Leiden als Deinen göttlichen Willen aufnehmen und erkennen, Kraft an Leib und Seele behalten, Dich nicht verleugnen, sondern vielmehr in allem preisen mögen. Hilf, daß ihr Leiden bald ein Ende nehme und daß ihnen Gerechtigkeit widerfahre. Denn Du lenkst ja doch die Herzen der Menschen wie Wasserbäche und kannst wohl den Gewaltigen eingeben, daß sie Deine Kinder in Frieden lassen.

Wir preisen Dich um aller Gnade und Treue willen, mit der Du Deine Gemeinde trägst und erhältst. Dein Name sei gelobt in alle Ewigkeit. Amen.«

Die Denunzianten von Womrath geben auch weiter keine Ruhe. Superintendent Gillmann erhält vom Konsistorium den folgenden Vorgang:

»Evangelisches Konsistorium   Düsseldorf, den 27. Juni 1938
der Rheinprovinz   Inselstraße 10
Nr. 4259
An
den Herrn Superintendenten
in Simmern
2 Anlagen u[nter] R[ückgabe]

Anliegend übersenden wir Ihnen, Herr Superintendent, u.R. eine Eingabe von Jakob Stumm und Ernst Scherer aus Womrath zur Kenntnisnahme. Es liegt uns daran, die Frage der Anwendung der Bußzucht näher zu prüfen. Wir ersuchen Sie daher, uns nach Anhörung des Presbyteriums und seines stellvtr. Vorsitzenden bis zum 10.7.d.J. ausführlich zur Sache zu berichten. Auf welcher Ordnung beruht die Anwendung der Kirchenzucht im Falle Stumm und Scherer? Wir machen darauf aufmerksam, daß der Heidelberger Katechismus, unbeschadet seines Charakters als verbindliches Bekenntnis für die reformierten Gemeinden unserer Provinzialkirche, nicht unmittelbar eine Norm für das Verfahren in Kirchenzuchtsmaßnahmen darstellt. Auf welchem Tatbestand beruhte die Anwendung der Kirchenzucht in beiden genannten Fällen? Haben die in Zucht Genommenen bei dem Presbyterium oder Kreissynodalvorstand Schritte gegen die über sie verhängte Maßnahme unternommen? Hat das Presbyterium etwa nach dem Ausscheiden des Pfarrers Schneider die verhängten Maßnahmen aufgehoben oder gemildert? Wir benutzen die Gelegenheit, Ihnen mitzuteilen, daß unsere Finanzabteilung in Aussicht genommen hat, in nächster Zeit eine Revision der kirchlichen Kassen und der Buchführung in den Kirchengemeinden Dickenschied und Womrath vornehmen zu lassen

Dr. Koch
Anlagen!

An das evangelische Konsistorium   Womrath, den 1. Mai 1938
in Düsseldorf, Inselstraße

Betr.: Beschwerde 1. des Bauern Friedrich Jakob Stumm und 2. des Landwirts
Ernst Adolf Scherer, beide in Womrath, gegen das evang. Presbyterium in Womrath (Pfarramt Dickenschied)
1. Bei mir, Friedrich Jakob Stumm, besteht schon seit meiner Verheiratung im
Jahre 1924 Mißstimmung, weil meine Ehefrau katholischer und ich evangelischer
Konfession sind. Gleich nach meiner Verheiratung wurde ich von den kirchlichen
Rechten ausgestoßen, aber die Kirchensteuern wurden verlangt, und ich habe dieselben auch bis zum Jahre 1934 einschl. bezahlt. Da ich nun am Radio eine Rede des
Führers hörte, daß es jetzt nur noch Mischehen zwischen Deutschen und Juden gebe, nicht aber mehr zwischen Arischen mit verschiedenen Konfessionen, habe ich
die Zahlung der Kirchensteuern abgelehnt. Hinzu kommt noch, daß das Presbyterium in Womrath mit Pfarrer Schneider das Geld nicht mehr ans Konsistorium, sondern an den Bruderrat abliefern wollen. Ein weiterer Grund der Verweigerung der
Zahlung ist, daß das Presbyterium (einschließlich Pfarrer Schneider) sich ausdrücklich zum Bruderrat bekennen durch grüne Mitgliedskarten, welche die Unterschriften tragen: Der Bruderrat, Schneider, Pfarrer, und Jakob Fuchs.
2. Bei mir, Ernst Scherer, liegt folgender Grund vor:
Im Dezember 1936 kam Pfarrer Schneider von Dickenschied zu mir nach Womrath in meine Wohnung und eröffnete mir, daß er beabsichtige, mich als faules Glied
der Gemeinde auszustoßen, weil ich nicht in die Kirche zu ihm käme, dies geschah,
weil er in versteckter Weise Angriffe auf Partei und Staat machte, was ich mir als Nationalsozialist nicht bieten lassen konnte. Am 12. März 1937 verhängte Pfarrer
Schneider über mich die Bußzucht, was in der Kirche von Womrath von der Kanzel
bekanntgegeben worden war. Abschrift dieses Schreibens füge ich bei. Aus diesem
Grunde habe ich die Zahlung der Kirchensteuern verweigert.
Sobald das Vorgetragene wieder von der Kanzel in Womrath zurückgenommen wird, bin ich bereit, die Kirchensteuern restlos zu zahlen, jedoch nicht für den
Bruderrat, sondern für das Konsistorium. Falls mir mein Recht nicht wird, bin ich
gezwungen, aus der evangelischen Kirche auszutreten; es sei denn, daß man mich
in eine andere Gemeinde einweist.
Bei uns Vorgenannten wurde am 28. 4. 1938 wegen rückständiger Kirchensteuern für die Jahre 1935/36 und 1937/38 gepfändet, worauf wir das Finanzamt in Simmern um Aussetzung derselben bis zur Erledigung der schwebenden
Angelegenheit gebeten haben.
Wir bitten um Mitteilung, ob wir die rückständigen Kirchensteuern unbedingt
an das Finanzamt jetzt zahlen müssen oder ob von dort aus eine Aussetzung der
Pfändung kann erwirkt werden, bis unsere Angelegenheit geklärt ist.
Wir bitten ferner, doch die Kirchenkassen von Womrath und Dickenschied
durch einen vereidigten Bücherrevisor prüfen zu lassen, da wir und auch andere
an der Richtigkeit Zweifel hegen.
Dann möchten wir auch anfragen, ob die evangelische Kirchengemeinde
Womrath sich zur altpreußischen Union bekannt hat? Wenn dies zutrifft, dann
fragen wir an, ob das Konsistorium angeordnet hat, daß im Gottesdienst vom
Hilfsprediger Kemper für Pfarrer Schneider, dessen Frau und Pfarrer Niemöller,
Berlin, gebetet wird, und ferner, ob angeordnet worden ist, daß heute nur noch eine Glocke zum Gottesdienst geläutet wird, während früher dieses mit den drei
vorhandenen Glocken geschah.
Wir bitten um baldige Nachricht, da wir anderenfalls uns bis zur höchsten Instanz wenden müßten.

Heil Hitler!
Fr. Jakob Stumm
Ernst Scherer«

Zu den erhobenen Anschuldigungen ist zu sagen:
1. Paul Schneider war 1924 noch nicht Pfarrer von Dickenschied und Womrath.
2. Offenkundig ist, daß die Initiative zur Abfassung dieser Eingabe von den Funktionären der radikalen »Deutschen Christen« ausgegangen war, denen die Einigkeit der »Bekennenden Kirche« von Dickenschied und Womrath ein Dorn im Auge sein mußte. Diese wollten
3. das Vertrauen der Gemeinde zum Presbyterium erschüttern; das war am leichtesten durch die Verdächtigung, illegale finanzielle Transaktionen vorgenommen zu haben, zu erreichen.
4. Zu der von Ernst Scherer erhobenen Anschuldigung hatte Paul Schneider bereits Stellung genommen.
5. Am Ende des Schreibens wird der Geist sichtbar, der die Beschwerdeführer leitet. Sie sind mit ihrem Vorhaben, Mißtrauen in der Gemeinde zu säen, gescheitert; die Gemeinden sehen auch weiterhin in Paul Schneider ihren rechtmäßigen Pfarrer.
6. Das Kirchensteueraufkommen in Dickenschied und Womrath ist über das Konto der Bekennenden Kirche von Präses Humburg an das Konsistorium in Düsseldorf überwiesen worden. Die Prüfung der jeweiligen Kirchenkasse der Gemeinden Dickenschied und Womrath ergab keine Beanstandungen.

Während dieser Zeit befindet sich Paul Schneider schon mehrere Monate wegen seiner Weigerung, die Hakenkreuzfahne zu grüßen, im berüchtigten Arrestbunker in Einzelhaft. Im Arrest wird er unter schwersten seelischen Quälereien und körperlichen Folterungen zum Prediger von Buchenwald. Eine Meldung bezeugt, wovon seine Leidenskameraden immer wieder berichtet haben.

»M e l d u n g
Betreff.: Schutzhäftling Paul Schneider
Bezug: ohne
Anlagen: keine
An die
Kommandantur des K.L.
Buchenwald
Der Schutzhäftling Paul Schneider, geb. 29. 8. 97 zu Pferdsfeld, z.Zt. im Arrest, legte am 28. 8. 38 ein unglaubliches Verhalten an den Tag. Morgens gegen 6.30 Uhr, bei der morgentlichen Meldung der Stärke des Schutzhaftlagers an mich, öffnete Sch. plötzlich sein Zellenfenster, kletterte in seiner Zelle hoch, bis er Blickfeld zu den angetretenen Häftlingen bekam. Mit lauter Stimme predigte Sch. etwa 2 Minuten zu den angetretenen Häftlingen. Meinen Befehl, sofort seine Predigt abzubrechen und sich vom Fenster zu entfernen, beachtete er in keiner Weise. Darauf gab ich dem Arrestverwalter den Befehl, Sch. mit Gewalt vom Fenster wegzubringen.
Diesen Vorfall meldete ich sofort dem Lagerkommandanten.

Der 2. Schutzhaftlagerführer
gez. [Unterschrift]
SS-Oberscharführer«

Das Martyrium, das sich hinter einer solchen Meldung verbirgt, kann dem Leser in seiner unbeschreiblichen Grauenhaftigkeit nicht nacherlebbar vermittelt werden.

Eine peinliche, ausgerechnet verwaltungstechnische Episode unterbricht nunmehr den Zusammenhang; sie zeigt, mit welchem Aufwand an Korrespondenz und vermeintlichem Scharfsinn Behörden in eigener Sache tätig sein können.

Ein Schreiben der Geheimen Staatspolizei war in die Hände der Bekennenden Kirche gelangt und von ihr veröffentlicht worden. Dieser Vorfall führte zu einem längeren Briefwechsel und verschiedenen Aussprachen zwischen der Gestapo und dem Konsistorium.

Der als linientreuer Nationalsozialist zu bezeichnende Konsistorialpräsident Dr. Koch leitete eine umfangreiche Untersuchung ein und teilte danach der Gestapo das Ergebnis mit:

»Der Konsistorial-Präsident   Düsseldorf, den 17. Januar 1939
– 13890 –
An die
Geheime Staatspolizei
– Staatspolizeidienststelle –
in Koblenz
Betr.: Pfarrer Schneider aus Dickenschied
Im Anschluß an unser Schreiben vom 22. 12. 1938 – Nr. 4480 III – und unter Bezugnahme auf die unter Beteiligung des Herrn Reichsamtsleiters Sohns und des Unterzeichneten am 7. ds. Mts. erfolgte Rücksprache erlaube ich mir ergebenst, eine abschließende und zusammenfassende Darstellung über das Ergebnis unserer Ermittlungen in vorstehender Angelegenheit zu geben. Bei der Untersuchung der Frage, wie es zu erklären sein könnte, daß Ihr Schreiben vom 24. 9. 1937 – II B 355/37 – sich zum erheblichen Teile wörtlich abgedruckt in dem betreffenden Bekenntnisfront-Flugblatt wiederfindet, ist zunächst geprüft worden, ob sich etwa eine solche Spur innerhalb meiner Behörde feststellen ließe. Hierbei hat sich folgendes ergeben: Eine Abschrift Ihres Schreibens ist nämlich unter dem 6. 10. 1937 – Nr. 11226 – dem zuständigen Superintendenten Gillmann in Simmern zur Kenntnisnahme und mit dem gleichzeitigen Ersuchen um Berichterstattung über die kirchliche Versorgung Dickenschieds übersandt worden, wobei die Verfügung von folgenden Herren in der früheren Besetzung des Konsistoriums abgezeichnet worden ist: Assessor Lengler als Sachbearbeiter und Verfasser des Verfügungsentwurfes, Konsistorialrat Hasenkamp als Theologischer Sachbearbeiter, Generalsuperintendent D. Stoltenhoff als Mitunterzeichner, Oberkonsistorialrat Spieß, der die abschließende Zeichnung vorgenommen hat, und schließlich nachträglich Oberkonsistorialrat Dr. Jung, der als damaliger Behördenleiter seinen Sichtvermerk gemacht hat. Von diesen genannten Herren sind bis auf Herrn Oberkonsistorialrat Spieß, der sich auf mein Ersuchen dahin dienstlich geäußert hat, daß er über diesen Vorgang keine Auskunft geben könne und auch keine Vermutung sei, auf welche Weise das besagte Schriftstück in die Öffentlichkeit gelangt sei, alle übrigen Mitunterzeichner inzwischen aus der Tätigkeit in meiner Behörde ausgeschieden, so daß ich sie nicht zur Aufklärung heranziehen konnte. Ich habe weiterhin die Registraturbeamten und sämtliche zur Zeit hier beschäftigten Referenten um Äußerung über diese Angelegenheit ersucht, ohne daß dies zum Ziel geführt hat.
Wie schon bei der Unterredung in Koblenz angedeutet wurde, wäre immerhin die Möglichkeit nicht von der Hand zu weisen, daß ein Besucher im Konsistorium

zufällig unerlaubten Einblick in Ihr Schreiben gewonnen und diese Gelegenheit benutzt hat, sich zwecks späterer Verwendung sogleich hiervon eine Abschrift zu machen. Jedoch spricht eine Vermutung weder für eine derartige Möglichkeit noch dafür, daß seitens eines Beamten des füheren oder jetzigen Konsistoriums eine solche Indiskretion begangen worden ist. Jedenfalls haben meine oben erwähnten Feststellungen innerhalb der Behörde keinen Verdacht nach dieser Richtung hin begründen können.

Viel eher scheint die Lösung auf einen anderen Weg zu verweisen, der durch die von mir keineswegs gebilligte Abschrifterteilung an den Superintendenten Aufschluß geben könnte. Ich habe zwar sofort zur dienstlichen Äußerung auffordern lassen, was mit folgendem Ergebnis geschehen ist. Gillmann teilt mit, daß er das Schriftstück weder aus der Hand noch sonst jemand abschriftlich zur Kenntnis gebracht habe. Es habe für ihn und seine Anhänger (Bekenntnisfront) kein Anlaß zur Weitergabe bestanden, weil diese Vorgänge bereits bekannt gewesen seien. Das Schreiben ist nach Angabe Gillmanns ohne Aktenvermerk unter Verschluß weggelegt worden. Danach sieht sich Gillmann außerstande, von sich aus eine Erklärung über das Bekanntwerden dieses Schreibens an Bekenntniskreise abzugeben.

Wenn ich auch keinen Anlaß habe, an der wahrheitsmäßigen Darstellung Gillmanns zu zweifeln, so habe ich doch den Verdacht, daß von dieser Stelle aus Ihr Schreiben den Weg in die Öffentlichkeit gefunden hat. Es mag wohl sein, daß Superintendent Gillmann selbst bemüht gewesen ist, das Schriftstück in Verwahrung zu nehmen, was wahrscheinlich nicht sofort geschehen sein dürfte; daher ist es sehr leicht denkbar, daß gerade einer seiner häufigen Besucher Gelegenheit gehabt, Einblick in das Schreiben zu bekommen. Es kann sich hierbei um eine Persönlichkeit gehandelt haben, die infolge ihrer dienstlichen Stellung eine besondere Möglichkeit zur Akteneinsicht hatte und hierbei Kenntnis von dem Schriftstück erhielt. Der starke Verdacht lenkt sich damit auf den bekanntermaßen recht oft im Pfarrhause verkehrenden Synodalassessor Pfarrer Kalthoff aus der Kirchengemeinde Horn, dem es bei seinen engen Beziehungen zur Bekenntnisfront durchaus zuzutrauen wäre, daß er einen solchen Gebrauch von einer etwaigen Kenntnis Ihres Schreibens gemacht hat. Ein Beweis für ein derartiges Verhalten liegt allerdings nicht vor und würde m.E. auch trotz entsprechender weiterer Ermittlungen nicht zu erbringen sein. Es kann eben nicht die Möglichkeit in Abrede gestellt werden, daß vielleicht doch ein anderer Besucher, der sich nicht mehr feststellen läßt, verantwortlich ist. Lehrvikare hat Superintendent Gillmann in der fraglichen Zeit nicht gehabt, so daß sich hierdurch ebenfalls kein Fingerzeig ergibt. Jedenfalls deutet die Abfassung des betreffenden Flugblattes, das sich sehr eingehend mit Pfarrer Schneider-Dickenschied beschäftigt, darauf hin, daß die Spur der unberufenen Verwertung Ihres Schreibens infolge besonders großen Interesses, das dieser Angelegenheit auf dem Hunsrück entgegengebracht wird, ziemlich sicher nach Simmern verweist.

Zu meinem Bedauern haben die angestellten Ermittlungen keine erschöpfende Aufklärung des Falles herbeigeführt, was auch nicht zuletzt mit der etwas zurückliegenden Zeit des Vorganges zusammenhängen dürfte. Ich bin leider auf bloße Vermutungen angewiesen, wobei der letztgenannte Verdacht noch am begründetsten erscheint. Irgendein Anhalt aber, daß etwa ein Mitglied meiner Behörde an diesem unerfreulichen Vorfall beteiligt ist, hat sich nicht ergeben. Insbesondere darf ich diese Feststellung für die gegenwärtige Besetzung meiner Behörde zum Ausdruck bringen. Vielleicht bietet sich noch eine Möglichkeit, auf dem Wege über die Namhaftmachung der Verfasser des Flugblattes des Rätsels Lösung zu finden. Immerhin darf ich am Schluß die Bemerkung anknüpfen, daß es sich hier gegenüber den zahlreichen vertraulichen Schreiben, deren Charakter streng gewahrt worden ist, nur um einen einzigen bedau-

erlichen Vorfall handelt, so daß alle Garantien schon inzwischen vorhanden
gewesen sind, um nicht eine Wiederholung dieses Falles befürchten zu müssen.   Dr. Koch
Herrn Reichsamtsleiter Sohns zur gfl. Kenntnisnahme.«

Dieses Schreiben spricht für sich und zeigt, wie weit eine kirchliche Institution sich den widerkirchlichen Mächten verschrieben hatte. An anderer Stelle wird noch erschreckender deutlich werden, wozu das Bündnis
zwischen der Geheimen Staatspolizei und dem Konsistorium fähig war.
Daß Paul Schneider von dem von Nationalsozialisten geleiteten Konsistorium kein Verständnis, geschweige denn Hilfe erwarten konnte, liegt auf
der Hand.
Ein ganz anderes Schreiben wird von den beiden Presbyterien in Dikkenschied und Womrath an die Mächtigen in Berlin geschickt.

»Die Presbyterien der vereinigten
Kirchengemeinden Dickenschied-Womrath
auf dem Hunsrück
An   Dickenschied, den 10. März 1939
das Geheime Staatspolizeiamt
Berlin SW 11
Prinz-Albrecht-Straße 8
Abteilung II B 2
Buchungsnummer 873/37 E.
Betr.: Bitte um Zurücknahme der gegen unseren Pfarrer Paul Schneider ausge-
sprochenen Ausweisung und um Freilassung des Schutzhäftlings
    Wir als Vertreter der vereinigten evangelischen Kirchengemeinde Dicken-
schied-Womrath auf dem Hunsrück wiederholen die schon von uns am 27. September 1938 ausgesprochene Bitte an die Staatspolizei-Hauptstelle, unsern noch
heute im Konzentrationslager Buchenwald/Weimar befindlichen Pfarrer und
Seelsorger Paul Schneider für seine Gemeinden Dickenschied-Womrath freizugeben.
    Es ist bald 1 1/2 Jahr, daß unser Pfarrer Paul Schneider verhaftet und von un-
seren Gemeinden entfernt ist. 1 Jahr und 3 Monate befindet er sich schon im Konzentrationslager Buchenwald/Weimar. Seine Haft erfolgte damals wegen einer
rein kirchlichen Angelegenheit, um deretwillen gegen ihn auch ein Ausweisungsbefehl erging. Alle sonstigen Verfahren gegen ihn sind vom Sondergericht in
Köln aufgrund der Amnestie vom 30. 4. 1938 eingestellt, da ›keine höhere Strafe
oder Gesamtstrafe als Freiheitsstrafe von 6 Monaten zu erwarten‹ war. Wir wiederholen darum die Bitte an die Staatspolizei-Hauptstelle in Berlin, nachdem
nun vom Sondergericht in Köln die Verfahren gegen unsern Pfarrer Schneider
eingestellt, d.h. amnestiert sind, die Angelegenheit unseres Pfarrers erneut zu untersuchen. Wir bezeugen, daß unser Pfarrer Schneider seinen Dienst gewissenhaft ausgeübt und uns und die Gemeinde nie gegen die Obrigkeit aufgewiegelt
hat. Auf seinen Gemeinden lastet seit seiner Inhaftierung der Schmerz und die
Sorge um das Schicksal ihres Pfarrers, der seinen Gemeinden treubleibt und diese
Treue durch die Tat bewiesen hat. Auch der weitaus größte Teil der Gemeinden,
einschließlich der katholischen Bevölkerung, steht zu unserm Pfarrer Schneider
und bittet um dessen Rückkehr. Auch bitten wir die Staatspolizei-Hauptstelle
dringend, Rücksprache mit dem Gemeinderat (Vertretung der bürgerlichen Gemeinde) Dickenschied zu nehmen, evtl. mit dem Ortsgruppenleiter (politischer
Leiter), in Sachen der Rückkehr unseres Pfarrers, da diese Männer auch bezeu-

gen können, daß in unseren Gemeinden Ruhe und Ordnung geherrscht hat und noch heute herrscht und daß einer Rückkehr von Pfarrer Schneider nichts mehr im Wege steht. Wir bitten noch einmal zum Zurücknahme der gegen unsern Pfarrer Schneider erlassenen Ausweisung und um dessen Freilassung.

[Unterschriften]«

Frau Schneider versucht weiterhin ihren Mann freizubekommen, zumindest aber ihn sprechen zu dürfen. Sie schaltet einen Rechtsanwalt ein, der ihre Interessen wahrnehmen soll.

»Dr. Schulze zur Wiesche   Düsseldorf, den 24. 3. 1939
In der Sache
gegen den Pfarrer Paul Schneider aus Dickenschied (Hunsrück) wegen Ausweisung hat mich Frau Pfarrer Schneider beauftagt, die Interessen ihres Mannes wahrzunehmen. Herr Pfarrer Schneider befindet sich schon länger als 1 Jahr im Konzentrationslager in Buchenwald. Es ist notwendig, daß er einmal mit seinem Rechtsberater darüber spricht, wie er sich gegenüber dem Ausweisungsbefehl in Zukunft verhalten soll. Aus diesem Grunde bitte ich, mir die Erlaubnis zu erteilen, mit Herrn Pfarrer Schneider zu sprechen.

gez. Dr. Schulze zur Wiesche
Rechtsanwalt«

Die Geheime Staatspolizei in Berlin verständigt sofort ihre Dienststelle in Düsseldorf und fordert Informationen über den Juristen an.

»Geheime Staatspolizei   Berlin, den 4. April 1939
Geheimes Staatspolizeiamt
II B 2 - 873/37 E
Abschriftlich
der Staatspolizeistelle
Düsseldorf
zur Kenntnisnahme und Mitteilung, ob Rechtsanwalt Dr. Schulze zur Wiesche bereits in Schutzhaftangelegenheiten dort vorgesprochen hat und was über ihn bekannt ist.
Durch Verfügung der Staatspolizeileitstelle Koblenz wurde der vorseitig genannte Pfarrer Paul Schneider aus Dickenschied/Hunsrück am 23. 7. 1937 aus der Rheinprovinz ausgewiesen. Im Falle der Zuwiderhandlung war ihm Zwangsgeld, gegebenenfalls Schutzhaft angedroht worden. An dieses Aufenthaltsverbot hat sich Schneider nicht gehalten. Er kehrte vielmehr wieder in seine Gemeinde zurück und predigte dort. Zur Durchsetzung des Aufenthaltsverbots wurde Schneider am 3. 10. 1937 in Schutzhaft genommen und in das Konzentrationslager Buchenwald überführt, wo er sich noch befindet.

Im Auftrage
gez. Roth
Siegel
Beglaubigt:
[Unterschrift]
Kanzleiangestellte«

»Stapo Düsseldorf   Düsseldorf, den 24. 4. 1939
II B 2/1671/80. 10/Schulze zur Wiesche
1.) An das Gestapa
in Berlin
Betr.: Rechtsanwalt Dr. Schulze zur Wiesche - Düsseldorf

Vorg.: Erlaß vom 4. 4. 1939 – II B 2/873/37 E –
Rechtsanwalt Dr. Paul Schulze zur Wiesche, geb. am 17. 8. 05 in Duisburg, wohnhaft Düsseldorf, Venloerstr. 11a, war früher Mitglied des Bruderrates der evgl.
Bekenntnissynode im Rheinland und Leiter der Rechts- und Verwaltungsabteilung der rhein. Bekenntnissynode. Seit etwa 1 1/2 Jahren gehört er beiden Institutionen nicht mehr an; die Rechts- und Verwaltungsabteilung ist aufgelöst worden. Ob sein Ausscheiden auch aus dem Bruderrat gleichzeitig hiermit erfolgte
oder ob dieses eine taktische Maßnahme war, die ihn bei seinem Auftreten in
Rechtsangelegenheiten für die BK. als unbefangenen erscheinen lassen sollte, ist
hier nicht bekannt. Jedenfalls ist er auch heute noch von der rhein. Bekenntnissynode mit der Wahrnehmung der Interessen der BK. in Rechtsstreitigkeiten und
mit der Vertretung in Strafsachen gegen BK-Geistliche beauftragt. In seiner Eigenschaft als Mitglied des Bruderrates und als Leiter der Rechts- und Verwaltungsabteilung der rhein. Bekenntnissynode ist er wiederholt unliebsam hervor-
getreten. Sein Auftreten bot jedoch keine Handhabe, gegen ihn besondere staatspolizeiliche Maßnahmen zu veranlassen.
    In Schutzhaftangelegenheiten hat Schulze zur Wiesche hier noch nicht vorge-
sprochen.
    2.) Sachkarte ›Evgl. Bekenntnissynode im Rheinland‹
Vermerk: Rechtsanwalt Schulze zur Wiesche – Düsseldorf hat beim Gestapa
Genehmigung erbeten, den im KZ-Lager Buchenwald befindlichen Pfarrer
Schneider, Dickenschied in Sachen seiner Ausweisung sprechen zu dürfen.
    3.) II F
a) Pers.-Karte Schulze zur Wiesche ergänzen.
Vermerk: Stellte beim Gestapa Antrag auf Genehmigung, den im KZ-Lager
Buchenwald befindlichen Pfarrer Schneider – Dickenschied in Sachen seiner
Ausweisung sprechen zu dürfen.
Stempel
Kartei Gestapa ersucht mit Erl. v. 4. 4. 39 – II B 2/873/37 E – um Bericht, was
hier über Sch.z.W. bekannt ist.

                                             [Abzeichnungen]«

    Weite Kreise in der Bevölkerung während der nationalsozialistischen
Zeit waren der Meinung, daß Hitler von den Machenschaften der Gestapo nichts wußte. Dieses irrige Gerücht veranlaßt dann auch die Presbyterien von Dickenschied und Womrath zu einer Eingabe an den Führer und
Reichskanzler. Der s.Zt. in Dickenschied und Womrath amtierende Hilfsprediger Kemper gibt das Schreiben persönlich in der Reichskanzlei in
Berlin ab, um sicher zu sein, daß es auch an die richtige Stelle gelangt.

»Der Kirchenvorstand der vereinigten
evgl. Kirchengemeinden Dickenschied – Womrath
auf dem Hunsrück
                                             Dickenschied, den 18. März 1939
An
den Führer und Reichskanzler
des Deutschen Reiches
Berlin
Betr.: Freilassung unseres Pfarrers
    In aller Ehrerbietung beehren wir uns, dem Führer und Kanzler des Deutschen
Reiches folgendes anzuzeigen.
    Unser Pfarrer Schneider wurde am 30. Mai 1937 von der Geheimen Staatspo-

lizei Koblenz in Schutzhaft genommen und wurde acht Wochen dort gehalten. Seine Verhaftung wurde veranlaßt durch eine Anzeige eines Mannes, der eine kirchenzuchtliche Maßnahme als ›Boykott‹ auswertete, obwohl diese Kirchenzucht eine rein kirchliche Angelegenheit und in den kirchlichen Gesetzen noch heute verankert ist. Am 24. Juli 1937 wurde ihm eine Ausweisung aus dem Rheinland eröffnet. Als Begründung verzeichnet der Ausweisungsbefehl sein Verhalten, daß er die öffentliche Sicherheit und Ordnung des Rheinlandes gefährde. Pfarrer Schneider sah sich nicht in der Lage, diesen Ausweisungsbefehl anzunehmen, da er sich feierlich vor Gott und seinen Gemeinden verpflichtet hatte, auch die Gemeinden ihm vollstes Vertrauen entgegenbrachten. Auch wurde er nie in Sachen Kirchenzucht vernommen, obwohl er stets um eine Vernehmung in dieser Sache gebeten hatte. Seine Gewissensgründe hat er ausführlich in einem Schreiben unter dem 30. September 1937 an die Hohe Reichskanzlei begründet.

Erntedankfest 1937 wurde er nach seiner Rückkehr in seine Gemeinde, um die wir ihn gebeten hatten, erneut verhaftet. Er brachte acht Wochen im Gefängnis der Gestapo in Koblenz zu und wurde am 25. November 1937 ins Konzentrationslager Buchenwald/Weimar überführt. Seit Oktober 1938 ist seine Frau ohne Nachricht von ihm. Er – ein Mann im Alter von 41 Jahren, Kriegsfreiwilliger, 3 1/2 Jahre an der Front – ist mit seiner Frau und seinen sechs unmündigen Kindern in unserer Hunsrücker Heimat verwurzelt und ist uns Bauern auch bei unseren ländlichen Arbeiten in wahrer Volksgemeinschaft mit Tat zur Seite gestanden. Duch sein freundliches Wesen hat er das Vertrauen der evangelischen und katholischen Bevölkerung. Die Gemeinde trägt das Leid mit der Frau und den sechs unmündigen Kindern. Vor allen Dingen aber diente unser Pfarrer als treuer Seelsorger und predigte uns nach seinem ihm gegebenen Auftrag das Wort Gottes. Er hat seinen Dienst gewissenhaft ausgeübt und uns und seine Gemeinde nie gegen die Obrigkeit aufgewiegelt. Auf seinen Gemeinden lastet seit seiner Inhaftierung der Schmerz um das Schicksal ihres Pfarrers. Wir wissen, daß er immer wieder vor die Entscheidung gestellt wird und bei Annahme der Ausweisung frei werden kann, aber wir bitten Sie, unsern Führer und Reichskanzler des Deutschen Reiches, in aller Ehrerbietung doch zu bedenken, daß dieser Mann als Pfarrer in seinem Gewissen an Gottes Wort und an diese unsere Gemeinde gebunden ist und deshalb aus Treue zu seinen Gemeinden diese lange Haft und Trennung von seiner Familie willig auf sich nahm. Deshalb bitten wir als Kirchenvorstand, unsern Pfarrer für unsere Gemeinden freizugeben, da selbst der hiesige Gemeinderat (Vertretung der bürgerlichen Gemeinde) bezeugen kann, daß in unseren Gemeinden Ruhe und Ordnung herrscht und einer Rückkehr unseres Pfarrers nichts im Wege steht.

Der Kirchenvorstand der evangelischen Kirchengemeinden Dickenschied-Womrath.

[Unterschriften]«

Ein diabolisches Zusammenspiel

Mit dem 7. September 1938 hatte das evangelische Konsistorium in Düsseldorf das Ersuchen der Gestapo und der Parteileitung der NSDAP, Paul Schneider aus Dickenschied und Womrath zu versetzen, dahingehend erweitert, daß es beim Oberkirchenrat in Berlin die Initiative zu den schon erwähnten neueren kirchlichen ›Ermächtigungsgesetzen‹ ergriff, aufgrund deren Geistliche mittels Verfügung in den Wartestand versetzt werden konnten.

Die offizielle Kirchenbehörde führte ihr Dasein fernab vom Anliegen des Evangeliums und der reformatorischen Bekenntnisse. Sie verwaltete die Kirche als Institution nach opportunistischen behördlichen Maßstäben. Sie kümmerte sich nicht um ethisch und theologisch begründete Motivationen derer, die mit der herrschenden Macht in Konflikt geraten waren. Sie ließ den ›Arierparagraphen‹ gelten und beachtete die nicht, die darin ein offensichtliches Unrecht sahen und es offen aussprachen. Sie schob das biblische Menschenbild zugunsten eines neuheidnischen beiseite. Glieder der Kirche, die sich für die Beibehaltung des Alten Testaments einsetzten, sich der Gleichschaltung der evangelischen Jugendgruppen und des evangelischen Pressewesens widersetzten und den umstrittenen Eid auf den ›Führer‹ ablehnten, fanden kein Gehör.

Die folgenden Dokumente gehören mit zu den schwärzesten der Geschichte der Evangelischen Kirche in Deutschland.

»Evangelisches Konsistorium   Düsseldorf, den 5. April 1939
13890 II
An
die Geheime Staatspolizei
Staatspolizeileitstelle Koblenz
in Koblenz/Rhein
Betr.: Durchführung der Verordnung über die Versetzung von Geistlichen aus dienstlichen Gründen vom 18. März 1939

Wie bei den verschiedenen persönlichen Besprechungen immer zum Ausdruck gebracht worden war, mußte erst das Inkrafttreten der oben genannten Versetzungsverordnung abgewartet werden, um derartige Maßnahmen gegen die in Frage kommenden Pfarrer treffen zu können. Nunmehr ist uns durch diese Verordnung endlich die im allgemeinen Interesse längst gewünschte rechtliche Handhabe zu einem Einschreiten gegen untragbare Geistliche verschafft worden.

Bei der im gegenseitigen Einvernehmen stattgefundenen Überprüfung, auf welche Pfarrer Ihres Amtsbereiches die Versetzungsverordnung voraussichtlich Anwendung finden dürfte, waren in erster Linie die Namen der Pfarrer Schneider, Dickenschied und Langensiepen, Gödenroth genannt worden. Wir sind nach wie vor der Überzeugung, daß das unverzügliche Vorgehen gerade gegen diese Herren aufgrund der jetzt vorhandenen Rechtsbasis unbedingt notwendig ist.

Wir erlauben uns daher hiermit den Hinweis, daß wir im Sinne der persönlichen Verhandlungen nach den Osterfeiertagen die erforderlichen Schritte unternehmen werden. Wir werden alsdann noch nähere Mitteilungen zugehen lassen;

vielleicht bietet sich auch inzwischen für den Unterzeichneten Gelegenheit zu einer nochmaligen Aussprache in Koblenz, wobei sowohl die Einzelheiten in der praktischen Durchführung der Verordnung wie auch etwaige weitere entsprechende Fälle erörtert werden könnten.

In Anlage fügen wir ein Exemplar unseres Kirchlichen Amtsblattes, das den Wortlaut der Versetzungsverordnung enthält, zur gefl. Kenntnisnahme bei.
Rö[ssler]. 5. 4.   Kolrep 5. 4.«

Deutlicher kann sich eine Zusammenarbeit zwischen der Geheimen Staatspolizei und dem evangelischen Konsistorium nicht darstellen. Von jetzt an war alles möglich, der Willkür Tor und Tür geöffnet. ›Unbequeme‹ Geistliche konnten nunmehr auf dem Verordnungsweg aus ihrem Amt entfernt werden.

Für den innerdienstlichen Gebrauch im Konsistorium finden wir noch folgende Notiz:

»Evangelisches Konsistorium   Düsseldorf, den 2. Mai 1939
Vertraulicher Vorgang, nur für den persönlichen Dienstgebrauch!
1. Aktenvermerk
Die am 29. April ds. Js. aufgrund vorheriger Vereinbarung zwischen dem stellv. Leiter der Staatspolizei in Koblenz, Herrn Dr. Hoffmann, und dem Herrn Konsistorialpräsidenten [Dr. Koch] hier unter Beteiligung des Unterzeichneten geführte Unterredung, die sich in der Hauptsache mit der praktischen Durchführung der kürzlich ergangenen sog. Versetzungsverordnung befaßte, hatte nachstehendes kurz zusammengedrängtes Ergebnis:

Angesichts der verschiedenen im Koblenzer Regierungsbezirk für eine derzeitige Versetzung in Betracht kommenden, recht unterschiedlichen Fälle wurden je nach der Schwere der politischen und sonstigen Belastung zwei getrennt zu behandelnde Gruppen herausgestellt, die im zeitlichen Nebeneinander ihre Erledigung finden sollen. Hierbei wurden die Pfarrer Schneider, Dickenschied und Gross, Freusburg von dem Vertreter der Gestapo als vordringlich bezeichnet. An der Durchführung dieser beiden Versetzungsverfahren hat die Gestapo ein besonderes Interesse. Erst nach Erledigung dieser zwei Fälle soll zur Versetzung der übrigen am Schluß noch namhaft gemachten Pfarrer geschritten werden.

Einen großen Raum nahm die Behandlung des Falles Schneider, Dickenschied ein, dessen Versetzung in den Wartestand unverzüglich betrieben werden soll. Diese Maßnahme würde sich sowohl darauf gründen, daß er zu einer gedeihlichen Führung seines Pfarramtes infolge seines längeren Aufenthaltes in einem Konzentrationslager, der für absehbare Zeit nicht beendigt werden dürfte, nicht imstande ist, als auch durch den Umstand geboten sein, daß die Wahrung der Ordnung in der Gemeinde Dickenschied zwecks klarer Verhältnisse die endliche Durchführung des Versetzungsverfahrens verlangt. Bei der Besprechung trat zu Tage, daß Pfarrer Schneider zahlreiche politische Verfehlungen, die bis in das Jahr 1934 zurückreichen, begangen hat. Auf unseren Wunsch wird uns die Gestapo eine vertrauliche Zusammenstellung all dieser belastenden Einzelpunkte für unsere Akten demnächst zugehen lassen. Ein besonderes staatliches Interesse an der Herstellung ruhiger kirchlicher Verhältnisse in der Dickenschieder Gegend besteht schon deswegen, weil es sich hier um unser Grenzgebiet in nächster Nähe der Westbefestigungen handelt.

Zur Frage der Durchführung des gegen Schneider einzuleitenden Versetzungsverfahrens wurde noch festgelegt, daß die Gestapo es auf unser Ersuchen übernehmen würde, durch Beauftragung eines erfahrenen Polizeibeamten in

Weimar die vorgeschriebene Anhörung des Pfarrers in Buchenwald, in dessen K.Z.-Lager er sich zur Zeit befindet, herbeizuführen. Ebenfalls wird dann die Gestapo für die ordnungsmäßige Zustellung der Versetzungsverfügung selbst sorgen. Die in der Versetzungsverordnung vorgesehene Gegenäußerung der Gemeindekörperschaft soll zweckmäßigerweise dadurch erledigt werden, daß wir zwei Presbyter zur mündlichen Verhandlung hierherbestellen.

Als zweite Persönlichkeit, deren Versetzung in den Wartestand als besonders dringlich angesehen werden wird, wurde uns weiterhin Pfarrer Gross, Freusburg benannt. Nach Angabe der Gestapo liegt auch gegen ihn ein umfangreiches Belastungsmaterial, das insgesamt dreizehn Beschwerdepunkte umfaßt, vor. Die durch das politisch untragbare Verhalten des Pfarrers in der Gemeinde hervorgerufene Spannung ist derart gefährlich geworden, daß jeden Tag mit schweren Beunruhigungen in der Bevölkerung und sogar Entladungen in Form von Einzelaktionen, die die ungeheure Wut des nationalsozialistisch gesinnten Gemeindeteils nachdrücklichst dokumentieren [zur Entladung bringen: diese Worte wurden gestrichen], zu rechnen ist. Hier ist also ein gleiches Vorgehen wie gegen Pfarrer Schneider notwendig.

Bei der Besprechung der Folgen unserer Versetzungsanordnung in der Kirchengemeinde – beispielsweise Räumung des Pfarrhauses und weiterer Aufenthalt des betroffenen Pfarrers in der Gemeinde, sei es in einem Nachbarhaus – kam man zu dem Ergebnis, daß in diesen besonders schwierigen Fällen – namentlich im Falle Schneider, Dickenschied – die Gestapo uns mit geeigneten Maßnahmen, wie etwa Verhängung eines Aufenthalts- oder Redeverbots, zu Hilfe kommen würde.

Bei der Durchführung der im Regierungsbezirk Koblenz etwa für eine solche Versetzung fernerhin noch in Betracht kommenden Pfarrer fielen alsdann die Namen Knuth, Graeber, Hoetzel, Langensiepen und van de Loo. Von uns wurde hierbei Pfarrer Mörchen, der uns dringend versetzungsbedürftig erscheint, genannt. Alle diese von der Gestapo bezeichneten Herren weisen ein mehr oder weniger großes politisches Belastungsmaterial auf. Bei Pfarrer Graeber handelt es sich um dreizehn solcher Punkte. Bei der starken Stütze, die Graeber sei es tatsächlich oder nur vermeintlich beim Fürsten zu Wied zu finden scheint, dürfte eine entsprechende Einwirkung nach Auffassung der Gestapo in dieser Richtung förderlich sein.

Unter Hinweis auf unseren kürzlichen Besuch bei der Regierung in Koblenz, wo die Frage der Sperrung von Staatszuschüssen bei einer Reihe von uns hierfür genannten Pfarrern verhandelt worden war, wurde auch in dieser Besprechung festgestellt, daß ein möglichst einheitliches Vorgehen zwischen der Regierung, der Gestapo und uns stattfinden müsse. Die Zusammenarbeit würde sich in der Weise vollziehen, daß unsere Versetzungsmaßnahmen im zeitlichen Zusammenhang mit den staatlichen Zuschußsperrungen durchgeführt würden. Auf jeden Fall soll aber in allen diesen Angelegenheiten eine regelmäßige gegenseitige Verständigung über die zu ergreifenden Maßnahmen und beabsichtigten Schritte mit der Regierung und Gestapo zur Erhöhung der Schlagkraft und im Sinne einer vertrauensvollen Zusammenarbeit erfolgen.

Rö[ssler] Kolrep«

Dieses Papier war als Verschlußsache deklariert worden und zeigt, wie richtig Paul Schneider gehandelt hatte, wenn er im Konsistorium nicht mehr seine bzw. eine Kirchenleitung sehen konnte; das wird durch das nachfolgende Schreiben noch zusätzlich bestätigt.

»Evangelisches Konsistorium   Düsseldorf, den 5. Juni 1939
Nr. 5581

An
die Geheime Staatspolizei
Staatspolizeidienststelle Koblenz
in Koblenz
Betr.: Durchführung des Versetzungsverfahrens gegen die Pfarrer Schneider,
Dickenschied und Gross, Freusburg
    Bei der mit dem Herrn stellvertretenden Leiter Ihrer Behörde kürzlich hier
stattgefundenen Besprechung wurde klar die dringende Notwendigkeit herausgestellt, gegen die beiden obengenannten Geistlichen gemäß der erlassenen Versetzungsverordnung vorzugehen. Ihre erhebliche politische Belastung würde
aber auf keinen Fall eine Versetzung in ein anderes Pfarramt, wo dann leicht dieselben Schwierigkeiten auftauchen würden, erlauben, sondern hier kann nur der
Wartestand als eine wirkliche Abhilfe in Betracht gezogen werden.
    Wenn also auch keine grundsätzlichen Bedenken mehr vorwalten, so müssen
wir für die praktische Durchführung dieses Verfahrens doch Wert auf das zuge-
sagte nähere Beweismaterial hinsichtlich dieser beiden Herren legen. Im Interesse
der möglichst baldigen Abwicklung der Versetzungsverfahren wären wir daher
für diese freundliche Übermittlung sehr dankbar. Wir möchten hierbei noch die
Bitte anknüpfen, im Falle des Pfarrers Schneider auch die Tatsache zum Ausdruck zu bringen, daß mit seiner Entlassung aus dem Konzentrationslager auf absehbare Zeit nicht zu rechnen sei.
                                                             ab[gezeichnet] 10. 6. Wa.«

    Bei der Durchsicht der wenigen und oft lückenhaften Akten fällt auf,
daß die Geheime Staatspolizei sich bei allen Anfragen mit ihren Äußerungen, im Gegensatz zum Konsistorium, Zeit ließ. Sie war nicht so
offenherzig, eher verschlossen, bis ihr Gegenüber auf ihre Linie eingeschwenkt war. Das Konsistorium gab noch am selben Tag eine Mitteilung
an die Gauleitung der NSDAP heraus, zu der es über gute Beziehungen
verfügte.

»Evangelisches Konsistorium   Düsseldorf, den 5. Juni 1939
Nr. 5581
An
die Gauleitung der NSDAP
in Koblenz
Betr.: Verfahren gegen Geistliche aufgrund der Versetzungsverordnung vom 18.
März 1939
    In der zwischen dem Herrn stellvertretenden Gauleiter Neumann und unserm
juristischen Sachbearbeiter, Herrn Konsistorialrat Kolrep, kürzlich stattgefundenen Unterredung wurde insbesondere die obige Frage behandelt. Bei der Erörterung der praktischen Handhabung dieser Verordnung, deren nähere Bestimmungen sich aus dem zur gfl. Kenntnisnahme beigefügten Amtsexemplar ergeben,
wurde von unserer Seite klargestellt, daß der Anfang mit diesen Maßnahmen bei
den politisch schwerbelasteten Pfarrern gemacht werden müsse. Danach würden
die in anderer Hinsicht notwendigen Versetzungsfälle zur Durchführung gelangen.
    Im Bereich des dortigen Regierungsbezirks sind es vor allem die Pfarrer
Schneider, Dickenschied und Gross, Freusburg, die eine sofortige Versetzung in
den Wartestand, da eine andere Verwendungsmöglichkeit in irgendeinem Pfarramt ausgeschlossen wäre, erforderlich machen. Das in beiden Fällen vorliegende
umfangreiche Belastungsmaterial wird uns in Kürze von der Geheimen Staatspo-

lizei, mit der wir bereits seit einiger Zeit wegen dieser Angelegenheit in Verbindung stehen, zugeleitet werden.

Wir bitten, die vorstehende Mitteilung zunächst als eine allgemeine Bestätigung der erwähnten Besprechung ansehen zu wollen. Sehr begrüßt haben wir den Wunsch auf regelmäßige Benachrichtigung der in diesen Versetzungsfragen von uns unternommenen Schritte. Wir werden daher sowohl von den beiden jetzt zur Behandlung stehenden Versetzungsfällen als auch von allen nachfolgenden rechtzeitig Mitteilung geben. Es dürfte fernerhin zu einer fruchtbaren Zusammenarbeit beitragen, wenn von Ihrer Stelle auf die untergeordneten Kreisleitungen im gleichen Sinne einer gegenseitigen Verständigung über politische Beschwerdefälle bei den dortigen Pfarrern eingewirkt würde. Das Nichteinschreiten der Behörde war bisher aus dem Fehlen einer gesetzlichen Durchführungsmöglichkeit zu erklären. Jetzt, wo diese rechtliche Lücke durch die oben erwähnte Verordnung endlich ausgefüllt ist, sehen wir uns vor einer ganz anderen Situation, die uns eine Bereinigung und Befreiung unserer Kirchenprovinz von derart politisch schwerstens belasteten Elementen möglich macht. Der Evangelische Oberkirchenrat hat uns inzwischen auch zu einer Versetzung des Pfarrers Reif in Veldenz aufgefordert. Wir haben daraufhin dem Evangelischen Oberkirchenrat berichtet, daß wir eine Versetzung aus Veldenz für dringend angebracht hielten, und um entsprechende nähere Weisung gebeten.

Heil Hitler!
Rö[ssler]. Kolrep 5. 6.«

Deutlicher konnte sich das Zusammenspiel zwischen dem ›evangelischen‹ Konsistorium und der Gauleitung der NSDAP selbst nicht darstellen.

Am 16. Mai 1939 stellte der Regierungspräsident, dem die Gestapo die einzelnen ›Straftaten‹ mitgeteilt hatte, beim Reichskirchenminister den Antrag, dem Dickenschieder Pfarrer den Staatszuschuß zum Pfarrgehalt zu sperren. Die Begründung lautete: »Schneider ist ein fanatischer Bekenntnispfarrer und befindet sich seit November 1937 im Konzentrationslager Buchenwald bei Weimar.«

Der Minister verfügte:

»Der Reichsminister für die
kirchlichen Angelegenheiten   Leipziger Straße 3
I 13 102/39   Berlin W 8, den 15. Juni 1939
An
den Herrn Regierungspräsidenten
in Koblenz
Betrifft: Sperre des Staatsgehaltes von jährlich 400.- RM des evangelischen Pfarrers Paul Robert Schneider in Dickenschied, z.Zt. Konzentrationslager Buchenwald
Bericht vom 16. Mai 1939 – IIa Nr. 144 –
Ich ersuche, die Sperre des Staatsgehaltes aufgrund des Runderlasses vom 24. September 1938 – I 1415/38 II, III – zu veranlassen und mir von dem Veranlaßten Mitteilung zu machen.

Im Auftrage
Dr. Richter«

Eine Abschrift der vorstehenden Anordnung wurde auch dem Oberkirchenrat in Berlin übermittelt.

Es stimmt nachdenklich, daß gerade im Frühjahr/Sommer 1939 die Behörden in Bewegung geraten und sich mit Paul Schneider beschäftigen. Es ist für ihn die Zeit, in der er inmitten eines unvorstellbaren Leidens im ›Bunker‹, d.h. in einer kleinen Zelle in Einzelhaft, vom dortigen SS-Bunkerwächter Sommer gequält wird.

Von Dickenschied aus versucht Frau Schneider erneut Sprecherlaubnis zu erhalten:

»Frau Pfr. Schneider Dickenschied, den 23. Juni 1939
Post Kirchberg, H. Nr. 8
Hunsrück
An
das Geheime Staatspolizeiamt
Berlin SW 11
Prinz-Albrechtstrasse 8
Abteilung II B 2
Buchungsnummer 873/37
Als Mutter von sechs unmündigen Kindern wiederhole ich meine schon im August vorigen Jahres ausgesprochene Bitte, meinen Mann, der nun schon bald zwei Jahre im Konzentrationslager Buchenwald ist, wenigstens besuchen zu dürfen, da ich in Sachen meiner Kinder meinen Mann hören möchte. Wenn Besuche im Lager verboten sind, so bitte ich – wie es im Falle von Pfarrer Niemöller geschieht –, meinen Mann ins Gefängnis nach Weimar zu führen, damit ich ihn dort sprechen kann. Ich bitte darum nochmals freundlichst um Genehmigung und wäre für eine baldige Nachricht sehr dankbar.

Margarete Schneider«

Die Sprech- und Besuchserlaubnis wurde nicht erteilt. Die Gestapo konnte einen von ihr bis zur Unkenntlichkeit gemarterten Mann seiner Frau nicht vorführen.

Die kirchliche und die staatliche Obrigkeit machen gemeinsam enorme Anstrengungen, um Paul Schneider aus dem Amt zu entfernen. Die Gestapo kommt dem Wunsch des Konsistoriums vom 5. Juni 1939 nach und teilt staatspolizeilich-amtlich mit: »Mit einer Entlassung des Schneider, der sich seit November 1937 im Konzentrationslager Buchenwald bei Weimar befindet, ist in absehbarer Zeit nicht zu rechnen ...«

Das gesamte ›Strafregister‹ lautet:

»Geheime Staatspolizei
Staatspolizeileitstelle Koblenz Im Vogelsang 1
Fernsprecher: Nr. 2291
Koblenz a. Rh., den 17. Juni 1939
Br.-Nr. II B – 74/39
Bitte in der Antwort obiges Geschäftszeichen und Datum angeben.
An
das Evangelische Konsistorium
der Rheinprovinz
Düsseldorf
Inselstraße 10
Betrifft: Durchführung der Versetzungsverordnung vom 18. 3. 39 gegen den evgl.

Pfarrer Paul Robert Schneider, geb. 29. 8. 97 in Pferdsfeld, wohnhaft in Dickenschied, Kreis Simmern, z.Zt. KZ.-Lager Buchenwald
Vorgang: Dortiges Schreiben vom 5. 6. 39 Nr. 5581
Der evgl. Pfarrer
Paul Robert Schneider,
wohnhaft in Dickenschied, Krs. Simmern,
seit November 1937 im Konzentrationslager Buchenwald,
hat durch sein Verhalten gezeigt, daß er unwürdig ist, je wieder das Amt eines
Pfarrers zu bekleiden. Ich bitte, ihn daher aufgrund der Verordnung über die Versetzung von Geistlichen aus dienstlichen Gründen vom 18. 3. 39 (Abs. 2) in den
Ruhestand zu versetzen. Mit einer Entlassung des Schneider, der sich seit November 1937 im Konzentrationslager Buchenwald bei Weimar befindet, ist in absehbarer Zeit nicht zu rechnen, da er sich weigert, eine Erklärung abzugeben, daß
er sich für die Folge jeder staatsfeindlichen Äußerung und Handlung enthält.
Über Schneider ist folgendes bekannt:
    Am 12. 6. 34 wurde in Gemünden, Kr. Simmern, ein Hitlerjunge beerdigt. Der
Kreisleiter sprach am Grabe und sagte u.a., daß der Verstorbene nun eingegangen sei in den Sturm Horst Wessel. Schneider, der bereits zuvor gesprochen hatte,
trat nunmehr nochmals ans Grab und erklärte: ›Ob es im Jenseits einen Sturm
Horst Wessel gibt, weiß ich nicht, aber das weiß ich, daß Karl Moog heimgegangen ist in die Ewigkeit.‹ Es kam daraufhin zu einer Auseinandersetzung zwischen
dem Kreisleiter und Pfarrer Schneider. Da eine große Erregung über diesen Vorfall in der Bevölkerung entstand, wurde Schneider vom 12. 6 – 20. 6. 34 in Schutzhaft genommen. Strafverfahren ist nicht eingeleitet worden.
    Am 16. 2. 36 führte Schneider in seiner Predigt aus, daß die deutsche Jugend
weder Adolf Hitler noch Baldur von Schirach, sondern einzig und allein Christus
gehöre. Das Strafverfahren wegen Vergehens gegen 130 3 StGB. wurde vom
Oberstaatsanwalt in Koblenz – Js 347/36 – mit folgender Begründung eingestellt: ›Nach der Aussage des Zeugen hat der Beschuldigte über das Verhältnis
der Jugend zum Staat gesprochen, also Angelegenheiten des Staates zum Gegenstand der Erörterung gemacht. Weil der Zeuge jedoch keine Angaben über den
genauen Wortlaut und Zusammenhänge, in dem die Äußerungen gefallen sind,
machen kann, ist der Nachweis, daß die Erörterung in einer den öffentlichen Frieden gefährdenden Weise geschehen sei, nicht mit Sicherheit zu führen. Im übrigen dürfte das Straffreiheitsgesetz vom 30. 4. 38 zur Anwendung kommen.‹
    Im Juni 1936 hat Schneider eine Hetzschrift der Bekenntnisfront in Dicken-
schied verbreitet. In der Schrift wird u.a. der Reichsregierung Fälschung des
Wahlergebnisses vorgeworfen. Das Strafverfahren wurde am 10. 6. 1938 vom
Sondergericht – 1 S Js 1355/36 – nach dem Straffreiheitsgesetz eingestellt.
    Schneider hat bei einer Unterhaltung in Womrath im Juni 1936 den National-
sozialismus als ein Teufelswerk bezeichnet. Das Strafverfahren wegen Vergehens
gegen das Heimtückegesetz wurde am 10. 6. 1938 vom Sondergericht in Köln – 1
S Js 1360/36 – nach dem Straffreiheitsgesetz vom 30. 4. 38 eingestellt.
    Schneider hat während einer Predigt am 25. 5. 36 in Isselhorst, Bez. Bielefeld,
über die Bücher ›Mein Kampf‹ und ›Mythus des 20. Jahrhunderts‹ abfällige Äußerungen gemacht. Das wegen Vergehen gegen das Heimtückegesetz eingeleitete
Strafverfahren wurde am 10. 6. 38 durch das Sondergericht in Köln – 1 S Js 331/
37 – aufgrund des Straffreiheitsgesetzes von 30. 4. 38 eingestellt.
    Mitte Dezember 1936 äußerte Schneider gelegentlich einer Unterredung: ›Die
braune Gesellschaft geht doch nicht in die Kirche.‹ Das wegen Vergehens gegen
das Heimtückegesetz eingeleitete Strafverfahren wurde am 10. 6. 38 vom Sondergericht in Köln – 1 Js 154/37 – aufgrund des Straffreiheitsgesetzes vom 30. 4.
38 eingestellt.
    Beim Oberstaatsanwalt beim Sondergericht in Köln schwebte ein Strafverfah-
ren wegen Veranstaltung einer unrechtmäßigen Kirchenkollekte am Sonntag,

dem 24. 5. 37, in der Gemeinde Isselhorst durch Pfarrer Schneider. Der Ausgang des Verfahrens und das Aktenzeichen sind hier nicht bekannt. Schneider hat in seiner Predigt am 31. 1. 37 Angelegenheiten des Staates in einer den öffentlichen Frieden gefährdenden Weise zum Gegenstand der Erörterungen gemacht. Das Strafverfahren wurde am 10. 6. 38 vom Sondergericht in Köln – 30 S Js 72/37 – aufgrund des Straffreiheitsgesetzes vom 30. 4. 38 eingestellt.

Im März 1937 verhängte Schneider über Mitglieder seiner Gemeinde die christliche Bußzucht, weil sie Gegner der Bekenntnisfront waren. Er forderte die Gemeinde auf, die christliche und kirchliche Gemeinschaft mit diesen Personen abzubrechen. Pfarrer Schneider wurde am 31. 5. 37 aufgrund dieser Vorgänge in Schutzhaft genommen. Bei seiner Entlassung aus der Schutzhaft am 24. 7. 37 wurde ihm Aufenthaltsverbot für die Rheinprovinz auferlegt. Trotz dieses Aufenthaltsverbotes kehrte Schneider nach Dickenschied zurück und begann erneut seine Hetze. Er wurde daher am 3. 10. 37 wieder in Schutzhaft genommen. Seine Entlassung konnte nicht erfolgen, da er sich hartnäckig weigerte, dem Aufenthaltsverbot Folge zu leisten.

Am 25. 11. 37 wurde er in das Konzentrationslager Buchenwald bei Weimar überführt, wo er sich noch heute befindet.

Schneider hat am 29. 9. 37 in Eschbach im Taunus eine unrechtmäßige Kirchenkollekte abgehalten. Das Strafverfahren schwebt bei der Staatsanwaltschaft in Frankfurt/Main – 6 B Js 694/37 –.

Schneider hat im November 1937 in einer Predigt in Hausen/Hunsrück abfällige Äußerungen über den Staat gemacht. Das Strafverfahren wurde vom Sondergericht in Köln – 30 S Js 312/37 – am 10. 6. 38 aufgrund des Straffreiheitsgesetzes vom 30. 4. 38 eingestellt.

Ich bitte, mir über das von dort Veranlaßte Mitteilung zukommen zulassen.

In Vertretung:
gez. Dr. Braune
Beglaubigt:
gez. Klein«

Der Geheimen Staatspolizei war bei der Aufzählung der ›Straftaten‹ ein Fehler unterlaufen. In dem Schreiben wird behauptet, daß Paul Schneider im November 1937 in Hausen/Hunsrück »abfällige Äußerungen über den Staat gemacht« haben solle. Daß er nicht in Hausen/Hunsrück gewesen sein konnte, da er sich bereits ab 3. Oktober 1937 in staatspolizeilichem Gewahrsam befand, ist der Gestapo bei ihrer Anklage nicht aufgefallen.

Nachdem das vom Konsistorium erbetene Schreiben von der Gestapo in Düsseldorf vorlag, wurde es tätig und erließ eine Verfügung, die Paul Schneider im Konzentrationslager zugestellt werden sollte, ihn aber aufgrund der kommenden Ereignisse nicht erreicht hat. Es war übrigens das einzige Schreiben, das das Konsistorium nach Buchenwald gerichtet hat.

Der Wartestand soll erzwungen werden

»Evangelisches Konsistorium   Düsseldorf, den 15. Juni 1939
der Rheinprovinz   Inselstraße 10
Nr. 6568 II
Betrifft: Durchführung Ihrer Versetzung in den Wartestand
An Herrn Pfarrer Schneider, z.Zt. in Buchenwald, Konzentrationslager
Seit längerer Zeit schon sind wir von seiten der Partei und der Staatspolizei
wiederholt und nachdrücklichst auf Ihr staatsfeindliches Verhalten hingewie-
sen worden. Das im einzelnen gegen Sie in dieser Hinsicht vorliegende schwerwiegende Material ist Ihnen längst zur Kenntnis gebracht worden, so daß sich
eine besondere Aufzählung dieser Beschwerdefälle an dieser Stelle erübrigt.
Eine solche zutreffende Beurteilung Ihrer ablehnenden Stellung zum Dritten
Reich findet durch die Tatsache Ihres seit November 1937 ununterbrochen an-
dauernden Aufenthalts im Konzentrationslager eine weitere Bestätigung.
Wenn in dieser Zeit keine Änderung Ihrer Gesinnung hinsichtlich einer positiven und vorbehaltlosen Bejahung des heutigen Staates eingetreten ist, sondern
nach Ihrer bisherigen Haltung auch nicht einmal die Aussicht besteht, daß Sie
in absehbarer Zeit aus dem Konzentrationslager entlassen werden können, so
sehen wir uns damit vor die unabweisbare Notwendigkeit gestellt, aufgrund der
Verordnung über die Versetzung von Geistlichen aus dienstlichen Gründen
vom 18. März 1939 (GBl. der DEK Nr. 4 für 1939) gegen Sie zwecks Versetzung in den Wartestand vorzugehen.

Diese Versetzungsmaßnahme gründet sich gemäß § 1 der Verordnung darauf, daß Ihnen durch selbstverschuldete lange Abwesenheit aus der Kirchengemeinde ohne Aussicht auf eine Besserung dieses Zustandes durch Ihre Einsicht
eine gedeihliche Führung Ihres Pfarramtes nicht mehr möglich ist und außerdem die Wahrung der Ordnung in der Gemeinde Dickenschied zur Schaffung
klarer Verhältnisse im dortigen kirchlichen Leben Ihre Abberufung verlangt.

Da Ihnen vor unserer endgültigen Entscheidung nach § 2 der genannten
Verordnung Gelegenheit zur Gegenäußerung zu geben ist, diese Anhörung in
Ihrem Falle aber eine besondere Erschwerung erfährt, bedienen wir uns zu die-
sem Zwecke der Vermittlung der Geheimen Staatspolizei, die uns alsdann Ihre
Stellungnahme zuleiten wird.«

Die der Gestapo übermittelte besondere Abschrift hat noch folgenden Zusatz:

»Vorstehende Abschrift übersenden wir ergebenst unter Bezugnahme auf Ihr
gefl. Schreiben vom 17. 6. – Nr. II B-741/39 – und die mit Herrn Dr. Venter geführte persönliche Besprechung zur gefälligen Kenntnisnahme. Da Sie sich
freundlicherweise zur Durchführung der vorgeschriebenen Anhörung des
Geistlichen bereit erklärt hatten, sprechen wir hiermit unter Beifügung von
zwei weiteren Durchschriften unserer Verfügung diese Bitte aus. Inzwischen
werden wir die ebenfalls notwendige Anhörung des Presbyteriums von Dikkenschied zweckmäßig in der Weise vornehmen, daß wir die Mitglieder dieser
Körperschaft, vielleicht in besonderer Auswahl, hier laden und sie über unsere
Maßnahme kurz ins Bild setzen.«

Unter dem Entwurf findet sich noch nachstehende Bemerkung:

»3) Wiedervorlage wegen Anhörung des Presbyteriums und Sitzung des theologischen Sachbearbeiters (ferner Benachrichtigung der Gauleitung. Bericht an den Evangelischen Oberkirchenrat).«

Eine Anhörung von Paul Schneider im Konzentrationslager hat nach dem heutigen Kenntnisstand nicht stattgefunden, ebenso findet sich nirgends ein Hinweis, daß Mitglieder des Dickenschieder Presbyteriums beim Konsistorium in Düsseldorf zur Entgegennahme einer Erklärung geladen waren. Die noch darzustellenden Ereignisse haben es nicht dazu kommen lassen. Oder hatte die Gestapo erkannt, daß ihr Plan zwangsläufig bei Paul Schneider zum Scheitern verurteilt war? Denn nur wenn er seine Einwilligung zur Versetzung in den Wartestand gegeben hätte, wäre eine Unterlage für eine Erklärung der Herren im Konsistorium vor den Presbytern aus Dickenschied und Womrath vorhanden gewesen, die die Presbyter verunsichert hätte. Der Plan des Konsistoriums und der Gestapo scheitert. So findet die Gestapo einen anderen Weg zur Lösung – zur ›Endlösung‹.[140]

Obgleich Paul Schneider unter Bewachung ins Revier gebracht wird, gelingt es dem Buchenwaldhäftling Peter Propst dennoch, mit ihm einige Worte zu wechseln. Er berichtet später:

»Paul sagte etwa: ›Ich habe dicke Füße und auch schon Herzwasser. Es ist keine Stelle an mir, die nicht blau geschlagen wäre. Man hat mir Spritzen gegeben; seit der zweiten Spritze ist das Herz furchtbar unruhig. Ich werde wohl nicht mehr lange leben. Ich will dich zum Abschied segnen und auch für dich beten, daß du auf den rechten Weg kommst.‹«[141]

140 Drei Versionen:
1. Sollte Paul Schneider für ein Gespräch mit einem ›erfahrenen‹ Kriminalbeamten ›hergerichtet‹ werden, um die für seine Versetzung in den Wartestand benötigte Unterschrift zu leisten? Die Gestapo in Koblenz hatte diesen Teil der Durchführung des Versetzungsverfahrens übernommen, das Konsistorium den anderen Teil, die Mitteilung an die beiden Presbyterien. Eine weitere Frage in diesem Zusammenhang ist, ob die Gestapozentrale in Berlin diese ›Amtshilfe‹ genehmigt hatte. Denn sie allein war für Buchenwald zuständig.
2. Konnte die Gestapo überhaupt daran interessiert gewesen sein, solche Dienste zu leisten? Denn mit der Versetzung in den Wartestand wäre ihre Forderung, die Verbannung aus der Rheinprovinz, nicht erfüllt gewesen. Es stimmt nur zum Teil, was der Inspekteur der Politischen Abteilung, Schött, Frau Schneider in Buchenwald gesagt hat, daß eine Freilassung von Paul Schneider von seiner Zustimmung, nicht mehr in das Rheinland zurückzukehren, abhängig gewesen sei.
3. Eine weitere Frage: Konnte die Gestapo sich eine Entlassung von Paul Schneider aus dem Konzentrationslager überhaupt noch leisten? Denn mit einer Entlassung wäre auch die eidesstattliche Verpflichtung verbunden gewesen, über Geschehnisse und Erlebnisse im Konzentrationslager Buchenwald gegenüber jedermann zu schweigen. Eine solche Verpflichtung hätte Paul Schneider zu keiner Zeit unterschrieben. Letztlich hatte die Geheime Staatspolizei vor Paul Schneider Angst. Dies wird allein schon durch die lange Zeit der Arretierung belegt, die kaum sonst nachzuweisen ist.
141 Prediger, S. 208.

Das Ende in der Zeit

Am 18. Juli 1939 trifft im Dickenschieder Pfarrhaus das folgende Telegramm ein:

»Paul Schneider, geb. 29. 8. 97, heute verstorben. Falls Überführung auf eigene Kosten erwünscht, Antrag innerhalb 24 Stunden an das Bestattungsamt in Weimar. Sonst Einäscherung. Lagerkommandant Buchenwald.«

Frau Schneider fährt sofort, begleitet von Pfarrer Petry, der gerade einen Vikar der Bekennenden Kirche für Vertretungsdienste in Dickenschied und Womrath gebracht hatte, mit einem Auto und Anhänger für den Sarg nach Buchenwald. Gegen 10 Uhr am Vormittag des 19. Juli 1939 treffen sie in Weimar ein und können dann um 12 Uhr nach Buchenwald.

Sie fahren dort über den Karachow-Weg zum Lager hinauf, hinter den Bäumen am Waldrand stehen bewaffnete SS-Posten. Drei Sperren sind zu passieren, die kontrollierenden SS-Männer haben Anweisung, das Auto mit Hänger und Insassen passieren zu lassen, dennoch versichern sie sich, wer im Auto sitzt. Beim der dritten Sperre schwingen sich zwei bewaffnete SS-Männer auf die beiden Trittbretter des Wagens und fahren bis zum Platz vor dem Verwaltungsgebäude mit. Dort werden Frau Schneider und ihr Begleiter vom SS-Sturmbannführer und stellvertretenden Kommandanten Rödl, von SS-Sturmführer und Lagerarzt Dr. Ding und dem Inspekteur der Politischen Abteilung, Schött, mit ausgesprochener Höflichkeit empfangen. Frau Schneider berichtet:

»Die Häftlinge Poller und Peix haben am 19. Juli nach unserem Anruf aus Weimar auf Befehl der Lagerleitung Paul in einer Autogarage aufgebahrt. Ich durfte Pauls Antlitz noch einmal kurz sehen. Er war nicht geschminkt, wie es in etlichen Büchern steht, jedoch leicht gepudert. Um seinen Kopf lagen rote und weiße Blumen, die die Schnittwunden der Obduktion verdecken sollten; der Körper, auch seine Hände waren zugedeckt. Auf Pauls Gesicht lag der Friede und die Hoheit der Erlösten. Ich durfte Paul in diesem kurzen Augenblick mit den Augen des Glaubens sehen: ›Rein und frei und ganz vollkommen nach dem besten Bild gebild't . . .‹ ›Wie selig deine Ruhe bei Jesus im Licht, Tod, Sünden und Schmerzen, die kennt man da nicht.‹

Mein Begleiter Pfarrer P(etry) sprach: ›Weil du vom Tod erstanden bist, werd' ich im Grab nicht bleiben; mein höchster Trost dein Auffahrt ist, Todesfurcht kann sie vertreiben. Denn du bist mein und ich bin dein, und wo du bist, da werd' ich sein, darum fahr ich hin mit Freuden‹, und betete das Vaterunser.«

Nachdem Frau Schneider ihren Mann gesehen hat, begibt sie sich in das Verwaltungsgebäude. Sie berichtet:

»Paul wurde dann von den genannten Häftlingen in unsern mitgebrachten Sarg gelegt und der Sarg siebenfach versiegelt, während ich im Geschäftszimmer des Stapoinspektors die Formalitäten erledigte. Der Stapoinspektor bot mir an, meine etwaigen Fragen zu beantworten. Ich wollte nun also wissen, warum mein Mann 5 1/2 Monate nicht geschrieben: ›Er war so störrisch und wollte nicht schreiben.‹ Darauf ich: ›Im ersten Brief nach dieser langen Pause schrieb er aber: Wie bin ich froh, daß ich wieder schreiben darf.‹ – Oder: Ob mein Mann eine Bibel gehabt hätte. Es wurde zuerst unklar bestätigt, dann aber verallgemeinert: ›Wir haben in unserer Lagerbücherei 2000 Bücher.‹ – Der Inspektor behauptete auch, er hätte die Freilassung meines Mannes schon daliegen – nur eine kleine Bedingung: nicht mehr ins Rheinland zurückzukehren, wäre damit verbunden. Die hätte mein Mann abgelehnt.«[142]

Vom ehemaligen Buchenwaldhäftling Arthur Dietzsch stammt die folgende Darstellung (Brief an den Verf.):

»Auf Ihr geschätztes Schreiben hin vom 7. Mai 1966 will ich Ihnen gern mitteilen, was ich mit Paul Schneider erlebt habe, zumal mich mit demselben mehr verband als Kameradschaft. Das begründete vor allem folgender Vorfall:
Wochenlang zog ich mit Paul Schneider am gleichen Knüppel einer Lore im Kommando SS-Führersiedlung unter dem ›grünen‹ Kapo Berg bzw. dem ›grünen‹ Vorarbeiter Pfeiffer. Ich war noch nicht lange bei diesem Kommando, als mir ein Posten die Mütze vom Kopf riß und sie weit wegwarf. Unwillkürlich wollte ich den Knüppel loslassen und meiner Mütze nacheilen. Da rief mir Paul Schneider zwischen den Zähnen zu: ›Nicht loslassen! Hierbleiben!‹ Ich verstand. Am Ausladeplatz angekommen, forderte mich der Posten auf, ich sollte meine Mütze holen. Anstatt dieser Aufforderung zu folgen, riß ich mir das Hemd auf der Brust auseinander und sagte, wenn man mich fertigmachen wolle, dann sollte man doch schießen, aber gleich und nicht von hinten. Der Posten fuhr mit seinem Gewehr hoch, aber ein anderer Posten bemerkte gleichgültig: ›Laß den, der weiß Bescheid!‹
Die Posten erhielten für jeden ›Fluchtversuch‹, der durch ihre Tatkraft gescheitert war, drei Tage Urlaub und eine Sondervergütung an Geld, außerdem wurden sie bevorzugt befördert. Der Beweis für einen Fluchtversuch lag immer dann vor, wenn der Häftling im Rücken getroffen war. Paul Schneider hat mir durch seine Warnung also buchstäblich das Leben gerettet.
Nicht allein bei der Arbeit, sondern auch beim Appell stand ich häufig in der Nähe von Paul Schneider. So auch am 1. Mai 1938, wo zum ersten und letzten Mal eine Flaggenhissung stattfand, an der wir Häftlinge teilnehmen mußten. Nach dem Kommando: ›Mützen ab!‹ behielt Paul Schneider zum Entsetzen aller um ihn Stehenden seine Mütze auf dem Kopf. Auf meinen leisen Zuruf: ›Paul, mach' keine Dummheiten!‹ reagierte er nicht. Nach dem Wegtreten eilte ich sofort auf Paul Schneider zu und fragte ihn, weshalb er die Mütze nicht abgenommen habe. ›Dieses Verbrechersymbol grüße ich nicht‹, antwortete er mit ungewöhnlicher Heftigkeit. Während ich ihm noch vorhielt, doch an seine Frau und seine Kinder zu denken, ertönte aus dem Lautsprecher der Befehl: ›Derjenige Häftling, der beim Appell die Mütze nicht abgenommen hat, sofort ans Tor‹ und anschließend nochmals: ›Wenn der Häftling sich nicht sofort meldet, wird das ganze Lager bestraft!‹ Darauf setzte sich Paul Schneider nach dem Tor in Trab, und ich sah ihn

erst viele Monate später wieder, als er von Koch und Sommer in den Häftlings –
Krankenbau geführt wurde.«[143]

Der als Manuskript gedruckten Zeitschrift »Appell« entnehmen wir
den folgenden Bericht:

».. . Über Pfarrer Schneider und sein standhaftes Wirken im KZ-Lager Buchenwald berichtet der in Dippoldiswalde (Sachsen) beheimatete ehemalige Buchenwaldhäftling Nr. 320/38 Karl Trzmiel, der das Schicksal Schneiders in Buchenwald genau kennenlernte, folgendes: Ich wurde im Jahre 1938 von einem Kapo
Heidenfelder denunziert und beim Lagerkommandanten Koch angezeigt. Mir
wurde zur Last gelegt, im Block 36 eine Widerstandsversammlung abgehalten zu
haben. Unter furchtbaren Schlägen wurde ich durch den Lagerältesten Richter
von einer Baustelle abgeholt und zum Kommandanten gebracht, der mich ›wegen Verherrlichung Stalins‹ zum Tode durch Erschießen verurteilte. Weshalb das
Urteil unvollstreckt blieb, weiß ich nicht. Zunächst erhielt ich 28 Stockhiebe und
kam in Dunkelarrest, von dem ich aber nach einer siebenwöchigen Dauer erlöst
wurde, da man die Arrestzellen für die damalige ›Judenaktion‹ benötigte.
In dem Bunker, in dem sich die Dunkelarrestzellen befanden, lernte ich Pfarrer
Schneider kennen, der neben mir in der Zelle lag. Jeden Morgen hielt er für uns
Häftlinge eine Morgenandacht, wofür er stets Schläge und Mißhandlungen durch
die Scharführer Sommer und Pleissner einstecken mußte. Durch Herabsetzung
der Verpflegungsrationen auf die Hälfte, ja oftmals für den völligen Entzug jegli-
cher Nahrung wurde Pfarrer Schneider, der bei meiner Einlieferung sich bereits
über ein Jahr in diesem Bunker befand, immer aufs neue gequält und gemartert.
Pfarrer Schneider ließ sich aber in seinem Wirken in keiner Weise beirren. Ich erinnere mich noch ganz deutlich eines Vorganges, als der Lagerführer Schober im
Bunker erschien und dem Pfarrer mitteilte: ›Ihre Frau ist mit Ihrem jüngsten Kind
tödlich verunglückt, geht Ihnen das nicht zu Herzen?‹ Pfarrer Schneider entgeg-
nete nach kurzer Pause: ›Gewiß, das geht mir sehr zu Herzen, aber noch weit
mehr bedrückt mich die furchtbare Behandlung der Häftlinge durch Sie.‹ Lagerführer Schober erwiderte nunmehr wutentbrannt: ›Das sollst du mir büßen, du
Lump!‹ Schon kurze Zeit darauf zählte Pfarrer Schneider nicht mehr zu den Lebenden.«

Ein Brief von Karl Trzmiel an Frau Schneider ergänzt den Bericht:

»Als ich 1938 in den Dunkelarrest kam, lernte ich Ihren Mann näher kennen. Ich
kannte Ihren Mann wohl schon, da ich von Anfang in Buchenwald einsaß, denn
jeden Morgen, wenn wir zum Appell angetreten waren, ertönte die Stimme Ihres
Mannes durch das Arrestfenster, indem er zu den Häftlingen predigte, kurze Zeit
danach konnte man von außen hören, wie Ihr Mann durch Schläge in seiner Predigt gestört wurde. Nun einiges aus dem Leben im Bunker (Arrest). Früh beim ersten Pfeifsignal mußte jeder raustreten und sich waschen gehen. Das mußte in
fünf Minuten erledigt sein. Es ging im Laufschritt zum Waschraum, wobei es

143   Hier dürfte sich Arthur Dietzsch geirrt haben. Nach genauen Recherchen ist der SS-
Kommandant Koch im Zusammenhang mit Paul Schneider nicht im Revier gesehen worden. Auch sei auf die Darstellung über Paul Schneider in Buchenwald von *Eugen Kogon* in:
Der SS-Staat, 1974, S. 206f hingewiesen, der sich nur auf einen einzigen Zeugen berufen
konnte; das hat er selbst gegenüber Frau Schneider bestätigt. So etwas kann bei der für einen Häftling unübersichtlichen Lagerstruktur leicht geschehen, da die allermeisten ja nur
auf das mündlich Weitergesagte angewiesen waren.

Schläge und Fußstellen gab, damit man hinfiel; fiel ein Häftling hin und verschüttete seinen Nachteimer, mußte dieser unter Schlägen aufwischen; das ist jedem wenigstens einmal passiert, so auch Ihrem Mann. In der Zelle befand sich ein Bett, was am Tage an die Wand angeschlossen war, Sitzgelegenheit gab es keine. Früh bekam Ihr Mann 150 Gr. Brot, 1/2 Liter Kaffee oder Suppe, mittags 1/2 Liter Essen, abends 1/2 Liter Suppe oder Kaffee, denn das Brot war für den ganzen Tag gerechnet. Ihr Mann bekam täglich oft nur die halbe Ration, da er viel Dunkelarrest hatte, dann erhielt er nur jeden vierten Tag ein reguläres Essen; Schläge waren bei Ihrem Mann keine Seltenheit. Zu lesen gab es nichts. Oberscharführer Pleissner und Oberscharführer Sommer waren die Tyrannen von Ihrem Mann, hauptsächlich Oberscharführer Sommer. Als die Judenaktion war, wurde ein Häftling wahnsinniggeschlagen, dieser wurde zu dem Häftling Willi Mohr in die Zelle gesperrt. Als dieser sich weigerte, kam dieser Wahnsinnige zu Ihrem Mann in die Zelle. Ihr Mann hat sich nicht erbittern lassen, und als wir sagten, er solle sich weigern, ihn in seiner Zelle zu haben, sagte uns Ihr Mann: ›Liebe deinen Nächsten wie dich selbst, sei hilfreich und gut.‹ Dieser Wahnsinnige verstarb durch eine Spritze (Himmelfahrtsspritze von uns genannt) in der Zelle Ihres Mannes. Trotzdem wurde die Zelle nicht desinfiziert, sondern Ihr Mann blieb darin, als ob dergleichen nichts geschehen wäre. Der Häftling Willi Mohr, welcher auch aus dem Rheinland stammte, mußte im Arrest sterben. Trotzdem ich in keiner Kirche mehr bin, meine Frau gehört der Kirche noch an, muß ich sagen, daß Ihr Mann ein Held war. Wären alle Kommunisten solche Helden, könnten wir stolz sein.«

Der spätere Notar Alfred Leikam, der aufgrund seiner christlichen Haltung mit dem Nationalsozialismus in Konflikt geraten war und ins Konzentrationslager Buchenwald eingeliefert wurde, berichtet:

»Am 5. 11. 1938 kam ich im Lager Buchenwald an. Paul Schneider befand sich damals bereits in Einzelhaft, d.h. in einer kleinen Arrestzelle, Bunker genannt, am Eingang des Lagers, in der er der Willkür und den mehr oder weniger sadistischen Häftlingskalfaktoren völlig ausgeliefert war. In eine direkte Berührung und Aussprache kam ich deshalb mit Paul Schneider nicht mehr. Die folgenden Mitteilungen stammen daher aus dem Munde anderer Häftlinge. Der Weg von Paul Schneider im Lager stellt sich etwa wie folgt dar:

Paul Schneider kam November 1937 nach Buchenwald. Er wurde zunächst, wie alle Zugänge, einem Arbeitskommando außerhalb des Lagers (Steinbruch, Grab-, Bauarbeit usw.) zugeteilt. Die Kommandos zogen morgens zur Arbeit und kamen abends wieder ins Lager zurück. Schneider hat seinen Beruf als Pfarrer den anderen Häftlingen gegenüber nie verleugnet; er versuchte durch christlichen Zuspruch, Mahnung, Bitte, tätige Mithilfe seine Mitgefangenen für Christus zu gewinnen. Ein äußerer Erfolg war zunächst bei seinen Gegenüber nicht festzustellen . . . Ich komme zu seinem Ableben. Im Sommer 1939 schien es, als ob Schneider entlassen werden sollte. Der damalige Lagerarzt Dr. Ding hatte jede Woche nach Berlin die Haftfähigkeit von Schneider ärztlich zu bescheinigen. Das ärztliche Attest lautete regelmäßig auf geschwächte körperliche Verfassung, latente Herzschwäche, jedoch Lagerhaftfähigkeit. Die Krankenakten habe ich selbst eingesehen, sie wurden im Jahre 1943 von Dr. Ding beiseitegeschafft.

Im Juni/Juli 1939 wurde, wahrscheinlich als Folge zunehmender Herzschwäche, eine Traubenzuckerkur mit Strophantin eingeleitet. Die Einspritzungen wurden – wie ich mir von dem Häftling Rudolf Gottschalk aus Frankfurt/Main berichten ließ, der übrigens Schneider nach seiner langen Einzelhaft kaum mehr wiedererkannte, obwohl er früher mit ihm zusammengearbeitet hatte – im Häft-

222 Das Ende in der Zeit

lingsrevier vorgenommen. Zu diesem Zweck wurde Schneider jeweils von einem SS-Mann vom Zellenbau zum Häftlingsrevier geführt. Häftling Gottschalk, der Schneider bei dieser Gelegenheit mit Lebensmitteln, so gut es ging, versorgte (Früchte, Diätkost usw.), versicherte mir, daß er jeweils die Mischspritze selbst gefertigt habe und bei jeder Einspritzung zugegen gewesen sei. Bei einer dieser Einspritzungen ist nun Schneider zufolge eines Herzkollaps plötzlich tot zusammengebrochen. Die inoffizielle Sektion ergab als Todesursache: Überdosis an Strophantin bei fortgeschrittener Herzmuskelschwäche. Häftling Gottschalk glaubte nun, daß Schneider außer den ärztlich richtig dosierten Einspritzungen im Häftlingsrevier im Zellenbau selbst noch Strophantineinspritzungen bekommen habe, es sei denn, daß die an der unteren Grenze der Norm gelegene Dosierung der Normaleinspritzungen für Schneider bei seiner geschwächten Konstitution doch noch zu hoch gegriffen war. Es muß jedoch eindeutig festgestellt werden, daß diese akute Todesursache die Folge des 1 1/2 Jahre dauernden Martyriums der Arrest-Einzelhaft war.«

Arthur Dietzsch kommt am Ende seines Berichts zu ähnlichen Ergebnissen über das Ableben von Paul Schneider:

».. . und die Behandlung durch den damaligen Lagerarzt Dr. Ding persönlich erweckte bei uns Häftlingen großes Aufsehen. Wir versuchten natürlich, mit Paul Schneider ins Gespräch zu kommen, was aber erst beim dritten oder vierten Male seiner Behandlung im Krankenbau glückte. Auf unser Fragen nach seinem Ergehen erklärte er, er solle entlassen werden und erhalte Traubenzuckerinjektionen, um seine Erholung zu beschleunigen.

Paul Schneider war furchtbar abgemagert, seine hellblauen Augen glühten förmlich in den dunklen Augenhöhlen, der Körper wies zahlreiche schwarzblaue Striemen auf, die Unterschenkel waren in unvorstellbarer Weise geschwollen. Entsetzt über sein Aussehen und überwältigt von seiner tapferen Haltung, brachte es keiner von uns über das Herz, Paul Schneider den Glauben an seine Entlassung zu nehmen, denn wir konnten uns des beklemmenden Gefühls nicht erwehren, daß man nichts Gutes mit ihm vorhabe, und unsere trübe Ahnung trog uns nicht.

Etwa eine Woche danach kam Dr. Ding in das Geschäftszimmer gestürzt: ›So eine Schweinerei, eben ist Schneider gestorben.‹ Betroffen blickten wir Häftlinge einander an und senkten über unserer Arbeit still die Köpfe. Nach einer kleinen Weile erhob sich Walter Krämer, der Revierkapo, der im Geschäftszimmer gewartet hatte, und ging in den Heißluftraum, das spätere Labor, um die leeren Ampullen zu untersuchen. Außer solchen Traubenzuckerresten und Strophantin fand er nichts, was darauf schließen ließ, daß Paul Schneider eines gewaltsamen Todes gestorben wäre. Vielleicht ist Paul Schneider wirklich einem Herzschlag erlegen nach allem, was er erleiden mußte, vielleicht aber auch einer Überdosis Strophantin . . .«

Als weiteren wichtigen Zeitzeugen lassen wir noch den ehemaligen Buchenwaldhäftling Walter Poller, der den Leichnam von Paul Schneider herrichten mußte und ihn dann mit eingesargt hat, zu Wort kommen. Walter Poller war später, d.h. nach 1945 bis zu seiner Pensionierung, Chefredakteur der »Westfälischen Rundschau«. Als politischer Häftling ist Walter Poller in Buchenwald als Arztschreiber eingeteilt gewesen. Wir zitieren zunächst aus seinem Buch »Der Arztschreiber von Buchenwald«.

»Zwei Jahre befand sich Pfarrer Paul Schneider aus Dickenschied in Buchenwald . . . Als er sich bei einem Appell weigerte, die ihm verhaßte Mörderfahne des Tausendjährigen Reiches zu grüßen, wurde er auf den Bock gelegt, mit fünfundzwanzig Stockhieben bestraft und dann, weil er sich standhaft weiter weigerte, den geforderten Gruß zu erweisen, in das Arrestgebäude gesperrt. Das war der Anfang seines Endes. Als Häftlinge, bei denen sich Schneider einer großen Beliebtheit und allgemeinen Achtung erfreute, weil er vom ersten Tage seiner Lagerzeit an alles buchstäblich mit seinen Mitgefangenen teilte, selbst das Brot und das wenige Geld, das er hatte, und weil er aus seiner christlichen Gesinnung und seiner Gegnerschaft gegen den Nazismus auch jetzt noch keinen Hehl machte, wußten wir, daß damit das Todesurteil über ihn gesprochen war. Aber niemand ahnte an diesem Tage, daß es erst nach mehr als einem endlos langen Jahre vollstreckt werden würde.

Bei der Vollstreckung war ich zugegen.

Mehrfach wurde Schneiders Stimme, wenn die Zehntausende zum Appell angetreten waren, laut und deutlich aus dem Arrestgebäude fast über den ganzen Platz schallend, gehört: ›Kameraden, hört mich. Hier spricht Pfarrer Paul Schneider. Hier wird gefoltert und gemordet. Um Christi willen, erbarmt euch. Betet zu Gott. Bleibt standhaft und treu. Gott, der allmächtige Vater, wird das Übel von uns nehmen.‹

Für uns war es klar: Paul Schneider war ein Fanatiker des Glaubens, ein tiefreligiöser Mensch, der in der Leidensgeschichte seines religiösen Idealbildes den Trost und die Stärke fand, das Schwere bis zur Bereitschaft zum Tode auf sich zu nehmen. Paul Schneider glaubte an die Erlösung durch Jesus Christus, seinen Herrn. Er wußte, was nach solcher Predigt mit der Unvermeidlichkeit eines Naturgesetzes kommen mußte, aber das sittliche Gesetz in ihm zwang ihn, vorbildlich mutig so zu handeln.

Nach solchen Predigten wurde Schneider stets aus dem Arrest auf den Appellplatz gebracht und durchgepeitscht, bis das Blut durch die Kleider drang. Und dann wurde er halb ohnmächtig wieder in das Arrestgebäude zurückgeschleift.

Was Paul Schneider im Arrest außerdem noch durchzustehen hatte, weiß ich nicht, aber es muß grauenhaft gewesen sein. Denn er war dort in der Hand des Arrestleiters, des sadistischen SS-Scharführers Sommer, der mit Wollust prügelte, mit perverser Lust das Baumhängen vollzog und sich immer wieder Gift aus der Apotheke des Häftlingsreviers geben ließ, wonach regelmäßig ein Todesfall im Arrestgebäude verzeichnet wurde. Im Sommer 1939 bekam ich Paul Schneider zum ersten Male aus nächster Nähe zu Gesicht. Er wurde von Scharführer Sommer plötzlich in das Häftlingsrevier gebracht.

Welch ein Anblick! Niemals habe ich die tiefe Tragik des Pilatuswortes ›Ecce homo‹ [›Seht, welch ein Mensch!‹] erschütternder gefühlt. Das große, edle, fahlgelbe Gesicht mit den hellen, offenen Augen leidzerfurcht und doch voll jener Verklärung, die edelstes Menschentum und entschlossener Wille auf jede Kämpferstirn legt. Der Körper abgemagert zum Skelett, die Arme unförmig geschwollen, an den Handgelenken blaurote, grüne und blutige Einschnürungen. Und die Beine, es waren keine Menschenbeine mehr, es waren Elefantenbeine.

Wasser! Wir, die wir viele Häftlinge schon hatten an Kreislaufstörungen sterben sehen, standen vor einem Rätsel: Wie war es möglich, daß dieser Mensch noch lebte? Daß er in diesem Zustande, zwar unbeholfen und wankend, aber doch aus eigener Kraft den langen Weg über den großen Appellplatz durch die endlos lange Barackenreihe und durch den Wald hinunter ins Häftlingsrevier zu gehen vermocht hatte?

SS-Scharführer Sommer, dessen schmutziges Gesicht mit den ebenso stupiden wie jaguarverschlagenen und brutalen Zügen dazu abgrundtief kontrastierte, wich keinen Augenblick von Schneiders Seite, und wir Häftlinge konnten kein Wort mit unserm Kameraden wechseln, um Näheres zu erfahren. Was sollte hier geschehen? Wieder ein Mord? So abgestumpft wir gegen den täglichen Massentod geworden waren, hier rührte es uns doch tiefer an. Paul Schneider war nicht irgendein namenloser, unbekannter, aber deshalb nicht etwa weniger erbarmungswürdiger Häftling. Paul Schneider war einer von denjenigen, dessen Tod Kreise ziehen würde, Kreise bis hinüber nach Holland, England, Schweden, Amerika. Und Paul Schneider war unser Kamerad, dessen Gesinnung vielleicht nicht die unsere, aber dessen Lauterkeit und Tatchristentum über allen Zweifel erhaben war.

Doch unsere versteinerten Gesichtszüge verrieten dem SS-Scharführer Sommer nichts von dem, was in uns vorging. Nur die vertrautesten Häftlinge wechselten miteinander Blicke, die dem geschulten Eingeweihten sagten, was wir fühlten und wie bewegt wir innerlich waren. Nicht den Bruchteil einer Sekunde unterließen wir unsere zugewiesene Beschäftigung, und langsam schläferte das luchsartige Forschen in den Augen des Schergen Sommer nach Anzeichen bei uns ein.

Dann kam der Lagerarzt Dr. Ding.

›Warum haben Sie sich nicht krankgemeldet, Schneider?‹ sprach ihn Ding mit ruhigem, sachlichem, vorbildlich ärztlichem Tonfall an. Paul Schneider wollte von der Bank aufstehen, auf die er sich hatte setzen dürfen, aber Ding sagte sofort: ›Bleiben Sie sitzen.‹

Nun blickte Paul Schneider etwas hilflos zu Ding auf, offenbar überrascht von der Art, wie er angesprochen wurde. Aber deutlich sah ich in seinen Augen, daß er dem Ton nicht traute. Er machte mit der rechten Hand eine Gebärde, als wüßte er nicht recht, was er antworten solle.

Ding wiederholte noch einmal geradezu gütig-suggestiv: ›Sie sind doch krank. Sie müssen sich doch melden, wenn Sie sich nicht wohlfühlen.‹ Schneider antwortete nichts. War denn dieser Dr. Ding nicht Lagerarzt im Konzentrationslager Buchenwald? War er denn ein ahnungsloser Engel aus einer anderen Welt? Sah er denn gar nicht, daß dieser Mensch hier offensichtlich bis an den Rand des Todes gefoltert worden war? Wir Häftlinge, die dabei waren, taten so, als wäre die Sache völlig belanglos für uns. ›Kommen Sie mit‹, fuhr Ding dann fort, ›ich werde Sie untersuchen.‹ Paul Schneider erhob sich mühsam und wankte hinter Ding her in einen anderen Barackenraum, wo Ding Schneiders Körper abfühlte und mit einem Stethoskop abhorchte.

Wird ihm Ding jetzt eine Spritze geben?

Nein! Er tut es nicht!

Er ordnet an: ›Salbenverbände um die Handgelenke. Traubenzucker, Herzstärkungsmittel. Vorsichtige Massage. Rotlicht für die blutunterlaufenen Partien auf Rücken, Gesäß und Oberschenkel.‹

Und überläßt die Ausführungen den Häftlingspflegern.

Was geht hier vor? Will man Paul Schneider jetzt anders behandeln? Menschenwürdig? So, wie es das äußere und innere Gesetz gebietet?

Die Häftlingspfleger bemühen sich um Paul Schneider, aber sie können kein Wort mit ihm wechseln, das ihnen eine Erklärung, eine Beantwortung unserer Fragen geben könnte, denn Sommer weicht auch jetzt nicht von Schneiders Seite. Als Ding den Raum verläßt, ordnet er an: ›Die Behandlung wird morgen fortgesetzt. Sommer, Sie bringen Schneider morgen früh nach dem Appell wieder ins Revier.‹

Die Behandlung wurde etwa acht bis zehn Tage fortgesetzt. Schneider erholte sich überraschend schnell.

Einmal bin ich während dieser Zeit dabei, wie Ding ihn fragt: ›Na, Schneider, wie fühlen Sie sich jetzt?‹ Schneider lächelt: ›Gut, Herr Sturmführer.‹ Ding fragt weiter: ›Haben Sie ein ordnungsgemäßes Lager in Ihrer Zelle?‹

Schneider: ›Ja, Herr Sturmführer.‹

Ding: ›Geben Sie doch Ihren Unsinn auf, Schneider. Sie sehen doch, daß Sie ordentlich behandelt werden, wenn Sie sich in die Lagerdisziplin einfügen.‹

Paul Schneider antwortet nicht, lächelt nur, aber seine Augen funkeln. Ding fährt fort: ›Ich werde mit dem Standartenführer sprechen, ob Sie aus dem Arrest entlassen werden können.‹

Inzwischen haben die Pfleger mit Schneider sprechen können. Er war wieder einmal etwa vierzehn Tage in der Zelle ununterbrochen Tag und Nacht, wie ans Kreuz geschlagen, gefesselt worden. Scharführer Sommer, den er als Mörder und Folterknecht bezeichnete, hatte ihn immer in dieser Zeit besonders gräßlich mißhandelt. Er wußte sich nicht zu erklären, warum er jetzt plötzlich so anständig behandelt wurde. Ob er wohl entlassen werden sollte?

Als die Behandlung mit einem überraschend schnellen und guten Erfolg zu einem gewissen Abschluß gelangt ist, nimmt Ding wieder eine eingehende körperliche Untersuchung mit Auskultation des Herzens und der Lunge vor und sagt dann: ›Sehen Sie, Schneider, Sie haben sich prächtig erholt. Nur noch eine kleine Insuffienz. Na, ist ja erklärlich bei der ganzen Chose. Das kriegen wir aber auch noch hin. Wollen wir mal ein Herzstärkungsmittel injizieren.‹

Ding holt aus der Apotheke eine Ampulle, zieht die Spritze in Schneiders Gegenwart auf und injiziert.

Am nächsten Tag bin ich nicht dabei, als Schneider von Sommer ins Revier gebracht wird. Nach Berichten der Pfleger hat Ding Schneider gefragt, wie er sich nach der gestrigen Spritze gefühlt habe. Schneider habe geantwortet, er habe sich im ganzen gut gefühlt, nur sei ihm etwas schwindelig gewesen. Das habe eigentlich nicht sein sollen, habe Ding darauf geantwortet, aber vielleicht liege eine gewisse Allergie gegen das Medikament vor, mit dem er sonst immer sehr gute Ergebnisse erzielt habe. ›Wir wollen es einmal mit einem anderen Mittel versuchen und sehen, wie Sie das vertragen.‹

Als ich in das Behandlungszimmer komme, ist Ding nicht anwesend. Schneider sitzt unter der Höhensonne. Meinen Morgengruß erwidert er leise lächelnd. Er hat sich ausgezeichnet erholt. Arme und Beine sind wieder normal, nur der Körper ist noch ungewöhnlich hager, aber der Brustkorb wölbt sich breit und kräftig, und Schneiders Körperhaltung ist wieder gestrafft.

Ding kommt ins Zimmer. Er hat eine vollgesogene Spritze in der Hand. Er ist – überraschend lebhaft. Oh, ich kenne dieses Wesen an ihm! Ich kann nicht mit dabeisein, verlasse den Raum und begebe mich ins Arztzimmer.

Ich bin wie gerädert. Hatte ich nicht auch schon zu glauben angefangen, daß Paul Schneider Buchenwald überstehen könnte? Und nun wieder diese plötzliche Wende! Mehr mechanisch und nur ungern, einem inneren Zwang folgend, gehe ich zum Papierkorb, in den Ding die leeren Ampullen zu werfen pflegt. Und dort liegen fünf leere Strophantinampullen. Zwei davon auf einmal injiziert sind schon tödlich. Kurze Zeit später kommt Ding in das Arztzimmer, setzt sich an den Schreibtisch, und ich reiche ihm die Unterschriftsmappe. Er unterschreibt, liest kein Schriftstück durch, ich sehe es deutlich, seine Gedanken sind ganz woanders.

Peix, der Häftlingspfleger der inneren Station, tritt ins Zimmer. So, jetzt kommt es, Ding tut geschäftig. Ich blicke auf Peix. Die Sekunde wird zur Ewigkeit.

›Herr Doktor‹, sagt Peix, ›soll Schneider jetzt wieder in den Arrest zurück?‹

›Wie?‹ fragt Ding ganz überrascht und starrt einen Augenblick ins Leere, wie es jemand zu tun pflegt, der in dem plötzlich aufschreckenden Bruchteil einer Sekunde tausend Gedanken durchdenkt. ›Wie? – So. – Nein.‹ Eine Atmosphäre grenzenloser Unbegreiflichkeit erfüllt den Raum, und immer noch starrt Ding ins Leere. Dann aber sagt er, als handele es sich um eine harmlose Therapie: ›Nein, leg ihn noch eine halbe Stunde unter den Lichtkasten.‹

Peix geht aus dem Zimmer. Ding unterschreibt weiter. Sollte ich mich getäuscht haben? Das ist doch gar nicht möglich, daß irgendein Menschenherz diese Giftdosis länger als wenige Minuten überdauert! Sehe ich schon Gespenster?

Ding ist vollkommen ruhig, stellt Fragen an mich, bespricht dies und das. Ich muß mich getäuscht haben.

Da kommt Peix ins Zimmer gestürzt: ›Herr Sturmführer, bitte schnell.‹ Ding springt auf, fragt gar nicht erst, was geschehen sei, und läuft mit schnellen Schritten hinter Peix her. Ich muß mich einen Augenblick an der Tischkante festhalten. Dann gehe auch ich ins Bestrahlungszimmer. Dort, lang hingestreckt auf dem Boden, liegt Paul Schneider. Tot. Ding kniet neben der Leiche, öffnet die geschlossenen Augenlider, Peix steht wie eine Bildsäule daneben.

Später erfahre ich dann, daß Paul Schneider unter dem Lichtkasten über plötzliches Schwindelgefühl geklagt habe. Der Pfleger habe darauf den Lichtkasten abgenommen, und als Paul Schneider auf den Stuhl zugegangen sei, auf dem seine Kleider lagen, sei er umgefallen.

Im Arztzimmer diktiert mir Ding dann eine frei erfundene, völlig verlogene Krankengeschichte. Eine Fieberkurve wird gezeichnet, obwohl Schneider nie im Revier in stationärer Behandlung war. In dem Totenbericht heißt es, daß Schneider bereits aus der stationären Behandlung des Reviers entlassen worden sei und sich nur noch in ambulanter Behandlung befunden habe. Der Tod sei nach einer Behandlung überraschend in der Nähe der Revierbaracke eingetreten. Die Todesursache sei wahrscheinlich Herzschwäche.

Der Lagerkommandant wird sofort benachrichtigt. Das ist das erste Mal, daß so etwas geschieht. Berlin bekommt durch Fernschreiben Bescheid. Die gefälschten Krankenpapiere, in denen eine mehrfache Revierbehandlung zusammengelogen wird, werden sorgsam zusammengestellt, um sie auf Anforderung sofort nach Berlin schicken zu können, und sie werden natürlich auch prompt angefordert.

Und indes die Totenträger den Leichnam in die erbärmliche Totenbaracke außerhalb des Lagers transportieren, zermartere ich mir den Kopf: Warum dieser Aufwand? Sonst macht man doch kurzen Prozeß. Jetzt wird sogar die Sektion der Leiche angeordnet. Die Rätselfrage wird immer unentwirrbarer für mich. Am nächsten Tag kommt der Prosektor vom Pathologischen Institut der Universität Jena zur Obduktion der Leiche. Ich muß das Sektionsprotokoll schreiben. Noch einmal sehe ich Paul Schneider auf der Pritsche. Keine Spur irgendeiner Mißhandlung, keine Spur all des Leidens, das dieser Mensch durchstehen mußte. Nur dort in der Beuge des rechten Armes eine kleine, kaum sichtbare Stichverletzung, die Stelle, an der der Mörder das Gift in die Blutbahn spritzte, das Gift, das nicht wirken wollte, wer weiß, aus welchem Grunde nicht, und das dann unter dem herzschwächenden Lichtkasten endlich zur Wirkung kam.

Die Leiche wird geöffnet. Alle Organe sind in Ordnung. Nirgends die Spur irgendeiner Krankheit, die zum Tode hätte führen können. Das Herz wird geöffnet, dieses große, überstarke, gläubige Herz. Das Sektionsprotokoll schließt mit den Worten:

Todesursache Herzinsuffizienz.

Und hier der Epilog. Er bringt auch die Beantwortung der Fragen, die mir bis dahin noch Rätsel waren.

Schneiders Leiche wird nicht nach Weimar ins Krematorium geschafft. Ein paar Tage später werden Peix und ich beauftragt, die Leiche zu einer Besichtigung einzusargen und dabeizusein, wenn sie abgeholt wird.«[144]

Im Verlauf einer Korrespondenz mit Walter Poller fragte der Verfasser dieser Dokumentation, ob er jemals den Kommandanten des Konzentra-

---

144 *Poller, W.,* Der Arztschreiber von Buchenwald, 1960, S. 194ff.

tionslagers, Koch, mit Sommer und Paul Schneider im Häftlingsrevier gesehen habe. Walter Poller antwortete:

»Ich kann nur bestätigen, daß Sommer allein Paul Schneider aus dem Arrestgebäude in das Häftlingsrevier gebracht hat und daß Koch niemals zusammen mit Paul Schneider im Häftlingsrevier gewesen ist. Zwar sprechen alle Umstände dafür, daß Sommer dabei auf Befehl von Koch gehandelt hat. Auch das Verhalten von Lagerarzt Dr. Ding gegenüber Schneider und Schneiders Verhalten bei der ersten Untersuchung im Häftlingsrevier sprechen dafür, daß Lagerkommandant Koch die ärztliche Behandlung angeordnet hatte und daß die Anordnung Teil eines vorsätzlichen Mordplanes gewesen ist, der nach allen übrigen Erfahrungen, die ich gemacht habe, nur auf Befehl von Koch ausgelöst oder durchgeführt werden konnte. Ob Koch aus alleinigem Antrieb handelte oder dabei einem entsprechenden Wink von ›oben‹ folgte, kann heute wohl kaum noch geklärt werden.«

Eine weitere Frage an Walter Poller sollte klären, ob Paul Schneider nicht zu irgendeinem Zeitpunkt doch im Revier gelegen haben könnte, wie es andere Berichte wissen wollen. Walter Poller antwortete:

»Zu Ihrer zweiten Frage: Es kommt hier darauf an, was man mit der Formulierung ›Paul Schneider hat im Revier gelegen‹ zum Ausdruck bringen will. Wenn darunter das verstanden werden soll, was man gemeinhin mit der Parallel-Formulierung: ›Er liegt im Krankenhaus‹ zum Ausdruck bringt, kann ich Ihnen mit absoluter Sicherheit versichern, daß Paul Schneider im letzten Jahr vor seinem Tode nicht im Revier gelegen hat. Im Revier wurden mindestens seit Mitte 1938 von jedem Patienten Krankenblätter geführt. Wenige Minuten nach dem Tode von Paul Schneider habe ich selbst in der Kartei nach einem solchen Krankenblatt gesucht und trotz sehr eingehenden Suchens nichts gefunden. Auch in der sogenannten Ambulanzkartei, die allerdings nicht sehr zuverlässig geführt wurde, habe ich keine Karteikarte gefunden. Ich weiß das mit aller Bestimmtheit, weil Dr. Ding mich ausdrücklich kurz nach dem Tode von Paul Schneider nach einem Krankenblatt bzw. einer Karteikarte gefragt hat und weil ich dann auf Anordnung von Dr. Ding ein neues Krankenblatt anfertigen mußte, auf das Ding dann frei erfundene Eintragungen machte. Dr. Ding zeichnete in meiner Gegenwart in Ergänzung der Eintragungen auf dem Krankenblatt eine Fiebertafel. Ich erinnere mich zwar nicht mehr genau der Datierung dieser Fiebertafel, aber ich erinnere mich genau, daß die auf ihr eingetragenen Daten frei erfunden waren. Ich war selbst seit Ende Januar 1939 im Revier beschäftigt. Von diesem Zeitpunkt bis zu seinem Tode ist Paul Schneider, wie ich aus eigener Anschauung mit aller Bestimmtheit aussagen kann, nicht stationär im Revier behandelt worden, und mit größer Wahrscheinlichkeit auch früher nicht! Die Stimmen, die behaupten, daß Schneider im Revier gelegen haben soll, erklären sich wahrscheinlich, soweit sie gutgläubig oder glaubwürdig vorgetragen werden, aus folgendem Umstand: In dem Totenbericht, den mir Dr. Ding selbst in die Maschine diktierte, hieß es ausdrücklich, daß der plötzliche Tod nach einer ambulanten Behandlung auf dem Wege vom Revier zum Arrest eingetreten sei. Als mir Dr. Ding diese Passage diktierte, war ich darüber keineswegs befremdet, denn ich war es an ihm gewohnt, daß er in seinen Berichten immer wieder unwahre Darstellungen gab, mit denen er sich offenbar irgendwie abzusichern glaubte. Natürlich habe ich mit meinen vertrauenswürdigen Freunden sofort auch über diese unwahre Darstellung seitens Dr. Ding gesprochen, und es spricht vieles dafür, daß bei den Gesprächen über den Tod von Paul Schneider die Wendung fiel: ›Schneider hat im Revier gelegen‹, was im Sinne zu verstehen war, daß Paul Schneider als Toter im Revier gelegen hat . . . «

Die verunsicherten Mächtigen

Während das Evangelische Konsistorium in Düsseldorf im Zusammenwirken mit der Gestapo die Entfernung Paul Schneiders aus dem Amt be-
treibt, nehmen die zuvor beschriebenen Ereignisse in Buchenwald ihren
Lauf.

Superintendent Ernst Gillmann gibt dem Konsistorium das Ableben
von Paul Schneider bekannt. Das Konsistorium benachrichtigt den
Oberkirchenrat in Berlin:

»Der Konsistorial-Präsident   Düsseldorf, den 26. Juli 1939
7806
An
den Evangelischen Oberkirchenrat
Berlin
Betr.: Pfarrer Schneider, Dickenschied
Erlaß vom 15. d. Mts. zu 80 III 4930 II/38
Während wir gerade das Verfahren der Versetzung in den Wartestand gegen Pfar-
rer Schneider eingeleitet hatten, erhielten wir in diesen Tagen die Nachricht von
seinem plötzlichen Ableben. Wie uns der zuständige Superintendent Gillmann in
Simmern mitgeteilt hat, ist Schneider im Konzentrationslager Buchenwald bei
Weimar einem Herzschlag erlegen.

Erscheinen hiernach die mit der Person Schneiders zusammenhängenden kirchenpolitischen Schwierigkeiten in der Hauptsache erledigt, so sehe ich mich infolge der zu unseren Ohren gedrungenen Gerüchte und tatsächlichen Angaben
über die ganze Art und Weise der in Dickenschied stattgefundenen Beisetzungs-
feierlichkeiten im besonderen Maße zu nachstehender Berichterstattung veranlaßt:

Die zuvor sezierte und in Weimar aufgebahrte Leiche wurde, nachdem die
Witwe das Gesicht des Toten noch einmal gesehen hatte, in versiegeltem Sarge
nach Dickenschied überführt. In Anbetracht der besonderen Bedeutung dieses
Falles war es angeblich den polizeilichen Stellen bis kurz vor Beginn des Begräb-
nisses zweifelhaft, ob überhaupt eine Freigabe der Leiche verantwortet werden
könne. Als man sich dann doch zu diesem Entgegenkommen entschloß, zeigte
sich auf einmal, daß eine unübersehbare Besucherschar aus allen Richtungen zu-
sammengeströmt war. Von weither, sogar aus Ostpreußen, Bayern und Schleswig-Holstein, sollen Leute gekommen sein, und der imponierende Charakter
dieser Kundgebung wurde durch die Anwesenheit einer Anzahl von rund 150
Geistlichen im Talar eindrucksvoll unterstrichen. Dazu waren gegen 50 Pfarrer in
gewöhnlicher Kleidung erschienen, um dem Toten das letzte Geleit zu geben.

Die Beerdigung wurde vom Superintendenten Gillmann vorgenommen. Dem
Vernehmen nach hat Pfarrer Schlingensiepen, allerdings in gemäßigter Tonart,
die Grabrede gehalten. Daneben erfolgten noch etwa zwanzig Nachrufe am Grabe; die Haltung der Witwe soll eine derartige gewesen sein, daß sie allgemeine
Bewunderung fand.

Da der Superintendent Gillmann der Polizei erklärt hatte, er würde sich dafür
einsetzen, daß keine unliebsamen Zwischenfälle sich ereignen, hatten die Behörden hierauf vertraut. Tatsächlich ist auch die Feier ruhig und würdig verlaufen.
Die Polizei soll nicht den geringsten Anlaß zum Einschreiten gehabt haben.

Sieht man von dem bedauerlichen Trauerfall an sich ab, so erweckt es doch
Verwunderung, daß eine solche machtvolle Kundgebung in heutiger Zeit, noch

dazu im unmittelbaren Grenzbereich, überhaupt stattfinden kann. Ist auch der Persönlichkeit Schneiders in ihren Vorzügen stets Gerechtigkeit widerfahren, so darf doch nicht übersehen werden, daß er als Staatsgegner galt und die oben erwähnte Maßnahme gegen ihn notwendig geworden war. Es bestand bis zuletzt auch keine Aussicht, daß er etwa aus dem Konzentrationslager in absehbarer Zeit hätte entlassen werden können. Wir selbst mußten uns davon überzeugen, daß sein weiteres Verbleiben im Pfarramt nicht länger tragbar sei. Bedenkt man fernerhin, daß diese Begräbnisfeierlichkeiten ihren tiefen Eindruck auf die Bevölkerung der kirchenpolitisch als sehr schwierig bekannten Gegend nicht verfehlt haben, so dürfte die ganze Begebenheit nicht geeignet sein, zur Beruhigung der dortigen kirchlichen Verhältnisse beizutragen, und unseren fortgesetzten Bemühungen um die Schaffung friedlicher Zustände nicht entgegenkommen. Da wir außerdem im Begriff stehen, in den verschiedenen Nachbargemeinden die Ordnung wiederherzustellen, so dürfte unsere Arbeit durch diese erneut angefachte Erregung weiter Bevölkerungsteile nicht unwesentlich erschwert sein. Die Grabstätte Schneiders in Dickenschied wird zu einer unerwünscht großen Bedeutung erhoben, und vieler Augen werden auf sie wie gewissermaßen auf einen Wallfahrtsort gerichtet sein.

Nicht gering dürfte die Gefahr einer ausländischen Propagandaentfaltung zu erachten sein. Dieser Gedanke drängt sich schon deswegen auf, weil uns bekannt geworden ist, daß der Tod Schneiders bereits viel früher durch ausländische Sender der Öffentlichkeit mitgeteilt sein soll, bevor die Angehörigen oder irgendwelche kirchlichen Stellen davon wußten.

Die vorstehende ernste Beurteilung der Angelegenheit legt mir die Pflicht zu einer ausführlichen Berichterstattung auf. Mit Rücksicht auf die Besonderheit des Falles habe ich eine Zweitschrift in der Anlage beigefügt, die ich bitten möchte, dem Herrn Reichskirchenminister zuleiten zu wollen.

Dr. Koch«

Dieses Schreiben gesellt sich zu jenen, die, wie diese Dokumentation zeigt, zu den schwärzesten der neueren Kirchengeschichte gehören. Etwa nach vier Wochen geht ein weiteres Schreiben an den Oberkirchenrat in Berlin ab, in dem wiederum der Zynismus des Konsistoriums in der Argumentation offenkundig wird. Der Bericht der Gestapo war sachlicher Art, der des Konsistoriums hat den Vorwurf zum Inhalt, daß überhaupt die Erlaubnis zu dieser Beerdigungsfeier hatte erteilt werden können. Dem Konsistorium wäre eine Einäscherung der Leiche Paul Schneiders in Weimar sicherlich lieber gewesen, um jede Erinnerung auszulöschen. Die Zeilen verraten eine große Unsicherheit: »Ohne Erlaß« – sie sollen der Selbstrechtfertigung dienen.

»Evangelisches Konsistorium Düsseldorf, den 21. August 1939
8122
An
den Evangelischen Oberkirchenrat
in Berlin-Charlottenburg
Betrifft: Ableben des Pfarrers Schneider, Dickenschied
Ohne Erlaß
Berichterstatter: Konsistorialrat Kolrep
Mitberichterstatter: Oberkonsistorialrat D. Euler
1 Anlage

Zur weiteren Ergänzung des von Herrn Konsistorialpräsidenten unter dem 28. 7. ds. Js. – Nr. 8122 – erstatteten Nachtragsberichtes tragen wir noch folgendes vor:

Um ein möglichst vollständiges Bild von der Beerdigungsfeier und ihren Begleitumständen zu erhalten, haben wir uns inzwischen mit der Gestapoleitstelle in Koblenz in Verbindung gesetzt, die uns bereitwillig nähere Mitteilung gemacht hat. Der in Anlage beigefügte abschriftliche Bericht des Herrn Dr. Venter, der als leitender Beamter der Staatspolizei persönlich das Begräbnis beobachtet hat, gibt hierüber Aufschluß. Außerdem zeigt es sich, daß die amtlichen Feststellungen der Gestapo mit den bereits berichteten Angaben im wesentlichen übereinstimmen. Auch im übrigen gewannen wir aus dem Gespräch mit der Gestapo den Eindruck, daß unsere Beurteilungen dieser Vorgänge als durchaus zutreffend anzusehen sind. Insbesondere unser Hinweis darauf, daß die Erlaubnis einer solchen aufsehenerregenden Beerdigungsfeier, die auch im Ausland nicht unbemerkt geblieben ist, nur zu bedauern sei und das Vorhandensein der Begräbnisstätte in Dickenschied die Erinnerung an Pfarrer Schneider immer wachhalten werde, fand Zustimmung dieser Herren.

Gleichfalls vertraulich wurde uns von der Gestapo von einer Äußerung der Landesbruderräte am 2. ds. Mts. folgenden Inhalts Kenntnis gegeben: Es solle Schneiders regelmäßig an seinem Geburtstage oder am Sonntag nach dem 29. 8. 39 gedacht werden. Desgleichen solle Schneiders mit Dank und Fürbitte am Totensonntag gedacht werden.

Schließlich solle eine ›Schneider-Stiftung‹ für seine Witwe und die Kinder sowie für allgemeine kirchliche Zwecke ins Leben gerufen werden. Nähere Einzelheiten über all dies waren jedoch nicht in Erfahrung zu bringen.

Sollten wir noch irgendwelches Material in dieser Angelegenheit in die Hände bekommen, so werden wir hierüber weiteren Bericht erstatten. Wir bemerken nur noch, daß wir angesichts dieser schwierigen Verhältnisse in Dickenschied von einer Wiederbesetzung dieser Pfarrstelle absehen müssen. Zur Zeit sind wir mit der Prüfung der Frage beschäftigt, ob nicht die Kirchengemeinde Dickenschied überhaupt eine Versorgung durch die Nachbargemeinde Kirchberg für dauernd erhalten kann, um auf diese Weise die Pfarrstelle einzusparen.

In Vertretung:
Kolrep 18. 8.

Vorzulegen zur gfl. Kenntnisnahme Herrn Reichsamtsleiter Sohns, Herrn Präsidenten Dr. Koch nach Urlaubsrückkehr.«

Die beigefügte Anlage:

»Geheime Staatspolizei	Koblenz, den 26. Juli 1939
Staatspolizeileitstelle
Koblenz
II B Nr. 355/37
pp.
Am 21. 7. 39 fand die Beerdigung des Pfarrers Paul Schneider in Dickenschied, Kr. Simmern, statt. Die Beisetzung erfolgte von der evgl. Kirche aus, in der um 14 Uhr eine Trauerandacht stattgefunden hatte. Kurz nach 14 Uhr setzte sich der Trauerzug von der Kirche aus in Bewegung. An der Spitze des Trauerzuges trugen etwa 45 weibliche Personen Kränze und Blumengebinde. Ihnen folgten 20 Jungmänner und 150 Pfarrer in Amtstracht aus allen Teilen des Reiches. Hinter dem Sarg, der von Einwohnern des Dorfes getragen wurde, gingen die Angehörigen des Verstorbenen und die Bevölkerung von Dickenschied und aus den Nachbarorten.

Am Grabe hielt ein Geistlicher aus Barmen die Grabrede. Ihm schloß sich ein großer Teil der teilnehmenden Pfarrer mit Nachrufen an, so u.a. Pfarrer der BK aus Bayern, Ostpreußen, Württemberg, Schlesien, Oldenburg, Baden, Groß-Berlin, Hessen-Nassau, Schleswig-Holstein, Sachsen, Thürigen, Pommern, Rheinprovinz, Westfalen, Hannover. Des weiteren sprachen u.a. ein Geistlicher der unierten Kirche Deutschlands, der Rheinischen Mission, der Badischen Stadtmission Baden-Baden und ein Vertreter der rheinischen Hilfsprediger und Vikare p.p.[usw.].

In ihren Ausführungen stellten sie Pfarrer Schneider als Verfechter ihres Glaubens hin, der nach dem Willen des Herrn gelitten und für seinen Herrn gestorben sei. Zu irgendwelchen Zwischenfällen ist es nicht gekommen.

In Vertretung
Dr. Venter (i.V.)«

Superintendent Albertz schreibt den Presbyterien nach Dickenschied und Womrath:

»Die Vorläufige Leitung   Berlin-Spandau, den 20. Juli 1939
der Deutschen Evangelischen Kirche
Superintendent Lic. Albertz
Schlemminger Straße 21
An die
Presbyter der Kirchengemeinden
Dickenschied und Womrath
Sehr verehrte, liebe Herren und Brüder!
Morgen werden unzählige Gedanken und Gebete aus der ganzen Christenheit Ihre liebe Gemeinde, insbesondere Ihre tapfere Pfarrfrau und die Pfarrbuben und Pfarrmädels umgeben, wenn Sie Ihrem rechtmäßigen Pfarrer die letzte Ehre erweisen. Die ganze Bekennende Kirche nimmt an Ihrem großen Verlust und dem Schicksal unseres lieben Bruders Schneider von ganzem Herzen Anteil. Es ist meine Aufgabe, Ihnen dies durch dieses Schreiben auch im Namen aller Mitglieder der Vorläufigen Leitung der Deutschen Evangelischen Kirche zum Ausdruck zu bringen. Da meine Amtsbrüder Müller und Dr. Böhm und ich selbst durch staatspolizeiliches Verbot auf Berlin beschränkt sind, wird die Vorläufige Kirchenleitung durch unser Mitglied Pastor Forck aus Hamburg morgen vertreten werden und in unserm Auftrage auch einen Kranz niederlegen.

Als das Reformierte Glied der Vorläufigen Kirchenleitung weiß ich mich mit Ihnen, Ihrem lieben Pfarrer und Ihren Gemeinden besonders verbunden. Sie haben seinerzeit nach der Regel des Neuen Testamentes und aufgrund der Lehre des Heidelberger Katechismus christliche Bußzucht zu üben versucht, und gerade diese Ihre Tat, die Sie gemeinsam mit unserem heimgegangenen Bruder übernommen haben, wird Sie nun nachträglich gewiß noch besonders beschäftigen.

Bruder Schneider ist niemals darüber zweifelhaft gewesen, daß er gebunden an die Heilige Schrift den Weg gehen mußte, den er geführt worden ist, und ich bitte Sie als die Mitältesten unseres Bruders, es als sein Vermächtnis zu nehmen, was er Ihnen und Ihrer Gemeinde hinterlassen hat, wenn er durch sein Tun und Leiden den Weg Christi bezeugt hat und gegangen ist.

Wir erinnern Sie und uns an den Trost der 52. Frage unseres Katechismus. Unser lieber Bruder Schneider ist nun ›in aller Trübsal und Verfolgung mit aufgerichtetem Haupt eben des Richters, der sich zuvor dem Gericht Gottes für uns dargestellt und alle Vermaledeiung von uns weggenommen hat, aus dem Himmel gegenwärtig‹. Wir alle in der Bekennenden Kirche müssen ihm an seinem Grabe für seinen Dienst danken, den er uns allen erwiesen hat. Er hat in einer Zeit, in der die Zucht auf dem Grund des Wortes Gottes, die unsere Väter geübt haben, ganz verschüttet war, [diese] wieder aufgerichtet und die Christenheit in Deutschland

an etwas erinnert, was sie zu ihrem Schaden Jahrhunderte hindurch versäumt hat.
Als er in das Gefängnis ging, hat er ein Zeichen für alle aufgerichtet in der großen,
unwandelbaren Treue des Pfarrers zu seiner Gemeinde, zu der er gewiesen war,
insbesondere aber auch eine große Frage an alle Gewissen gerichtet, ob nicht im
Raume der Kirche eben wirklich nur der Wille Gottes anerkannt und getan werden darf. Er war schließlich im Lager selbst ein unerschrockener Zeuge seines
Herrn. So ist er – wie wir zu Gott hoffen – eingegangen in seines Herrn Freude.
Wir wissen, wieviel Sie in Ihrem Pfarrer verlieren. Um so herzlicher bitten wir
Sie, helfend und betend sich seiner Frau und seiner Kinder anzunehmen und mit
dem jungen Bruder zusammen, der Bruder Schneiders Dienst vertritt, weiter in
aller Festigkeit und Weisheit die Gemeinden von Dickenschied und Womrath zu
leiten als nach Gottes Wort Reformierte Gemeinden.
Der Gott alles Trostes tröste Sie mit seiner Barmherzigkeit.

Für die Vorläufige Leitung der
Deutschen Evangelischen Kirche
Albertz«

Pfarrer Lic. Wilhelm Niesel, Mitglied des Rates der Evangelischen Kirche der altpreußischen Union, wendet sich mit einer Eingabe an die
Reichskanzlei, die dort von Ministerialdirektor Friedrich-Wilhelm Krit-
zinger, einem entschiedenen Nationalsozialisten, der später, am 20. Januar 1942, an der berüchtigten Wannseekonferenz[145] teilnahm, bearbeitet
wird. Dieser leitet das Schreiben u.a. an den Reichsführer der SS weiter,
der es beantwortet. Dieser Vorgang zeigt erneut, wie die damaligen
Machthaber rein kirchliche Maßnahmen zum Anlaß nahmen, um ihnen
nicht-genehme Pfarrer auszuschalten, deren pfarramtliche ›Aktionen‹
zugleich einen Appell an die Gemeinden darstellten. Der Historiker
Günther van Norden sieht es so:

»Indem die ›Aktivierung‹ der Gläubigen in der Teilnahme am religiösen Leben
gleichermaßen wie die Appelle an die politische Führung, von dem eingeschlage-
nen Weg abzulassen‹, offensiv vorgetragen worden seien und auf möglichst breite
Schichten zielten, habe der Kirchenkampf, ›über die Absichten der kirchlichen
Führung hinausgehend‹, eine politische Dimension erhalten. Hürten spricht sogar von einer ›Massenbasis‹, die der kirchliche Protest besessen habe, als einem
›Machtfaktor‹. Das Regime selbst habe diesen Machtfaktor für gefährlicher gehalten als den Widerstand der KPD.«[146]

Die Unerschrockenheit und tiefe Gläubigkeit von Paul Schneider, die
die SS mit ihren menschenverachtenden Methoden nicht brechen konnte,
haben den Nationalsozialisten ihre Grenzen und letztlich ihre Ohnmacht
gezeigt. Die bereits berichteten Vorgänge wie auch die folgenden Dokumente lassen uns einen weiteren Blick auf die damaligen Verhältnisse
werfen.

---

145   Auf dieser Konferenz wurde die ›Endlösung‹ der ›Judenfrage‹ beschlossen.
146   *van Norden, G.*, Zwischen Kooperation und Teilwiderstand: Die Rolle der Kirchen
und Konfessionen . . ., in: Der Widerstand gegen den Nationalsozialismus, 1986, S. 231.

»Der Rat der altpreußischen Union der Evangelischen Kirche
Berlin-Lichterfelde, den 29. Juli 1939
Drakestraße 32
Fernsprecher: 76 24 41/42
An den
Herrn Reichsminister und
Chef der Reichskanzlei
Dr. Lammers
Berlin W 8
Wilhelmplatz

Am 18. Juli 1939 ist der evangelische Pfarrer Paul Schneider aus Dickenschied (Rheinland) im Konzentrationslager Buchenwald bei Weimar gestorben. Pfarrer Schneider hätte im August sein 42. Lebensjahr vollendet. Er hinterläßt seine Frau und 6 kleine Kinder. Die Gründe, die zu seiner Verhaftung geführt hatten, sind in dem anliegenden Bericht dargelegt. Daraus ergibt sich, daß Pfarrer Schneider aus Anlaß einer rein kirchlichen Angelegenheit verhaftet wurde. Er hatte gemäß dem reformierten Bekenntnis in Übereinstimmung mit der Leitung seiner Gemeinde, dem Presbyterium in Dickenschied, eine Kirchenzuchtsmaßnahme getroffen.

Sein Tod hat die evangelischen Gemeinden in ganz Deutschland aufs tiefste erschüttert. Besonders im Rheinland ist die Bewegung weit über die Kreise der evangelischen Kirche hinaus außerordentlich groß.

Wir halten uns für verpflichtet, Ihnen diese Vorgänge zur Kenntnis zu bringen, und bitten Sie, auch Ihrerseits dahin zu wirken, daß den sich ständig mehrenden Maßnahmen gegen evangelische Pfarrer und Gemeindeglieder ein Ende gemacht wird.

Lic. Niesel

Anlage

Über Pfarrer Schneider aus Dickenschied ist uns Folgendes berichtet worden:

Dickenschied ist ein kleines Dorf im Hunsrück, einer kirchlich sehr lebendigen Gegend. Das Dorf hat 500 Einwohner, von denen die kleinere Hälfte evangelisch ist. Dazu kommt ein Filialdorf mit einer etwas größeren Gemeinde. Die Kirchengemeinde ist reformierten Bekenntnisses und hält an den alten Überlieferungen der reformierten Kirche fest. Der Konfirmandenunterricht wird nach dem Heidelberger Katechismus erteilt.

In diese Gemeinde kam im Jahre 1934 Pfarrer Schneider, ein Mann von strahlender Herzlichkeit, eine urdeutsche Erscheinung. Gar kein Fanatiker, sondern ein gewissenhafter Seelsorger, der jedem einzelnen Gemeindeglied liebevoll nachging und volksmissionarisch zu den Menschen zu reden wußte. Er war ein Mann von letzter Wahrhaftigkeit, für den manches untragbar war, was andere noch tragen zu können glaubten.

Pfarrer Schneider sah, daß in seiner Gemeinde Kräfte am Werk waren, die das kirchliche Leben aufzulösen drohten. Er mußte feststellen, daß die Art des Religionsunterrichtes dem biblischen Christentum entgegen war, daß eine Weihnachtsfeier gehalten wurde, die zu der christlichen Bedeutung des Weihnachtsfestes in Widerspruch stand. Es kam vor, daß Eltern ihre Kinder vom Konfirmandenunterricht und vom Kindergottesdienst fernhielten, was in der Gemeinde noch niemals geschehen war. Presbyterium und Pfarrer wurden oft verhöhnt. Es wurden Unterschriften gesammelt, um einem Thüringer Deutschen Christen das Predigen in der Gemeinde zu ermöglichen.

Pfarrer Schneider besprach diese Vorgänge mit seinem Presbyterium. Man kam überein, daß angesichts dieser Entwicklung der Artikel 85 des Heidelberger Katechismus zur Anwendung kommen müsse, der von der sogen. Bußzucht in der Gemeinde handelt.

Daraufhin trat Pfarrer Schneider vor die Gemeinde und legte ihr dar, wie nach reformiertem Bekenntnis diese Bußzucht zu verstehen sei. Die Gemeinde, so sagte er, dürfe nicht den Vorwurf auf sich laden, daß sie an der Zerstörung und Verweltlichung des christlichen Gemeindelebens mit schuldig sei. Bei der kirchlichen Zucht, wie sie das reformierte Bekenntnis fordere, handelt es sich nicht um Zorn oder Haß, sondern um Liebe. Den Reformatoren war die Kirchenzucht das Mittel, an einem Menschen wirkliche Liebe zu üben, indem die Gemeinde ihm seine Sünden vorhält und ihn durch den Ernst, mit dem sie das tut, in besonderem Maße zur Buße treibt.

Von der Maßnahme des Presbyteriums wurden zunächst zwei Gemeindeglieder betroffen, darunter der Lehrer in dem Filialdorf Womrath. Das Presbyterium richtete folgenden Brief an ihn:

›Das Presbyterium hat am vergangenen Sonntag zum 1. Mal die christliche Bußzucht bekanntgemacht, die wir Ihnen mit der Vorladung zur Presbyteriumssitzung angekündigt hatten.

Sie werden danach von der Gemeinde durch Verbietung der heiligen Sakramente 'aus der Kirche Christi und von Gott selbst aus dem Reiche Christi, solange, bis Sie wahre Besserung versprechen und erzeigen, ausgeschlossen' (Heidelberger Katechismus, Frage 85). Die Gründe sind Ihnen bekannt. Es kommt noch dazu, daß Sie die Leitung, Zucht und Ordnung der Gemeinde verhöhnt und dem Presbyterium Lüge vorgeworfen haben, ohne im geringsten Beweis dafür anzutreten. Auch haben Sie Zerstreuung in die Gemeinde hineingetragen, indem Sie Unterschriften gesammelt haben mit der Absicht, dadurch der Verkündigung eines Pfarrers in der Gemeinde Raum zu verschaffen, der von der Bekennenden Kirche und Gemeinde nicht mehr als auf dem Boden des Evangeliums und der Kirche Christi stehend betrachtet werden kann, der den Thüringer DC zugehört, einer Sekte, die selbst der RKA-Vorsitzende D. Zöllner als Irrlehre und außerhalb der Kirche stehend bezeichnet hat in einem theologischen Gutachten.

Die Gemeinde ist gehalten, die christliche und kirchliche Gemeinschaft mit Ihnen abzubrechen, jedoch in allem notwendigen Verkehr Ihnen mit Freundlichkeit zu begegnen, wie auch die ganze Kirchenzucht nicht Ihre Verdammnis will, sondern Ihre Buße und Wiedergewinnung für die Gliedschaft der Gemeinde sucht.

Sie behalten Anspruch auf Wortverkündigung und Seelsorge in der Gemeinde. Kirchliche Beiträge (Kirchensteuern) werden von Ihnen nicht erhoben.

Am nächsten Sonntag wird der Gemeinde die christliche Bußzucht noch einmal in schonender und Ihren Namen nicht aussprechender Form verkündigt. Erst wenn Sie auch dann die Gemeinde nicht hören wollen, so tritt mit der 3. Verkündigung die Bußzucht in Kraft.

Gott richte Ihr Herz zu seiner Wahrheit und Barmherzigkeit und lasse Sie erkennen seine heilige christliche Kirche auf Erden, außer der kein Heil und keine Seligkeit zu finden ist.‹

Daraufhin wurde Pfarrer Schneider am 31. Mai 1937 in Schutzhaft genommen. Als Grund dafür gab die Staatspolizei an, daß Pfarrer Schneider in unverantwortlicher Weise zum Boykott eines Volksgenossen von der Kanzel aufgefordert habe. Am 24. Juli wurde er wieder auf freien Fuß gesetzt, ohne daß eine Vernehmung in seiner Sache stattgefunden hätte. Gleichzeitig wurde er aus dem Rheinland ausgewiesen. Pfarrer Schneider erklärte, daß er diese Ausweisung nicht annehmen könne, da er durch sein Ordinationsgelübde an seine Gemeinde gebunden sei. Er predigte am folgenden Tage in seinen beiden Gemeinden, trat jedoch noch an demselben Abend einen Erholungsurlaub an, den er außerhalb des Rheinlandes verbrachte. Als der Urlaub beendet war – das war am 28. August – übernahm er eine Vertretung in Nassau-Hessen, um eine Überprüfung der gegen ihn getroffenen Maßnahmen durch die staatlichen Stellen abzuwarten und um selbst in innerer Ruhe seine endgültige Entscheidung zu treffen. Dabei konnte er sich davon überzeugen, daß seine Gemeinde seine Rückkehr erwarte und daß insbesondere sein Presbyterium, an das er sich auf Grund des reformierten Bekenntnisses im besonderen gewiesen wußte, auf dem Standpunkt stand, daß ein rechter Hirte die ihm anvertraute Gemeinde nicht verlasse. Daraufhin kehrte er am 3. Oktober 1937 in seine Gemeinde zurück. Er begründete diesen Schritt in einem ausführlichen Schreiben an die Reichskanzlei. Noch am selben Abend wurde er auf dem Wege zum Abendgottesdienst, den er in dem Filialdorf halten wollte, verhaftet und nach Koblenz gebracht. Die Staatspolizei Koblenz schrieb dazu an das Konsistorium in Düsseldorf:

›Pfarrer Schneider ist ein fanatischer Anhänger der Bekenntniskirche, der jede Gelegenheit benutzt hat, gegen den nationalsozialistischen Staat zu hetzen. Gegen ihn schweben deshalb beim Sondergericht in Köln mehrere Strafverfahren wegen Vergehens gegen das Heimtückegesetz und Vergehens nach 30a StGB.

Seine Inschutzhaftnahme war seinerzeit erforderlich, weil er von der Kanzel aus die Bußzucht gegen 2 Volksgenossen bekanntgegeben hatte. Einer der in Bußzucht Genommenen war Anhänger der Deutschen Christen. Wegen seines an mittelalterliche Zustände erinnernden Vorgehens sowie wegen Verunglimpfung eines Volksgenossen von der Kanzel aus wurde Pfarrer Schneider . . . in Schutzhaft genommen . . .‹

Am 25. November 1937 wurde Pfarrer Schneider in das Konzentrationslager Buchenwald bei Weimar gebracht. Er hat während der ganzen Lagerzeit niemals Besuch empfangen dürfen, also auch seine Frau nie gesehen. Von Herbst 1938 bis Frühjahr 1939 hat sie keinerlei Post von ihm bekommen.

Am 18. Juli d. Js. erhielt Frau Pfarrer Schneider die Nachricht, daß ihr Mann im Konzentrationslager am Herzschlag gestorben sei. Sie fuhr sofort nach Buchenwald. Der Sarg wurde ihr, mit sieben Siegeln verschlossen, zur Bestattung in Dickenschied ausgeliefert. Unterwegs wurde durch ein Aufgebot von Polizei veranlaßt, daß der Sarg erst am Tage der Beisetzung nach Dickenschied kam und nicht im Pfarrhaus, sondern sofort in der Kirche aufgestellt wurde. Die Beerdigung vollzog sich in ruhiger Weise unter großer Teilnahme der Bevölkerung und unter Beteiligung von Vertretern fast sämtlicher evangelischer Landeskirchen und Kirchenprovinzen.«

Die Eingabe wird von der Geheimen Staatspolizei direkt beantwortet und von ihrem Chef, in dessen Hand alle Macht lag, persönlich unterschrieben.

»Der Reichsführer-SS Berlin SW 11, den 27. September 1939
und Prinz-Albrecht-Straße 8
Chef der Deutschen Polizei Fernsprecher: 12 00 40
im Reichsministerium des Innern
S-PP (II B) 131/39g
An
den Rat der Evangelischen Kirche der altpreußischen Union
in Berlin-Lichterfelde
Drakestraße 32

Auf Ihr Schreiben vom 29. 7. 1939

Ihre Auffassung, der Pfarrer Schneider sei aus Anlaß einer rein kirchlichen Angelegenheit verhaftet worden, trifft nicht zu. Pfarrer Schneider hat im Frühjahr 1937 versucht, über einen Volksgenossen die sogenannte Bußzucht zu verhängen, weil dieser seinen Sohn nicht an dem bekenntniskirchlichen Unterricht des Pfarrers Schneider, sondern am kirchlichen Unterricht eines anderen Pfarrers teilnehmen lassen wollte. Pfarrer Schneider forderte öffentlich von der Kanzel aus seine Gemein-

de auf, jede christliche und kirchliche Gemeinschaft mit dem betroffenen Volksgenossen abzubrechen. Durch diese Aufforderung wurde die Bußzucht zu einer
Strafmaßnahme, die die kirchliche Sphäre weit überschritt und auf den völligen
Boykott eines Volksgenossen hinauslief. Wegen dieser über den kirchlichen Bereich hinausgehenden, gegen die Volksgemeinschaft gerichteten Boykottaufffor-
derung wurde Pfarrer Schneider in Schutzhaft genommen. Später wurde er aus
der Schutzhaft entlassen und gegen ihn ein Aufenthaltsverbot für die Rheinprovinz verfügt. Bei seiner Entlassung wurde Pfarrer Schneider darauf hingewiesen,
daß seine Rückkehr in die Rheinprovinz staatspolizeiliche Maßnahmen nach sich
ziehen würde. Trotz dieses mündlichen und schriftlichen Hinweises kehrte Pfarrer Schneider in seine Gemeinde zurück. Wegen dieser offensichtlichen Nicht-
achtung staatspolizeilicher Anordnungen mußte Pfarrer Schneider erneut in
Schutzhaft genommen werden. Als Pfarrer Schneider auch nun noch immer wieder erklärte, daß er dem Ausweisungsbefehl nicht nachkommen und staatliche
Anordnungen in Zukunft nicht befolgen würde, mußte seine Überführung in ein
Konzentrationslager angeordnet werden.

Auch im Konzentrationslager wurde Pfarrer Schneider mehrfach eröffnet, daß
seiner Entlassung aus dem Konzentrationslager nichts entgegenstehe, wenn er
sich verpflichte, dem Ausweisungsbefehl Folge zu leisten. Pfarrer Schneider hatte
diese Verpflichtung immer abgelehnt und sich den weiteren Aufenthalt im Lager
damit selbst zuzuschreiben.

Unter Bezugnahme auf den letzten Absatz Ihres Schreibens teile ich Ihnen mit,
daß ich Maßnahmen gegen Pfarrer dann nicht zu ergreifen brauche, wenn diese
sich im Rahmen der geltenden Gesetze halten.

H. Himmler«

Bevor wir unser Augenmerk auf das richten, was sich nach dem Tod
von Paul Schneider ereignete, wollen wir uns noch einmal zwei Äußerungen von ehemaligen Buchenwaldhäftlingen ins Gedächtnis rufen. Zunächst der Sozialdemokrat Walter Poller, der sich aufgrund seiner politischen Überzeugung nicht dem Diktat der Nationalsozialisten beugen
konnte und deshalb nach langer Gefängnishaft Buchenwaldhäftling wurde. Er schreibt:

»... Paul Schneider war ein Fanatiker des Glaubens, ein tiefreligiöser Mensch,
der in der Leidensgeschichte seines religiösen Idealbildes den Trost und die Stärke
fand, das Schwere bis zum Bereitschaft zur Tode auf sich zu nehmen. Paul Schneider glaubte an die Erlösung durch Jesus Christus, seinen Herrn ...«

Alfred Leikam, der als bekennender Christ die Machenschaften der
Nationalsozialisten durchschaut hatte und aus christlicher Verantwortung
Widerstand leisten mußte, wurde ohne richterliche Anordnung in Ge-
fängnissen eingesperrt und dann in Buchenwald eingeliefert. Er schreibt:

»... Das Andenken von Schneider war bei allen Häftlingen ehrerbietig und des
Lobes voll. Für ihn galt das Wort, daß ›seine Bande in Christo im ganzen offenbar
geworden sind‹. Er ist m.E. in Deutschland der einzige, der so bewußt in Überwindung der menschlichen Furcht das Kreuz Christi bis zum Tode auf sich genommen hat und unter dem Wort des Glaubens stand: ›Unser Glaube ist der
Sieg, der die Welt überwunden hat.‹ Wenn einer das ›Ehrenkleid Christi‹ trägt

und ›seines Leidens gewürdigt wurde‹, so Pfarrer Schneider. Ich konnte und kann seiner nur in Ehre gedenken. Wer von uns möchte sich diesem Geheimnis Christi gegenüber rühmen!«

Die Geheime Staatspolizei verfolgt weiter

Von den Beerdigungsfeierlichkeiten für Paul Schneider ist eine von keiner Seite vorausahnbare Wirkung ausgegangen. Wir haben gesehen, daß das deutschchristliche Konsistorium die Entscheidung der Gestapo, die Beisetzung in Dickenschied stattfinden zu lassen, kritisiert hat. Die Geheime Staatspolizei war überrascht über die Art und Weise der Durchführung der Beerdigungsfeier und wurde so Zeuge einer im wahrsten Sinne des Wortes christlichen Beerdigung. Die Töne, die dort zum Klingen kamen, waren für sie derart neu, daß sie sprachlos, wie wir wissen, nach Koblenz zurückkehrt. Dennoch bleibt sie Paul Schneider weiter auf der Spur. Da er nicht mehr unter den Lebenden weilt, treten für die Gestapo an seine Stelle seine Familie, seine Amtsbrüder und seine Gemeinde, die nun im ganzen Deutschen Reich und über dessen Grenzen hinaus zu finden ist.

Am 7. August 1939 um 19.30 Uhr gibt die Gestapo in Wesermünde ein Fernschreiben auf, das um 22 Uhr von der Staatspolizeileitstelle in Düsseldorf aufgenommen wird.

»Wesermünde Nr. 6958   7. 8. 39 19.10 Uhr
An Gestapa, alle Stapoleit- und Stapostellen
Betr.: Konferenz der Landesbruderräte am 2. August 1939
Vorg.: Ohne
Es wurde hier ein Brief erfaßt, der mit Schreibmaschine im Durchschlagverfahren hergestellt ist und sich u.a. mit dem im Konzentrationslager verstorbenen Pastor Schneider befaßt. Der Brief betitelt sich: ›Bericht über die Konferenz der Landesbruderräte im August 1939‹ und war an den Pfarrer Udo Smidt, Wesermünde-Lehe, Langestr. 92 gerichtet. Er trägt den Poststempel Hamburg-Altona, den 4. 8. 1939, 16 Uhr. Der Bericht beginnt: Anwesend waren 25 Vertreter. Zu Beginn ergreifende Andacht von Asmussen [147] im Blick auf den Tod von Bruder Schneider liturgischer Art usw. Ein Träger des heiligen Amtes in der Christenheit ist um seines Amtes willen, wie er es sich vor Gott zu verantworten getraute, zuerst seiner Freiheit beraubt und dann so oder so (Gott weiß es genau) gestorben. An anderer Stelle heißt es wörtlich: Er gehört zu den Seelen unter dem Altar (Offb. 6). Die dort ruhen, bis dazu kamen ihre Mitknechte und Brüder, die auch noch sollen getötet werden gleich wie sie. Da mögen wir sein. In den Händen, in denen Schneider war, befinden sich Niemöller, Leikam, Steinbauer, Pinn, Tiemann-Gronau,

147   Vgl. *Lehmann, W.,* Hans Asmussen, 1988, S. 94f.

V. Kameke, Schlingensiepen-Siegen u.a. Wir sollen Gott bitten, daß die Frucht von Schneiders Leiden und Sterben nicht vorübergehe. In jeder Gemeinde muß um den Fall gewußt werden. Nicht um Radau zu machen oder taktisch etwas zu erreichen, sondern um die Verbindung mit den vollendeten Gerechten, die da ist, zu bestätigen.

Schneider hätte im August Geburtstag. Er möge von den Pfarrern, die Schneiders vor der Gemeinde noch nicht gedacht haben, benutzt werden, es jetzt zu tun und für seine Familie im Gottesdienst Fürbitte (29. 8.) [zu] halten.

An anderer Stelle heißt es: Es wird folgendes beschlossen:

1. Kodlab [Konferenz der Landesbruderräte] bittet die Lbrr [Landesbruderräte], in ihren Gebieten die [. . .] Pfarrer anzuweisen, am Geburtstag Schneiders, am Sonntag, dem 28. 8., seiner zu gedenken

[a)] mit kurzem Tatsachenbericht
b) mit einer Fürbitte für die Familie
c) [mit einer] Danksagung für Bruder Schneider.

[2.] Regelmäßig soll in den Gottesdiensten nach der Fürbitte für die Leidenden und Verfolgten Dank gesagt werden für die, die überwunden haben.

3. Am Totensonntag soll Schneiders namentlich mit Dank und Fürbitte gedacht werden.

4. Eine Schneiderstiftung soll ins Leben gerufen werden
a) für die Kinder,
b) für allgemeinkirchliche Zwecke usw. Gesammeltes Geld soll auf die nächste Kodlab mitgebracht werden usw. Der Brief ist unterschrieben: Herzlichen Gruß, Justus. Auf der Konferenz haben gesprochen: Asmussen, Albertz, Boehm, Scharf, Beckmann, Staemler, Kloppenburg, Dahlkötter und Rumpf.

Bei diesen Personen handelt es sich zweifellos um Pfarrer. Wo sind die Betreffenden tätig? Oder wo sind sie in staatspolizeilicher Hinsicht in Erscheinung getreten? Wo hat die Konferenz der Landesbruderräte am 2. August stattgefunden? Nichtbeantwortung bis zum 11. 8. 39 gilt als Fehlanzeige.

Zusatz der Gestapa. Das Original des erfaßten Briefes wird mit Schnellbrief nach dort überreicht.

Zusatz für Stl. Hamburg: Eine Abschrift des erfaßten Briefes wird mit Schnellbrief nach dort übersandt.

Stapo Wesermünde - Bremerhaven   Röm 2 B 1 Nr. 1462/39
                                                                       SB. Kleine-Loegte«

Dieses Fernschreiben wird allen Dienststellen der Geheimen Staatspolizei übermittelt. Die Gestapodienststelle in Halle an der Saale wird sofort tätig und verhaftet wenige Stunden nach Eingang des Fernschreibens den Superintendenten Stämmler und gibt das folgende Fernschreiben an die Gestapo-Dienststellen:

»Halle 2631 8. 8. 39 20.30 Uhr
An Gestapa, alle Stapoleit- und Stapostellen
Dringend. Sofort vorlegen.
Betr.: Konferenz der Landesbruderräte am 2. 8. 39 in Berlin
Vorg.: FS der Stapo Wesermünde, Nr. 6958 vom 7. 8. 39,
Röm 2 B 1 1462/39
Der Vertreter des hiesigen Provinzial-Bruderrates, Pfarrer Superintendent a.D. Wolfgang Staemmler, geb. 2. 9. 1889 in Duschnik, wohnhaft in Großkugel, wurde heute früh festgenommen. – Außer ihm haben an der Konferenz der Kodlab am 2. 8. in Berlin von 10 bis 17.30 Uhr in dem Evangelischen Gemeindehaus in Berlin-Steglitz etwa 20 Personen teilgenommen. Den Vorsitz führte Pfarrer Scharf aus Sachsenhausen bei Oranienburg. Weitere Teilnehmer:

1. Pfarrer Niesel, Berlin-Lichterfelde,
2. Pfarrer Dr. Böhm, Berlin,
3. Pfarrer von Rabenau, Berlin-Schöneberg,
4. Pfarrer Asmussen, Berlin,
5. Pfarrer Vogel, Dobrikow b. Luckenwalde,
6. Pfarrer Beckmann, Düsseldorf,
7. Pfarrer Dahlkötter, Lippstadt,
8. Pfarrer Hildebrand, Goldap,
9. Pfarrer Mittendorf, Hamburg-Altona,
10. Pfarrer Rumpf, Wiesbaden,
11. Pfarrer Werner, Gossma/Thür.,
12. Superintendent Albertz, Spandau,
13. Pfarrer Kloppenburg, Oldenburg,
14. Ein namentlich nicht bekannter Vertreter aus Württemberg
15. und Hessen.

Als erster Punkt der Tagesordnung soll der Tod des Pfarrers Schneider erörtert worden sein. – Stämmler will
1) erst eine Stunde nach Beginn der Sitzung während der Debatte über diesen Punkt hinzugekommen und
2) ferner bei dieser Auseinandersetzung nicht immer Zeuge gewesen sein. Er will keinerlei Zweifel am Tode Schneiders geäußert, sondern beschwichtigend in dem Sinne gewirkt haben, daß man ›dankbar dafür sein solle, daß der totgeglaubten Kirche ein Zeuge geschenkt sei, der bis zum Tode treu geblieben sei‹. Weitere Beschlüsse oder Anweisungen der im d. a. FS erwähnten Art seien in seiner Gegenwart nicht gefaßt worden. Er lehne die ihm von hier bekanntgegebenen Ausführungen im Rundschreiben der B. K. als ungeheuerlich ab und lehne auch die Verantwortung dafür ab. – Auch an einer Sitzung des preußischen LBR., die im Anschluß an die Kodlab stattgefunden habe, sei eine auch nur dem Sinne nach dem Rundschreiben entsprechende Anweisung nicht erteilt worden. An dieser Sitzung haben noch teilgenommen:
1) Pfarrer Schulze, Stettin,
2) Pfarrer Kelner aus Pommern,
3) Pfarrer Kleiner oder Kelner [Kellner] aus Schlesien,
4) Pfarrer Buhre aus Berlin und
5) Pfarrer Dibelius aus Berlin.

Ich bitte, sämtliche genannten Pfarrer zu den Angaben Stämmlers zur Sitzung der Kodlab allgemein und ferner auch insbesondere zu den Ausführungen der B.K. im Rundschreiben, das von Stapo Wesermünde erfaßt wurde, verantwortlich zu vernehmen und mir etwa Stämmler belastende Tatsachen durch FS mitzuteilen.

Zusatz für Gestapa: Bis zur endgültigen Klärung der Sachlage beabsichtige ich, Stämmler in Haft zu behalten.

Zusatz für Gestapa: Stapoleit Magdeburg, Stapo Erfurt:

Nach Angaben Stämmlers soll morgen, Mittwoch früh 9.45 Uhr, hier im Hauptbahnhof Halle Treffpunkt zu einer Sitzung des Prov.-Bruderrats Sachsen sein. Teilnehmer:
1) Pfarrer Müller, Heiligenstadt,
2) Sup. Deipser, Breesenstedt,
3) Pfarrer Jänicke, Magdeburg,
4) Pfarrer Schnapper, Großmöringen.
Weitere Mitteilung hierzu folgt.   Stapo Halle Röm 2B 2E 7047/39«

In Düsseldorf wird Pfarrer Dr. Joachim Beckmann, der spätere Präses der rheinischen Kirche, zur Geheimen Staatspolizei bestellt, der er kein Unbekannter ist.

»Düsseldorf, den 9. 8. 1939
Auf Vorladung erscheint der Pfarrer Dr. Joachim Beckmann, wohnhaft in
Düsseldorf, Kopernikusstr. 9c, und erklärt auf Befragen:
Am 2. 8. 1939 habe ich in Berlin-Steglitz im evangelischen Gemeindehaus an
der Konferenz der Landesbruderräte teilgenommen. Die Konferenz ist eine Arbeitsgemeinschaft, die von Vertretern der einzelnen Landesbruderräte und einigen anderen Mitgliedern der Bekennenden Kirche beschickt wird. Beschlußkraft
steht ihr nicht zu. Diese Konferenz tritt alle 2 bis 3 Monate zusammen. Gewöhnlich wird der Termin der nächsten Konferenz auf der jeweiligen Zusammenkunft
vereinbart. Die Konferenz am 2. 8. 1939 war schon seit langem für diesen Zeitpunkt festgelegt. Die Zahl der Teilnehmer beträgt rund 30 Personen.
Ich selbst bin als stellvertretender Vertreter des preußischen Landesbruderrats
dort am 2. August 1939 beteiligt gewesen.
Die Konferenzen haben den Zweck, einen Meinungsaustausch und einen Austausch in den kirchenpolitischen Fragen der B.K. herbeizuführen. Sie hat für die
B.K. nicht den Charakter eines kirchenleitenden Organs. Es werden dort nur Anregungen gegeben, deren Durchführung den einzelnen Bruderräten überlassen
bleibt.
Bei der letzten Konferenz am 2. 8. 1939 hatte den Vorsitz Pfarrer Scharf. Die
übrigen mir vorgehaltenen Namen von Teilnehmern waren mir im wesentlichen
auch erinnerlich. Einige weitere Teilnehmer waren mir persönlich nicht bekannt.
Auf den Konferenzen werden keine besonderen Vorträge gehalten. Es ist fast
nur eine Aussprache.
Zu der Konferenz am 2. 8. 1939 kann ich nur sagen, daß nach einer einleitenden Andacht durch Pfarrer Asmussen eine Aussprache über den Tod des Pfarrers
Schneider sich anschloß. Als Ergebnis der Aussprache wurden als Anregungen
zusammengefaßt: Fürbitte am Geburtstag oder am Totensonntag für die Familie
des Pfarrers Schneider, Dankgebet für den Heimgang des Pfarrers Schneider als
eines treuen Zeugen seines Herrn. Sorge für die Familie des Pfarrers Schneider,
damit diese keine Not leidet. Die Schaffung einer besonderen ›Stiftung‹ wurde
von einem Mitglied vorgeschlagen, jedoch nicht als allgemeine Ansicht niedergelegt.
Zu der am Anfang der Konferenz abgehaltenen Andacht kann ich noch auf
Befragen erwähnen, daß in dieser auf den Tod des Pfarrers Schneider Bezug genommen wurde. Einzelheiten sind mir nicht mehr genau in Erinnerung. Der mir
vorgehaltene Bibelspruch Offenbarung Johannes 6,11 ist mir noch in Erinnerung. Im übrigen kann ich zu der Andacht des Pfarrers Asmussen nur noch sagen,
daß sie sehr ernst und würdig war und keine Äußerungen enthielt, die zweideutig
waren und den Schluß zuließen, es sei die Meinung des Redners, Pfarrer Schneider sei möglicherweise getötet worden. Zum Verständnis der Ausführungen in
der Andacht ist es nützlich, darauf hinzuweisen, daß den Teilnehmern der Konferenz die Äußerung des Lagerarztes zu Frau Pfarrer Schneider bekannt war: ›Pfarrer Schneider litt schon 1/2 Jahr an einem Herzfehler. Er ist auch am Herzschlag
im Revier plötzlich gestorben.‹ Die gemeinsame Überzeugung der Teilnehmer
war die, daß Schneider den großen Anstrengungen und Belastungen des Lagers
auf die Dauer nicht gewachsen gewesen war.
Kritische Äußerungen von Konferenzteilnehmern über die Ausführungen des
Pfarrers Asmussen und die Behandlung des Falles Schneider sind mir nicht in Erinnerung. Es müßte denn sein, daß dieses geschehen ist, als ich kurze Zeit den
Raum verlassen hatte.
Der mir vorgelegte Bericht über die Konferenz der Landesbruderräte ist keinesfalls authentisch. Er muß die private Nachschrift eines Teilnehmers sein, in der
sich meines Erachtens verschiedene Fehler der Auffassung und Äußerung befinden. Ich habe z.B. keine Ansprache gehalten, sondern lediglich in der Diskussion
eine Bemerkung zu einer aufgeworfenen Frage gemacht.

Außer der Behandlung des Falles Schneider, die etwa 2 Stunden in Anspruch nahm, wurden noch weitere Fragen behandelt, z.B.: Die Lage der christlichen Nichtarier (Büro Grüber), letzte Verordnung zum Reichsbürgergesetz. Die Konferenz mag etwa von 10 bis 17,30 gedauert haben mit einer etwa 2stündigen Mittagspause.

Das mir vorgelegte Blatt, in welchem auch zum Tode Schneiders Stellung genommen wird, ist mir nicht bekannt. Es ist jedenfalls auch vom rheinischen Rat nicht herausgegeben. Die Schreiben des rheinischen Rates haben immer die Signatur des Rates getragen. Außerdem sind seit der Eröffnung des Verbotes unserer Rundschreiben keine Rundschreiben mehr erschienen.

Vorgelesen und unterschrieben:
Dr. Beckmann
[Unterschrift]   Bestätigt:
Pol.-Insp.   Eisel
                                                            Krim.-Ass.-A.
                                            Düsseldorf, den 9. 8. 1939
Vermerk:
Pfarrer Joachim Beckmann, geb. 18. 7. 1901 zu Wanne-Eickel, wohnhaft in Düsseldorf, Kopernikusstr. 9c, ist – nach eigenen Angaben – nicht Mitglied des Preußischen Landesbruderrates. Er ist lediglich Delegierter für die Kodlab.
Unterschrift   Eisel
Pol.-Insp.   Krim.-Ass.-A.«

Der Bericht von den Beerdigungsfeierlichkeiten in Dickenschied wird von der Geheimen Staatspolizei gefürchtet und gesucht. In ihm konnte der Leser das Geschehen auf dem Friedhof nacherleben. In jedem Wort, ob in Ansprache, Lied oder Voten, war der Geist erkennbar, der hinter allem stand. Auf der einen Seite war es die Sieghaftigkeit des christlichen Glaubens, in die jeder, der dabei war oder der die Veröffentlichung in die Hand bekam, mithineingenommen wurde. Auf der anderen Seite, wenn auch öffentlich unausgesprochen, war das Unrecht, das Satanische hautnah gegenwärtig.

Im Februar 1940, zu Beginn des Krieges 1939/45, wird die Gestapo wieder fündig. Der von den Nationalsozialisten entfachte Krieg hindert sie in keiner Weise, die Aktionen in Sachen Paul Schneider fortzusetzen. Von Trier geht das folgende Schreiben nach Koblenz:

»Beglaubigte Abschrift
Geheime Staatspolizei
Staatspolizeistelle Trier   Trier, den 9. Febr. 1940
Br.-Nr. 834/40 – II B 2 – 17/40 E
An die
Geheime Staatspolizei
Staatspolizeistelle
Koblenz
Betrifft: Vollzug des Sammlungsgesetzes vom 5. 11. 34 – Sammlungen der BK
Vorgang: Ohne
Anlagen: 1 Fotokopie
Anliegend überreiche ich Fotokopie eines hier vertraulich erfaßten Schreibens des BK-Pfarrers Heinz Friedrich Wilhelm Rolffs, geb. 28. 6. 00 in Stade, wohnhaft in Bell (Kr. Simmern/Hunsrück), das an den hiesigen BK-Pfarrer Otto

Kirstner, geb. 6. 3. 1907 in Koblenz, wohnhaft in Trier, Weberbachstr. 52, gerichtet war. Das Schreiben ist im Vervielfältigungsverfahren hergestellt und wurde am 8. 2. 40 in Kastellaun zur Post gegeben.

Rolffs fordert hier, entgegen den Bestimmungen der Finanzabteilung des Evgl. Konsistoriums, die in der Hunsrücker Bruderschaft zusammengeschlossenen BK-Pfarrer auf, die Kollektenerträge nicht auf das Sonderkonto A der Finanzabteilung des Konsistoriums einzuschicken, sondern gleich an die Verbände bzw. Anstalten zu überweisen oder die Beiträge zu Hause aufzubewahren oder zum Konvent mitzubringen.

Ferner fordert er die BK-Pfarrer zu einer monatlichen ›Dankopfer‹-Sammlung für die BK und zu einer Sammlung von Geldspenden für die Witwe des im Konzentrationslager gestorbenen BK-Pfarrers Schneider aus Dickenschied/Hunsrück auf, die auf sein Postscheckkonto Köln Nr. 59022 überwiesen werden sollen.

gez. Nölle

Verteiler
RSHA pp.   Siegel   F.d.R.d.A. aus II B 109/40
                                                Koblenz, den 7. März 1940
                                                [Unterschrift]
                                                Kanzl.-Angestellte«

Das Reichssicherheitshauptamt, die eigentliche Zentrale der geheimpolizeilichen Macht im Deutschen Reich, verfügt dann auch sofort:

»Reichssicherheitshauptamt   Berlin SW 11, den 15. 2. 1940
IV/4 A b 99/40
An die
Staatspolizeistelle
in Trier
Betrifft: Pfarrer Wilhelm Rolffs in Bell
Vorgang: Bericht vom 9. 2. 40 – 834/40 – II B 2 – 17/40 E
Ich ersuche, gegen Pfarrer Rolffs in Bell wegen Aufforderung zu einer Sammlung von Geldspenden für die Witwe des BK-Pfarrers Schneider ein Strafverfahren einzuleiten und über den Ausgang zu gegebener Zeit zu berichten.

Im Auftrage:
gez. Hahnenbruch«

Die Ermittlungen gegen Pfarrer Rolffs werden sofort aufgenommen. Dieser zögert dann auch keinen Augenblick, der Gestapo offen zu sagen, daß er sich für eine finanzielle Unterstützung von Frau Schneider eingesetzt habe. Der Koordinator dieser Unterstützungsaktion – Frau Schneider erhielt mit ihren sechs Kindern nur eine sehr bescheidene Pension – ist Pfarrer Voget in Elberfeld. Er und andere kommen nun auch in das Schußfeld der Gestapo.

Das von der Gestapo erfaßte Rundschreiben hat folgenden Wortlaut:

»Bell, den 6. 2. 1940

Liebe Brüder!
Infolge der Verkehrsschwierigkeiten war unser Konvent am 30. 1. so schwach besucht, daß ich mich genötigt sehe, Euch einiges Wichtige wieder schriftlich mitzuteilen: 1) Der ungeheure Schwund an Theologennachwuchs zeigt deutlicher als

alles andere das Ende der Volkskirche an. Die Sorge für die künftigen Prediger liegt ausschließlich bei den Gemeinden. In jeder Synode müßte einer gesucht werden, der für das theologische Studium gewonnen werden kann u. von der B.K. betreut und unterstützt werden müßte. 2) Die Aufgabe und Verantwortung der B.K. ist durch den Krieg ebenso gewachsen wie ihre Bedrängnis. Der Krieg bringt weder eine Pause noch die Entscheidung in unserem Kampfe. 3) Die Kollekten-Angelegenheit ist über den Stand vor Kriegsausbruch noch nicht hinausgekommen. Die Kollekten können keinesfalls auf ›Konto A‹ eingezahlt werden, sondern werden am besten zum Konvent mitgebracht oder bleiben liegen oder gehen unmittelbar an die Anstalten bzw. Verbände. Jeden Monat ist ein Dankopfer für die B.K. zu erbitten. Die Gaben werden eingewickelt mit Aufschrift des Zwecks oder mit der Aufschrift ›Zur Verfügung des Ortspfarrers‹ abgegeben. 4) Die grünen Karten für die freiwilligen Beiträge der ›Gemeinde unter dem Wort‹ pro 1940 bitte ich sofort in der erforderlichen Anzahl bei mir anzufordern. 5) Für die zukünftige Versorgung von Schwester Schneider und ihrer Familie hat jeder Amtsbruder in seiner Gemeinde etwa 50 M aufzubringen (einzuzahlen auf mein Postscheckkonto Köln 59022 mit der Bemerkung ›Haus Schneider‹).

> Mit brüderlichem Gruß
> gez. Rolffs«

Die Gestapo hebt insbesondere auf Punkt 5 des Schreibens ab, in dem sich Pfarrer Rolffs für die Familie Schneider einsetzt. Diese Auseinandersetzung zieht sich etwa ein Jahr hin. In ihr ist bedeutsam, daß der Staatsanwalt nicht auf die angeregte Sammlung für die Familie Schneider zielt, sondern nach einer Sammlung außerhalb des vom deutsch-christlichen Konsistorium herausgegebenen Kollektenplans sucht, sofern sie öffentlich veranstaltet worden und somit als strafbare Handlung einzustufen gewesen wäre.

»Geheime Staatspolizei Koblenz a. Rh., den 18. März 1940
Staatspolizeileitstelle Im Vogelsang 1
Fernsprecher: Nr. 2291

Br.-Nr. II B 109/40
An
die Geheime Staatspolizei
Staatspolizeileitstelle
in
Düsseldorf
Betrifft: Durchführung von Sammlungen für die Witwe
Margarete Schneider, geb. Dieterich,
geb. 8. 1. 1904 zu Wildberg, wohnhaft Dickenschied,
Kr. Simmern
Vorgang: Ohne
Anlagen: 1 Heft

Beiliegenden Vorgang übersende ich mit der Bitte um Kenntnisnahme.
    Gegen Pfarrer Heinz Rolffs werde ich Strafverfahren wegen Vergehens gegen das Sammlungsgesetz einleiten. Ich stelle anheim, gegen Pfarrer Voget gleichfalls ein Strafverfahren einzuleiten. Vom Ausgang des Verfahrens bitte ich mich in Kenntnis zu setzen.
Der evangelische Pfarrer
Paul Robert Schneider,
geb. am 29. 8. 1897 zu Pferdsfeld, R.D.,

wohnhaft in Dickenschied, Kr. Simmern,
der ein fanatischer Anhänger der Bekennenden Kirche war, wurde am 31. 5.
1937 in Schutzhaft genommen und später dem Konzentrationslager Buchen-
wald/Weimar zugeführt, wo er am 18. 7. 1939 verstarb.
[Unterschrift]«

Die Buchführung der Geheimen Staatspolizei bedarf hier einer Kor-
rektur: Paul Schneider wurde zwar am 31. Mai 1937 verhaftet, aber am
24. Juli 1937 entlassen und aus dem Rheinland ausgewiesen. Die erneute Verhaftung erfolgte dann am 3. Oktober 1937 und die Überführung ins Konzentrationslager am 25. November 1937. Dies wurde oben
bereits dargelegt. Der Oberstaatsanwalt teilt dem Amtsgericht in Kastellaun mit:

»Der Oberstaatsanwalt   Koblenz, den 11. Juni 1940
Geschäftsnummer: 2 Js 207/40
1. Urschr. mit Akten
der Geheimen Staatspolizei
Staatspolizeistelle in Koblenz
übersandt.
Der Beschuldigte hat sich dadurch, daß er zugestandenermaßen im Januar
1940 eine nicht genehmigte Sammlung (nämlich Dankopfer) veranstaltet hat,
eines Vergehens gegen das Sammlungsgesetz schuldig gemacht.
    Ferner liegt ein Vergehen gegen § 111 StGB insofern vor, als der Beschuldig-
te ›durch Verbreitung einer Schrift‹ – nämlich des Rundschreibens – zu einer
strafbaren Handlung, nämlich zur Veranstaltung einer öffentlichen Sammlung
(des Dankopfers), aufgefordert hat.
    Soweit der Beschuldigte in dem Rundschreiben aufgefordert hat, Spenden
für die Witwe Schneider aufzubringen, ist m.E. eine strafbare Handlung nicht
nachzuweisen. Es läßt sich nicht nachweisen, daß die Sammlung, zu der R. auf-
forderte, öffentlich – insbesondere in der Kirche – erfolgen solle, so daß diese
Sammlung strafbar wäre. Es besteht die Möglichkeit, daß insoweit nur im Be-
kanntenkreise – also nicht öffentlich – gesammelt werden sollte.
2. Nach 2 Wochen
I.A.
gez. Dr. Zbikowski«

Das Amtsgericht beschließt einen Strafbefehl gegen Pfarrer Rolffs zu
erlassen, dem am 26. Juni 1940 der Staatsanwalt zustimmt. Pfarrer
Rolffs erhebt gegen die Verhängung einer Geldstrafe von 157,50 RM
durch seinen Rechtsanwalt Dr. Schulze zur Wiesche Einspruch. Es
kommt zur Hauptverhandlung, in der der Staatsanwalt bei der Verhängung der Geldstrafe verharrt. Das Amtsgericht stellt dennoch am 7. Januar 1941 das Verfahren ein. Die Geheime Staatspolizei Koblenz teilt
der Gestapo in Düsseldorf mit:

»Geheime Staatspolizei   Koblenz a. Rh., den 3. Februar 1941
Staatspolizeileitstelle   Vogelsang 1
Koblenz   Fernsprecher: Nr. 2291
Br.-Nr. II B 109/40
Bitte in der Antwort obiges Geschäftszeichen und Datum angeben.

An
die Geheime Staatspolizei
– Staatspolizeileitstelle –
Düsseldorf
Betrifft: Durchführung einer Sammlung von Geldspenden für die Witwe
des im KZ.-Lager verstorbenen Pfarrers Paul Schneider,
Dickenschied.
Vorgang: Dortiges Schreiben vom 24. 4. 40
II B 2/80, 10/Voget
Anlagen: 1 Heft

Das gegen den evgl. Pfarrer
Heinz Rolffs,
geb. am 28. 6. 1900 zu Stade,
R.D., verh.,
wohnhaft in Bell, Krs. Simmern,
eingeleitete Verfahren wegen Vergehens gegen das Sammlungsgesetz ist am 7. Januar 1941 vom Amtsgericht in Kastellaun – 1 Cs. 11/40 – eingestellt worden. Die Einstellungsgründe bitte ich aus den beiliegenden Abschriften zu ersehen.
Vom Ausgang des gegen Pfarrer Voget eingeleiteten Verfahrens bitte ich mir Mitteilung zu machen.

[Unterschrift]«

Obwohl die Staatsanwaltschaft in Koblenz eindeutig festgestellt hat: »Soweit der Beschuldigte in dem Rundschreiben aufgefordert hat, Spenden für die Witwe Schneider aufzubringen, ist m.E. eine strafbare Handlung nicht nachzuweisen«, bleibt die Geheime Staatspolizei bei der Verfolgung von Hilfeleistungen für die Familie Schneider.

Pfarrer Karl Immer hatte in einem Rundschreiben für den »Coetus reformierter Prediger Deutschlands« u.a. geschrieben: ». . . Für Frau Pastor Schneider, deren Mann von Anfang an Mitglied des Coetus gewesen ist, wird z.Zt. in Wuppertal eine Herberge gekauft, damit ihre Kinder sich in Haus und Garten ausdehnen können. Wir brauchen dazu Geld. Wenn jeder Bruder eine Bibelstundenkollekte auf Postscheckkonto Nr. 2399 von Dorp. Stadt.-Sparkasse, Zweigniederlassung W.-Barmen P.K. Nr. 14400 Essen einsendet, dann sind wir bald über den Berg . . .« Von der Gestapo zur Sache vernommen, erklärt Pfarrer Immer u.a.:

». . . Im Juli 1939 ist bei der Beerdigung des Pastors Schneider, Dickenschied/Hunsrück, an der Vertreter fast sämtlicher evg. Kirchen Deutschlands teilgenommen haben, beschlossen worden, der Ww. eine Hilfe angedeihen zu lassen. Man dachte an den Kauf eines Hauses, damit Frau Schneider, die nur ein kleines Witwengehalt bezieht, mit ihren Kindern ihr Auskommen hat. Diese Nachricht ging alsbald durch die gesamte Bekennende Kirche . . .«

Pastor Julius Voget hat sich ähnlich vor der Gestapo geäußert. Während die Ermittlungen gegen die Pastoren Immer und Voget laufen, drängt die Gestapo Koblenz Staatsanwaltschaft und Gerichte immer wieder um Mitteilung über den Stand der Angelegenheit. Bei der Durchsicht

der auffindbaren Akten kann man sich des Eindrucks nicht erwehren, daß
die Geheime Staatspolizei in Koblenz ein »besonderes Interesse« an der
Familie von Paul Schneider hatte, indem sie jede Art von Hilfeleistung für
sie unter Strafe stellen wollte. Letztlich scheitert sie aber doch an der Solidarität der Pfarrbrüder und ihrer Gemeinden. Pastor Voget sagt zur Sache vor der Gestapo u.a. noch aus:

»Der verstorbene Pfarrer Paul Robert Schneider war Bundesbruder von mir. Mit
seiner Frau bin ich seit längerem freundschaftlich bekannt, so daß es mir selbstverständlich war, mit meiner Frau zur Beerdigung zu fahren. Schon am Beerdi-
gungstage war unter den zahlreichen Amtsbrüdern der Wunsch laut geworden,
dem Dank an Paul Schneider irgendwie Ausdruck zu geben.
   Später wurde in Pfarrkreisen darüber gesprochen. Als bester Vorschlag blieb
zurück, der Ww. Schneider zu helfen, ein passendes Haus in einer Stadt zu erwer-
ben, wo ihre 6 Kinder die verschiedenen Schulen besuchen können. Ich habe
mich der Frau Schneider angeboten, ein geeignetes Einfamilienhaus in Wuppertal zu suchen. Frau Schneider erklärte sich hiermit einverstanden.
   Ich setzte mich mit dem Architekten Reusch aus W.-Barmen in Verbindung,
durch den ich unter anderm auf das Haus W.-Elberfeld, Baustraße 38, aufmerksam gemacht wurde. Dies Haus gehörte der ›Evangelischen Gesellschaft für
Deutschland‹ in Wuppertal-Elberfeld, in dem zuletzt der verstorbene Pastor
Spörri gewohnt hatte. Nach Besichtigung durch Frau Schneider wurde das Haus
gekauft ...«

Mit dem Fortzug aus Dickenschied ist die Familie von Paul Schneider nicht mehr im Machtbereich der Geheimen Staatspolizei Koblenz.
Die aber reicht den Vorgang an die nächste Gestapo-Überwachungsstel-
le weiter:

»Geheime Staatspolizei   Koblenz a. Rh., den 29. April 1940
Staatspolizeileitstelle Koblenz   Im Vogelsang 1
                                             Fernsprecher: Nr. 2291
Br.-Nr. II B 109/40
Bitte in der Antwort obiges Geschäftszeichen und Datum angeben
An die Geheime Staatspolizei
– Staatspolizeileitstelle –
in Düsseldorf
Betrifft: Durchführung von Sammlung für die Witwe Margarete Schneider,
geb. Dieterich, geb. 8. 1. 04 Wildberg
Vorgang: Ohne
   Im Anschluß an meine Schreiben vom 18. 3. und 15. 4. teile ich weiter mit, daß
die Witwe Schneider am 25. 4. 1940 von Dickenschied, Kr. Simmern, nach Elber-
feld verzogen ist.
                                                      Im Auftrage:
                                                         Prüß«

Daten zum Lebensweg
von Paul Schneider

1897   In Pferdsfeld (Soonwald) auf dem Hunsrück am 29. August als Sohn des Pfarrers Gustav Adolf Schneider und seiner Ehefrau Elisabeth, geb. Schnorr geboren

1915   Notabitur in Gießen – Kriegsfreiwilliger in Hofgeismar

1916   Verwundung in Rußland – Fußartillerie in Frankreich

1918   Leutnant der Reserve

1919   Teilnahme an den Kämpfen in Thüringen als Mitglied des Marburger Studentenkorps – Beginn des Theologiestudiums in Gießen; Fortsetzung des Studiums in Marburg, Tübingen und wieder Marburg

1922   Erstes Theologisches Examen in Koblenz; danach Arbeiter am Hochofen im Ruhrgebiet (freiwilliges Industriepraktikum), dann Predigerseminar in Soest (Westfalen)

1923   Zweites Theologisches Examen

1924   Tätigkeit in der Berliner Stadtmission

1925   Ordination (Januar), Hilfsprediger im Ruhrgebiet

1926   Amtsnachfolger seines Vaters in Hochelheim und Dornholzhausen im Kirchenkreis Wetzlar; Verheiratung mit der Pfarrerstochter Margarete Dieterich, geb. 8. Januar 1904 in Wildberg, in Weilheim (Württemberg); der Ehe entstammen sechs Kinder

1932   Erste Beschwerde der Gauleitung Frankfurt/Main der NSDAP beim Superintendenten des Kirchenkreises Wetzlar

1933   Erste offene Auseinandersetzung mit der NSDAP

1934   Auf Betreiben der NSDAP Beurlaubung und spätere Versetzung; Pfarrer von Dickenschied und Womrath auf dem Hunsrück
Erste Verhaftung als Folge eines Zusammenstoßes mit dem Kreisleiter der NSDAP anläßlich einer Beerdigung in Gemünden

1935   Zweite Verhaftung im März im Zusammenhang mit der Verlesung einer Kundgebung der Altpreußischen Bekenntnissynode

1937   Dritte Verhaftung; Gestapo-Gefängnis Koblenz von Mai bis 24. Juli; aus der Rheinprovinz ausgewiesen. Dennoch am 25. Juli 1937 Predigt in Dickenschied und Womrath, anschließend Erholungsurlaub in Baden-Baden (Stadtmission). Am 3. Oktober Rückkehr in die Gemeinden Dickenschied und Womrath auf dringendes Ersuchen der beiden Presbyterien; Erntedankgottesdienst in Dickenschied. Vierte Verhaftung am gleichen Tage am Waldrand vor Womrath auf dem Weg zum dortigen Erntedankgottesdienst
Am 27. November 1937 Überführung in das Konzentrationslager Buchenwald bei Weimar

1939   Auf Betreiben des Konsistoriums in Düsseldorf erläßt der Oberkirchenrat in Berlin die »Verordnung über die Versetzung von Geistlichen aus dienstlichen Gründen«; mittels dieser Verordnung soll Paul Schneider nach Absprache zwischen dem Konsistorium und der Geheimen Staatspolizei in den Wartestand versetzt werden

15. Juli   Das Konsistorium leitet das Verfahren zur Versetzung in den Wartestand ein, das nicht mehr durchgeführt werden kann

18. Juli   Telegrafische Anzeige vom Tod Paul Schneiders im Konzentrationslager Buchenwald bei Weimar

21. Juli   Trauergottesdienst und Beerdigung in Dickenschied unter Teilnahme der gesamten evangelischen und katholischen Bevölkerung von Dickenschied-Womrath und Umgebung und 150 Pfarrern im Ornat und 50 Pfarrern in Zivil aus allen deutschen Landeskirchen. Betroffenheit bei der Gestapo, der NSDAP und dem Evangelischen Konsistorium in Düsseldorf

Das Evangelische Konsistorium macht der Gestapo Vorwürfe, daß sie die Erlaubnis zur Beisetzung in Dickenschied erteilt hat; die Familie von Paul Schneider und ihre Helfer werden weiter von der Gestapo beobachtet

Literatur

Baumgärtel, Friedrich, Wider die Kirchenkampf-Legenden, Neuendettelsau 1958.

Baumgarten, Otto, Kreuz und Hakenkreuz, Gotha 1926.

Benad, Matthias und *Telschow, Jürgen* (Hg.),»Alles für Deutschland – Deutschland für Christus«. Evangelische Kirche in Frankfurt am Main 1929-1945, Frankfurt/M. 1985.

Besier, Gerhard, Ansätze zum politischen Widerstand in der Bekennenden Kirche – Zur gegenwärtigen Forschungslage, in: Der Widerstand gegen den Nationalsozialismus, hg. von Jürgen Schmädeke und Peter Steinbach, München 1986.

Bethge, Eberhard, Zwischen Bekenntnis und Widerstand – Erfahrungen in der Altpreußischen Union, in: Der Widerstand gegen den Nationalsozialismus, hg. von Jürgen Schmädeke und Peter Steinbach, München 1986.

–, Dietrich Bonhoeffer – Theologe – Christ – Zeitgenosse, München ⁶1986.

Beyreuther, Erich, Die Geschichte des Kirchenkampfes in Dokumenten 1933/45, Wuppertal 1966.

Boberach, Heinz, Berichte des SD und der Gestapo über Kirchen und Kirchenvolk in Deutschland 1934-1944, Mainz 1974.

Bonhoeffer, Dietrich, Gesammelte Schriften, Bd. III, München 1965.

Broszat, Martin, Nationalsozialistische Konzentrationslager 1933-1945, in: Anatomie des SS-Staates, Bd. 2, Olten und Freiburg/Breisgau ²1979.

Calvin, Johannes, Institutio Christianae Religionis, Neukirchen-Vluyn ⁵1988.

Denzler, Georg und *Fabricius, Volker*, Die Kirchen im Dritten Reich, Bd. 2, Frankfurt/M. 1984.

Deuerlein, Ernst (Hg.), Der Aufstieg der NSDAP in Augenzeugenberichten, München 1980.

Doehring, B. (Hg.), Ein feste Burg. Predigten und Reden aus ehener Zeit, Bd. 1, Berlin o.J. (1914).

Eitner, Hans Jürgen, Der Führer, München 1981.

Ericksen, Robert P., Theologen unter Hitler. Das Bündnis zwischen evangelischer Dogmatik und Nationalsozialismus, München und Wien 1986.

Feder, Gottfried, Das Programm der NSDAP, München 1930.

Fest, Joachim C., Hitler. Eine Biographie. Frankfurt/M., Berlin und Wien 1979.

Forck, Bernhard Heinrich, Und folget ihrem Glauben nach, Stuttgart 1949.

Gauger, Joseph, Gotthard-Briefe – Chronik der Kirchenwirren (anstatt Handschrift gedruckt), Elberfeld 1934/35.

Glenthøj, Jørgen, Kirche und Recht – Ein historisches Dokument, heute wichtig, in: Lutherische Kirche in der Welt. Jahrbuch für lutherische Theologie und Kirche 35, 1988.

Greschat, Martin (Hg.), Zwischen Widerspruch und Widerstand. Texte zur Denkschrift der Bekennenden Kirche an Hitler (1936), München 1987.

Grüber, Heinrich, Erinnerungen aus sieben Jahrzehnten, Köln und Berlin 1968.

Harder, Günther und *Niemöller, Wilhelm*, Die Stunde der Versuchung, München 1963.

Hellbardt, Hans, Die Zucht der Kirche und ihre Verheißung, Wuppertal-Barmen 1935.

Hermelink, Heinrich, Kirche im Kampf. Dokumente des Widerstandes in der Evangelischen Kirche Deutschlands 1933-1945, Tübingen und Stuttgart 1950.

Hitler, Adolf, Mein Kampf, 95.-96. Aufl. München 1934.

Hoffmann, Martin u.a. (Hg.), Dokumentation zum Kirchenkampf in Hessen und Nassau, Darmstadt 1974.

Hunzinger, Walter, Schicksalsfrage an die protestantische Kirche, in: Neue Blätter für den Sozialismus, hg. von E. Heimann, F. Klatt, A. Rathmann, P. Tillich, 1931.

Klepper, Jochen, Ziel der Zeit, Witten und Berlin 1962.

Kogon, Eugen, Der SS-Staat, München 1974.

Kupisch, Karl, Tradition und Gegenwart, Bd. 3, Berlin 1963.

–, Deutschland im 19. und 20. Jahrhundert, in: Die Kirche in ihrer Geschichte, hg. von K.D. Schmidt und E. Wolf, Göttingen 1966.

Langmann, Otto, Deutsche Christenheit, in: Zeitwende, Juliausgabe, Hamburg 1933.

Lehmann, Wolfgang, Hans Asmussen, Göttingen 1988.

Luther, Martin, Werke in Auswahl, Bd. 1, München 1951.

Matthias, E. von und *Morsey, R.* (Hg.), Das Ende der Parteien 1933. Darstellungen und Dokumente, Düsseldorf 1955.

Meier, Kurt, Die Deutschen Christen, Halle/S. und Göttingen 1964.

–, Der Evangelische Kirchenkampf, 3 Bde., Halle/S. und Göttingen 1976.1984.

–, Evangelische Kirche in Gesellschaft, Staat und Politik 1918-1945, Berlin 1987.

Niemöller, Wilhelm, Aus dem Leben eines Bekenntnispfarrers, Bielefeld 1961.

–, Die Evangelische Kirche im Dritten Reich, Bielefeld 1956.

–, Bekennende Kirche in Westfalen, Bielefeld 1952.

van Norden, Günther, Zwischen Kooperation und Teilwiderstand: Die Rolle der Kirchen und Konfessionen – Ein Überblick über Forschungspositionen, in: Der Widerstand gegen den Nationalsozialismus, hg. von Jürgen Schmädeke und Peter Steinbach, München 1986.

–, Kirchenkampf im Rheinland, Köln 1984.

Oehme, Werner, Märtyrer der evangelischen Christenheit 1933-1945. Neunundzwanzig Lebensbilder, Berlin (DDR) [3]1985.

Pelke, Else, Der Lübecker Christenprozeß 1943, Mainz 1974.

Picker, Henry, Hitlers Tischgespräche im Führerhauptquartier, Stuttgart 1961.

Poller, Walter, Der Arztschreiber von Buchenwald, Offenbach/Main 1960.

Reimers, Karl Friedrich, Lübeck im Kirchenkampf des Dritten Reiches, Göttingen 1965.

Röhm, Eberhard und *Thierfelder, Jörg,* Evangelische Kirche zwischen Kreuz und Hakenkreuz, Stuttgart 1981.

Röhm, Eberhard, Sterben für den Frieden. Spurensicherung: Hermann Stöhr (1898-1940) und die ökumenische Friedensbewegung, Stuttgart 1985.

Rosenberg, Alfred, Wesen, Grundsätze und Ziele der NSDAP, München (1922) [16]1937.

–, Der Mythus des 20. Jahrhunderts, 189.-194. Aufl., 936.-965. Ts., München 1942.

Sasse, Hermann, In statu confessionis, Berlin u.a. 1975.

Sonne, Hans Joachim, Die politische Theologie der Deutschen Christen, Göttingen 1982.

Schlatter, Adolf, Das christliche Dogma, Tübingen 1911.

Schlink, Edmund, Der Ertrag des Kirchenkampfes, Gütersloh 1947.

Schmidt, Kurt Dietrich, Dokumente des Kirchenkampfes, Bd. II/1 und II/2, Göttingen 1965.

Schneider, Margarete, Der Prediger von Buchenwald, Berlin 1953ff; Stuttgart 1985.

Schneider, Paul, ... und sollst mein Prediger bleiben. Predigten, hg. von Rudolf Wentorf, Gießen und Basel 1966.

Scholder, Klaus, Die Kirchen und das Dritte Reich, Bd. 1, Frankfurt/M. 1977, Bd. 2, München 1985.

–, Politischer Widerstand oder Selbstbehauptung als Problem der Kirchenleitungen, in: Der Widerstand gegen den Nationalsozialismus, hg. von Jürgen Schmädeke und Peter Steinbach, München 1986.

–, Die evangelische Kirche in der Sicht der nationalsozialistischen Führung, in: Vierteljahrshefte für Zeitgeschichte 15, H. 1, 1968.

Schönherr, Albrecht, Kirchenzucht, Gütersloh 1966.

Schröder, Rudolf Alexander, Gesammelte Werke, Bd. 1, Berlin und Frankfurt/ M. 1952.

Schwarz, Walter, Welche Bedeutung hat die Spannung zwischen Nationalsozialismus und evangelischem Christentum für die apologetische Wortverkündigung?, in: Wort und Tat, H. 3, (Apologetische Zentrale) Berlin-Spandau 1931.

Steinbauer, Karl, Die Predigt vor dem Kriegsgericht, Kirche und Mann 1963.

Strathmann, Hermann, Nationalsozialistische Weltanschauung, Nürnberg [2]1931.

Wentorf, Rudolf, Siegbert Stehmann. Ein Dichter in der Bewährung, Gießen und Basel 1965.

–, Paul Schneider. Der Zeuge von Buchenwald, Gießen und Basel [3]1987.

–, Trotz der Höllen Toben. Dokumente berichten aus dem Leben von Paul Schneider, Berlin 1967.

Wieneke, Friedrich, Die Glaubensbewegung »Deutsche Christen«, Soldin [5]1933.

Nachtrag

Noch während der Drucklegung gingen Berichte und Hinweise, die sich mit dem Leidensweg von Paul Schneider beschäftigten, ein. Beklagenswert ist, daß die Mitteilungen – oft sehr kurz, obwohl wichtig – verstreut in verschiedenen Publikationsorganen zu finden sind.

Der ehemalige französische Buchenwaldhäftling Pierre Durand hat im Militärverlag der DDR ein Buch »Die Bestie von Buchenwald« veröffentlicht. In ihm berichtet er von einer Beobachtung des Häftlings Adolf Pauer, der als Klempner Dacharbeiten an der Villa des Lagerkommandanten SS-Standartenführer Karl Koch auszuführen hatte. Er teilt mit: »Als Paul Schneider am Kommandantenhaus das Gelände planieren mußte, hetzte die Koch ihren Hund auf den Pfarrer; anschließend verbot sie, die blutenden Bißwunden zu verbinden, und zwang Schneider, in schnellem Tempo weiterzuarbeiten« (Hinweis von Frau Pfarrerin Elsa-Ulrike Ross vom Paul-Schneider-Gemeindezentrum in Weimar – einer Stätte, die sich, wie auch die Pfarrerin, dem geistlichen Erbe Paul Schneiders verbunden weiß). Ilse Koch hat sich nach dem Krieg das Leben genommen.

Vergleicht man die Hinweise miteinander, bleiben augenfällige Unterschiede nicht aus; dies ist ausschließlich mit den damaligen Zeitverhältnissen und der jeweiligen Struktur des Konzentrationslagers zu erklären. Im Detail hingegen sind dann die Übereinstimmungen erkennbar. Zunächst ein Beitrag aus der im Union-Verlag Berlin (DDR) 1984 in zweiter Auflage erschienenen Schrift »Paul Schneider, Brüder seid stark . . .«, von Walter Feurich. In ihr heißt es u. a.:

». . . (Die) unerhörte Haltung Paul Schneiders hat auch seine marxistischen Mithäftlinge in Buchenwald tief beeindruckt, wie einige von ihnen später mündlich oder schriftlich bezeugten.« In dieser Schrift läßt Feurich den bekannten kommunistischen Schriftsteller Bruno Apitz mit einem Zeitungsartikel von 1958 zu Wort kommen. Darin wird mitgeteilt, daß Paul Schneider freigekommen wäre, wenn er eine Loyalitätserklärung für den NS-Staat unterschrieben hätte: »Aber er unterschrieb nicht! Er hat niemals unterschrieben! . . . Lieber den Tod als den Verrat! . . . In der einsamen Zelle von Buchenwald starb einer, dem Treue zu seiner Sache, Standhaftigkeit und Mut eine sittliche Größe gegeben hat, die, heute, fast 20 Jahre nach seinem martervollen Tod, noch strahlt und immer noch strahlen wird. Ihr Gläubigen, Pfarrer Schneider ist euer! Aber er ist auch unser! Er ist aller Menschen Bruder und Kamerad, die den Frieden auf Erden haben wollen.«

Anneliese Feurich, Witwe von Walter Feurich, berichtet in ihrem Artikel »Bruder und Kamerad« der Evangelischen Monatsschrift »Standpunkt« in der DDR vom Juli 1989 auf S. 188 u. a.: »›Die illegale Lagerleitung‹ der Marxisten (in Buchenwald) habe beratschlagt, wie man Schneider in seiner Zelle beistehen könne. Es habe sich einer aus ihren Reihen dazu gemeldet, und es sei tatsächlich gelungen, diesen Mann in seine Zelle zu schleusen . . .« Bei diesem im wahrsten Sinne des Wortes Freiwilligen handelte es sich um den kommunistischen Häftling Fritz Männchen, der Buchenwald überlebte und folgenden Bericht gegeben hat:

». . . 31. Januar 1939: Ich befand mich gegen 20 Uhr vormittags im Häftlingsblock 37. Der Gestapo-Sekretär Leclair forderte mich auf, ihm zu folgen. Unser Weg führte nach dem Bunker. Im Bunker wurde ich von dem berüchtigten Kerkermeister Martin Sommer empfangen. Er schloß eine Zelle auf und stieß mich hinein. Hier gewahrte ich, an der Dampfheizung kniend, einen Häftling, der betete. Ich stieß den Kameraden leicht an der Schulter an. Da sah ich, daß es Pfarrer Schneider war. Er stand auf, und wir umarmten uns. Darauf sagte mir Pfarrer Schneider: ›Fritz, was willst du bei mir?‹ Ich gab darauf zur Antwort: ›Der liebe Gott hat mich zu dir geschickt, damit du nicht allein bist.‹ Ich bekam darauf zur Antwort: ›Glaubst du das, Fritz, daß dich mein Gott zu mir geschickt hat?‹ Ich antwortete ihm darauf: ›Ja, ich glaube es!‹ – Da es an einem Freitag war, war für Pfarrer Schneider ein Fasttag. Wir unterhielten uns, und er fragte mich: ›Was machen die Kameraden im Lager? Habt ihr einmal etwas von meiner Frau und den fünf [sechs] Kinderchen gehört?‹ Da ich ihm das Herz nicht schwerer machen wollte, als es ohnehin schon war, erzählte ich ihm, daß es seiner Frau und seinen fünf [sechs] Kindern gutgehe. Daraufhin kniete Schneider wieder hin und betete, daß Gott ihn stark machen möge, damit er zu seinen Lieben wieder zurückkehren könne und gesund bleiben möge. Pfarrer Schneider erzählte mir dann seine Leidenszeit, die er bis jetzt im Bunker verbracht hatte. Jeden Tag hat er immer und immer wieder mit der Ochsenpeitsche Schläge bekommen. Er zeigte seinen Körper, und ich war so erschüttert, daß ich keine Worte fand. An beiden Seiten des Hüftgelenks waren faustgroße Löcher durch das Liegen auf der Holzpritsche entstanden. Keine Decke, kein Strohsack und nichts war in der Zelle, in der sich Pfarrer Schneider von Juni bis Januar befunden hatte. – Die in der Zelle herrschende Kälte – Dampfheizung war nicht angestellt – zwang uns zu Freiübungen, damit uns etwas wärmer wurde. Plötzlich wurde die Zellentür aufgeschlossen, und der Scharführer stürzte sich mit dem Ochsenziemer auf Pfarrer Schneider und schlug ihn mit den Worten: ›Du Schwein!‹ Darauf sagte Pfarrer Schneider in leisem Ton: ›Ich bin kein Schwein, Herr Scharführer!‹ Daraufhin wurde Pfarrer Schneider von dem Scharführer blutig zusammengeschlagen, so daß er in der Ecke der Zelle zusammenbrach. Ich bemühte mich um Pfarrer Schneider. Leider konnte ich ihn nicht auf die Holzpritsche legen, da dieselbe tagsüber angeschlossen war. Auf dem kalten Boden wischte ich das blutige Gesicht mit meinem Rock ab, riß das Futter heraus und verband Pfarrer Schneider notdürftig damit. – Acht Tage später wurde der Kalfaktor aus dem Bunker entlassen. Obersturmbannführer Rödel ließ mich eines Tages aus der Zelle holen und erklärte mir, daß ich vorübergehend den Kalfaktor machen sollte. Ich mußte Essen austragen und war für die Sauberkeit des Zellenbaues verantwortlich. Das Essen mußte ich den meisten Häftlingen selbst ausgeben, jedoch waren Kameraden in den Zellen, denen Kerkermeister Sommer selbst das Essen ausgab. Ich habe selbst beobachtet, wie Sommer vor der Essensausgabe eine Flüssigkeit in verschiedene Schüsseln schüttete, unter anderen auch in die Schüssel von Pfarrer Schneider. Die erste Zeit konnte ich nicht feststellen, was das für ein Mittel gewesen ist. Bei der Säuberung des Zimmers von Scharführer Sommer konnte ich jedoch feststellen, daß die Flüssigkeit, die sich im Schrank befand, ein Herzschwächungsmittel war.«

Der letzte Hinweis muß in Verbindung mit den oben gegebenen Berichten gesehen werden; er erhärtet die These vom vorsätzlichen Mord an Paul Schneider.

Nun ein Schreiben von Pfarrer Petry, der Frau Schneider s. Zt. nach Buchenwald begleitete, um den Leichnam ihres Mannes abzuholen:

»Wirschweiler, 1. 8. 39

Liebe Freunde!

Herzlichen Dank für Anitas Brief! Da ich Walther[1] nicht auf der Beerdigung von Bruder Schneider traf, nahm ich an, daß Ihr schon in Boltenhagen wärt. Wie schwer wird diese Nachricht in Euer hoffentlich sonst fröhliches Urlaubsleben gefallen sein. Wir kamen am Dienstag, dem 18. 7., zu Hause wieder an. Die Rückkehr hatte sich etwas verzögert, da ich auf dem Rückweg noch die Rheinische Bekenntnis-Synode am Niederrhein mitnahm, die vom 16. 7. 1 Uhr nachmittags bis zum 17. gegen Mittag die Nacht hindurch getagt hatte. Als wir 1 Stunde zu Hause waren, gab mir Müsse[2] die Nachricht von Schneiders Tod telefonisch durch und bat mich, gleich mit ihm nach Dickenschied zu kommen. Ich setzte mich also wieder ins Auto, und wir fuhren nach Dickenschied. Wir trafen dort Frau Schneider – sie war noch in einem hellen Sommerkleid –, wie sie gerade mit heller, klarer Stimme einigen Leuten Weisungen gab. Frau Schneider war in all diesen Tagen von einer wunderbar gefaßten Haltung. Sie ist wirklich eine tapfere Frau. Und wenn man weiß, wie sie wirklich an ihrem Mann gehangen hat, weiß man diese Haltung erst recht zu würdigen. Wir haben in jenen Tagen in Dickenschied und unterwegs nach Weimar nicht nur geweint, sondern auch gelacht. Sie hatte nachmittags das Telegramm mit der Nachricht bekommen, daß ihr Mann verstorben sei, daß sie ihn auf eigene Kosten überführen könne, anderenfalls er nach 24 Stunden eingeäschert würde. Ein wenig später teilte ihr der Gendarm noch mit, daß Schneider an Herzschlag gestorben sei. Schneider hatte gerade seit Ostern drei sehr getroste, fröhliche Briefe geschrieben. Er schrieb, daß er munter und gesund sei. Aber aus den Briefen ging auch hervor, daß er immer wieder kämpfte zwischen der starken Hoffnung auf Freiheit und der völligen Hingabe seines Lebens dort. – Nachts 2 Uhr fuhren Frau Schneider und ich mit einem Mercedes, an den ein Sargwagen gehängt war, nach Weimar. Morgens 10 Uhr waren wir dort. Von einem städtischen Amt aus meldete ich uns im Lager an und trug Frau Schneiders Willen vor, ihren Mann zu sehen. Dieses wurde zugesagt, wir sollten nach zwei Stunden kommen. Gegen Mittag waren wir im Lager. Wir wurden am Eingang von 2 Lagerführern und dem Lagerarzt sehr höflich empfangen. Es wurde uns dann gesagt, Schneider sei noch seziert worden, da die Todesursache nicht klar gewesen. Aber er habe seit 1/2 Jahr einen Herzfehler gehabt und sei die 3 letzten Tage auch deswegen im Revier gewesen, er habe auch die letzten Wochen dicke Beine gehabt. Der Tod sei in Gegenwart des Lagerarztes ganz plötzlich eingetreten.

Wir wurden dann an die Bahre Schneiders geführt. Er war bis zum Hals mit einem weißen Tuch bedeckt. Sein Angesicht trug den Ausdruck eines friedlich Entschlafenen. Frau Schneider sagte: Tot, und doch nicht besiegt. Wir sprachen beide einen Liedvers – Unser Vater –, die letzte Minute stand Frau Schneider allein bei ihrem Mann, während unsere Begleitung und ich uns an den Eingang zurückgezogen hatten. Das war der Abschied. Dann wurde Bruder Schneider in den Sarg gelegt, den wir gekauft hatten. Dieser Sarg wurde 7fach versiegelt und durfte in Dickenschied nicht mehr geöffnet werden. Unterdes erledigten wir in einem Büro im Lager noch einige Formalitäten. Frau Schneider konnte auch noch einige Fragen stellen. Mir selber war der Mund verschlossen. Der Sarg sollte in Dicken-

---

1   Anita und Walther (Pfarrer) Disselnkötter; enge Freunde und Vertraute der Familie Schneider.
2   Müsse, Pfarrer in Hausen, unweit von Dickenschied.

schied nicht ins Pfarrhaus, wohl aber in der Kirche aufgebahrt werden dürfen. Damit waren wir zufrieden. Dann traten wir die traurige Heimfahrt an.

Um Mitternacht waren wir am Ausgang von Simmern, als uns 2 Gendarmen anhielten mit der Weisung, den Sarg bis zur Beerdigung in der Leichenhalle des Krankenhauses in Simmern zu lassen. – In Dickenschied hatte sich die Gemeinde inzwischen in der Kirche versammelt, um ihren toten Pfarrer dort zu empfangen. – Wir erzählten in und vor dem Pfarrhaus den Leuten, was wir erlebt hatten, und es war bemerkenswert, wie klar und getrost Frau Schneider den Womrather Frauen alles erzählte. Ich fuhr dann in der Nacht noch nach Hause – Freitag mittag war dann die Beerdigung. Br. Schneider war vorher noch in der Kirche aufgebahrt worden. So war er nun in seine Kirche zurückgekehrt! Langensiepen[3] sagte in der Feier, die dort für die Angehörigen und die Dickenschieder Gemeinde war: Sein Mund ist stumm – aber sein Zeugnis ist lebendig. Am Grab versammelte sich eine große Gemeinde, auch ca. 150 Pfarrer im Talar. Wir standen unmittelbar unter dem Eindruck einer kirchengeschichtlich großen Stunde. Schlingensiepen[4] hielt die Predigt. Dann sagten Vertreter aus dem ganzen Reich Voten: VKL, Ostpreußen, Schlesien, Berlin, Brandenburg, Bayern (Putz für Meiser!)[5], Württemberg, Nassau und Hessen, Westfalen, Hamburg, Oldenburg, Ippach[6] und viele andere. Zum Schluß sangen wir: Der Grund, da ich mich gründe, ist Christus und sein Blut . . .

Frau Schneider hat in der vorigen Woche 500 Briefe bekommen, auch schon ganz ansehnliche finanzielle Gaben. Vorläufig vertritt Meyer[7] in Dickenschied. Das Konsistorium will vorläufig Gillmann die Versorgung D.'s überlassen. Morgen fahre ich nochmals nach Dickenschied.

Uns geht's im übrigen trotz Gehaltssperre, die Herr Sohns nicht aufheben wird, gut. Meyer hat in unserer Abwesenheit die Gemeinde scharfgemacht. Wir konnten in den 14 Tagen seit unserer Rückkehr ca. für 40,– RM Naturalien verbuchen. Im übrigen ist seit unserer Rückkehr dauernd einer krank im Hause. Marianne[8] hatte sich als Andenken aus Züschen[9] den Husten eurer Kinder mitgenommen. Die Bellerei war zeitweise recht erheblich. Aber sie ist jetzt über den Höhepunkt. – Gestern abend war ich bei Brunks, Bruchweiler.[10] Als ich zurückkehren wollte, waren 3 Räder am Auto luftleer und die Ventile herausgeschraubt. Nachdem ich 1 1/2 Stunden vergeblich daran herumgedoktert hatte, fuhr ich per Rad heim. – Frauenhilfsfest nur in der Kirche in Thalfang sehr gut.

Reif[11] im Interesse des Dienstes versetzt. Langensiepen will schon in den Wartestand. Wann kommen wir dran? Fürwahr! Nach dem Sturm fahren wir sicher durch die Wellen.

Wir grüßen Euch in herzlicher Verbundenheit, Euer Gerhard«

3   Langensiepen, Pfarrer in Gödenroth, Freund und Vertrauter der Familie Schneider.
4   Schlingensiepen, Pfarrer und Mitglied des Rheinischen Bruderrats.
5   Meiser war damals Bischof der Evangelisch-Lutherischen Kirche von Bayern.
6   Ippach, freikirchlicher Pfarrer. Er hatte mit seiner Frau dem Ehepaar Schneider ihren letzten Urlaub durch Vermittlung von Pfarrer Disselnkötter – unbeobachtet von der Gestapo – in Baden-Baden ermöglicht.
7   Meyer, Vikar der Bekennenden Kirche, der in Dickenschied die Vertretung übernommen hatte.
8   Marianne Petry, Tochter von Pfarrer Gerhard Petry.
9   Züschen, Pfarrort von Pfarrer Walther Disselnkötter, der freundlicherweise diesen Brief zur Verfügung stellte.
10   Bruchweiler wurde von Pfarrer Petry betreut.
11   Reif, Pfarrer in Veldenz.

Immer wieder wird die Frage gestellt, was aus den Gefolgsleuten Hitlers nach dem Ende des Krieges geworden ist, die im Konzentrationslager mit den Menschen dort ihr diabolisches Spiel getrieben haben.

Herr Wolfgang Röll, Abteilungsleiter der Historischen Abteilung der ›Nationalen Mahn- und Gedenkstätte Buchenwald‹ hat bei der Spurensuche geholfen – wofür ihm herzlichst gedankt sei – und die folgenden Angaben übermittelt:

Karl Koch, SS-Standartenführer, geb. 2. 8. 1897 in Darmstadt; NSDAP-Mitglied Nr. 475586; SS-Mitglied Nr. 14830; 1935 Kommandeur der Wachkompanie des KZ Esterwegen; im April 1936 Kommandant des KZ Columbiahaus in Berlin, 1936/37 des KZ Sachsenhausen; Juli 1937 – Dezember 1941 Kommandant des KZ Buchenwald; im Dezember 1941 wegen Korruption und finanzieller Veruntreuung seines Postens enthoben, aber ab Januar 1941 auf Fürsprache von Himmler Ernennung zum Kommandanten des KZ Majdanek-Lublin bis 22. 8. 1942; 24. 8. 1943 Verhaftung und Untersuchungshaft bei der Gestapo Weimar; 19. 12. 1944 Verurteilung zum Tode durch das SS- und Polizeigericht Prien/Chiemsee wegen Korruption, Hehlerei, Unterschlagung und sittenlosen Verhaltens; 3. 5. 1945 auf dem Schießstand der SS in Buchenwald erschossen.

Martin Sommer, geb. 8. 2. 1915 in Schköln, Kreis Weißenfels; 1931 Beitritt zur NSDAP und zur SA; 1933 Übertritt zur Allgemeinen SS; 1934 Angehöriger der Kasernierten SS in der ›Politischen Sonderabteilung Sachsen‹ (Ende 1934 umbenannt in ›SS-Totenkopfsturmbann Sachsen‹); 1935 Wachdienst in den KZ's Sachsenburg und Lichtenburg; 1937 Verlegung dieses SS-Verbandes nach Buchenwald; nach Durchlauf verschiedener Kommandos ab 1938 zweiter, ab September 1939 erster Arrestaufseher; beteiligt an vielfachen Morden im sog. Bunker des KZ Buchenwald; Angehöriger des Kommandos 99 zur Ermordung sowjetischer Kriegsgefangener (Kommissarbefehl); 1943 Überstellung zur Waffen-SS, u. a. in Frankreich stationiert als Angehöriger des 9. SS-Panzerregiments; im Zuge der ›Koch-Affäre‹ nach Buchenwald kommandiert; Untersuchungshaft im Polizei- und Gerichtsgefängnis Weimar; 1944 Anklageerhebung im Rahmen des Prozesses gegen Koch, im September 1944 Abtrennung des Verfahrens; Anfang März 1945 Einweisung in eine Sonderkampfgruppe; Verwundung im Raum Eisenach am 8. 4. 1945; nach Kriegsende zunächst Verhaftung durch die Amerikaner, 1947 offiziell entlassen; 1950 Haftbefehl und Eröffnung der Voruntersuchung durch die Oberstaatsanwaltschaft Augsburg; 1951 Übertragung des Verfahrens an das Oberlandesgericht in Bayreuth; 1959 Urteilsverkündung zu ›lebenslangem Zuchthaus‹; 1971 Entlassung in ein Pflegeheim, in dem er wie ein freier Mann leben konnte. Er verfügte nicht nur über einen modernen, mit Akku angetriebenen Rollstuhl, sondern ebenso über Fernsehen und Telefon. Aus den sehr spärlichen Nachrichten, die uns von Gesprächen mit ihm überliefert sind, ist zu erkennen, daß er bis zu seinem

Tode 1988 seine Vergangenheit nicht bereut hat. Dem Verfasser wurde ein Besuch bei Sommer von der Leitung der Pflegeanstalt nicht erlaubt.

Dr. med. Erwin Ding-Schuler, geb. 19. 9. 1912 in Bitterfeld; Sturmbannführer; Standortarzt der Waffen-SS; Leiter der Fleckfieberversuchsstation im KZ Buchenwald; 1945 in amerikanischer Haft; beging am 14. 8. 1945 in Freising Selbstmord.

1   2

1   Eltern von Paul Schneider
2   Schüler in Gießen 1912
3   Leutnant zu Pferde 1918
4   Student in Marburg 1920/21
5   Hilfsprediger in Essen 1925
6   Hochzeitsbild 1926
7   Abschied der Familie von Hochelheim
8   Letztes Bild vom Ehepaar Schneider 1937. Aufgenommen während des illegalen Aufenthaltes in Baden-Baden
9   In einem Wäschepaket aus dem Gefängnis in Koblenz geschmuggelte Zeichnung für seine Kinder
10 Bibelseite mit Randnotizen
11 Prügelbock in Buchenwald
12 Zelle in Buchenwald. Die Pritsche wurde am Tage hochgeklappt und angeschlossen
13 Erstes Lebenszeichen nach fünfeinhalb Monaten Postsperre
14 Der siebenfach versiegelte Sarg wird von Presbytern aus Dickenschied und Womrath zu Grabe getragen
15 Relief im Mahnmal der Mahn- und Gedenkstätte Buchenwald bei Weimar, das auf Paul Schneider hinweist

3

4

5

6

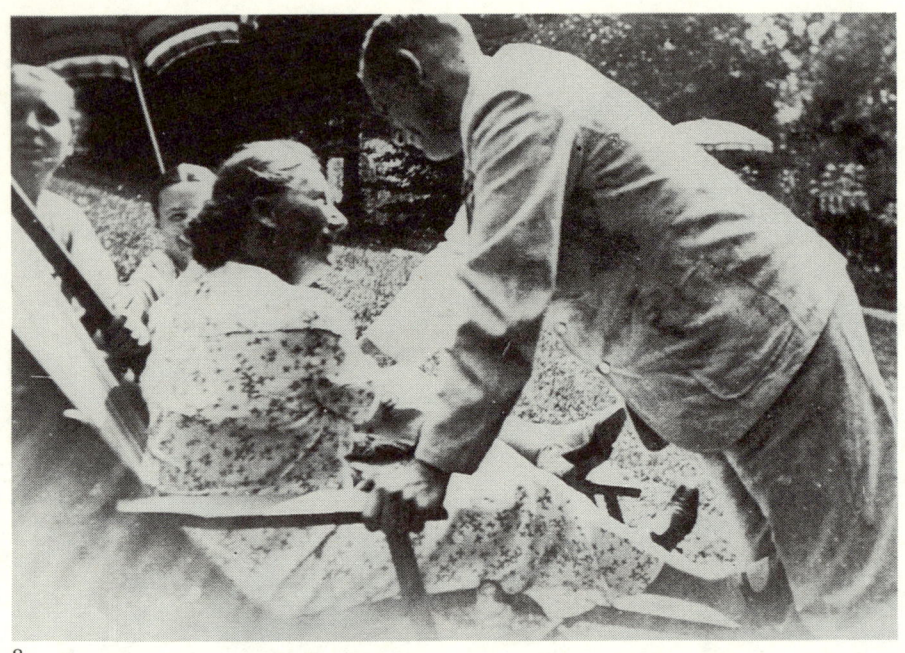

8

7

9

Johannes 5. 2. Johannes. unser Leben. 261

zeugnis, daß
en hat gege-
ist in seinem

ttes hat, der
Sohn Gottes
ben nicht.

h geschrieben,
Namen des
ß ihr wisset,
en habt, und
Namen des

eudigkeit, die
o wir etwas
n, so hört er
22; Joh. 14, 13.
, daß er uns
o wissen wir,
, die wir von

einen Bruder
ht zum Tode,
er geben das

Leben denen, die da sündigen nicht zum Tode. Es gibt eine *Sünde zum Tode; für die sage ich nicht, daß jemand bitte. *Matth. 12, 31; Hebr. 6, 4—6.

17. Alle Untugend ist Sünde; und es ist etliche Sünde nicht zum Tode.

18. Wir *wissen, daß, wer von Gott geboren ist, der sündigt nicht; sondern wer von Gott geboren ist, der bewahrt sich, und der Arge wird ihn nicht anlasten. *K. 3, 9.

19. Wir wissen, daß wir von Gott sind und die ganze Welt im Argen liegt. *Gal. 1, 4.

20. Wir wissen aber, daß der Sohn Gottes gekommen ist und hat uns einen Sinn gegeben, daß wir erkennen den Wahrhaftigen; und wir sind in dem Wahrhaftigen, in seinem Sohn Jesus Christus. Dieser ist *der wahrhaftige Gott und das ewige Leben. *Joh. 17, 3; Röm. 9, 5.

21. Kindlein, hütet euch vor den Abgöttern! Amen. 1. Kor. 10, 14.

eite Brief des Johannes.

Kinder. Freudige
nen Wahrheit zu

auserwählten
, die † ich lieb-
nd nicht allein
die Wahrheit
5, 1. †2. Joh. 1.
willen, die in
ß sein wird in

Anfang, daß ihr in derselben wandeln sollt.

7. Denn viele Verführer sind in die Welt gekommen, die nicht bekennen Jesum Christum, daß er in das Fleisch gekommen ist. Das ist der Verführer und der Widerchrist. 1. Joh. 2, 18; 4, 1—3.

8. Sehet euch vor, daß wir nicht verlieren, was wir erarbeitet haben, son-

10

11

12

13

Konzentrationslager
Buchenwald

Post Weimar, Thür.

Auszug aus der Lagerordnung:

Jeder Häftling darf im Monat 2 Briefe oder 2 Postkarten empfangen und auch absenden. Die Briefzeilen müssen übersichtlich und gut lesbar sein. Postsendungen, die diesen Anforderungen nicht entsprechen, werden nicht zugestellt bzw. befördert. Pakete jeglichen Inhalts dürfen nicht empfangen werden. Geldsendungen sind zulässig; es kann im Lager alles gekauft werden. Nationalsozialistische Zeitungen sind zugelassen, wenn dieselben unter Streifband direkt vom Verlag geschickt werden.

Der Lagerkommandant.

Meine genaue Anschrift:
Schutzhäftling

Emil Schneider
Nr. 2491
Block 37
Konz.-L. Buchenwald
Post Weimar! Thür.

Unübersichtliche und schwer lesbare Briefe können nicht eröffnet werden und werden vernichtet.

Damit bei einer evtl. Entlassung aus der Schutzhaft keine Verzögerung eintritt, ist es angebracht, wenn schon jetzt das Fahrgeld für die Rückreise eingezahlt wird.

Der Tag der Entlassung kann jetzt noch nicht angegeben werden.

Anfragen sind zwecklos.

14

15

XVI, 224 Seiten, Paperback DM 24,80

So viele Darstellungen es auch zur Geschichte der Bekennenden Kirche im ›Dritten Reich‹ gibt — die Geschichte des Weges junger Theologen, die außerhalb des rechtlichen Rahmens standen, den der NS-Staat der Kirche zubilligte, und die deshalb keinen ›legalen‹ Zugang zum Pfarramt hatten, wurde bisher nicht geschrieben. Wolfgang Scherffig, selbst Angehöriger jener Generation, legt sie jetzt mit seinem zweibändigen Werk (Bd. 2 wird den Zeitraum von 1936-1939 behandeln) vor.

Wolfgang Scherffig, geb. 1913, Studium der evang. Theologie in Marburg, Bonn, Elberfeld, Basel. Examina beim rheinischen Bruderrat. 1937 Leiter des Theologiestudentenamtes der rheinischen Bekennenden Kirche; 1938 Leiter der Bruderschaft rheinischer Hilfsprediger und Vikare. Nach dem Krieg als Pfarrer in Düsseldorf und Essen; zahlreiche ökumenische Kontakte, vor allem Italien und ČSSR; seit 1980 i.R. Verschiedene Veröffentlichungen zum Thema ›Bekennende Kirche‹.

Neukirchener Verlag